生命呼吸·当代散文名家丛书

风雨水火

周佩红　著

人民东方出版传媒

东方出版社

风雨水火

目录

代后记

一　命运交叉的城市

南市童话

南市，我很久很久没去了。我总是留心它的消息。它不再是一个单独的行政区，已经并入黄浦区。很久以前它的一部分曾被称作"蓬莱区"，我在那儿上过一年"幼稚园"。11路电车环它而行，它在地图上因此始终保持了一个古老的四方城的模样。上海老城厢，人们这么叫它。它的城墙早不知哪里去了，它的东西南北四个门却一直被人叫到今。"小东门"，"老西门"，爸爸用湖南口音说着它们，今天我好像仍能听见。

有人对我说人在三四岁前是没有记忆的。也许。可这样的影像却清晰如新：我站在一幢水泥楼房的平屋顶上，踩着沥青上的砂粒，看下面低矮的树和屋顶；天空无限大；我抱着洋娃娃，一格格楼梯走下去，出门，拐弯，从那些暗红色的木板房子前走过，走到老城隍庙。我凭什么确定了方向？我的方向感一直很差。是爸妈带我去过，爸爸买了好吃的鸽蛋圆子，妈妈买了好看的五彩珠珠给我？我的确用一些珠珠串过小人，一个珠片当帽子，粉红小圆珠做人头，米粒形小蓝珠做身体，透明的细小珠串在一起做四肢，拿在手里还没有一个拇指大，我的拇指姑娘。

在城市通网站我查到当时我家的位置：人民路53号，小东门以北，旁边有条"宝带弄"，离老城隍庙少说也有六百米，走梧桐路最近，只需穿过丹凤路。五十年代，那拇指大的小姑娘，真是那么走去的吗？

反正，我走到了。我看到一幢大房子，白墙黑瓦，门口两条长字幅，还有一个高门槛。我进去。里面很大，很暗，站一会儿才看清满屋子都是泥做的人，穿古代衣装，脸死白死白，被绳子绑着链条拴着，给推上扎满尖刀的山，推下滚开的油锅！有几个被尖刀扎穿了身子，红红的血流出来。有几个拼命想爬出油锅，伸出的手却够不到锅边。管着他们的是一些黑身子小鬼，大嘴獠牙，头顶分叉。

这是什么？一旁有人说这就是十八层地狱呀。在火上烤人。用大炮轰人，轰出去，打成碎片。拔舌头。把人拦腰或劈头锯开。有两个坐着拉锯的小鬼一仰一伏，很愉快的样子，像在合力锯一棵树。那些倒霉的受罪的人（他们已经死了）个个张大眼睛嘴巴。临出门还有一黑一白两个巨大无常鬼贴墙壁站着，吓死你，却又像在夹道欢送。

回家后对谁都没说。但是，洋娃娃丢了，不知是不是丢在十八层地狱。可怜的洋娃娃！

接着，大风刮来。大人说是龙卷风。我没有看见风的螺旋体如何在空中移动（多年后在电视里看到了），我正在顶楼小房间的澡盆里洗澡。砖块突然掉下来，险些砸在我头上。

爸爸工作的银行也在南市，在中华路。那地方好像很严肃，闲人必须止步。因为爸爸很严肃。他的有四个口袋的蓝卡其干部服，黑色公文包，黑杆钢笔，印有红色虚线的报告纸，他一年比一年稀少的头发，心事重重的样子，他不断带回家的先进奖状，都写着严肃二字。过了将近十年，我才第一次去那里。

那时我家因龙卷风之故，早已搬到静安区。不知为何，爸爸只带我一个去，没带上两个哥哥。我们先坐20路电车，再换11路电车。这种头上长了两条小辫子的电车开快时会让人忽拉一下往前冲，再忽拉一下朝后倒，不论坐或站，我都晕得厉害。我说："我要吐了！"爸爸说："怎么搞的！怎么搞的！"湖南口音里满是烦恼。终于到站了——是没有什么灯光的荒凉的马路。爸爸走得很急，我在后面紧随着。

也是一幢灰扑扑的水泥楼，我们走上顶层四楼。一个大厅，暖暖的，灯光下人影交错。有人和爸爸打招呼，为他有这么个女儿表示惊讶或羡慕。天花板上挂下来好多张谜语纸条，还有钓鱼——用真的钓鱼竿，钓纸做的假鱼。我钓到一条，奖到一粒水果糖。

离开时，爸爸指着过道另一头关着的玻璃门，说他就在那里办公。里面暗着，玻璃门上有隐隐的红字。工作重地闲人止步。

出门便有冷风袭来，我不由打了个哆嗦。爸爸立刻解下他的格子呢围巾，围在我的脖子上。围巾上，有爸爸暖暖的体温。"还冷吗？"爸爸问。我使劲摇头。爸爸揽了揽我的肩。他的手臂很有力。我们朝车站走去。

漆黑的前方亮着微光。然后闻到油香——是个卖油墩子的小摊子。铁锅里滚着深色的油，锅上的铁丝网架上有几只油墩子在往下滴油。爸爸要摊主新氽一只，摊主抄起一个长柄金属模就朝里面填萝卜丝面糊，还在地上的盆里挑了只青色大虾按在上面，放进油锅。"嚓"一下，青虾变成红虾，弯身蹲在油墩子上。油墩子由黄转金，慢慢脱离了模子。摊主用一双长筷子捞它出来，沥干，抽出一张纸垫在它下面，拿给爸爸。爸爸又拿给我。

我吃到了世界上最烫、最香的油墩子。它的皮焦脆，里面却软而鲜。虾被我留到最后——它太好看了，像是红玉雕成，微透明的虾头向上昂起，一根长须挑向前方。

这是文化大革命前的最后一个小年夜。此后，再没有这样的和爸爸在一起的时刻了。此后一切全变了。

文化大革命进行到"清理阶级队伍、清除国民党残渣余孽"时，一个深夜，或者凌晨，爸爸从中华路银行四楼跳了下来。

我的猜测：当时看管爸爸的造反派一定在打瞌睡——他们很累，连日来不间断地开到有"问题"的人家中抄家，押回来没日没夜地审问，组织大小批斗会，写黑牌打黑叉喊口号，"坐飞机"揪头发打耳光炮轰，劳心又劳力的，怎么能够不累！就在他们歇一口气的时候，这"该死的给隔离批斗了三天三夜还不老实"（造反派语）的我的爸爸，推开了窗户。

造反派的宣称：根据我爸爸遗留在桌上的手表和钱，他们"迅速"反应到这是一起自杀事件，是"自绝于党和人民的反革命行动"。当然，这不是该系统第一例，几天前南市就有一例，情节大同小异，全上海这样的事情更多。他们"没有拖延"，马上送他去医院"抢救"，一直到他呼吸停止。因"太突然"，他们"没来得及"通知死者家属，直到死者进了太平间，他们才兵分两路，一路去死者妻子的单位，一路直接去死者所住的街道，和对方造反派联手宣布这个"特大的历史反革命加现行反革命事件"。

他们确这样做了。他们的车子开过来又开过去，呜呜宣告着革命无罪造反有理——是自杀者有罪。一切如他们所料，家属们只有惊叫，撕心裂肺的哭，深深的恐惧。未成年的我也在其中，在那些可怕声音和凶恶表情的包围中，不能动弹。世界好像崩塌了。婆婆用变了声的湖南口音对我们哭喊："你们没有爸爸了！你们没有爸爸了！"妈妈在哭，在发抖。拥挤的居委会办公室像一个深渊，没有人能够援手。爸爸一定是这样掉下去的。我也掉下去了，飘悬着，不到底……恍惚中我好像到了那条漆黑的夜街，我在那里走着，脖子上没有围巾，身边没有人，前方只孤零零一幢楼房，一个人正从楼上往下坠，往下……

我永远的噩梦。

我以为我不会再去南市。十年之后，一个白天，我却又来到中华路。那银行原来是在一个钟表店隔壁，店橱窗里大小钟表都在走着，指示的时间却不一样。银行的水泥墙面，我终于看清楚了，脏的，有黑红的标语痕迹，像被水猛烈冲刷过，却还是弄不干净的样子。我和家人从储蓄部边上的暗窄道走进去，走上四楼大厅。

一进去就看到爸爸——他的黑白遗像。好像他正在那儿等我们，等了很久。他终于等来了我们。他皱拢的眉头舒展些了，仿佛要开始微笑。

　　我向他走去。向他留下的最后一张标准像。他拍照时会想到照片派这用场吗？妈妈还曾左看右看地说这张像拍得好，头上虽有点谢顶，脸上总算有笑意——在爸爸活着的时候。

　　我站定，在那些纸做的花圈旁边，转过头去。一张张惊愕（惊恐？）的脸迎向我——人们好像见到鬼。

　　我知道我比我两个哥哥更像爸爸，特别那粗浓的眉毛和大嘴。从这点说我的长相确实恐怖，尤其当我愤怒时。我正在愤怒，因为主持追悼的人就是不肯把爸爸的死因说成是"被迫害致死"，而是含糊其辞曰"在文革被审查期间坠楼身亡"。那还平什么反？干脆说是他自己找死得了！我真后悔又来到这里。

　　又过了一段时候，银行方面才改了结论。在书面文件中银行方面这样解释改变的原因："……不断掀起的思想解放的浪潮使我们认识到过去对四人帮迫害的危害性认识不足……单位领导班子也已经调整更新……"

　　我与南市的联系只剩下老城隍庙了，偶尔。我陪外地的亲友去，带我年幼的儿子去，不坐 11 路也不换乘其他车，像是直接飞过去一样——如果有直升飞机可乘我一定降落在这一点，只这一点。我紧闭我的嘴，把往事埋在心里，不相信他人能理解这份伤痛。我们去老饭店点上海名菜八宝辣酱、油爆虾、草头圈子、糟钵头吃。去绿波廊品尝眉毛酥和萝卜丝饼。去豫园寻找点春堂，小刀会起义时为表示盟誓而砍下一只角的八仙桌。去九曲桥看水里越来越旺的金鱼。凡有名的，美国总统或英国女王去过的地方，我们都去走一走。和来自全国各地的游人挤在一起，朝一个个中国屋顶下的小商铺涌进去，再涌出来。购物。留影。发呆。

　　那"十八层地狱"哪去了？怎么找也找不到。儿子也根本不相信一个三四岁大的小孩能自己走到老城隍庙。"她没大人管吗？你们就老管着我。"他关心神奇的鸽蛋圆子，那么小，里面的糖水是怎么包进去的。他啃着串烤鹌鹑，一边走一边瞧，在这个一条条小巷、各种美食和千奇百怪小商品组成的商城里窜来窜去。这真是一座小城呢，如今，它修缮一新，正式命名为"豫园商城"——我最近才意识到自己还是它万千股东中最小的一个：我工作的单位购买了它的法人股，因为相信它的前景。

2003 年

父城

　　我看见爸爸在路上走，在南市，灰蓝蓝的天空下。他提着他的黑色公文包，或者还有一个饭盒。东西不重，他的肩膀却往下塌。他皱着眉头。

　　我跟着他，这个六口之家的户主。他的老母亲，妻子，三个孩子，全在他的肩膀上。一张写着"一般政历问题"的组织结论，锁在他的抽屉里，不，他心的深处。他走得很急，生怕上班迟到。他挤电车，和陌生人争执，他有湖南人的暴脾气。但一到单位他就闷声不响埋头工作，像一台快速运转的机器。他做着一个银行信贷科科员在那时该做的全部工作。中午到了，他打开蒸热的饭盒，把头埋在饭香和菜的鲜辣中大口吃饭。他的咀嚼非常有力，那口整齐雪亮的牙齿，丝毫不逊于今天电视里频频出现的广告牙。他母亲（我祖母）做的腊肉、扣肉、酸豇豆、剁辣椒、茄子干他爱吃极了，享用它们时他的心"哗"地一下张开了。我全都看见了，爸爸。开会了开会了，报告会学习会讨论会，他拔出钢笔，漂亮的钢笔字唰唰唰蹭着笔记本，他是要把听到的话一字不漏地记下来啊，他多么想做一个与新社会一起前进的人。他开始发言，湖南乡音夹普通话，微微发抖，生怕说错一个字。下班了，他理好文件，锁上抽屉，临出门还要想一想：还有什么事漏了没做，或处理不当？

　　然后他去哪里？我有片刻的迷失。南市很大，附近一定有出售廉价物品的商店，他会绕过去看看。有一天他一下子买回家六条质地相同、颜色不一的棉毯，可铺可盖，正好每人一条。还有一次他满头大汗踏一辆黄鱼车回来，车上是三张小铁床，是为我们准备的。仿佛，他总在做一些非常切实的物质准备，为某些他臆想中突如其来的变故。

还会去什么地方？他戒了烟，不喝酒，是祖母眼里标准的好男儿。他不会独自进咖啡馆，下馆子，不会有这个心情和条件。我倒希望他是个懂得享受的人，什么都享受过了。他偶尔会拉起妈妈在家里跳舞，嘴里打着"蓬嚓嚓"的拍子。哦，他去了邮局，填了一张汇款单，把他刚领到的薪水的一半寄到灾区，没有留下姓名地址。下一次他去了另一个邮局，仍是在发薪水的日子。学雷锋吗？他是这么说的，对妈妈悄悄地说。但文革中造反派坚决怀疑，他们认为他的钱肯定花在"反革命活动"上了。

唉，妈妈说，你爸爸就为了要做个好人，求得做好人的安心——他一直为解放前集体加入国民党这件事感到罪过。

他带领全家走在静安寺，在百乐门对面的街角上，一家饭店，腾腾腾踩着木楼梯，上二楼坐定。他两手撑在桌上，问我们想吃什么。这是唯一的奢侈。他点的菜我大多忘了，只记得最后一道红焖牛尾：浓稠的汤汁，浓郁的番茄洋葱胡椒味，一段段牛尾躺在里面，美味无比。我连盘子都快舔了。饥饿的三年自然灾害结束了。

没过多久他带回家一枚新奖章：一颗镀着红色和金色珐琅质的五角星，垂在一片细细刻有"上海市先进工作者"字样的金属杠下。他也把它锁进抽屉。

他和我们一起坐车，去郊外的高桥海滨。那是更远的从前，五十年代末的大太阳晒了我们整整一天。他下海游泳，湿淋淋地上岸，和他的同事们一起合影。在这群只穿一条泳裤的男人中间，他个子最矮但肌肉最发达，也显得最年青。

他仍在路上。海防路。他从 23 路电车上下来，往牙膏厂去。他屡次三番和对方谈还清贷款的方案。他想出一个点子：牙膏管不要封口了，口上那点铝材料省下来积少成多，也是一笔可观的资金。上海产的牙膏就是从此不封口的吧。一个星期天，他破天荒让小学生的我为他誊写一份工作总结，里面写到了这件事。

他走着，小心翼翼。我阻止他朝那最后的致命之路上去。就在此停留吧，在南市、上海的任何一条马路！他四十年代末从外省迁来上海，定居，工作，还没有充分的时间和心情熟悉这座城市。电车呼呼呼开过他的身边，拐弯时和复杂交错的空架电线撞出一朵朵蓝色火花。他没有在意，只顾走，埋头含胸，和他身边的陌生路人十分相像。他们都愿意和别人变得相像，相信这样会获得安全。

朝他走来的一个男人有点儿不同，目光敏锐，面容俊朗。这是苏的爸爸。这是我想象中必有的一幕。

他们年岁相仿，都在南市的金融部门工作，很可能在同一会场听过同一个领导的报告，但是他们互不认识。他们永无可能知道各自的女儿将在数年后相识并成为好友，更不会想到前方有共同的命运和结局在等着他们。他们擦肩而过，成为彼此眼中匆忙的风景。

苏爸爸眼里的敏锐来自他早年中共地下党员的经历。这样的资历在今天应是一个老革命了。那时，却只有一个人与他单线联系。在至关重要的一天，他接到那人带来的组织命令：和其他人一道集体加入国民党。他忠实执行了这命令。在足以致命的另一天，那个人没有在预定时间和地点出现。苏爸爸等啊等啊，像忠实痴心的古代情人尾生那样，不过他并没傻到抱柱而溺，他又到两人秘密接过头的所有地点去找，一个一个，任何可能的地方。没有。对那个人的寻找从此成为他人生中最重要的事情。可是，直到上海解放，六十年代，文化大革命爆发，这个人都没有在他的视线里出现。

和我爸爸一样，加入国民党这件事成为苏爸爸解释不清的历史问题。他出色的才干和业务能力只能让他做到他那个区级金融部门的副首长。他的抽屉里锁着陈毅市长签发的嘉奖令，而历史问题阻碍了他，没有人出来澄清。

直到他被造反派抓起来隔离审查的前一天，他都存有这样的幻想：那个人突然被他发现，他获得有力的旁证材料，他的政治生命又得以延续。一定的，他的女儿苏，以及我，我们都坚信他这样想过。

他也一定看到过我的爸爸，并打量过。但这不是他要找的人。他又一次收回失望的视线。

他也在下班的路上。天快黑了。他顺路去老城隍庙买了一袋五香豆，又在蓬莱路拐角的水果摊上买了一堆西瓜，向摊主借了一辆黄鱼车，吭哧吭哧踏回他新华路的家。一路上他的黑色公文包就撂在这堆青皮西瓜上。在那幢漂亮的法式花园洋房里他是唯一的男人，他的儿子在上初中，其他都是更小的女儿，妻子娇小文弱，老保姆如同他的长辈，谁都比他弱，没他有力气。当一家老小跑出来在月光下搬黄鱼车上的西瓜时，他有过片刻的恍惚——是这一刻重要，还是那个一声不响就从人间蒸发掉的可恶或者可怜的家伙重要？

他常用黄鱼车载东西回家，并不顾忌他的副局长身份。他载回的最大物件是一个黑木书橱。他的书很多，除了金融书，成套的马恩列斯毛著作，还有游国恩的四本一套《中国文学史》，竖排本的《资治通鉴》和《史记选》，不同版本的唐诗宋词散曲，各种苏联小说。后来一些书法帖子（九成宫、颜正卿等）也插在里面，是他强加给孩子们的严酷课本。

他习惯清晨即起，洒扫庭除，在绿油油的瓜架菜地旁舞剑打拳。怪了，他的花园里从来不种花花草草，全种上了青菜、丝瓜、番茄。他板着英俊的面孔，对小小的苏说，你呀，就不要再穿花裙子了！他深吸一口气，立定．收腹，双手在空中划出漂亮的弧线，像捧着一只无形的球。他把球往外推，球却使劲地往他身上拱回来，他就身子一摆一回地跟这只球没完没了地斗争……

他跳楼坠地后也没有立即身亡，而是拖了很长一口气。抢救他的医生说．这是他气功练得太好了。

　　他们死后数年，我认识了苏。在苏家我看到她爸爸西装笔挺的旧照片，和我爸爸解放前照片上的样子相似，年轻，英气勃勃，好像前方有美好的事物正在等着。而他们在遗像上都穿卡其布中山装，有点儿疲沓，面色严峻笑意谨慎。

　　他们再不会知道9·13林彪摔死在温都尔汗，唐山大地震，四人帮被打倒，改革开放，冰箱彩电摄像机，纯平背投电脑网络数码，IT WTO APEC，全民炒股转按揭，高架桥内环线轻轨磁悬浮，北京奥运上海世博……也不会知道艾滋病黑冰黑洞黑血，9·11飞机撞楼基地恐怖组织人质被扣押人质被解救……他们的生命在最活跃时就被割断了，而属于他们的那个秘密的城池——那是一定存在的——我们也不可能知道了。

2002 年，2012 年

苏的世纪大道

　　她在梦中看到爸爸在花园里，笑吟吟的，拿一个花洒给植物浇水。这是陌生的爸爸，但确实是他，年青，英俊，严肃。红色和黄色的花朵缀在墨绿的树墙上，十分耀眼。他转过头来，对她说：我回来了！他越来越近，一束光罩住了他的脸。光越来越强，她睁不开眼睛。等她再张开眼睛，她看到从窗外射进来的阳光正打在自己脸上。

　　要是不闭上眼睛就好了，她想。一滴泪慢慢流到枕头上。

　　起床，开窗，对面证券大楼的蓝色玻璃幕墙直扑进她的眼帘，空气中含着湿重的江水味道。这是浦东，半旧的工房底层，没有花园，爸爸就是回来也找不到这儿的。

　　这个早晨有点儿伤感。她仔细地对镜梳妆，挑选口红，比试衣裳，伤感才一点点消去。当她走出家门，人们看到的仍然是一个开开心心的、眉梢上甚至带点喜气的她。

　　苏老师。小苏。同事们这么叫她。其实她已经不年轻。

　　多年以前，当我背着书包从南京西路的家中走出，穿过静安寺，拐进愚园路去市西中学上学时，我不知道有个和我一般大的女生正从她新华路的家中出来，去江苏路上的市三女中上课。上海大如海。当我们不约而同选择去安徽插队时，我们也都不知道正在向自己的一个影子或一面镜子靠近。

在安徽农村一个"知青创作学习班"上我认识了苏，我们合作了一首歌。我写歌词：一个乡村女教师翻山越岭去给她的小学生们上课，一路上的感受——后来被要求上升为革命豪情。苏用弯弯袅袅的凤阳花鼓调作前奏，用明快而略带忧伤的俄罗斯风格的三四拍作主曲——也只有她想得出来。于是，虚拟的女教师上路了。一路上她既是满怀豪情地走着，又是在风雨中孤独地走。是的，这其实不过是一个柔弱的女孩在走，但她有一股心劲，一颗学生的、盲目的、青春蓬勃的心，这些把她带向了前方。

那时苏的额头上没有一丝刘海，她对自己额头的光洁度抱有信心。她从来没有担心过。在她的新华路家中，她不停地哼歌，快速讲话，跑出跑进地炸鸡翅，炒精细的莴笋肉末，亮出她家传的四川厨艺，我们第二次见了面。

我考上大学后两年，她也考上同一大学的同一系。我结婚生了孩子，她带来几条活鲫鱼，要我嫂嫂给我熬汤。嫂嫂至今记得苏的打扮：一只宝蓝色发卡把一头亮发别在颈后，一缕微鬈的刘海飘垂在鬓边。

苏的兴趣在转移，从作曲，到影评。有天她点着马路上一张电影海报对我说："你记住，没有女人的电影是最没有看头的。"她爱说这样的大实话。她喜欢看男人女人复杂微妙的关系，误解，争吵，最后爱战胜一切，或者女人在磨难中变得坚强。

然后，从影评，到美食。在她的不断更换的手袋里，总有几份新出炉的美食情报。

她怎么可以这样快活，这样没心没肺。可我就是喜欢听她又说又笑的，她的上上下下"坐电梯"的股票，她那伸手可及的高级职称还差几篇何种级别的论文，她和丈夫怎么冷战又怎么用"周末情人"的方式解决，她的"美学讲座"怎样变成"社交礼仪课"又变成"电脑网页设计制作"，而且还是现学现教……她略去一切曲折烦恼痛苦，只突出"有趣"、"有意思"。她的话总是跳跃在浪尖，而不是沉入谷底。她的快乐振奋着我。

她搬到浦东时，浦东还没有大面积开发，而她似乎从来没有对离开"高尚住宅区"的新华路花园洋房表现出遗憾、抱怨、依恋，相反在电话里她总是说，这里很好，这里越来越好了。

夏天的一个早晨，我向她的浦东出发。公交车像一条小龙，带我急速地向前冲。刚出隧道就看到水红色衣裙的苏，她在世纪大道上等我。

是一条在浦西绝看不到的宽阔大道，甚至可说空旷，路两旁的高楼全是新的，现代的。在我左右张望时，苏脸上浮出宽容的微笑，好像这是她的客厅，而我是一个乡下人。

"不比纽约曼哈顿差吧，"她看着我，只等我说出一个"好"来。

"唔，好的，全是新的，"我有点心不在焉，"可这新，这漂亮，好像跟上海没什么关系，所以也生不出什么感情——我还是喜欢旧一点、老一点的东西。"对苏，我也只有大实话说。

她看了我一眼——像是看透我这种人：房子要挑新的住，景观却要挑旧的看。

这很复杂：新和旧。这个话题过于宏大，就像轻与重，过去和现在，快乐以及不快乐一样。这让我想起我认识的一个作家，他以凝重的历史书写为使命，排斥一切简单的无内涵的欢快，当一群文化人在歌舞厅旋转的七彩灯球下幽幽慢舞或火爆扭动时，他一动不动地坐在一旁冷眼相看，并让那些人看到他的冷眼。我曾对那个作家说，时代不同了，人们有权利选择他认为的快乐和方式。那作家回答说：对的，我也有权利表现我的质疑、不满、谴责，不是吗？

没错，这可以讨论，可以一直讨论下去。可又好像永远也讨论不清，永无统一的可能。为什么要统一呢？我们并不按理论活着——谁又按理论活着？我们是按我们的感觉，我们心的要求，在理论还没形成时，心已在跃跃欲试……这时我听到苏在说："新的东西，只要好，有什么理由不喜欢？老的旧的，可以放在心里啊。"

就这么简单。好。我们且去填饱肚子。在一家厂房改建的大饭店里，我们喝了几小碗用小米和枣粒细细熬出来的香粥，欣赏了饭店主人镶在玻璃板里的《韩熙载夜宴图》——虽是复制品，但制得精心，那歌弦舞乐中的惆怅徘徊很动我心。我们从一架漆成中国红的电梯里下去，走回大街。

公交车左弯右拐，带我们在浦东的腹地穿行，这里一片建楼工地，那里一条正在开辟的新马路，是站在外围或浦西看不到的。经过的马路都有美丽的花卉植物名：丁香路，合欢路，牡丹路，梅花路，玉兰路，白杨路……这是上海吗？我正在远离我以为的上海。

静悄悄一个世纪公园，为我们空阔着。那也是全新的，湖水，钢桥，小岛，坡地，树林，碎石路，木长椅，花坛……没有更多的特点，没有历史，只是让人静心，而不是凭吊和伤怀。

公园出口在一个稍高的地方——世纪大道的起始处。大道仿佛从我们脚下直铺向天边。两旁都是平坦。栏杆，花木，水池。黄昏里有一个小孩娇嫩的喊声。在大道前方，卧了一个巨大的钢铁日晷，它的时间是指向历史，或指向未来。更远的前方，金茂大厦、东方明珠塔和其他新建筑剪影一般并立在地平线上，像无限宽的宽银幕画面，画在纸上的新世界效果图，平地而起的幻景——是我们死去的爸爸们永不可能看到的景象，却又分明是真的。

"如果你一直走，真的可以沿这条世纪大道走到它们跟前去。"苏的声音也像从很远的地方传来。

我站了一会儿。这一会儿中过去在无声地消退。过去——仿佛它才是虚无的。当然我知道并不是。

风雨水火

2002 年

幻别墅

　　一种弄堂别墅：弄堂的模样，别墅的名称。这是上海特产。在威海路上有威海别墅，在常熟路上有荣康别墅，在静安区有静安别墅。南京西路上的这一个，叫金城别墅。

　　看上去它很普通，一条二三十年代建造的"新式里弄"而已。它是我唯一熟悉的。

　　我慢慢走近它。在它的弄堂口停留。它又装上铁门了，两爿，开着，留出可供两辆小汽车同时进出的口子。这是第 N 扇铁门，应该也是最后一扇。曾经有一扇，黑沉沉的铸铁，舒卷的花卉水草纹，在上世纪五十年代中被拆去炼钢，贡献给了"大跃进"。

　　现在没有汽车进出。没有大卡车——那些满载着红卫兵、造反派的大卡车，当初就这么大摇大摆地开进来：穿军装的少男少女，跳下车就猛挥皮带，像开始一场青春的游戏；造反派们跳下车，却带着成年人可憎的市侩表情，压低了藤帽，铁棒在地上顿一顿，以显示他们的不知哪来的冲进别人家抄家的权力。

　　他们消失了。宽大的主弄堂像一个狭长广场。一个小伙子骑着一辆永久牌自行车在那里绕圈。他的夹克衫领子竖起，是表示时髦，也为遮住他脖子一侧的一片紫红色皮肤。他的医生父母和医生祖父母都没能为他去掉这片与生俱来的红皮肤，于是他得了个"红头颈"的绰号。但他长得很帅，眼睛总在放光，手把着车龙头眼睛还在四下里瞄。他知道本弄堂住着几个好看的小姑娘，娇滴滴的，他真想把她们一个个都引出来看他。

他看见我了。不，我是不存在的，或者说我站的地方并没有这样一个小伙子。弄堂静静地空着，让往昔的镜头一个个上演。一个洋娃娃一样的小姑娘走出来，男孩子们一往她跟前凑，她就骂人家是流氓瘪三贼骨头，软绵绵的词儿，红嘟嘟的小嘴。我们都怕她妈妈手里的针头针筒，除非我们一辈子不生病，所以我们都对她友好。我们一起跳绳，一起把一串螺蛳壳踢进用粉笔划在地上的"房子"里。两个呆头呆脑的戴眼镜男孩羞怯地在一旁观看，他们的妈妈在黑门后的天井里用无锡口音一声声唤"阿大、阿二"，催促他们回家。

这已在我家住的支弄堂了。阳光从天顶射下，把弄堂分割成阴阳两半。一个老太太在明亮温暖的竹椅上坐着。她一年四季都穿棉袄棉裤，戴一顶黑丝绒帽子，用白口罩蒙住鼻子以下的部分，好像四周都是细菌。她很安详，对一路响进来的锣鼓口号声置若罔闻。

敲锣鼓的人是在哪里喊口号？他们来了？还是走了？风吹过这些声音：……除四害讲卫生……学习雷锋好榜样……千万不要忘记阶级斗争……文化大革命就是好……革命无罪造反有理……横扫一切牛鬼蛇神……知识青年上山下乡接受贫下中农再教育很有必要……打倒四人帮，建设四个现代化……风儿磨去了声音的棱角，激昂，愤怒，或者欣喜。

墙壁上贴着标语口号，大字报，认罪书，布告，一片片由新变旧，发黄变脆，脱落，腐烂。墙壁经水和刷子一遍遍洗刷，灰扑扑的水泥色重现出来。

我家的楼门关着。我仰头朝上面喊："开门——"阳台上探出妈妈、祖母、大哥、小哥惊喜的脸。二楼走道窗户上也有脑袋伸出来，邻居的眼睛里满是警惕。

门无声地开启。一股尿味扑来。昏暗的过道里有几个坐在痰盂上哭的小朋友——这是民办托儿所的老师在惩罚他们的不听话。他们后面的三个大房间，是托儿所的教室，壁炉和落地窗前都坐了孩子，果绿色的小凳，咿呀呀的歌声，排排坐，吃果果……一架走调的钢琴忽地改弹"我爱北京天安门"，弹了半天，终还是不能弹到底。

我朝底楼的公用厨房张望。四个煤气灶前都有人站着，等饭锅煮滚，开水烧开。砂锅、铁锅、钢精锅腾腾地冒着热气，飘着菜和汤的香味。站着的人互相看邻家的灶头，彼此交流拿手的好菜。亭子间的胖嫂嫂正起劲地教我怎么炒熟一盘青菜（那是一个梳小辫子的我）：等油冒烟，菜再下锅……不，我正在水龙头下淘米，低着头，而她非要凑过来看我脸上有没有眼泪，我家里又出了什么事……

我上楼。我端着祖母烧好的菜一趟趟往上走。我趴在二楼楼道的窗户上往外看，看对面双胞胎阿大阿二在他们房间里困兽一样地走来走去，背诵"革命不是请客吃饭"，用造反派指手划脚的姿势说话。他们渐渐老了，成了两个神经病，仍然这样说话，反复说这几句话。

到二楼。三个房门中的一个门突然开了，一个金丝边眼镜青年旋风一般从里面出来，脚踏在门边的矮桌上，腰微微弯下，打鞋油，猛擦，系鞋带，换一只脚，再来，然后脚跟在棕垫上舞步似地一二三擦三下，飞快进门，脚跟顺便带上门——隔壁家的"顺风"哥哥，开门角度永远不超过30度，他就用这方式保护着他家的私密空间，这是我后来领悟到的。

向北的房门也开了。我进去。同时进去的还有我们全家。我们在里面吃饭。所有上海和外地的亲戚都来了，大人们神情凝重，仿佛为告别而在此聚会，为他们一无所知的将要爆发的文化大革命中的死别。爸爸站了起来。爸爸对我们说，让我们一起学习毛主席的《为人民服务》。一个娇小的长辫子姑娘走进来，哥哥说，这是你未来的嫂嫂。房间的布置一直在变，饭桌飞走了，祖母的床和柜飞走了，"三十六条腿"的家具满当当挤在一起。一个躺在摇篮里的可爱宝宝转眼间长成一个长发披肩的女孩，她快乐地笑着，露出两粒小虎牙，她说，嬢嬢呀，我考进复旦了！……我要去法国读书了！……

如果你眼花缭乱，就请在这里止步，不过我还是要上去，上三楼。我将走得更慢，也更艰难，这里的影像更加繁杂，彼此交叠，我得穿过站满楼梯的一大帮戴红袖章的人，他们朝下逼视我，又纷纷向后退避，仿佛我带有病毒。我要滤去它们，滤去造反派翻抽屉、砸墙壁、训斥我们的情状。滤去爸爸惶惑的绝望的眼神，他从楼梯口一步步走下去并消失的背影，后脑勺。从时段上说，这只是这里生活的一小部分，妈妈和祖母又在此生活了二十多年，哥哥们生活至今。若时时穿行在这些噩梦的影子里，生活又如何能继续！

快乐，是从这些被滤去影像的空洞中依稀反射来的一缕遥远的阳光。就在此停下吧。看晒台上这片屋顶。我和哥哥们站在瓦片铺成的斜面上，徒手向屋脊攀登。祖母在晒台上叫："下来，你们一个个都会摔坏！"但我们还是看到了辽阔的天空，大片屋顶，以及不远处中苏友好大厦那颗被细细的尖塔顶在空中的孤零零的红星。天色暗了，黑了，我闩上晒台门，放一个红漆木澡盆在当中，倒入水，在里面洗澡。我一个人的天地，我轻轻唱歌，毫不担心水会从澡盆里漫到外面——水泥地马上吸干了它们。妈妈也这样洗过澡。我们总是独自在里面磨蹭很久。夏夜的热风从头顶拂过，天上是点点繁星，之外没人看得见澡盆里自由自在的赤裸人。

多年后我们在这里拍照，每个角度都是背景：修补过的山墙（祖母种苦瓜的那一方小坛已经平掉），红漆斑驳的、用一根丫杈头顶着的晒台门（妈妈总爱在这儿呼吸新鲜空气），不知谁种在瓦盆里的饱满得像要爆裂开来的宝石花（难道是八年前妈妈种的），头顶上的大片天空（是妈妈一直喜欢并凝视的啊）……

在楼梯拐角上蹲下来。透过楼梯栏杆，能看到下面二楼另一家门前，坐了一个低头弹吉他的男孩。他浓密的卷曲的头发，一小片侧着的脸，轻轻拨动琴弦的灵活的手指，都在我心里无限放大。还有他弹拨出的荡人心弦的乐声。我在心里命令他抬起头，只一分钟，抬头朝这儿看一看！可他怎会听到？暑假过后，他再没有出现过。

往上走七格楼梯，就到三层阁了。低矮的过道口上站着妈妈，向楼梯看着，像在等候我们归来。笑容在她哀愁的脸上缓缓漾开。她说，你回来了？我向她点头，朝她走去，穿过她薄如空气的身体。

阁楼门为我打开，尖顶房间里光线幽暗。三张小铁床等距离排放着，我躺上其中一张，看到屋顶板壁和木梁间，一个蜘蛛在那儿结网，一只老鼠飞快地跑过。我在空无一人的房里听矿石机，光着脚跑来跑去，为生病而不用上学倍感快活。小哥在斜屋角里调试一只半导体收音机，想把钢琴伴奏《红灯记》从刺耳的噪声中摆脱出来。他关掉它，从床底下拖出落满灰尘的电唱机，放在椅子上，打开，把一张命名《秋叶》的唱片放上去。一片枯黄的树叶在匀速转动的沙沙声中飘了起来，缓缓盘旋，就是不肯落地。房门紧闭着，小哥，他的两个男同学，加上我，我们一边一个围唱机坐着，等待秋叶落地，田园的春光在交响中降临，绅士在淑女耳边轻轻说"I'm belong to you"，而狂暴的命运又来敲门……

转过头。大哥在另一角的小窗前安装一只水斗。祖母在对面靠墙的木床上叹气，为她的不幸不住地抱怨，她一边起身到水斗那里刷牙洗脸，一边还在唠叨个不停。妈妈充耳不闻，坐在窗下的大床边上，用一只放大镜专心翻看满床的旧照片。妈妈站起来，再次对我说，你回来了？从老虎窗射进的光线照出她分外花白的蓬乱头发。

我再次向妈妈走去，却撞上一个大柜子。我打开柜门，里面满满挂着、摞着的衣服雪崩似地塌下来，全是妈妈身上的气味——那混合了消毒水味、人体的微酸味、又在时间里发了酵的气味，几乎把我埋住了。

进里面那间阁楼。它亮多了，白色石灰水刷在斜天花板的泥墁上。木头地板仍像纸糊的一样，人走上去整间屋都在晃动。站在朝南的矮窗前，我看到远处一大片黑色和红色的屋顶后面，一团火光冲天而起，变成一支烛天火炬。小哥那少年老成的男同学叹道："付之一炬啊"，说那是文化广场着火了。然后他在我身后问："你考虑好了吗，真的要去——上山下乡？"我回过头去回答他——

我回过头，看见小哥那总是苦笑着的五十多岁的瘦脸。他越长越像我们已故的祖母了。在他背后，亮晃晃的灯光下，小阁楼确凿地拥塞着：饭桌，沙发，大衣柜，五斗橱，彩电，冰箱，微波炉，电脑，音响，大床，小床，碟片，报纸书刊，扔着的衣服……他在说买新房子的决定，再远再偏，按揭再重，他都要买，这拥塞的、整夜有推土机搅拌机巨响的日子已不可忍受。他们全家看中了一个楼盘，在闸北区最边上靠近农田的地方，刚刚封顶。他让我和我丈夫抽空去看看，为他做个参谋。

在他打开的窗子外，上海夜真实地呈现着，不同于新锦江旋转餐厅外的流丽，也不似游船在浦江行进时两岸的迷幻，这里，繁华是在远处，在延安中路高架桥流动的灯河之外。近处是暗的：一块空地成了公交公司的临时停车场，另一块竖着脚手架。我们的别墅或弄堂显然是最后的堡垒——并非它有保留价值，人们传说此别墅当初是由宋美龄参股的金城银行出资建造也仅是个传说，我更相信这样的说法：地处黄金地段的它地价太贵，没有哪家房产商能把它拿下来。

下楼。二楼两间朝南屋都关着。里面的邻居，一家另买了房子，一家去了海外。二楼卫生间里，马桶漏水无人修理，只能用脸盆从水斗的水龙头里接水去冲。这几样东西也都像一百年没人使用和清洁过似的，不能细看。谁都不会在抽水马桶和水斗间的那一小块地方放个木盆洗澡了。两个哥哥都在自己拥挤的居室里装了洗浴装置。

底楼三间也关着。自托儿所关门后，居委会曾有"三产"在此办公，没多久也就撤了。空关至今，这钢窗、蜡地、壁炉、天井俱全的房间。厨房的四个煤气灶却都在，或用塑料布蒙着，或裸着厚厚的黑油泥。东一个饭锅西一块砧板，都被一只只旧塑料袋仔细包好，甚至用过的内酯豆腐盒子也一个个叠好了包在塑料袋里，好像主人还打算用它们似的。

弄堂里有一股死老鼠的味儿，几个窗口亮着节能灯幽幽的冷光。附近嘉里中心和稍远处锦沧文华把耀眼的灯光分了一点投过来。这曾经被人羡慕的住满医生、律师、教授、银行职员的"别墅"，自五十年代起就没有一家是住整号楼的了，那种别墅式的生活格局——底楼用餐、宴客，壁炉前读书、弹琴、交谈，天井种花，二楼主客卧，三楼储物，亭子间住佣人——早已不存在，它实际已不具别墅之实。现在还住在这儿的，只剩下穷人，盼着早一天拆迁，拿到一笔拆迁费去还买新房子的贷款。就像我的哥哥。

八年前，这一片就开始拆迁了。当这座"金城别墅"被周围废墟里飞出的苍蝇包围时，妈妈曾多么希望它也拆掉！妈妈生前最后的希望，就是离开她住了四十年的这悲欣交集之地。

2002 年

一个人乱走

　　我相信每个年纪尚轻、还没有建立起真正生活的人都有这样的时刻：像个游魂似的，在自己生活的城市里瞎逛。

　　在晚报上，我读到这样的经历：一个人在他很小的时候就常常逃学，只是为了在马路上乱走乱看。在柏林和汉堡街头，不是周末，我都看到有穿运动服的少年，手拿一支油漆罐，边走边往路边墙上喷，是一种漫不经心的动作，喷出一些扭曲的绞在一起的字母，单薄的背影像在飘。

　　多年前我也这样过。身子仿佛很轻，只一阵风，就能够轻易地把我从家里带出来。心里早没了中学生的妄想——去熟悉这座城市。不，我是什么也不想，心是空了。我已经不是这城市的一员，只是偶尔回来过过年，养养病，休休假。我用不着上班，也没有什么人管我，我彻底自由。在我的下意识里，一定是这些，使我浑身轻飘飘的。

　　通常，我会从铜仁路转到延安中路，穿到中苏友好大厦对面四明村的大弄堂去，由它的后门走到襄阳路，经过一座洋葱头屋顶的东正教堂，走到淮海路上去。目标总是淮海路。我不能不被这条路上冠盖相连的悬铃木所吸引，它们伸展在蓝天之下，像一个个朝天空张开的手掌，把人的视线引向高处，而不是地面。上海人习惯把它们叫成"法国梧桐"，这名称更是让人想起遥远的浪漫的事物。我正需要这样的遥远，这样的浪漫，让我和现实远一点。我推开树后面一家家商店的门，真的，连那里面的小世界也个个散发出隐秘的、年深日久的、优质生活的气息，是再来几次文化大革命也变不了的。我也许正是为此而去。

哈尔滨食品店里弥漫着浓郁的奶油香味，刚出炉的小西点摆放在不锈钢方盘里，有的呈蝴蝶形，有的像一颗宝石，当中点一朵红果酱。老大昌的掼奶油雪白雪白，盛在一个个纸杯里，带着挟它们的钢球夹留下的一道细痕。它们无疑是香甜的，细滑的，我仿佛已经用舌尖感觉到了它们。看看我就出来了，我没打算品尝它们，我也没有什么钱。但为什么我要看？不知道。我也并不是很饥饿。似乎，感觉到它们的好，它们的精致，这本身已经很重要。

在陕西路口到瑞金路口那一段，今天古今内衣店的隔壁，有个店里面很大，橱柜和墙上陈放着垂有流苏的、花纹复杂的大围巾，对角折起，像一个阿拉伯公主的披肩。还有深蓝色刻花的玻璃圆盘，镶金边的茶具，绣腧花的乌克兰领口的白色女衬衫。我简直是怀着憧憬在看它们。很久了，我没有看到过这么别致而精美的东西，我真怀疑文化大革命在这里已经结束，要不这就是一个特区，为一些有特殊需要的人开设，譬如，那些像"乒乓外交"一样对外工作的人员。我远远地望着它们，一是为避免营业员过来招呼而引出尴尬，同时也真的不敢接近，那是属于另一种生活的，离我很远。

但在想象中我已经穿上这美丽的衬衫，我用这样的茶具喝茶，喝完后把它放在深蓝色刻花玻璃盘里，把那条大围巾披在肩上，这样我走到窗前，外面绿树婆娑，阳光正好……但是一下子我又醒了。

我退出来。但还是往前走，一直走。脚步并不听脑袋使唤。总是要走到妇女用品商店的圆头街角，才往回走。再前头就有点荒了，那是真的没看头了。路过淮海电影院时，见《海岸风雷》仍在放映，就买张电影票进去。这电影我已看过八遍十遍，是文革中除样板戏外少数几部上座不衰的外国电影之一，我最不想错过的是它的开头：一个阿尔巴尼亚少女在阳光下走着，腰间挟着一只篮子，去收她洗晒好的衣服，她的头发是浅色，蓬松鬈曲，她纤美的身体像一头灵活的小鹿，一条裙子在她的细腰下一摇一摆，她真是美极了。还有她的画外音（谁的配音？）："那时，我像小鸟一样自由……"那像是从蓝天和大海中发出来，把我的心都揪得疼。我们潦草的头发！粗笨的没有腰身的衣服！肥大的裤子！我们摇摇晃晃的不知向哪里迈才好的步子！

黑黑的电影院里，有人走过来坐下了，紧挨着你。他不看银幕，只朝你看，然后，一只手压上你的手背，像一条蛇。你浑身起了鸡皮疙瘩，却不敢出声，只是抽回手立刻起身，头也不回地跑出电影院。这人也跟出来了，还在后面"哎"、"哎"地低声唤你，一个陌生男人恐怖的声音！你加快脚步，向前，一直向前，走到人多的阳光充足的地方，猛回头，却全是一张张陌生、疲惫、茫然的脸迎向你。

在今天，年轻人爱去的百盛，巴黎春天，时代广场，华亭伊势丹，到处可见秀发飘飘、衣衫修身的女孩，她们身姿笔直地站着等人，或一边走路一边对手机轻声说话，甜笑，目光里含着自信，满不在乎，仿佛一切本该如此，她们天生该拥有这些，这儿就像她们的客厅。哪里还有那样的女孩呢——她独自一人，脚步游移，像看着所有地方却什么也没在看，不知道将去哪里，想做什么，只是走着，在她最熟悉也最陌生的城市，走在市中心却如同置身边缘、外围，一如她茫然无所依的青春。

2002 年

修平主的道路

　　她名字里的"平"字，不是人们通常以为的"和平"、"平安"、"平静"、"平定"的意思，它取自圣经里的一句话：修平主的道路。

　　她的父母是基督徒吗？我不知道，但这肯定寄托了他们的理想，或某种精神。而背负它、履行它的人，却将是那个在襁褓里毫无准备的小小的平。这肃穆的努力，这奉献的决心。

　　细眼淡眉，宽鼻圆脸，头发稀薄微黄，平和她美丽的妈妈并不相像。但平的身体看上去很结实，略黄的肌肤，有一种晒不黑的顽强，是苍白和娇弱所不能及。平一定也这么以为。在乡村，她栽秧、割稻、割麦都不落人后，能挑担，并会像当地人那样把扁担横过来换肩，两边的担子不落地。村里人都夸她能干。当我想起她做过的重活——挑水，挑玉米、山芋、稻麦回家——我简直觉得自己有罪。她和我一户，她总是照顾多病的我。在黑暗的小土屋里，当我病在床上，曾听到她挑担进门时呼哧呼哧的巨大喘息，仿佛她有着世界上最强健最能舒张的肺。谁能想到这个肺，在几十年后会被癌细胞摧毁？

　　平和 Z，我中学里最要好的两个同学，都曾在南阳路上住，在高级知识分子家庭长大，去过农村，最后都死于癌症，Z 在前，平在后，其间相隔近十年。

　　平在 1979 年从安徽农村回到上海，作为"顶替"名额，取代她妈妈进了彭浦的一个机械厂做工人，妈妈则从高级工程师的位置上退休回家。这样的事情是很多的，整个上海，到处都有这样的"顶替"。

　　彭浦在哪里呢？平和我趴在地图上找了又找。闸北区，粤秀路，汶水路，共和新路……这些对我们十分陌生的路名，包围着这家工厂。到达它需要向北，向北，穿过长寿路，中山北路，交通路……那将是一次北上长征，每天每天，平要换乘两三辆公共汽车，早早地上班，晚晚地回家，一天工作八小时，加上来回路上四小时，整十二小时泡在外面。可是，平做到了，她从一个散漫的知青变成了一个争分夺秒赶时间的工人。

　　如果她和我一样在恢复高考时报考大学，她一定会考上的，甚至考得比我好。我相信。她两个弟弟那时就都考上了重点名校的理工科，后来又都出国读了研究生，她也会有这样的资质。可是她自己不相信。她不考。就是不考。她淡淡地笑着，把我留在小土屋的窗前复习迎考，自己扛一根扁担挑水去了。如果她也考上大学，她的道路就完全两样，她一定不会有后来的结局。

　　然而，对于命运，我们又究竟知道多少？

　　进厂以后，平通过加班加点的业余学习，考出了会计证书，初级的，中级的。后来连高级证书也考出了。她成了优秀的会计师。别的企业也找上她，请她过去管一管财务。她结了婚，有了孩子，需要这份额外收入来补贴家用。这下她就更忙了。

　　这些年里，她走了多少路啊！从徐家汇她自己的家，到彭浦她的单位，到南阳路她父母的家，到她兼职的公司，到她婆婆的家……每一处都是必去的，她是骨干，是主管，是长女，媳妇，妻子，母亲……生活就像齿轮上的一根链条，人渐渐被固定成其中一环，你是重要的，这重要只在于你维系并巩固了周边的一切，少了你一切就不能正常运转，你也会因之而内疚不安，所以，这其实只意味着你对于他人很重要，而不是对于自己。

电话里，她在咳嗽。她身后是无边的夜的街道——和她通话我总有这样的联想。高楼耸立的马路。她的直线跑道。上车，下车。她急匆匆的脚步。她是连晚上都要去爸爸家的，为刚刚失去妻子的鳏居老爸做一顿可口的饭菜。她爸爸没用钟点工吗？用了，可是他吃惯了妻子做的菜，如今吃不到了，女儿来做已是差强人意，不然他是一口都咽不下去的。平，以及平的妹妹，轮流跑去爸爸家，下班就去，深夜才归。

不能想另外的办法吗？

暂时不能。弟弟们不可能放弃国外的事业跑回来专门照顾他。换房子不是一朝一夕想换就换——你不知道在上海换房子比找对象更难吗？老先生（即她爸爸）的生活习惯根深蒂固，又不愿住在女儿家……（一阵阵咳嗽穿插其间）

你感冒了？看医生了吗？

没什么，吃过药了……（咳嗽）

你该休息一下，请几天假，什么也别管——

说得容易……我还撑得住吧，几十年，都这么撑过来了……（剧烈咳嗽）

临睡前，平照例用手指摸了摸锁骨处的淋巴。这是平的习惯，她妈妈生前教过她这个方法。她妈妈曾患乳腺癌，因发现早，治疗及时，后来并没有转移，最后是被脑梗夺去生命。但妈妈告诉过平，癌的基因可能潜藏在平的体内。

这一阵，平太累了，例行检查都忽略了。这是她突然想起来的。不，并非突然，在这段极度疲惫、咳嗽不断的日子里，她有过可怕的梦——梦见自己得了肺癌（而不是乳腺癌），梦见很多人拿着鲜花，在开她的追悼会。

她举起的手有点犹豫。她是不信邪的，她的手却在颤抖。她把食指和中指压在两侧锁骨上面，一点一点移动。突然，触电似的，她感觉到了——

一粒黄豆大小的硬硬的东西，在皮肤下面顶着她的手指肚。

她几乎要为这个发现而笑起来——会有这样的事情吗，这真是一个拙劣的笑话，是自己吓唬自己。但她马上就想哭了。不会的！不会的！她不停地对自己说。在阵阵咳嗽中她上床睡觉，没有把异常告诉丈夫。

谁了解自己的身体呢，像了解自己的命运？你只是活着，按命运给出的路线，或听凭责任感的指使，身体像你的一匹马，你只知道它会向前，向前，一直跑，谁知道它在哪一天会背叛你？

第二天平请假来到医院。内科医生听听她的心脏，又用手电筒照照她的咽喉，噢，都红肿发炎了，上呼吸道感染，医生在病历卡上匆匆写下这个诊断，抓过处方就要开药。

平开口说道："我锁骨那儿，有个肿块。"医生停下笔，看她一眼，慢慢伸出他训练有素的手指。他感觉到这个小小的硬块了，它游离于周围的组织，很明显，它是一个独立的东西。

医生摘下眼镜，看着平——这面带倦容的看起来十分平常的女人。医生问："家属呢？谁陪你来的？"

平说，她是一个人来的，但是，没有关系，她全明白。她的颤抖在心里。

一根针刺进她锁骨下的那个肿块。穿刺结果当场出来，癌细胞被发现。平拿着这个结果，又去做 ST 扫描。病灶不在乳腺，在肺部！恶梦应验：肺癌，中晚期，已经扩散，无法手术。

她奔出去给丈夫打电话。她连说着："我是平，我是平。"丈夫问："你怎么了？我在上班啊。"平大声说："你快来！"周围的人都扭头看她。她快要哭了。她已经站不住了。她只想有个肩膀，一个男人的肩膀，好让她靠一靠。

丈夫脸色煞白地赶来，比她还要惊恐。"怎么办？我怎么办？我和孩子怎么办？"这让她渐渐平静下来。她把病历卡和检验单拿给丈夫，要他去办化疗预约登记。回到家里，她打开抽屉，把存折和股票磁卡一样样拿出来，要丈夫马上跟她去银行，去证券公司，一一过户给丈夫。平日里，不懂理财的丈夫是管也不管这些事的。

然后，她去医院接受化疗，忍受火烧一般的痛苦。然后回家，休息一段时间后再去。如此循环。齿轮暂停运转，链条需要维修，这是为自己而做的维修，只是已经太晚太晚。

"我不会好了，我知道——"平说。她就这么把话说在前头，好让前去探望的我闭嘴，再也不要说那些没用的话。

"但我们都不知道生命会有怎样的承受力，就像它突然得病一样，也许哪一天它就能突然抵抗。"我还是要说，我心里的话，虽然，要换了我，我想的一定也和她一样。

我们谈到奇迹，可能和不可能，人生的莫测无常，病因的形成，人该如何向死而生。是的，我们都没有回避那个不祥的字眼：死。对于平，你根本不要来假的那套。我们像刚刚认识一样，在她家客厅的沙发上坐着说了很多话。阵阵揪心挖肺的咳嗽不时打断她，我叫她不要说了，可她还是说，就好像要在这一次说完，以后再也不说、不想。

她的细眼睛里的瞳仁是淡褐色的，我第一次发现。随后瞳仁变深了——仿佛死亡的颜色已经进驻。

我站起身，我要走了。她也站了起来。我们对望了一下，然后，抱在一起。是我们相识多年来第一次拥抱，也是最后一次。我从来不知道她的肩头原来也是这样的单薄。她在我的肩背上哭。

疾病，这也是人生的一部分，平一定体会到了这个。她辗转奔走在各家医院之间，在亲友推荐下接触过外地的医生，求过民间的秘方。这期间平面临了更多选择上的烦恼，因各个医生的治疗方案只能取其一种，不能齐头并进，有的还是互相抵触，而时间是这么紧迫，每一种治疗都像试验，是拿信任当赌注，拿时间和生命做抵押，她的资本却极其微薄。

在有限的时间里，平从一家医院到另一家医院，大到肿瘤医院，胸科医院，小到地段医院，私人诊所。有时，病情像是缓解了，稳定了，也不怎么大咳了，结果却是更糟，新的癌肿又被发现，在新的部位，时间又一次浪费掉。一个金属支架装进了她的气管，以利她的呼吸，排痰。支架慢慢也不行了，得再装一个，撑大她虚弱的气管。她非常清楚这个过程，这种越来越难以让身体承受的循环。怎么办？她还是得去承受。得了癌症的人并不是一下子就走到终点，她是一步一步，在痛苦和煎熬中捱过去的，这是我最感心痛的地方，而且，别人谁也不能代她承受。孤独地病着，孤独地走向死——平最后几天咳出的全像是肺的碎块，她的咳嗽已达到惨烈的程度，之后，她陷入昏迷。

她躺着的医院在徐家汇天钥桥路旁的一条小路上。辛耕路。这路名让我想起她名字里的含义，她命运的底色，我为这联想而感到恐怖。她仰着的脸变小了，微黄的皮肤像是直接绷在头骨上。没有头发（长期化疗的结果）。下陷的眼窝，周围一圈青灰色。她看上去是一个传说中外星人的模样，被神秘的力量派遣到这个星球，完成使命后她就要走了。

她没有再醒来。在我来到她弥留的病榻旁半小时之后，她停止了呼吸。

中学时平的学号和我的连在一起，她 15，我 16，我们是班上最后的两个女生，我就坐在她的后排，她上课总是回头跟我说话。在农村同一个稻草屋顶下，我和她相处了八年。她走了，先自迎向了死神，而我还在这世上残存，我心里的悲和恍惚，就像病房外迅速降临的冬夜的颜色，是一种不能调化、无法书写的浓黑。

我们在灯光下为她擦身换衣。她的身体温软无力，那背部和手臂，跟随我们的摆动而动，就仿佛她还是活的一样，她在酣睡。是这样一种奇特的接触，让我的眼泪在心里凝结。

送她下楼，进太平间，然后，我走进夜的马路，辛耕路（我将永远记

得它），天钥桥路，肇嘉浜路，虹桥路……在美罗城发光的巨型圆球下进出
的人们是那么年轻，那么快活。徐家汇的人流正向汇金、太平洋、六百、
东方商厦、港汇广场、所有霓虹灯闪亮的地方涌去。每一天都像过节，笙
歌宴舞还刚刚开始，他们有的是时间。而有的人永远、永远没有了时间。

2002 年

文学殿堂

　　这地方曾经有名，文学圈或喜欢过文学的人里很多人知道它，上海，全国。这并非意味着它多么伟大，只是因为，有一个新中国最早创刊的青年文学刊物——萌芽杂志——曾长期在这里办公。在文学青年千军万马浩浩荡荡的年代，有多少人向它投稿时写过这个地址啊：上海，延安西路200号，萌芽杂志社，邮编200040。

　　这是1996年以前的事。更早以前，我还没调到《萌芽》时，我也在信封上这么写过，怀着恭敬，忐忑不安。这地方对我遥远而神圣，我鼓足了勇气，才从写在笔记本上的诗歌习作里挑了两首寄给《萌芽》。一首有关灯光，大意是，灯光从灯罩下如水一般流泻，洒在爱人伏案工作的身影上，形成一个光的轮廓，让我温暖和安然，因为我正在注视他。另一首有关阳光——我和我的表姐，在清晨的一个公交车站上等车，谈她的画，我的诗，我们共同的理想，而阳光正在此时从远处铺来，一片淡金色笼罩了我们。现在我找不到这两首诗了。现在读到它们，我肯定会脸红，因它只对一丁点儿的表面美加以渲染，以此作为陶醉的依据，而对更复杂的生活躲闪回避。汤茂林老师却肯定了它并采用。后来我见到汤老师，感觉她就像一个慈爱的母亲（年龄上也接近）。她说，她喜欢我诗里的美，这美透露出一个人对生活的爱和渴望。

她坐在她的办公桌后面，说着就站了起来。她个子不高，两手撑在桌面上。她身后是一扇打开的窗，窗外天空衬着绿树，像一幅春天的画。她非常朴素，短发，灰色两用衫，白衬衫，像极了一位教书的老师，而不是我先前从名字上猜测的一个严肃的、高衿、瘦的男人。在萌芽杂志社这间最里面、最小的办公室里，我一点也没觉得它逼仄。

作为作者，我第一次来这里开座谈会。我穿了一条咖啡色呢裙，手脚紧张到僵硬。我感觉这里的每个人，编辑，作者，都是好看的，有气质有风度。这也正像是我那时的诗，或我对文学的爱屋及乌的感情。

来过的人都知道，这地方不是一幢楼，是一个大院子，名叫文艺会堂。萌芽杂志社是在院子深处左角的一幢小楼里。小楼简陋，约建在五十年代，楼梯拐角处总堆着一个个边角磨烂的纸板箱，里面是看过不用的弃稿。拐弯上去，三楼，就到了杂志社的玻璃门前。进门是通联组的办公室，再里面一个窄道，通往编辑部的大小办公室。天花板是一方方连接起来的纸质材料，带着一个个小孔，新的时候也许漂亮，旧了却泛出一滩滩水渍来，有几块甚至耷拉下来，露出一只只大窟窿，黑乎乎的，深不可测。

到后来，我对这地方的印象，全被这些水渍和大窟窿取代了。

1986 年 12 月，我进入萌芽杂志社，做了一个编辑。当时这本杂志的鼎盛期刚过，但还在整个文学的兴盛期内。盖着各地邮戳的稿件每天都来好大一摞，编辑们的办公桌旁，堆满一捆捆写着地区名的稿件：华东，华中，西南，东北，边疆……每个编辑都俨然成了"军区司令"，管辖着五六个省的文学青年。为一篇重点稿件，编辑会专门从上海跑到外省，盯着作者写稿，当场批阅当场修改再带回来，要不，就请作者来上海，住在隔壁文艺会堂招待所里，定定心心地写和改。为了稿件质量，花费多少一概不计。

后几年经济上有点紧了，可每年春暖花开时，编辑部仍会走出上海，和某个省市的作家协会联合举办青春笔会。编辑们和年轻作者们住在一地，"过堂"似的，对一个个作者的稿件会诊，提修改方案，让作者一遍遍改，直改到"通过"。

那是兴奋和新奇的日子。陌生的人，陌生的地域和素材，湖光山色，发亮的眼睛，跳荡在这一切之上的文学和人生的话题。大家像忘了一切，像在度假——一个和文学有关的轻松愉快的长假，说不定还在此结下友情，邂逅爱情。脱离了各自的生活背景，这群年轻人看上去个个优秀而有个性，他们都相信文学能够让生活放出异彩，能把自己从黯淡的凡俗生活中解救出来。

这样的聚会从九二、九三年以后突然消失。商品经济的大潮冲来，文学青年们如梦初醒，忽然意识到文学对于实际生存的无用或者无力，物质和金钱才是一切之基础。文人们纷纷下海——真的，在1993年上海的新民晚报上，"文学角"曾开出一个由本市众多作家参与的接龙小说专栏，小说的主人公就叫"夏海"（"下海"）。《萌芽》来稿量骤减，发行量更是滑坡，编辑部里人心浮动。偶有昔日作者来访，名片上的身份，大多已变成"经理"、"总裁"。

编辑部的天花板，好像就是从那时开始破出洞的。一到下午，办公室就没什么人上班了，仿佛都跑出去"找方向"了。我有时会坐在那里，盯着天花板发呆。再也没有人会在开会时为一篇稿子该不该发、打不打头条争得面红耳赤了。有两个不知文学为何物的生意人面孔的人，某一天忽然走进来，要每个编辑都出去拉广告，完成一定量的广告额。后经大家质问：经营部干什么吃的？这才没有实行下去。

我刚来这里上班时，文艺会堂的大院子宽敞，宁静，有很多树，树下摆着仿古的陶瓷圆桌和圆凳，男编辑们爱在这里喝茶，下棋，聊天。树后面一排平房是小卖部，柜台不大，店堂里摆了几张小圆桌，罩着洁白的桌布，可以让人坐下来喝一杯咖啡。作者、朋友来了，我喜欢带他们来这里坐坐。咖啡虽是速溶的雀巢，但盛在小白瓷杯里，放在小白瓷碟上，杯前搁一把不锈钢小勺，感觉还是很正式。小卖部旁有个礼堂，曾一度放映"内部观摩"的外国片，凡文艺会堂的工作人员每人一张观摩卡，贴着照片，以示非本人不得享有此特权，不过我拿到这张卡时，这类电影差不多外面都有放的了。

变化仿佛在一夜之间。对着华东医院的大门一侧，先是改成食堂，紧接着改成餐厅。《萌芽》楼旁的招待所也改建成一个餐厅，楼上楼下过道里全是养着鱼虾鳖的玻璃缸，楼上还有卡拉 OK 房。大门另一侧，一座现代化的"文艺宾馆"拔地而起，底楼由台湾人经营成一家"老爷车鱼翅餐厅"，也卖过牛肉面，35 元一碗。我们开窗，就闻到混杂在一起的食物煎炒、红烧、清炖的气味。而我们后期因没了食堂，有的就在办公室泡面解决，偶有一人跑出去买肉馒头，大家都托他带，于是中午就一起在办公桌前大口吞咽冷了的馒头。

树只剩下院中央一棵。轿车围着它进进出出。有个长远不来的"文学中年"一次来看我，竟找不到《萌芽》，以为跑错了地方。《萌芽》栖身的小楼，缩在最里面小小的一角，黯淡，破旧，在近旁豪华的楼堂中完全不起眼。它的容身已岌岌可危。

从我来这里上班，到随《萌芽》迁走，前后共有十年。十年，很长，一场战争都可以结束，一个孩子会长成大人。儿子当年跟我第一次来这里时，还是个不懂事的小不点儿，指着一个男编辑身上的"梦特娇"T 恤没来由地说"假的"，"大兴的"（冒牌货之意），然后一溜烟跑下楼钻进院子的树丛里没了影。他第二次来到文艺会堂，是跟着我来参加《萌芽》举办的青年诗歌朗诵会并兼作服务，当这个一米八的初中生拿着节目单在新建的礼堂门口向到会者散发时，有个矮个子高中生上前叫了他一声"老师"，把他闹了个大红脸。那个中学生也是紧张的吧，来参加一个文学活动，他是否也紧张到把所有人都当成大人，好看的人，有风度有气质的人，就像当初的我？

十年是一个历程。我却无法细说。就像我对文学的态度和感情一样，不能用一句话概括。对它，这十年，这地方，我经历了从向往、膜拜到怀疑、失望的转变，有过沮丧，也有新的认识产生，那是往下沉了，而不是向上飘去，从虚无和缥渺中寻找慰藉。其中也有反复——浮躁、焦虑、痛苦、恍惚、徘徊……文学之路如人生之路，是无法预期，只能摸索体会着慢慢走。大量的阅读帮助了我，不仅阅读稿件，作品，他人的生活和思想，也阅读自己，自己的人生和内心。文学或许就在这一点上和人生连在了一起。然后人有了一个稍高的开阔的立足点，能看见天空，远方，也看见近切的地面上发生的事情。

文艺会堂在延安西路的开端，门前的马路曾幽静美丽。它所处的地区，叫"美丽园"。它斜对面的马路上，有上海戏剧学院的一个后门。在它东面，就是我熟悉的静安寺了。由此我相信世界对一个具体的人来说并不很大，转来转去的，她仍在命运给出的范围内生活。

2003 年

风雨水火

婆婆妈妈之空间

　　我的祖母，因为我妈妈叫她"婆婆"，所以全家人都跟着叫她"婆婆"。她是 1900 年生人。像是一个奇迹，她在上世纪八十年代末的一天出现在我家住的高楼上。她走在最前面，颤巍巍的，用她那双快九十岁的半大小脚挪动着步子，手里拄一根手杖。妈妈搀扶着她，哥哥嫂嫂们跟在后面。这样看上去她好像仍是这个家的"老大"，是她率领着全家人来了这么一次远征。

　　她的确是我们家活得最长的长辈。她活到九十六岁。妈妈只活了七十九岁，比她早走。她们两人之间，战争持续了大半辈子。婆婆一向是赢家，连在寿命上也是。妈妈死去一年后，婆婆才在寂寞中悄然离世。如果妈妈还在世，婆婆她一定会奉陪到底。与她的儿媳妇（即我妈妈）斗争，几乎成了婆婆后半生唯一的生趣，生命活力的源泉。

　　但是，除了这一点，婆婆她更像是一个明事理、懂礼貌、可亲可爱的老太太。

　　瞧，她带着一大家子人，从电梯里出来了。当开电梯的人恭维她"老太太好福气，这么多晚辈"时，她一定很有成就感。她像个德高望重的教授一样，向对方报以微笑，而不是像在家里那样对着妈妈叫嚷："我是个孤人，儿子死了，一个亲人也没有了！"她听得懂别人的上海话，却一句上海话都不会说。她走出电梯，气喘吁吁，像是爬了十层的楼梯。

妈妈自然更觉得累。她的身体，远没有婆婆的身体好。

她们一间间参观我家的"新房子"。起居室外的敞开式阳台，婆婆站也不敢站，更别说往下看一眼了，"那真站到云里去了"。小小的书房，她们探头望了一下，"很好很好"。八平方米的卧室，她们也连说"真大真大"。那是真心的赞叹，那的确比金城别墅里她们住的三层阁宽敞多了（要是她们分住在两间，也许摩擦会少一些）。婆婆用手压了压大床的席梦思床垫，又在上面坐了一下。我要她上床休息一会儿，她不肯。"这怎么行，你们的床，"她有她的行事规矩。

这也许是婆婆和妈妈最后的一次共同"远征"。妈妈后来还来过一次，并特意做了我爱吃的"十香菜"带来。但她脸上有愁云笼罩。不用说，又是受了婆婆的气。婆婆对妈妈发的所有脾气，最后总是归结到这一点上：爸爸的死是妈妈害的，"就是认识了你这个国民党家里的人，他才倒霉！"然后就是陈年烂谷子的事情，一桩一桩抖出来说，妈妈越痛，婆婆越要在那伤口上撒盐——婆婆一难受就希望全世界都跟她一起难受。婆婆说的似乎都是事实，但的确又都是歪曲了的事实，婆婆的逻辑永不可改变。我请妈妈干脆在我家住两天，消了气再走。"那怎么行？婆婆怎么办？"妈妈终是放不下婆婆。没坐多久，她就匆匆回家了。

她们两个，其实谁也离不开谁。不，妈妈可以离开婆婆，那样她反而会自由、舒心，但婆婆是离不开妈妈的，就像离不开一个保姆，一个沉默的出气筒。妈妈深知这一点。

婆婆生在湖南乡村，不识字，年轻时死了丈夫，孤身一人跟着独养儿子（即我爸爸）和儿媳来到上海，文化大革命中又死了儿子。虽然，妈妈和哥哥们一直和她住在一起，照顾她的生活，可她还是觉得自己"没有亲人"。照她的说法，她的亲人们全在湖南乡下，她的姐姐，她的弟弟，她的侄子侄女外甥……她说，她在乡下还有一块地，一间房子，是土改那会儿分来的，现在虽住着乡亲们，可她回去的话，他们是一定会照顾她的，会比你们照顾的更好！所以她一定要回去。

“那你就回去吧，我这就去买火车票。”有一次我终于这么回答她。

“好你个细妹仔！”婆婆一听就跳起来，“你真是你妈生的女儿啊，就盼着我走，就嫌我！是你妈教的不是？一定就是你妈教的！”

于是她越过我，大骂妈妈。又一轮战争打响了。

我想婆婆是嫉妒妈妈。妈妈比她年轻，有文化，有工作，退休了也可以去很多地方，还去香港会了一次台湾亲戚，还有女儿家可以走动……而婆婆有哪里可去呢？充其量就是搬个椅子，在弄堂里晒晒太阳，和别人说说话。可她的湖南话谁听得懂啊，别人只能朝她笑笑，然后走开。她是多么的寂寞。

金城别墅，几乎就是婆婆的全部上海。在她还不那么老的时候，她曾经腾腾腾地从底楼厨房把做好的饭菜端上二楼，招呼我们都下去吃饭。她把一大箩茄子洗干净，拌上盐和甘草，上笼蒸一下，再腾腾腾走上二楼到三楼之间的晒台，把它们摊开来晒干，收在坛坛罐罐里。这就是我们爱吃的茄子干。她在晒台上种苦瓜，这是她的宝贝，她通过它们又鲜又苦的滋味回到她的湖南乡间，她过去的生活。她还用花生壳燃烧后冒出的烟气，慢慢熏黑腌渍的猪肉，做成湖南腊肉，弄得别人误以为她在搞迷信活动。啊，她只是要在这个她讲话没人懂的城市里，保持住对过去生活的记忆。

我还真不清楚她早些年曾去过上海的哪些地方。哦，她带我去儿童医院看过病，她抱着我，在三轮车上呼呼地喘气，我能感觉到她的心跳。她养过一只猫，后来因邻居抗议，不得已把猫送走——她坐车到很远的我们都不知道的地方扔掉猫，可还没等她回到家，猫已经先一步回来了。她病了。哥哥用自行车推她去医院，我们把她瘦小的身体塞进出租车里，她在医院观察室吊盐水的样子孤独而且可怜。我抱着她。我只有抱着她的头，抚摸她的手，她的满腹怒气才会一点点消散，她有多久没被人抚摸过、拥抱过了啊。还有一个地方，淞沪路某号，我堂叔的家，她那时一年会去个一两次，因为她跟妈妈怄了气，然后，在那儿顶多一个星期，她就回来了——她又跟堂婶怄气了。

尽管这样，婆婆还是会像住在静安区的某些上海人一样，把静安区以外的远地方都叫作"乡下"。淞沪路是乡下，斜桥是乡下，肇嘉浜路也是乡下——当然，那会儿徐家汇还没有开发。

在我记忆中婆婆永远是一个老婆婆的样子，永远没有年轻过。她年轻时候的样子，全留在湖南了。上海对于她多么无情。

很久以前，她曾拿着报纸识字，要我们做她的老师。她可真是个聪明的人，没过多久，就能一个字一个字点着读一段新闻了。但爸爸死后，她再也不看报纸，她认识的字也就一个个消失。

妈妈晚年不堪忍受吵闹，曾动过独自去住养老院的念头。在电视里，妈妈看到那些老人在宽敞明亮的屋子里，庭院中，说说笑笑，或独自看书，她觉得他们很开心。

不行，我们谁都不同意，而且婆婆准会为她的这个决定而拼命——婆婆会认为遭到了抛弃。而且谁又能既照料婆婆又闷声不响受她的气？唯有妈妈。婆婆也不可能去养老院，她的湖南乡音没办法跟别人沟通。而且大哥死也不会让婆婆和妈妈去养老院的……那么，只有她们两个，厮守着，对峙着，到老，到死。

有一天，我从文艺会堂下班，到金城别墅去看望她俩。她们却都不在家。我走出去，想找找她们，她们让我很担心。在延安路华山路口，我远远看到对面静安希尔顿附近的街角上，走着一对矮小的老太太。看上去她们的年岁差不了多少，一样的衰老、弱小、羞怯——是这漂亮的马路、高楼、绿树让她们这样吗？她们手拉着手，带着久不出门的新奇和陌生感在慢慢走着，看着。这正是我的妈妈和婆婆！我几乎看呆了。我的心痛起来。我认为我看到的是两座活动着的内容复杂的历史纪念碑。在那个瞬间，我真正为她们感到心痛。

现在她们都安卧在青浦的同一个墓园里。但是我们没有把她俩葬在一起。妈妈和爸爸在一起，婆婆在墓园的另一个区域，这样，她们可以各自安静。松柏和天空陪伴着她们。她们的时代结束了。

2003 年

闻尽人间烟火味

上海的气味要走近了闻，最好是到弄堂里，厨房间，以及亲近的人身边去闻。那是离人生最近的地方，气味无可伪饰。

而上海太大，充其量我只能闻到千万分之一。

我首先想到的是油煎带鱼的香气。那不是什么高尚的气味，但也绝不低俗，就像生活本身。也许因为我好吃——我曾生活在一个吃不饱的年代。总是在黄昏，天将黑未黑时，混合着菜油和鱼腥气的油煎带鱼的咸香就在弄堂里飘起了。对于我它是一种信号，预告着晚餐时间的到来，召唤着人们回家。是哪家主妇在做这寻常的美味呢？它淡淡的焦香，让人想象油温在怎样被文火控制着，做菜人又是怎样仔细地观察着一段一段带鱼的颜色，不断地用锅铲将它们分别翻动而不弄碎。

上海俭省的人家，往往将带鱼肥壮的中段蒸或红烧，头尾少肉的部分才油煎，煎到骨头都酥了，可以全部下肚，真是物尽其用。今天看来这不是一种健康的吃法，却曾经广受上海市民的喜爱，也许正是因了它的香，它的普通，能给寡淡的饭桌增添一点小小的惊喜——它毕竟还算一道荤菜。

在上海还有露天国营菜场的时候，带鱼曾卖得很贱，整条整条的，带着银色的细鳞，尖长嘴、细尾巴和背上一排短鳍一样不缺，根本不是今天超市里截成一段一段的小包装冷冻物——它们常常在解冻后严重缩水，变成薄片让人失望。做油煎带鱼这道菜，却要花一点功夫，要刮鳞、挖肠、剪鳍、斩段，用盐暴腌一会儿，再慢慢煎炸，整个过程需要耐心，是那种对生活还有淡定的坚忍、执著和期待的人才可做到，而且要有适当的闲情。文化大革命最激烈期间，我不记得在弄堂的哪个角落里有它的香味。那时候也没有什么小孩子到弄堂里玩，大家都乖乖地待在家中，看着紧锁眉头的大人拿着红宝书去上班，或到"牛棚"里接受批斗，去扫厕所和马路。我们底楼的公共厨房，各家人都是匆忙下来，胡乱煮点饭炒个菜就匆忙上去，关在房门里不露面，不像以前揭开锅盖切磋厨艺好一会儿。

　　我和小哥曾偷偷下楼，想炒一盘青菜，端上去给悲伤的祖母和母亲吃。她们两个为我父亲的死整天哭泣，吃不下饭。我们无师自通地把铁锅支在灶上，手忙脚乱地点火开煤气，放油，然后急忙忙倒下洗好的青菜。可想而知这是怎样一种味道。我至今记得菜油在没有烧热时的腥味。那种哀伤和茫然的气味。

　　菜香总要飘起来，就像人总要吃饭，生活总要继续。我闻到小排骨萝卜汤的香气了，鲜甜醇厚，缓慢持久，在冬天的厨房和弄堂里萦绕不去。这不是殷实人家才有的汤菜——梁实秋说的"多放排骨少放萝卜"的炖法除外——它很普通，几块排骨和几个白萝卜就能炖出一大锅。我母亲常在冬天炖这汤给全家人吃。雪白的汤汁里卧着微红的排骨，滚刀块状的白萝卜上往往还有几片黑木耳漂着。她相信"冬天萝卜赛人参"这句话。她爱吃排骨上连着筋的那点肉，但总是让给我们吃。唉，我多么希望她能活到今天——我将天天为她烧她喜欢吃的小菜。

　　她其实不喜欢油煎带鱼，除了没这份闲心和技艺，也讨厌"油腔味"弄得满屋子都是，钻到头发里洗不掉。这一点遗传给了我：我在不得不油煎食物时总要把厨房门关严，以防油烟味窜出熏得到处都是，事后必马上洗澡洗头换衣。像她一样我喜欢做炖菜，不起油锅的那种，香菇烧鸡，咖喱牛肉洋山芋，红烧肉，放在锅里慢慢煮。不过她口味很怪，什么都能包容，什么也都无所谓，好像只为支撑肩膀上那点责任她才要每天吃饭。她曾买回一种臭腐乳，比今天的臭豆腐干臭十倍，严严实实装在盒子里面，做贼一般偷偷塞在菜橱最偏的一角，等到掀开盖子，大家还是知道了——那个臭啊，过了半个月还留着，我们闻之都掩鼻逃开。

也许母亲是在冒险——用一个强烈的刺激，唤醒她沉睡已久的胃口？

我仿佛闻到她经常炒吃的油榄角的香了。那种奇香不是每个人都能接受的，它在油和酱油的烧煮下缓缓升起，紫色的油榄角颜色变深，发黑，用一点糖收干起锅，这来自广东的土产便能像宁波人的咸菜那样，让她过下一碗泡饭。

母亲本人极爱干净，身上常年有一股消毒水味。来苏儿，她说。这消毒剂也是一味毒药，相传当年阮玲玉就用它拌白糖服下自尽，引得那时上海想自尽的年轻女子们纷纷效仿，我一个姨妈也在其中。母亲厌恶来苏儿微微刺鼻的化学气味，又不得不每天带着这气味回家。她长年在医院里做化验员，和细菌，和肺结核病人的痰液打交道，来苏儿毕竟能给她安全。我小时候总爱把头埋在她的怀里，大口呼吸这气味，她怎么推也推不开。在母亲的汗水和微酸体味的中和下，它已经变成唯一特殊的温暖气息，让我依恋，永难忘怀。

现在我们到昔日的小菜场去看看。在如今已拆掉的泰尉坊后面就有一个，当年非常有名，就是安义路小菜场——现在它也消失了。我在《上海私人地图》中描绘过它曾经的热闹，而现在我要用鼻子来闻。那是一股强烈而混杂的腥气，从生猪肉、生牛肉、活鱼嘴巴、死鱼肚子、活鸡活鸭的新鲜粪便、冻鸡冻鸭冰冷的毛孔里一一泛出，彼此不同，各有轻重，汇在一起却十分巨大，直冲人的鼻子。人们并不感到恶心，反而循它而去，好像它是一个路标。在人们充满饥饿感的想象中，这气味马上就要起变化，变成鸡汤、卤鸭、清蒸鱼、红烧划水、咖喱牛肉、红烧肉的香味。人们有耐心地排队，在这腥气中观看别人选购，心里盘算起如何把这限量供应的荤腥做成一顿最适合一家老小口味的美餐，队伍也就不嫌长了。

等到菜场收摊，太阳已经晒过来，这时营业员再怎么拿水冲洗摊位，总还是有生肉家禽的血水，鱼的鳞片，虾的尸体，巴在高低不平的弹格路上，经太阳一晒而变质，而腥臭远播弥久不散。紧靠菜场住着的人家，可就因此遭了殃。

这些人家也许惯了，久入鲍鱼之肆一般，反显出异常的从容坦然。衣服被子照晒，绿豆百合汤照煮，端碗坐在弄堂口，边吃边看路过的行人。不屈不挠的清甜香里，夹着一丝苦味，像是一道能挡回恶臭的屏障。

既写到臭，我便不想回避这小弄堂里马桶和公共男厕的气味。我只是偶尔路过，却也记到今日，那些曾日夜居住在那儿的人们又将如何？这气味不用我来形容，也不容变形和拔高，它曾经存在，这就是事实，我不相信人们能在穿越记忆时将它撇开——记忆有它特殊的嗅觉。公共男厕紧贴在弄堂的山墙上面，窄窄的一条，其实就是男小便池，没有遮挡终日敞开，女人经过时只得侧身快跑。马桶，我是在一个住这弄堂的女同学家中认识的：我们围坐桌边做功课，忽然她不见了，过一会儿房间里泛起粪便味，很快又淡下去，然后她从房间一角的布帘后面闪出，整整衣服，马上回到桌子边上做她的功课。当我知道布帘后面有一只这么可恨而又必需的马桶时，我感到了尴尬，也为她委屈。她却像什么也没发生似的，奇怪地朝我看。那一刻我永远记住了她秀美而纯净的面容。

现在，笼罩着上海的住宅小区的气味，常常令人愉悦。窗外正飘来草叶的清香，连同锄草机巨大的轰鸣。草地上的青草被齐刷刷锄平，新鲜的草汁源源不断地从断茎里冒出来，上升为一片清醇的植物甜香。这种气味人人喜欢，但它离真实的窗口还是远了一点，不提也罢。

2005 年

二　女人：实像与虚像

母亲这样的女人

母亲离开我们快两个月了，全家人仍不能习惯这个事实。侄女告诉我，她每次经过晒台门口，总觉得阿婆（她这样称呼我的母亲）还坐在那里，望着晒台上方一小片空旷的天。的确，这是母亲生前常做的一件事。从前我每次去看她，她总在那儿。我说，姆妈，这里风大，冷，快进屋吧，不要感冒了。她总是摇头一笑，说，不妨的，这里安静，我想静一静。或者还加一句：这里好透气。母亲有心脏病，我们只当是她需要呼吸新鲜空气。

那时，我们很少去想，母亲为什么愿意待在这儿，而不是她的房间，或家中任何一个别的地方。

我们已经习惯了这样认识母亲：她是为我们而存在的，是属于我们的，属于父亲，婆婆，哥哥，我，以及我们的下一代。小的时候，我们习惯了母亲在灯下捏着针线，为我们缝补衣服，下班回来给我们带好吃的，去学校为我们开家长会，柔声细语地抚慰我们，擦去我们的泪水。文革中父亲的突然死亡，使我们看见了一个孤单无助的母亲，那是因为她把头埋在了自己的臂弯里，浑身颤抖，从那下面传出陌生的无力的抽泣声。那一刻她没有理睬我们惊恐的呼唤。那一刻她是暂离我们而远去了，去到她一个人的世界。可不久她又回来了，为我们去单位蹲牛棚，扫厕所。真的，的确是为我们，我当时就是这样对她说的——姆妈，为了我们，你要活下去。我以为这句话能够让她不死。当时才十几岁的我，已模糊地认定母亲是不会舍下我们的，我们，就是她活在世上的全部理由。母亲果然没有随父亲而去。天长日久，我们习惯了她的憔悴、操劳，她对脾气乖戾的祖母（她的婆婆）的全力侍奉和忍让，对小孩子们慈爱温和的笑。在我们心目中，这就是母亲的形象：一个终身的孝媳，贤妻，良母。

现在，我们身边和心里有了巨大的阙失。母亲把她自己整个儿带走了，而我们仍在。母亲自身即是一个整体。这是我们从前很少想到的。

可是，母亲自己的生活在哪里呢？她是融化在我们的生活中，还是被我们的生活分割了，剥夺了？

母亲在她生命的最后几年中，似乎对此有所思悟。也可能她早有思悟，只是不说。她是个沉默寡言的内向的人，不像别的女人，年纪越大越唠叨。她是越老越没话。母亲，站在晒台那一小片裸露的天空下，你究竟想了什么？

有一次母亲忽然告诉我她小时候的一件事。她说，六七岁时（那是多么遥远啊），她在南京的家中，喜欢趴在窗口看外面。外面的左边，有一幢小洋楼，二楼晒台上，经常能看见一个女人坐在靠椅上看书，或者搬出雪白的枕头被褥，把它们在太阳底下拍松，晒得软软的。女人的动作从容优雅，让年幼的母亲觉得心里很舒服。她甚至记得太阳光里飞舞着的细小灰尘。右边的尽头，却是一片简陋的棚户，里面也住着一个女人，看上去年纪大一些，穿得简单，但很干净。这女人好像是同两个年纪差不多大的男人住在一起，是一家子，他们也搬东西出来晒，是破旧的纸板和布头之类的东西，忙忙乱乱的，但是从没见他们吵嘴。母亲叹道，人和人的生活，是多么不一样啊。

我心口发堵。在母亲所描绘的旧得发黄的画面上，我仿佛看见另一幅图景：母亲正伏在她晚年生活的危栏上，看她自己的一生——那是与她幼年的憧憬或疑惑完全不同的生活。

　　母亲的一生，简要言之，前半段是职业妇女，做医务化验工作。那天地其实也不大，须知她同时还是三个孩子的母亲，有脾气急躁的丈夫，挑剔到甚至蛮不讲理的婆婆，年迈的高堂。但毕竟她还有独立于这一切之外的时间和空间。我能够想象她走出家门之后的那种轻松感。她步行到静安寺，挤上57路公共汽车，沿途经过洋楼和农田，看到芭蕾舞学校的学生们迈着轻盈的步子，头发绾在脑后或盘上头顶，拎着装脸盆衣服的网兜走出校门，这时她会有莞尔一笑，会在心里想一想与家完全不相干的事。到了西郊外的医院，她穿上白大褂，去病房为病人挨个抽血，与那些怕疼的病人说笑，轻轻拍打他们隐伏在皮肤和脂肪下面的淡青色血管，一针下去，血就从静脉流到针筒里了。病人说，你真是一针见血。她轻轻地笑了，没有声音。显微镜下的世界也就是她的世界，她可以坐着看很久，从来不说腰酸脖子痛。退休之后，这一切都没有了，只剩一个失去了丈夫的家。她的天地空前缩小。而且，她一步也不能离开这个家，因为家里的每个人都需要她。

　　她唯一的外出理由是上街买东西。她在商店柜台前这儿看看，那儿看看，一站就是好半天。有时她付钱后忘了拿买好的东西，回到家想起，再急急忙忙地往回赶。她也曾一清早去附近的公园做操，在那里认识了一些年龄与她相仿但明显比她"潇洒"的老妇人，她们做完操后可以轻轻松松地聊上大半天，她却必须忙不迭地往家里赶了。哦，你这么大年纪还有个婆婆。别人对她这么说，好像是惊奇，又好像是怜惜。母亲心里知道，她只要晚回去一点点全家都会不安，就像一锅粥煮开后关了火，还会的的笃笃翻腾个不停，婆婆的数落和唠叨则会像小刀子一样一把把飞过来，让人听不出是关心，还是埋怨。久而久之，母亲习惯了。

　　在一个阳光明媚的上午，她从公园出来，满街的人和车使她觉得头晕。她沿着狭窄的人行道边缘慢慢往回走。一辆自行车紧擦着她的身子骑过去，车把钩住了她的拎包带，把她带倒在地。幸好自行车不是骑得很快，没有伤着她。在全家人的强烈要求下，从此，母亲不再去公园，不再单独外出。

从此，母亲最常待的地方，就是那个裸露的晒台了。那里毕竟还没有屋顶。

这样的日子，又持续了一两年。

这期间，在忙活那些永远没完的琐碎家务的间隙，她开始整理一些旧物。常常是床铺上堆满了乱七八糟的东西，箱柜大开着，她却拿着放大镜反复看一张旧照片，像一个专心致志的考古学家。

她的抽屉里有一支口红，铜皮外壳，旧得发黑，里面膏体干硬，已经旋不出来，但仍然顽强地红着，就是旧画上一方印章的那种红。母亲毫不掩饰地告诉过我，这是一个男人的赠物，这个男人，不是我的父亲。故事并不复杂，简短得令人遗憾，让人想起张爱玲的《爱》。他是她学医时的同校男生，常常在学校门口碰见。说到这儿母亲闭上嘴。以后呢？我问。没有什么以后了——没有了，母亲说，那只是心里可以感觉到的东西。

那么它——？我指指口红。

哦，它来得太晚了。后来我到了重庆，遇到你父亲，结了婚。这时候他从上海打听到我的地址，千里迢迢赶来看我，兴冲冲说的第一句话就是：你好吗？这也是他对我说的平生第一句话。然后，他看到我挺着大肚子——我那时已怀上你大哥。他只好走了。第二天，托人送给我这东西，还有一对龙凤象牙筷，一封信。信上说，这是他在上海就准备好的礼物，所以还是决定送我。他说，祝你一生幸福美满。

我知道母亲后来的生活是不快活的。年轻时她喜欢笑（是那种有声音的笑），喜欢穿花裙子，从乡下出来的婆婆最见不得这个，一天到晚恶言恶语摔锅扔瓢表示抗议。当然，除了这个，父母这种从旧社会过来的人，生活中还贯穿着大大小小的"运动"。

你后悔吗？我问母亲。她明白我指的是什么。

母亲缄口不语。也许这是一个很难回答的问题。过了一会儿，母亲说，我只是常常在想，要是换个人做了我的丈夫，我的后半辈子又会怎样？

我忽然很想与母亲讨论。我说，父亲去世时你只有五十岁，为什么不再另外结婚呢？

母亲连连摇头：怎么可能？我有你们，还有婆婆。我想也没想过。

母亲的口气十分淡漠。我也一时无话可说。或许，这也并不仅是婚姻的问题。

母亲最后一次独自出门是在今年年初。那天很冷，天色阴晦。一大早，我上班等公共汽车的时候，在车站旁看见一张"寻人启事"的招贴，上面印了一个老年妇女的半身像，并详细注明了她所穿衣服鞋袜的颜色和面貌特征。我只注意到她的年龄——七十五岁。她比母亲还小几岁呐，当时我想。我是决定中午就出来陪母亲看病的，母亲的腿肿了。我已经让哥嫂通知了母亲。可是，当我急匆匆赶到母亲家时，她已经离家两个多小时了。她等不及我了。我去医院找了三趟，挂号间，药房，楼上楼下各个诊室，没有。沿途也没有。下起了小雨，我在雨中盲目地走着，看。我看到几个老妇人在雨中蹒跚而行，手里拎着式样过时的包，不知从哪里来，要到哪里去。我把她们每个人都认作我的母亲，然而都不是。母亲一定就在附近的哪个地方，也是这样，在雨中蹒跚而行，旁人看着她，不知道她从哪里来，要到哪里去。姆妈啊——我在心中一遍遍长呼！

母亲的床铺在这一天意外地理得很整洁，让人陡生可怕的联想。晚上，我和大哥又到她常去的小公园寻了一遍，那些长椅、树木、假山和池塘，都在黑黑的冷雨中沉默，仿佛严守着什么秘密。最后，我们去派出所报了案。

我感到母亲是决意要离开我们了。

然而母亲竟在晚上十点多钟回到了家。她一早上出去确是想看病的。她走出家门，看到宽广的天空，和天空下面乱糟糟的店铺，行人，车辆，马路，工地。这一年多，家附近拆迁了一大片，都不认识了。她没有走到原先那家医院。但是这样独自一人的行走在她是难得的。她慢慢地走。她忘了戴表，忘记了时间。天下起小雨的时候，她看见回家的 20 路电车站，便乘上去。可是电车也改道了，而且是调头车，一下子把她载到停车场。场外正好有一家孤零零的兰州拉面铺，她坐下来，吃了一碗面。那很有劲道的面条和香菜肉末"臊子"让她想起几十年前在兰州的生活，那时她在兰州生下我二哥。面条吃不下去了，她坐了很久。当她起身时，忽然不知道要做什么，要到哪里去。她便这么漫无目的地走着，完全地迷失了。一个三十多岁的男人问她，老人家，这么晚了你要到哪里去？她回答不上来。问她家住哪里，她也恍惚了。那人倒是个有耐心的好人，一点一点地问，家附近有什么建筑，什么特征，就这样走到了上海咖啡馆门口。母亲终于记起来了。她说出了家的弄堂号，一个杂乱无章的四位数。

那个数字曾经是烂熟于心的啊，她和它有过四十多年的联系。

几天后母亲住进了医院。后来我听说，大哥送她去急诊时，她把床单抚平，又抚弄了一会儿被子，似在与这张床告别。她果然没有再回来。一个月后，母亲因心力衰竭和肺气肿在医院逝世。这是在 1995 年 2 月 14 日。几十年不遇的集中国元宵节和西方情人节于一日的日子，生人团聚的日子，母亲却在这一天与我们死别。她是决意要离开我们，一个人去了。一切喜、怒、哀、乐、悔、怨、悟、觉……都因死亡而终止了。

蓝色尸布裹住了母亲的肉身。它就这样躺进太平间窄小的格子里。然后是殡仪馆的水晶棺，然后是熊熊的焚化炉，然后是楠木骨灰盒。可我总不相信母亲会待在那里面。那空间是越来越小了。我曾梦到母亲，是在荒野的郊外，一间平房的土炕上，母亲侧卧在上，盖一条薄被，对我说，你来看我了？你看，一切都没有改变吧？梦中的我心中悲伤，在梦中就想，怎么没有改变呢？你已经死了，嘴上却说，是啊，一切都没有改变。醒来，难过了半天，却又想，那到底是她一个人的新的天地啊。也许这该值得夫幸？

前几天与家人坐着随便说话，随便地看电视，忽然笑了一下，无声地，缓慢地。笑后方想，自己本没有理由笑，也不想笑的。这么一想，忽然看到母亲就在眼前，坐着，就这样无声而缓慢地一笑，同往常一样。我便明白这是母亲在笑，藉着我的肉身。我的身上，有着母亲未完的命。

走在街上，仍是阴晦的天空，乱糟糟的行人，车辆，店铺，工地。这是几十天前的母亲在走吗，还是几十年前的母亲，走在我这样的年纪里？

我的心也恍惚了。

但这分明是我的脚。我的。也是我的路——不同于母亲的。

1995 年

你的名字是什么

她和我同岁，大我两个月。我从没叫过她表姐。我叫她的名字：家和。这名字给我朴素安宁的感觉。我看着家和。不，我看到的是另外一些东西，离朴素安宁很远，又有点接近。

那是什么呢？

家和穿着带花边的连衣裙，洋娃娃一样瞪圆了双眼，咧开嘴笑。这是在一张发黄的照片里。家和小时候照片很多，背景都在她家：用黑篱笆围起来的草坪，草坪尽头的洋房，白漆木浮雕床。这房子的真正主人是家和的外公，一个旧上海资本家。他和七八个子女都住这。旧照片里还有家和的父母，很年轻，西装革履和旗袍蔻丹的一对，像旧时文明戏的剧照：男人搂住女人的细腰，女人捧一束花。那是五十年代初的照片，家和刚出生不久。家和长得像她母亲，长圆脸，眼和嘴略略外突，不如浓眉直鼻的父亲漂亮。父母常吵嘴，又常和好，一和好就新婚似的送花拍照。小小的家和总是被忽略在房间一角。她的哭声和笑声一样直率尖锐，不秀气。她父亲曾说，这也像她妈妈。

在家和逐渐长大的日子里，这个大家庭无暇传授给她笑不露齿、坐必抆膝的淑女风范。公私合营使外公成为"吃定息的"，反右运动中她父亲又差点戴上帽子。或许还有别的，家和不清楚。她只是感觉父母说话都没好气，家里好像人越来越多而地方越来越小。几年后，她随父母（还有她哥哥）搬出徐汇区这幢令人羡慕的花园洋房。

新家仍不是真正独立的家。他们和家和的爷爷奶奶合住，在太原路一幢新式里弄楼底层，阴暗且潮湿。爷爷奶奶住朝南前屋，家和一家四口住后面北屋。房票上的房主是家和的亲叔叔。家和一家搬入时，这位在气象台当工程师的叔叔正在公安局接受传讯，原因是某中央首长的专机飞经上海时遇到雷雨，而天气预报是晴到多云——叔叔那天正当班。传讯持续了两年，家里人得不到叔叔的一点消息。两年中南屋又住进一位来自东北父母双亡的高中生堂姐。之后，叔叔带着一份"非政治原因，免予刑事处罚"的结论从公安局回到家里，成为无业人员。家和看到了一个浮肿苍老的陌生叔叔。他板着脸要么不理人要么突然出言不逊。他脸上的阴云蔓延到拥挤逼仄的每一寸空间。值得庆幸的是家和每天上学。她考取了本区一所女子中学，在那里学会不依靠男生独立行事，还有疯闹疯笑的自由。她学习成绩平平（除了美术课的优），但对校内任何事都很热心——这样她可以少待在家。

不久开始了文化大革命。读了一年半初中的家和重被抛回家中。这段日子十分难捱。家成了一个战场：叔叔和父亲吵，父亲和母亲吵，为住房，家事，以及各自受到的审查批判。有一天，家和父母从"牛棚"回到家时，只见弄堂里堆满了他们家的东西，从白漆木浮雕床到钢精锅。叔叔和堂姐带着理直气壮的表情采取了这一"革命行动"。家和目睹了全过程。她紧靠在弄堂墙壁上，看一只钢精锅被恶狠狠地扔出来，骨碌碌滚在坚硬的水泥地上。

夏末的夜晚十分漫长。

这个夏夜彻底结束了家和父母长期吵闹不休的婚姻。他俩很快各归各找到便宜的栖身处，很巧，都在虹口区著名的棚户区内。家和的哥哥去了农场，家和主动报名去了江西插队落户。家和的家没有了。

家和改名就在那时。从此，她新认识的农民和知青都只知道她有个红彤彤的响亮名字。从江西寄回的照片上，她裤管袖管挽得老高在井台打水，一如既往地咧嘴大笑，仿佛全无心事。水亮晶晶地泼溅出来，水桶被她壮硕的胳膊轻松地挽住。那样子真让人相信，她从来就属于一个硬绷绷红彤彤的名字。

很好，家和说，你来棚户区体验生活。她把我的别着白色校徽的衬衫从椅子上递给我。这是八十年代初的一个早晨，我躺在她家的白漆木浮雕床上。家和已结束十年的江西老表生活，回上海顶替她母亲进厂做工。我趁暑假去看她，在她家住了一夜。这个家，就是当年她母亲找到的一间棚户。十几年过去了。

家和的母亲不改早年家政系毕业生的秉性，把小棚户的阁楼努力收拾成花园洋房里的模式，但底层出于生活需要，黑泥地上的煤炉、水缸等仍少不了，和隔壁人家一样。

我听到她母亲习惯地叫家和的新名字。好像从来不曾有过家和。

我叫了一声：家和。她隔一会才有反应。她深深地看着我，像是在问：你怎么了？

我和家和睡阁楼上。席梦思年代已久，太软，老让我俩往中间陷，一夜翻来滚去地睡不安，就在黑暗中说话。

你的事怎样了？

什么事？

婚姻。

你自己没结婚倒来问我？

我是读书不能结。说你的。

我……唉，那些介绍的男人蠢得要命，想象不到的蠢，肚子里什么也没有，还……不说了，没意思。

什么有意思？三十岁了呐！

怎么你说话跟我妈一样！那个唠叨啊……还是画画有意思。

画画的事明天再说。你到底怎么打算？

　　说老实话，我怕。结婚，没好结果的。结了再离，不如不结。榜样就是楼下，眼门前，他们吵架我从小听到大。我觉得一个人好，安静，厂休去文化馆绘画组听老师讲课，再不就去野外写生。我晓得画不出名堂的，就是喜欢，没办法。画时我觉得心里头清爽。树，天空，河流，路……喂你睡着了？

　　不知她还讲了些什么。我大概睡着了。她的话在寂静的夜里有一种奇怪的安神作用。

　　家和起床是果断地一跃下地，毅然决然得很。我也有过这样的时候，在乡下出早工时，但不经常，因我后来当了教书的。而家和的江西十年，是硬碰硬的插秧、割麦、挑谷，而且很少溜回上海。

　　家和撩开窗帘。天，对面窗离这儿最多两米，一个流鼻涕的大男人正朝我们笑。一个傻子，不打人的，家和说。过一会儿男人消失了。我探出头，看到一大片杂乱无章的油毛毡碎瓦片屋顶，再低头，窄巷中邻人穿衣刷牙洗脸吃饭的情景简直就在眼皮底下。别大惊小怪，这就是生活，家和一边铺床一边教导我。

　　我在木窗上趴了很久。屋子矮，天空就显得很大。天边有鸽子飞翔，远看像一群游动的蝌蚪。家和也在看。鸽群变换着图形。那一刻很静。忽然，一个火辣辣的女人声音如裂帛响起，是一板之隔的芳邻在骂孩子吃饭慢。远处的鸽子没了影。

　　家和带我走下木头窄梯，招呼我洗漱，又跑出跑进地拎水，捅开煤炉，端痰盂出去倒。她说家里没"卫生"，小解插上门就行，别的嘛，得到公厕解决，五分钟的路。我脸一下子红起来，她再次用奇怪的眼神盯住我。

　　家和看人总这样，可以好一会儿不移开视线。这是从十几年前的一个夏夜开始的——她看那些充满仇恨的扔她家东西的手。这可算她的一种本事。她的目光中的确有一种锐利。

　　我看到了她的画，立在画架上，是一幅未完成的油画临摹。她说了一个外国画家的名字，我没记住。我记住了画上面用厚厚颜料堆砌出来的绿树，小路，空中阴云。树绿得蓬勃，路闪出奇异的光，阴云虽有沉重感但不抢眼——仿佛是黑泥地小棚户及周围一切的一部分。

她将油画颜料直接挤在画布上，再用刀和笔涂开。小屋很闷热。她脸上在淌汗，微微前倾的身体像在农村时一样，结实，丰润。

隔了几年，家和成了家。也许人都得走这条路。不过她的对象，不是经别人介绍的。她丈夫是同她一个厂的叉车司机，老知青。家和事先向我透露过：人温和，老实，对家里的兄弟姐妹都好——如今很难看到这么个好法了，想必会体贴人，还有……人长得不错。

我在家和的新房里见到了她的丈夫。他个子很高，但没有魁梧感，说话声软绵绵的，五官标致得近乎秀气。他对前来贺喜的人很客气。

新房就是家和母亲的棚户阁楼，墙壁全刷成乳白色，以配合白漆木浮雕床和相同大橱的色调。墙上挂的油画，就是我曾看到的那一幅临摹作品，已经完成，在白墙的背景衬托下，树木绿得十分浓艳，阴云的沉重感也大大显出了效果，林中小路则需仔细辨认。

那时我也已结婚。后来我有了儿子，家和有了女儿。她女儿非常漂亮，眼睛大而亮，浑身不知哪来的伶俐劲，只是嗓音特别尖。成了家的人都很忙，家和更忙，虽然是个办事员，在工厂上班是一分钟也不敢迟到的，否则就扣奖金。我很久没有她的消息。我想，她的生活走上了"正轨"。

一天下午，家和匆匆打来电话，声音有点异样，说，她马上来我家。她一个人来的，穿一件连衣裙。我第一个感觉是她浑身的肉好像都松下来了，白得没有光泽。汗从她脖颈上淌下，领口湿了一圈。她眼圈红红的。她说要洗脸，我引她走进卫生间。她背转身轻轻说："帮我拉开后背拉链。"声音发抖。我拉开了。我看到她后背上青一块紫一块的伤痕，有的快渗出血。我问：这是什么？！什么？她转过身，左肩又是一块。他打的。

我用红花油给她上完了药。我也听完了一个混杂着失望、怨恨、折磨、咒骂以及泪水和拳头的酒气熏天的故事。我不打算复述这个故事。这真是故事，在家和父母间已经上演了好多年。给我说中了，家和说，我觉得日子过到头了。

轮到我朝她看。我不知该说什么。生活是每个人自己的，只有自己去解决。我感到惊奇的是，家和敏感而坚决地排斥"离婚"这两个字。

没过多久家和调换了工作，从造船厂一个可有可无的办公室换到卷烟厂包装车间的流水线，做三班倒的工人。卷烟厂在提篮桥监狱隔壁，每天都要走过。下了班出来，家和的感觉就像是从监牢里放出来。

是家和主动要求调换的工作，为此还托了关系。关键是卷烟厂效益好，加上正好有机会，就上了，原来那几张分不够用的。家和说话已完全没有学生腔，除了不时带出用上海话说的"我觉得"三个字。那是很特别的。

我觉得那个车间很奇怪，好像不是在上海。那里的人，空下来东家长西家短的，我觉得连江西老表都不如。你不信？你寄来的杂志，那里人从没听说过。我空下来翻几页，她们就问我：为啥不结几针绒线？

渐渐地绒线针终于成为家和须臾不离手的物件。她到我家做客，手一空下来就织几针。给女儿织。她女儿穿得花蝴蝶似的在屋里窜来窜去，尖叫一样地说话。家和边织绒线边喝道：不要疯！家和自己穿得很马虎，一头密密的短发也懒得收拾，总显得凌乱。她胖了很多，尤其臀部，这是烟厂女工普遍的体型特征，一年到头坐着干活的结果。

我想起她从前的匀称。我问：想没想过减肥？

怎么不想？上下班车挤，就多走几站。没用。饭其实吃得不太多，但也不能太少，厂里家里，这么多活要做。还特别能睡，手里拿本书眼皮就打架，有时电视机开着人就睡着了。

做做头发化个淡妆不要多少时间的……

没这个心情。谁来看你？自己也不想看自己。

画画呢？

根本没空，手都生了。空下来还要陪女儿去少年宫学舞蹈。

有一次她带女儿去附近新开的发廊剪头发，年轻的理发小姐望着她黑发里一根根白头发，礼貌地问：你剪还是你孙女剪？

她满不在乎地说这件事，笑着说，仿佛岁月和时间对她并不重要。

一年前她分到了新房子，在宝山那边，一室半，电话里她的声音有点兴奋：我从我妈妈那儿搬出来了！

我说，你们厂领导真不错，关心工人疾苦。她说，以后告诉你详情。

过年时我全家人东征似的花几小时到了她的新居，才知房子是她丈夫厂分的。

知道吗，自己奋斗来的。她很自豪。

怎么奋斗？我又看她。

家和笑道：别想到歪路上去，我们不是那种人。就是我和他轮番坐在厂长办公室门口，厂长在也好，不在也好，守着你！然后当面摊条件，头号困难户，没说的。厂里找借口拖，好，我们仍旧朝厂长办公室面前一坐，让他看我们，看得不好意思！

家和的丈夫在一旁疲倦而温和地苦笑：不这样怎么办，怎么办呢？他待岗在家。几年前他出了工伤，一根一寸长的钢钉至今钉在他的右脚骨里，支持着他的行走。

我坐在家和新居的正屋里。房子装修得很到位，不奢华也不落伍，各种细节也没被忽略。家具换成深色的组合式，白漆木浮雕床没有了，大概还给了她母亲。

墙壁上没挂一幅画。应该挂画的地方，挂了一个圆镜框，里面粘贴着各色鲜艳的花。

我凑近前去。

看得出来吗，花是真的，用特殊的方法加工，榨干鲜花的水分，保留原来的色彩。我听到家和在我身后说。

懂了。你做的？

不，别人送的。

家和的丈夫在厨房叫她，让她招呼我们入席。他叫她红彤彤的名字。

也许他从来不知道她的本名。家和应答着，非常自然，仿佛这个名字与生俱来。

一时间我感到恍惚。墙上那些花朵的尸体，在我眼前鲜艳地飞舞。

也许是出于血缘关系，我一直关注家和，虽然我们的往来越来越稀少。她家没有电话，路又远，我不知道她某一刻在哪里，车间，路上，还是自己家。我摸不准她那三班倒的规律。她要我把信和刊物都寄到她母亲那儿。而我关注着她，就像关注我自己。这不仅是因为我俩同岁。我在一个比较空闲的单位上班，有较多时间想工作以外的事情。她占据着我的心，她，她的生活，和她有关的一切。最主要的是，当我试图用一句话来概括这一切时，她使我感到了困难。

这只是我眼中的，我所知道的家和。她肯定还有许多我不知道她也不想说的生活，感受，细节。对于真实，我们从来只能接近它，不可到达它。她以她的方式生活，她的生活不需要别人来评判、首肯。事实上谁也没法说自己的生活方式是最好的。外在的生活轨迹也许会令人嗟叹，但特定生活所赋予人的精神承受力——对于人生来说，这永远是重要的——旁人怎能看到？

像我这样整天胡思乱想，就好吗？

这话题没法展开，没法讨论。所以我与家和见面也难得说这些。说到底生活能让人选择的余地不是太多，你走了一条路，你就只知道这一条路的甘苦，你怎么知道假如你走了另外的路会怎样？

而且，这种事往往是一次性的。

你走了很长的路。是在什么时候，在哪里，你的人生已被大致决定？

那又是什么呢？

1994 年

今生今世

是一个莫大的遗憾——你不认识她，也不可能认识她，今生今世，你永远也见不到她了。

人和人的相识是多么奇怪，由于时间和空间毫无理由的安排，我们只认识一些人，而注定不认识另一些人。这样我们便失去了倾听另一些生命故事的机会。你至多只是从某些传闻、某些淡漠的话语中得知，她是确确实实地消失了，在一个寒冷的冬夜。那个晚上你可能一直在暖和的房间里踱来踱去，构思一部新的小说。你沉浸在对某种复杂的人性冲突的假想中，为寻找一种新的故事结局而绞尽脑汁。你没有注意窗外漆黑的夜空，也不知道那时有无星星陨落。

她确实消失得无声无息。从生界走向死界，在她只是轻轻地一闭双眸，轻轻地呼出一口气。

人的故事就是这样走到结局的。人生中，还有什么其他的结局没有？没有了。只要生命存在着，人的故事就总是发展着，变化着。只有死亡，才使生命的故事完整而固定，挂上永久封闭的大锁。所有我从来就不曾写出一篇小说，那些如游鱼一样活泼跃动的生命踪迹我实在难以把握。而她的生命故事是永恒地凝固了。那么，就让我来试着向你讲述吧，用我的方式。

　　那个寒冷的冬夜，我蜷缩在沙发上看书，膝上围了一条毛毯。我看的是一部叙述一个惊世骇俗的爱情故事的世界名著。其实我并不是第一次读这本书。这本书恰巧放在书架伸手可及的那一格中间，包着牛皮纸。拿在手上我才记起，前几个月，她被抬进医院的前几天，她从枕头底下抽出这本书，还给了我。我注意到这本书被她仔细地包了牛皮纸。

　　那时候癌细胞已经侵入到她的骨髓，她上身还能弯曲，腰部以下已不能动弹。她的手指依然细长丰润美丽，我可以想象得出它们当年在琴键上柔曼舞蹈的情景。

　　递给我这本书，她什么也没有说，但目光从书移向了我，有一种谜样的深意。她的眼睛依然如明净的湖水，略含一丝忧郁的云彩，在浓密如黑森林的睫毛掩映下无言波动。这时我们都看到门口走来了她的父母。他们用微笑掩盖着满腹忧愁，把她变曲的身子扶平。

　　曾聚集过她的目光的这本书，有什么特别吗？我一页一页地翻遍了它，没有发现一道划痕，一个折角，或一张字条。什么都没有。书平平整整一如无人翻动过，关闭了遥远的异国故事。她也决定将自己的心永久地关闭了吗？

　　书忽地滑落在地毯上，发出沉闷的轻响。我下意识地俯身去拾，心便没来由地颤了几颤，有如被放大一般，咚、咚、咚，响声直冲耳鼓。

　　寒气从房间的四面八方向我逼来，我无法动弹了……眼前如有一片水流在缓缓波动……漂来一张白色病床，她的病床……她的脸上淌满鼻血，她下颌底下的被单一片血红，而她的脸色甚至比被单还要白……

　　不是幻觉。前几天傍晚我和一个女同学去探望她，两个护士将我们阻挡在病房门口。七号（她的病床号）鼻腔大出血，正在抢救。护士不带表情地说。于是我们看见了白被单，她的苍白的脸，鲜血。医生们在她床前忙碌。从那些移来移去的白色身影的缝隙中，我远远看见她眼睛微闭，双唇紧抿，神情淡然，仿佛对痛苦毫无感觉。过了一会儿，她的当医生的父亲出来对我们说，你们就不要进去了，她情况不好，再说她也不愿让你们看到血污满面的可怕样子，等她好些了我再通知你们来吧。我站在门口又远远地朝她望了一下。她的苍白的脸其实依然美丽，血像一些红色花瓣在亲吻她，白被单盖在她瘫痪的身体上，让人想起一尊躺在死神祭坛上的白色雕像。

……病床漂近了……忽然，躺着不动的她掀开被子跳下床来，朝我无声地笑，好像在说，瞧，我什么病也没有，一切都不过是场恶梦……

也许在意外的欣喜中我向她伸出了手？当我觉得身子活动的时候，水流倏忽消失了。我拾起地上的书，枕在脑后。关了灯，我和衣裹在毛毯里，感到黑暗中冷气森然。

天将亮未亮时，我被一阵揪人魂魄的电话铃惊醒。是她的老父亲，用医生不常有的颤抖哭声在电话里说，昨天晚上，她死了。

她有一个动听而且响亮的名字。每当我在校园里拉开嗓门叫她的时候，我总会觉得我是在面对一片大海呼唤一只飞翔的雨燕；而当她一边答应着一边向我奔过来时，我的心又总是莫名地鼓荡起欢欣的风。

直到今天我仍然无法解释十四五岁时我对她的这种感情。我喜欢长得好看的女孩，是不是潜意识中我总觉得自己是个长得不够好看的女孩呢？也许吧。我从小喜欢和美丽的女孩一起玩耍，温习功课，说悄悄话。当然我也对她们特别挑剔。那时候我并没有什么是非标准，只是固执地认为，美丽的女孩天生比别人拥有更多，所以她就应该比别人更善良，更好。也许，正是因了这近乎偏执的原则，她才一直在我心里。

刚进中学时她比我长得略高一些，我们同坐在教室的最后一排。升了初二她一下子窜了个儿，长成个身材婀娜的苗条女孩。一对系着黑绸带的粗辫子，一张标准的鹅蛋脸，一副弯弯的黑眉，一根笔挺的鼻梁。是不是这些吸引了我？也许是。但又不仅仅是这些。我喜欢听她的柔和中带点厚度的嗓音。她曾做过小配音演员，配过《大闹天宫》里围着猴王叽叽喳喳出主意的小猴子，《天堂里的笑声》里可怜的小女孩。还有一些影片我叫不出名了。下课后没事干，我们几个女生就围着她，叫她说一段这个，说一段那个，她就一段一段地说，带着笑说。她的笑的魅力不在于声音，而在于嘴角的弯曲——从那里会荡漾出非常美丽温和的东西，叫人也想同样地张开嘴，像她那样地笑。

有一次班级搞活动，选了几个同学跳大头娃娃舞，舞完之后，她那个大头娃娃的头罩突然取不下来了，急得我紧紧拽住她的手，直说"不要急，不要急"。还是一个男生有办法，又轻又慢地转动她的头罩，一点一点往上旋。好了，她小巧的下巴露出来了，接着是饱满的下唇，上唇，——天哪，她的嘴角还是那么菱角似的弯曲着在笑，虽然脸已经憋得通红。

可以回忆的事情是太多了。譬如说，下午下课以后，总是在她的提议下，我两背着书包溜出教室，在学校廊厅的报架上，用手指在报纸上的电影广告栏里一行一行地比划，挑选，然后直奔电影院。又譬如说，每周一次去工厂劳动，一路上总是她搂着我的肩，说一些小学里的趣事，女孩间的秘密……话儿已随岁月流走，而那条杂乱的小马路的路名我还记得。现在那儿通了公共汽车，我经常乘车路过那儿去上班。

思维从一个场景跳到另一个场景，回忆的空间拓深了。现在我又记得另一条幽静的马路，那儿的人行道比一般的马路宽阔，彩色路面，两排高高的绿化树隔出一宽一窄两个散步道。这是南京西路从西康路到铜仁路的那一段。那里总有一对对情侣在徜徉。有谁知道，我和她，也在那儿的绿荫下说过许多轻快或沉重的话？

常常是说到哪儿是哪儿。她是亭亭玉立的大姑娘了，不再搂住我的肩膀，但我们的肩靠得更近。她去了市郊农场，脸晒得更黑，却越发漂亮。她告诉我，冬天怎样赤脚下河滩挑河泥，夏天怎样不直腰地把麦子一垄垄割到头。我的眼前便出现一个瘦高柔弱的身影，在寒风中挑着一担河泥摇晃。然后这身影又同身边的她重合，轻轻松松潇潇洒洒的，好似刚看了场电影出来。我们都不提各自家中遭的难，都不提，仿佛早已达成一种默契。

我和她真称得上是那种只须一个眼神就能理解一切的好朋友。这样的友情想想真是不可多得的奇妙啊。

有一次我就那样看着她的眼睛，说了声再见。我就要去很远的地方插队落户了。我心里有深深的依恋，但我不再依赖她。

一盏路灯突然熄灭，夜的阴影遮住了她的表情。可从她的沉默中我感觉到，她的嘴角又一次无比美好地向我漾出了笑，就像她后来在信中写的"深深祝福"四个字。

很多年过去了。某一天，她按响了我家的门铃。我跑去开门。她靠在门上说：你们大楼怎么老停电，害我一口气走了十层楼。我惊讶地问：你病好了？她却慢慢靠坐在沙发上，说，转移到骨头里去了。她的语调平缓冷静，只是有点疲惫。

我呆住了。

她马上给了我一个温暖的微笑，好像要来安慰我。

不，那不是她。那张隔在玻璃罩下面，被一只粗劣的黄绸方枕托起的脸，那张了无生气的僵硬的死亡的脸。那不是她！我闭上泪水模糊的眼睛，本能地用心拒绝这样的形象——头发长短不齐地直直披在枕后，脸上涂满蜡黄的油彩，唇上的口红抹得过于匆忙，一直溢出嘴角。是谁将她变成了这副模样？她是最爱美的，她的头发总是如乌云一样盘在头顶，或者像海浪一样漾在肩头。化疗之后，她的一头秀发全部脱落，而她选的那只头套依然有柔美的波纹。做了母亲的她不常用唇膏了，偶尔用也是选淡淡的最接近自然本色的那种。她的皮肤微黑而有光泽，她从来不用过度的化妆品去伤害它。她对自身美的主宰权利，是否也随同她的生命一起，被死亡彻底地剥夺了呢？

而生命一旦消失，所有的青春、美貌、活泼、生气，所有生命的色彩，就再也无从附丽。她认了。她静静地躺在玻璃罩里，身形如生前一样因瘫痪而弯曲。马上她就要经受最后的火的葬礼，变成一堆灰烬，任泪水朝她倾泻，鲜花向她抛洒，她不再有任何表情。身外的一切，生的世界，于她是永远隔绝了。

那个人我见过，那个曾令她深爱的人。只是，在我的印象中，他的样子总是模糊不清的一团，好像没有五官。

那次是在离她单位不远的路上，快下班的时候，我碰见了她——确切地说是碰见了她和他，只不过我没有注意到她身边还有一个人，那天路上人很多。她愣了一下，然后朝我面前一立，仿佛出于习惯地想要遮挡住什么，但随即她就站开了，这样我就看到了神情有点尴尬的他。

这以后她告诉了我，关于他。她说起她丈夫时，总是直呼其名，目光温温的；说起他，就只用一个"他"，眼睛微微发亮。

是一个怎样的爱情故事，一个什么性质的爱情故事，我是无权评判的，她也并不需要我的评判，她只需要倾诉。从她的诉说中，我知道她的丈夫温厚善良，她的婚姻平静安稳，但她一生中最汹涌炽烈的爱情，只是因他而存在。

我能说什么呢？劝她忘了他？可我知道真爱是割舍不掉的，除非把那颗活跳的心连根剜去。劝她离开丈夫女儿？可我知道亲情是另一种牢固的感情。我只能眼睁睁看着她在挚爱和愧疚中辗转反侧。

后来，当她躺在病榻上时，我问：他来看过你吗？她低头不语，半晌才说，他不常来，有时是她托人带口信叫他来才来的。她沉沉地说：大概他有顾虑。

她患的是什么病，她在这个世上还有多少日子，他应该一清二楚。连她本人都一清二楚，他怎么还会有顾虑呢？顾虑什么？我不明白。

后来，在她躺了七个月的白色死床上，我都不问起那个人了。她也不提。就像二十年前在林荫道上我们彼此不提多难的家事一样。她的眼睛仍不失明亮，但不很热烈，带一点冷灰色调。我想，她大概明白这便是她的死床，在死床上她把什么都想透了。

从炎热的夏天，到秋风瑟瑟吹来，到冻雨寒风终于敲打门窗，她一直以那样的姿势瘫在死床上，还有什么想不透呢？

她想了什么？

现在我痛悔自己为什么没有在那天傍晚不顾护士的阻挡走进去。我并不惧怕四处流淌的鲜血，为什么我不俯下身子，把脸贴住她的脸？我曾经使劲地搓揉过她不能动弹的膝盖和腿脚，一次又一次握住她的手，为什么我不最后一次倾听她的诉说？

她的母亲和妹妹事后告诉我，她临终那天早上曾经从昏睡中清醒过一阵子，喃喃地说着什么，妹妹听了半天才听清，她在说：他怎么不来看我，你们去叫他来，让他陪陪我。她们便把她丈夫叫来了。她妹妹补充说，在那前几天，她老是说，不要忘了一件事，一件事。她妹妹没敢问是什么事，家里人确实预感到她随时都有可能离去，但谁也不愿想到"后事"、"遗嘱"之类。是什么事呢？她们一家人都猜不出。

我却不敢猜测。我想起住进医院前她向我借那本书，想起还书时她的沉默不语和谜样的目光。她说，不要忘了一件事。有什么事值得她至死念念不忘呢？

我曾在哀乐声中，在黑纱和白花中找寻过那个人。不知道是因为泪水损害了我的视力，还是我本来就没有看清过他，那个人始终没有在我的视线中出现。我多么希望，他是出现过的，只不过无比的哀痛改变了他的面容，以致我认不出他来。我多么希望！

曾经不止一次和她讨论过她患病的起因。我总是搞不懂，她从小就是个健康的女孩，并坚持母乳哺育孩子，乳腺癌怎么会缠上她？

与她讨论时她对自己的病情已了如指掌，一本厚厚的病历卡她能从头讲到尾：初诊，第一次手术，第二次手术，化疗，照光，吃什么药，什么时候转移的……也许她是继承了医生父母那种职业的冷静，她好像是在向我讲述另一个同名人的病情。

有一段时间里，辗转不寐使每个夜晚都成为她的炼狱。于是渐渐感到胸部隐隐胀痛。和她母亲同医院的妇科医生说这是小叶增生，没关系的，动不动手术都无妨。此后她日夜复习迎考电大，三个月后，拿了个全考区的"状元"。电大开学前夕，她想想还是去动手术，免得开学后影响功课。

一打开胸部就不对了，连忙做切片，检验结果是乳腺癌晚期。十几个小时里，她的当内科主任的母亲一直在旁边看开刀的全过程，然后告诉她，是早期乳腺癌，已经切除了。问她还上不上电大，她说：上，怎么不上？

她认为乳腺癌听听可怕，实际上早期的都预后极佳。医生家的孩子总有那么些一知半解的医学常识。

我对她分析说，恶变肯定发生在从初诊到开刀的那三个月里。我说，就算当初是误诊，你马上动手术，说不定真是早期。而在那三个月里——一边工作一边业余复习，不，不是复习，简直就是在强化补习高中数理化的三个月里——谁知道癌细胞是怎样肆无忌惮地厮杀掠夺她健康的肌体？

我又说，你要是不那么拼命复习迎考倒也罢了，也许病情不会恶化得那么快。但我又暗想，倘若没有开学这回事，她也不会主动去开刀。我陷入一个悖论中。

而无论是怎样的悖论，怎样的推理，难以更改的现实之解早已得出，她不能不去面对它，接受它。

那么，为什么要上电大呢，既然早已过了上大学的年龄？为什么会辗转不寐呢，既然生活早已规定了一条路？

为什么在命定的现实面前，人还要苦苦地寻求看不见摸不着的东西？那是理想的幻影，还是生命的光华？

我们的讨论总是没有结果。但她愿意与我这样讨论。在双腿不能走路的时候，她愿意通过讨论和回想，把从前走过的路再走一遍。

她坐在父母家的客厅里，喝下一小碗浓浓的褐色药汁，还吞下三粒胶囊药丸，一粒红，一粒黄，一粒绿。她说，自从她去肿瘤医院照光那次，从病友的谈话中悟出自己是晚期之后，她就开始研究自己的病史。她一边读完三年电大，一边练气功，找偏方，再苦再难吃的药她都默默地吃下去。她说，我要活，我不想死。

一个小护士在叫号。叫到她的名字，她应声走进照光治疗室。那小护士大声对另一个护士说，要死了，看病历我还以为是个快死的老太婆，要人抬进来呢，谁知道她这么年轻神气，要死了要死了。她笑着向我转述护士的这番话，又加上一句：不知道护士是说我要死了，还是说别的什么要死了。她又朝我笑笑，坦然中带点茫然。

她不忌讳"死"字。她说这个字说得很轻松。

后来她母亲流着泪告诉我，其实那几年她常常哭，痛的时候哭，麻木的时候也哭。她哭着对妈妈喊：为什么是我？为什么？我不要死，我要活。但有人来看她，她总是笑。你看见她掉过眼泪没有？她母亲问我。没有。从初中，到大，到死，我没有看到过她的一滴眼泪。我简直想象不出她哭的样子。

她坐的沙发旁边有一盆绿得发乌油油亮亮的植物，不是草本，像是宝石花一类的多肉质植物，却长得有橡皮树那么高那么茂盛。她也叫不出名字来，因那叶瓣呈椭圆形，带个小蒂，就管它叫"乒乓板"。我说，从来没见过冬天里长这么好的绿色。她便吃力地转身摘下两片叶瓣，说，你有兴趣就带回去种种看。

这东西生命力强，不用浇多少水，不用上肥，不怕冻不怕晒，只要有点空气就能活，也长得快。她说。

我把它们带回家，放在铺满泥土的陶盆里，果然不出几天两棵都活了。以后又分别长出新叶，乌绿油亮的。

在得知她离去的那个早晨，我恍恍惚惚走到阳台上。我看到了那个陶盆，充满惊讶：两株"乒乓板"中的一株叶瓣发黑，又萎又瘪，碰一下，根已经烂了；另一株却仍然墨绿挺拔，泛有光泽。

同样的土壤，空气，同样的生存条件，一生一死，这是什么意思呢？是不是早就有了生死的征兆，只是我没注意？

在巨大的哀痛中我无法想清这奇怪的事。我不迷信。我知道人死不能复生。但在那一瞬间，我宁愿相信这就是她的化身，象征她精神、灵魂的归来：死的已经死去，生的还是活泼泼地勇敢顽强地生。

我想该结束我的讲述了。要详详细细从头到尾地展现一个人生命的历程，哪怕只是短短三十几年的历程，在我也是力不从心的。你知道我尤其不擅长捕捉冲突，紧扣矛盾发展的线索，组织高潮。我以为人生中并不多高潮，而那些隐伏在平淡生活表面下的汹涌激流，我又如何能准确无误地猜知？况且死亡的大锁已经将它们永久封存。我只能以我所知道的、最接近真实的方式写出她的故事。

或许，生命的形式于每个人都是大同小异的，都是同样的诞生、成长，然后走向无可避免的自然归宿。只是内容不同而已。如果她还和我一样正常地活着，她还是会那样痛苦又幸福地爱，温柔又坚韧地生活。我想这就是生命，能燃烧的时候就尽情燃烧，烧尽了就自然地熄灭。这就是生命吗？

换了我，换了你，我们还能找到更值得的生命内容吗？

现在我看到有袅袅青烟正在升起，从那曾经蓬勃燃烧的地方。它渐渐将我笼罩。今生今世，它将一直不消散。

1990 年

黑水

总也忘不了她。

其实我并没有什么特别的理由要记住她。那时她在另一个生产队，是她们那一批女孩中最不起眼的一个。而她们，又是我下意识里排斥的一族。那时我总被一种莫名其妙的偏见所左右。她们来自上海的"下只角"，与农村似乎天生有缘，带苏北味的当地话一学就会，爱穿红红绿绿的大花褂，脸色黝黑身体粗壮，一百斤的担子挑起就走，好像已在泥巴里滚过十年八年。且"誓师会"上豪言壮语不绝，似在娘胎里就学会说这种话，一个个端着铁姑娘穆桂英的架势，更反衬出我们一伙的苍白，无能，书呆子气。所以开知青会时我从不主动搭理她们。我总觉得她们恐怕连自己的名字都写不好。那时她便混同在她们中间，眉眼细细的，神情有点怯，说话不那么高声大气，像是很想与我们搭话又不敢的样子。我记不得她叫什么，总不外乎什么英什么花什么兰吧。

我忽略了她，就像忽略田埂上的草那样。

虽然下了乡，我对那些看上去美丽灿烂的东西的偏爱却不曾改变。那时我们常有结识新伙伴的机会，因为总有上海知青在一批批地下放到邻近的生产队。一听说我们就过去看。六队来了一个女孩，是上海南市区的，眼睛又黑又亮，笑起来一闪一闪，让人不能不盯着她看。我们都围着她说话。其实交谈并无内容，泛而平淡，但交谈本身就有一种莫名的兴奋和愉悦在。我们都是女知青，"同性相斥"的说法却没在这里应验。我被那样一种美吸引着，鼓舞着，忘记了生活平凡普通的本质。

那时我对自己是一无所知的。我指的是外貌、内涵、气质。我没听说过这些词。我只为他人的美而惊叹，钦羡。没有人来告诉我，你是怎样的一个女孩。那时，我完全没有这方面的自我意识。

现在我想她也一样。我们远远地打个照面，就分开了。我和她几乎没有说过一句话。我当然更不可能对她说，你是她们中苍白纤弱的一个，你要爱惜自己。

是的，现在我十分后悔。我已永远失去了和她说话的机会。

而我曾用目光对别人说过类似的话。星期天，我们去另一个生产队，那里有三四个比我们更年轻的刚下乡的女孩。阳光很好，低矮的草屋前是一块空地，一个女孩坐在小凳上洗衣服。她穿露肩的小背心和超短西裤。阳光在她特别纤美颀长的四肢上滑动，那肌肤上闪现的光泽像绸缎，又像黄金。我在农村数年，已不知上海女孩在夏天最时兴穿什么。我只呆呆望着这健康美丽的女孩，她好像应该出现在别墅、草坪和网球场上，而不是这漫撒牛粪鸡粪的杂院里，这粗糙的带窟窿眼的土坯墙前。你怎会在这里？女孩若有所感，抬起头来，好像看懂了我的目光，粲然一笑。那洁白整齐的牙齿忽然让我想流泪。

那么，有没有人在星期天的阳光底下仔细端详过她，特别关注过她？当她们嘻嘻哈哈互相推搡着用当地土话开一些粗鲁的玩笑时（我想会有这样的情形），她感到高兴吗？还是寂寞？

据说有一个人经常去找她，锄地时紧挨着她的趟子，和她说笑。是和她同队的一个青年农民。不知道有什么具体特殊的情节。然后，她和他就结婚了。她搬出了知青点，住到那个有一大群拖鼻涕弟妹的青年农民家里去。她穿上当地媳妇都穿的大襟士林蓝棉袄，黄昏时挎一只竹篮去田边挑猪菜。我在去公社的路上碰见过她，她正与一伙媳妇大嫂打闹，头发蓬乱着，脸红红的，也许是说了什么有趣的话。她转身望见我，笑容突然硬在脸上，好一阵不能缓过来。

其实她也未必知道我的名字。但肯定能认出我是和她同大队的上海女知青。

她挎着篮子站在田埂上，望我，目光茫然。我已经听说为了结婚的事，她的父母宣布和她脱离关系。她有两年没回上海了。我在她身上找不到一点知青的痕迹。真正"打成一片"了。但为什么她那样望着我？

我们离得不远，一条水沟的距离。但不可能再靠近。她的眼睛朝向我，又仿佛朝向我身后的某一棵树。至今我不能确定。她的嘴像当地农妇那样习惯地微张。我并不认为她想说话。她对我会说什么呢？那一刻，她是被什么久已遗忘的东西突然触动而凝固？

我逃也似的离开了她，没打一个招呼。以后，在听得到寸头狗吠的暗夜中，我会突然想起她。婚姻对我来说遥远而神秘，几乎不可思议。我不知道是什么诱惑了她。不知道那生活中究竟包含了什么不同的东西。突然想到那些可能有的缠绵和甜蜜，如外国小说中描绘的情景，心就微微地加速跳动。缓过一口气来，暗想：或许她倒是活得比我们更本质，更快活？

总是断断续续听说她的事情。毕竟这是我们大队唯一的"扎根"知青。生了一个女儿。学会了骂骂咧咧。不很勤快。和丈夫经常拌嘴，打架。当地的农民，娶亲后没有不打老婆的。我将此视为正常。她正过她正常的日子，一如我们，孤孤单单地独自生活，爱情如天上的云彩飘渺无定，再说，谁也不愿在这里结婚，一辈子呆在农村。我盼望着奇迹出现，并因深知奇迹之于她已不可能，而逐渐将她遗忘。

我和伙伴们陆续回了城，过另一种忙忙碌碌的生活。奇迹没有出现，只是平淡的转换而已。我和那些健康美丽的女孩从来没有深的交往，回城后也没联系。四肢颀长苗条的那一位，天生是做时装模特的料，我总把经常出现于屏幕的一个有饱满下巴的模特小姐疑为她。双眸顾盼生辉的另一个，现在想来目光里满是乖巧和强悍，该不会开了公司当了女老板？当年的灿烂仅是包装，灿烂后面藏有什么我不知道。我为过去的浅薄而羞愧。

只有一个消息对我犹如惊雷：她死了。在全大队所有的知青都返城之际，人们忘了她也是知青。人们在她面前大谈此类事。没有人注意她脸上的表情和心里的变化。她回到草屋里，往堆满破烂衣物的床上一倒，没有起来做饭。她很是累乏，肚子里又有了三个月的胎。这事她跟丈夫说过，久盼有个儿子的丈夫脸上并无惊喜。在一阵照例的床上动作之后，丈夫很快就睡着了。他脸上的胡子很稀很软，额头上的皱纹很深很长，鼻子和嘴里喷出山芋干酒气和蒜臭味。她惊奇她竟与这样一个男人同床共眠八年。那最初使她在寂寞无聊中受到感动的异性神采荡然无存。他对她究竟说过怎样不凡的话，才使她不顾一切投入他的怀抱？她的意识长久地缠绕在这小小的细节上。她知道天色已暗，六岁的女儿在拉她唤她，可她不想动弹。丈夫回来了，见锅灶不冒热气，女儿在哭，一把将她从床上拽起来，顺手扇了两个耳光。这时她才看清他嘴角线条的丑陋。眼前变成漆黑一片，空无一物。天确是黑了。她披散着头发，不哭不喊，摸起床底下一只 1059 农药瓶，冲出屋子，冲到水塘边，一气喝干瓶中物，然后喊一声"爹"，一声"娘"，纵身扑到水里。等待她仓惶赶来的丈夫的，是一潭黑漆漆的没有光亮的水。这是在夜晚。这是我的想象和虚构。这是虚构和想象中最残酷的事实——她确实是服毒后再投水自尽的。她的死的愿望和行动都是双倍的，犹如当初双倍的盲目火热的爱，犹如她对生命的双倍的遗憾和断然结束的决心。

只有这个不起眼的神情怯怯的她创造了奇迹。而我，即使在臆想中，也觉得她不可能将我或我们这些孤芳自赏的可怜虫印入脑际。在她的绝望中，是不会闪过我冷漠的、拒人的影子的，甚至恨都不会有。

我们那个乡下有许多水塘。它们通常是绿莹莹的。但这些清水塘与她无缘。她始终升起在一片黑水中。水冰凉刺骨，不见光亮，杂有水草，像她临终前纷披的乱发，没有一把温暖的梳子来将它们梳通。

我不知道她的父母亲人会不会在过年过节时想起她，为她在祭祀的桌上摆一双碗筷。而我，每每走在城市的人流中，都会觉得那黑压压的相挨很近的人头似水一样涌动，其中，就有她的肉体和灵魂在任由吞吐。

记忆如筛。记忆一再地挽留她。从黑水中探出头来的她，要对我们说些什么？

1993 年

美与飞

　　她很安静。对某种东西凝视的人总是很安静。她所凝视的东西仿佛空无，像在远处，或在她的心里。她如此全神贯注于所凝视的东西，以至于衣衫从她肩上滑下她也浑然不觉。她已经沉醉其中，正默默地与之交流。沉思——她脸上的表情——在她袒露的身体之外，堆砌起一个精神的形体。这与她的身体，以及垂落腰间快要滑落的衣衫，形成一种对峙。而她的身体，在性感之上，也就有了一种纯真而优雅的倾向。

　　这是超出于身体的美，却又离不开她的身体。这是一个矛盾体。

　　这具著名的身体，亦有它的经典之美，早已成为黄金分割比例的证明。在流行骨感美人的今天，这形体也许够不上做一个标准的模特儿，但这丝毫无损于它的美的权威性。剔除了精神的因素，这至少是一具强健而年轻的身躯，没有丝毫松弛，像大地一样结实，而不是风一吹就倒的那种脆弱单薄之美。

　　她是不寻常的。她就诞生在一个极不寻常且耐人琢磨的故事里。那像是武侠小说的一个片断：大海边上，一个天神在飞跑，在追杀前面他自己的父亲，追上了，挥起大刀就砍，砍死砍碎了他的父亲！天神把残肢碎块抛进大海，血腥味弥散了一片大海。那痛苦的肢块，在水里漂呀漂的，鲜血渐渐被漂净，肢块变得洁白，并有波沫托涌着它们。忽然——这是多么不可思议——波沫裂开，一个少女从里面走出来，长发垂在腰间，全身赤裸如白玉。季节女神为她披上衣服，风神吹送她上岸。她就成了专司爱和美的维纳斯女神。

这是神话，也是人的梦想。人梦想用一个安静美丽的女神来取代血淋淋的残杀，而且是飞快地取代。所以她一出生就是亭亭玉立的少女，一步跨越了婴儿和小女孩的阶段，那哭哭啼啼和叽叽喳喳，而且永不会老，永处在一个纯洁美好的年龄。

梦想伟大，伟大使得她不能动弹，不能迈开双腿，从那永恒的美神宝座上离开哪怕一分钟。她必须保持这庄重的姿势，每天每天，从太阳升起到暮色四合。所以她脚上不用穿鞋，永踩着流云和空气，而不是尘土和脏泥。

什么时候，她可以走下来看一看呢？

画家们为她改换过姿势。让她一会儿站在大海的贝壳上，一会儿在宫殿的长廊间徘徊。让她的长头发要么纷披下来，要么束上头顶。让她的身体有时全部裸露，有时半遮衣衫。而不管处于何种状态，她沉思的神情总是不变——她脑子里那些玄美的问题，我真想知道是什么。美就像一块永远打不碎的玻璃钢，笼罩在她的身上。而对于这美，她似乎既不知情也不在意，这就使她更超脱飘逸，美得没有尽头。

她那两条著名的断臂，也必定隐藏在人们看不见的地方——或者，弯曲着，手肘搁在廊柱上，把玩着那只她选美胜出时得到的金苹果；或者，勾住下面的衣裙，以阻止它进一步下滑……无数的想象缠绕着它们，以致后来有人认为，它们还是永远断掉的好。

一个神就是这样造出来。从合理的祈望开始，一步步地膨胀，使之完美无缺，最后，有形的缺也变成无形的更高层次的完美。

在神话片《辛巴达历险记》中，有个魔法师把一切活物都变成石头，包括人，飞鸟，流水，火焰。当维纳斯微微地倾侧身体，想要迈步前行时，她也凝固成石头。她迈得不够快？不够坚决？还是，在执行她伟大的使命时，她不知不觉地中了魔？

　　她想动起来。她想飞翔。我在萨莫色雷斯岛的胜利女神身上看到这强烈的愿望。她身后长着一对硕大的翅膀，翅膀正迎风展开，扇动。在地中海强劲的海风面前，她一点也不退缩，胸挺着，任浪花飞沫打上身体。她就像是从维纳斯的优美体态中脱胎而出的飞的精灵。

　　这是人们对静美的女性形象感到厌倦了吗？还是有感于静美力量的不足，想用粗犷和威武来为她灌注生气？不管怎样，胜利女神的出现带来了风，风在她的衣衫上流动，在下一分钟，她就会从立足的船头飞起来。

　　她站立在一个船头。这把她和她曾属于的那个故事——两千年前一场激烈的海战，既联系起来，又割离开来。在那个故事里，只要她降临在哪一方，那一方就必定胜利。而我所看到的，是她用全部姿态挥扬出来的一种精神：所向无敌，一往无前，勇敢，英挺，自信……宇宙在她身后骤然缩小，整个天空都布满她的召唤。她正向邪恶宣战。

　　而里尔克认为她是在走向她的爱人。是吗？爱情能如此无畏勇猛，天地又将如何被搅动、被震撼。这将是大爱，也会是大美。

　　那么她那残断的、再也找不着的头颅和手臂，会具有怎样强烈的出人意料的美态呢？那必定是反优雅、反静思、反纯美的。她将飞起，向着爱，向着胜利。她是个令人钦佩的行动者。

　　她是个女神，人们认可她，期冀得到她的眷顾。但是，如果她是个女人呢，走在泥土和岩石上的女人？人们又会怎样？会吃惊？畏惧？张大了嘴巴？

　　然而她毕竟是另一种展现，尽管当初，实际上她飞自于一个喜欢征战的马其顿王的脑袋，或归根结蒂，飞自于一群古希腊人的幻想。以女性形象展现如此的气魄，她所鼓舞和启迪的就不会仅仅是打仗的男人和等待的女人。对所有的女人来说，她都可以是一种示范。

　　她说，飞翔。

　　她说，你也可以做得到。

2000 年

在暗夜里发光

你能够想象吗，她成了一名女战士，引导着人民，向敌人的堡垒冲锋？

她的确这么做了。她站在最高的地方，脚前堆满烈士的尸体。她一手拿枪，一手高举三色旗，像要把它举上云天。因为速度的紧急，风卷动了她的裙子。她的脸转向身后，对后面的人再次召唤。而她的前方毫无阻挡——如果敌人的枪弹射来，第一个击中的将是她。

这是在1830年7月28日，天刚破晓的时候。在这天，巴黎市民拿着武器上街，跟复辟的王权决一死战。这里有满脸络腮胡的工人，戴高筒帽的知识分子，甚至还有愤怒的小孩。他们都像是她的兄弟。

德拉克洛瓦让她的胸袒露，脚赤裸，以此来指明她的身分——自由女神。这是画家所想象的图景。也许，在他的观念中，如果不是女神，而是女人，那么这一切并不可能。

是吗？可为什么我觉得，这位英勇的自由女神，并不像她的前辈，那个在萨莫色雷斯岛出土的胜利女神。她不是从天而降，站立在一个船头，而更像是从大地的腹部中走出来的，是这片土地的一个女儿。她走出来，是要把黑沉沉的天捅一个窟窿。

她让我想起圣女贞德，这位十九岁的法兰西女英雄，普通农家的女儿。当英军包围了法国的领土，女孩子贞德，也一定是这样的，骑在一匹马上，回头召唤她的军队。她举起刀剑向敌军挥砍。她领头冲向敌人阵地。她的脸上没有惧色，神情严肃而刚毅。是她，在卢昂的火刑柱下复活了吗？

"女人，你的名字是弱者。"这话是莎士比亚说的，我想他是说错了。

英勇的女战士形象，在艺术史上并不少见。如狄安娜。可她也是一个女神。布歇画了她柔美的身姿，悠闲的神情，她仿佛刚结束郊外的狩猎，还来不及回到住所，就脱下衣服，把猎到的虎豹、山鸡撂在一边，就着山泉洗了个澡，然后，坐在山岩边歇脚。到乌东手里，她的英姿才显露出来，肌体变成钢铁的结实。一手提着弓箭，一手甩动着，像在草丛中搜寻什么。

她搜寻的是天上的猛禽，地上的野兽。可她的姿态，真有股气吞山河的味道呢。

想必是从前的人，把人类可能有的角色，性格，都一个个地分派好了。女性的英挺，令他们感到新鲜神奇。何况那是女神，当然什么都可以做到。

女人中的战士，她又是怎么变化来的？

我想她出生时也会是一个娇弱的女婴，和别的女孩无异。女战士不是天生的。她也曾哭哭啼啼地长大，动不动就撅起嘴撒娇赌气。如果她生在贫苦人家，那她的命运就不会好到哪里去，她过的会是贫苦的日子，遭人欺凌。但她会有倔强的一面，不认命。当生活忍无可忍时，她血液里的倔劲儿会涌上来——一定会有这突变的一刻，当她被逼到绝路上。看哪，她猛一转身，去屋里拿她的武器去了。她的武器不是弓箭，是她天天都要用到的一把镰刀。镰刀已经生了点锈，她便使劲地磨快它。她的脸向这锋快的武器贴近，闻到它散发出的铁腥味，感觉它就要着火，就要去品尝仇人的血。在这时她闭上眼睛，知道战争将发生。其实她讨厌战争，她看见血就要惊叫。可是她的亲人的血，已经一次次白白地流掉了。她只有这条路可走了。她做出了决定。当她睁开眼睛，已不再是一个农妇，而成了一个女战士。

在另一个时间和地点，她会生在贵族之家，接受高等教育，模样活泼美丽。这也是可能的，就像俄罗斯的薇拉·妃格念尔。这样的女孩，曾经梦想着将来做皇后。可是，有一天，她听见一个亲戚在谈论她："她么？像墙上挂着的红灯笼，外表好看，可贴墙的那一面是空的。"这是她吗？她真是这么没有心肠？她哭了。她在想。她问道："怎样才能做一个有用的人呢？"——多么像今天的人耳熟能详的一句话，可那是在150年前，在俄罗斯一个幽深的林区，她问的是她自己。于是她去做医生，给农民治病。于是她看到乡村——看到肮脏、贫穷、疾病、愚昧。于是她手里拿着的药粉和药水变得可笑。于是她做出最后的决定，做一个女战士，向专制的沙皇宣战。

"我常常想，我的生活是否可能走别的道路？它是否可能有别的结局，而不致坐在被告席上？每一次，我的回答都是：不可能。"在沙皇彼得堡的军事法庭上，妃格念尔大声说道。

这时，在这广大的世界上，不知道有多少贵族女子在舞会上优雅地微笑，也不知道有多少农妇在贫困中无助地哭泣。只有女战士站起身来。

她的起立有一种悲壮的意味，使黑暗的更显黑暗，光明的更显光明。

谁又能说，世界和人类的责任，就只能由男人承担？

她站在前列，高处。虽然乌云浓重，天毕竟被她捅出了一个窟窿，射出光亮。整个人类都沐浴到了这光亮，包括我。我向她致敬。就像《自由引寻人民》里的所有人那样，在那关键紧急的一刻，仍向她行着注目礼。

2000 年

像大地一样承受

田野在任何时候、任何地方都很相似，广阔，裸露，大致平坦，像一个永远敞开的母亲的胸怀。

秋天，收割的季节来临。金灿灿的麦子把天空也染黄了。麦地的主人雇人前来收割，直到黄昏。当收割的人带着麦捆离开，那一片金色还在，好像还没被揭去。于是来了一群女人。

这是些穷苦的农妇，穿着褪色的粗布衣裳，系着宽大的围裙，有的还戴着袖套。法国乡村有一条古老而"仁慈"的习俗：一片麦地收割后，女人和孤儿可以到那里拾遗落的麦穗，带回家当口粮。

收割麦子时，这些女人已在远处等着了。别人求的是丰收，她们只求割麦人手下留情，别割得太干净利落，多留些麦穗在地里。可她们从没指望过一整块地的麦子都归自己。从来就没这样的事情，她们想都不敢想。

弯下腰，她们马上捡拾开了。手的动作像小鸡啄食一样急切。麦穗对于她们，也正是盘子里的面包。她们搜寻着脚下的麦地，就像工兵在搜寻地雷。吝啬的大地只在这一刻慷慨。

腰恨不能弯得更低，以便看得更仔细。拾起一个，就后退一下，转移。她们的眼睛很尖，不会把麦茬、麦草和麦穗搞混。当然，麦草也是有用的，带回家可以当柴烧。她们经过和离开的地方，立刻变得干净，露出土壤本来的褐色。

面朝黄土背朝天，这是中国人形容农民生活的一句老话，用在这里也合适。看来到处都一样，包括十九世纪的法国乡村，米勒画中的这些农妇。

在《拾穗者》中，米勒画了三个不同年龄的女人。我想这也许是一家三代：女儿，母亲，祖母。

女儿身肢苗条，右手伸向麦穗时像要在大地上写字一样，有一种不谙世事的天真。她吃的苦也许不多，或者，是因为她年轻，对生活抱有幻想。她特意戴在头上的那顶天蓝色帽子，像她的粉嫩的小儿女的心。她的另一只手，轻盈而自然地，搁在她年轻平直的腰背上，像是一个舞蹈者以客串的身份在参加劳动。捡到一枚美丽的麦穗时，她甚至会直起身来，对着斜阳捻动麦穗，看细长的麦芒怎样闪出淡金色。

母亲用一块褪色的红头巾包头，遮住了她深色的脸。在她的肩背上，斜挎着一个布褡绊，一直连到腰间，里面装满拾来的麦穗，沉沉地往下坠着。所以，她是弯腰最深的一个，正如她的担子总是最重，她的土红色袖套总是没时间摘除——她实际上是整个家庭的支撑，不拼命忙碌就不行。她头也不抬，膝盖微微地弯着，就以这样的姿势移动。她腰部的肌肉早已损伤，她就把手支在地上，用以分担腰的承重。她的身子便这样弯成了直角甚至锐角——不是沉醉于劳动的姿态，而是被劳累压着的无奈。看上去她就和远处的麦垛一样，因凝固而稳实，但多么沉重。

上了年纪的祖母，看样子已受不住频频的弯腰，得用手支在膝盖上，歇一会儿再干了。这对她，真是艰难和痛苦，但对她艰难痛苦的一生来说，也许算不了什么。一辈子她就这么过下来。她手里的麦穗不多，只细细一把，就像她剩下的日子。而她的女儿，她女儿的女儿，正在她眼前干着她年轻时干过的活儿，拾麦穗，拾麦穗——在收获的季节，捡捡他人丰收的碎屑，和自己的没完没了的贫穷的命运。像在重复她的一生。

这三个拾麦穗的女人，让罗丹想到巴台农神庙的三女神。因为这个，罗丹对生存之谜发出了悠远的感慨：

所有的名作都有这神秘性。我们对着这些作品常感到迷惘的情绪。……人生的欢乐究为何物？从何处来？往何处去？生存的谜啊！

究为何来，那束缚造物于生存中使他受苦的律令？究为何来，这永远的幻觉令人去爱那痛苦的人生？苦闷的问题啊！

让我也接着谈她们的命运。我想，她们更像同一个女人，是这个女人一生中的三个阶段——她曾是纤美的少女，她度过负重的中年，她最后来到抖抖索索的老年。

经历了辛劳和贫困的一生，她弓着腰背，目光暂时从脚下的田野上挪开，向稍远和稍稍开阔的地方飘去。

在她"粗鲁的头颅"（罗丹语）里，这时，她会想一些年轻时的事情。她从不懒惰。她从小就被母亲和祖母教导说，你要勤快，勤快的人会有富足的一生。后来她也对女儿和孙女这么说。她一生干过许多活儿，牧羊，堆草，锄草，割麦……有些甚至是男人干的。穷人的生活里，干活其实无男女之分，为了生存，什么活儿都得干。在承受不了的时候，男人有时会选择离开，到别处谋生，女人却多半死守着土地，和大地、家园一起承受。

一年又一年，她都在这样的黄昏时刻，在空空荡荡的麦地里遥望远处，别人的麦垛，别人的马车。她的背越来越弓，她的疑问越来越多。一个人生下来就该受苦吗？苦难非得一代代传下去吗？……这些问题，她年轻时就隐隐约约地想过，在没有人的时候，当羊群哞哞叫着，河水哗哗淌着，在太阳初升或黑夜降临时的田野里。可是，无论天空和大地多么广阔，她还是没有听到答案。

她的脸在风吹日晒中像树皮一样粗糙。她没有多少文化，也许目不识丁。当她勉强地直起身向远处凝望时，画家米勒画了她，诗人波特莱尔写了她——

那些穷妇人，垂着消瘦冰冷的乳房，
吹着剩火残灰，朝手指上呵气。
这正是那种时辰：在寒冷与穷苦当中
劳动妇女的苦难更加深重……

同时，诗人也赞美她——

呵，黄昏，可爱的黄昏，那些人期待你，
因为他们敢于伸出手臂，诚实地
说："我们又劳动了一天！"黄昏抚慰着
那些被痛苦吞噬的心灵……

可对于她本人，这也许还不如一把麦穗来得直接和有用。她对周围的世界知道得很少。在同一片土地上，同一个时代，她只隐约听说了七月王朝、二月革命、六月起义，或这个皇帝上了断头台，那个皇帝登上宝座，另一些人拿枪走上了街头，却断送掉性命。她有时能隐隐感到大地的震动，知道世界在变。变，是她的最根本的愿望，最大的期待。她心里有一股劲儿，能承受住所有的苦难，也能支撑她暗中的向往，只是她自己并不清楚。

此刻，她还只能在这个位置上，这麦田的一角，望着她灵秀的孙女，和养育了无数株麦子的大地、天空、时间。

然后她慢慢弯下腰去，再次重复她一生中做过的无数次动作——向一枚被遗弃在地上的麦穗贴近。在她和她们弯曲的背上，苍茫的天空现出灰暗，就像是她的命运一样，压在她的身上。她们与田野融在一起。

一直要等到她们前头或后头出现了高高的山峰，那时，她们也还是平坦的土地，连接着山峰，通往山峰，是山峰间不可缺少的铺垫，最普通，最基本，在一切的底部。

2000 年

绝尘

她的生活中并非没有故事。婚姻，孩子，社交圈，每日生活，点点滴滴……要是让《小妇人》的作者露易莎·梅·奥尔科特来写，必定也会风生水起。但她总觉得那不是她的故事，那只是身边平缓流淌的河水，那些小浪花从未冲击和淹没过她。她的心干枯着。

就像德加的画《沉闷》描绘的那样，她的丈夫，就是那么一个整天埋头于公务的男人。桌上总放着厚厚一叠公文或者账簿，他的目光向它们深入，深入，已经不会拐弯。他的肩塌陷下去。他的头发谢了顶。他像是一个严肃刻板的小老头，公务员或者官员。要命的是他把这种面目带回了家，他的书房变成了办公室，他在里面废寝忘食。当她为他送一杯热咖啡进来，放在桌上，他没有转过头看她一眼。

这不是第一次，当然也不会是最后一次。生活确实如沉闷的河水，以它的惯性流动着。当房间里的棕色、黑色、暗色、深色如细密的灰尘一样向她袭来时，她已经觉不出它们的重量。只是，渐渐地——连她自己也不曾察觉——她弯下腰，侧转头，形体微微地改变了。

丈夫的目光定在那些公文或票据上，像一个纸做的人。她的目光则游移着，没有地方可停留。纸其实一戳就破，不过她此刻还是让它完整，它——她的婚姻。

她曾有过的对生活的美好憧憬，究竟到哪里去了？怎么就一步步变成了这样？她有时问自己。

似乎怨不得丈夫——他每日都在履行对这个家庭的责任，辛苦而又忙碌。至于功名心（或称事业心），男人似乎都有，而且看重。

那么，怨她么？她不该对生活太奢求？还是她的魅力不足，已经不能让丈夫恢复到生气蓬勃的状态？

丈夫其实仍然有生气蓬勃的时候，她知道。去剧院里观剧，坐在包厢里，他的劲头就来了。望远镜，这时髦的玩艺儿，自始至终没离过他的手和眼睛，而瞄准的地方却不总是舞台，常常溜向对面的包厢和观众席。她是个欧洲女子，不知道在遥远的东方，中国人对此有一句婉转的概括，叫作"寡人有疾"或"君子好述"。但作为一个已婚女子，她对于丈夫或诸多男人的这种毛病，真是知道得太清楚了。他们喜欢漂亮的女人，这种喜欢在尺度之内叫作"远观"，越了尺度就变成"近亵"，而它们又有一种堂而皇之的说法：爱美之心人皆有之。中国人真是会找理由说话啊。她，不会也没有这么多命名，只知道丈夫正盯牢别的美眉、酥胸、玉臂看。就算背对着他，她也知道是这么回事。

奇怪，她并不怎么恼怒，至少没有预想中的气愤。如果她和丈夫仍相爱着，如果丈夫没在猎艳，而是被另一个灵魂所吸引，她的反应会激烈些吗？但事实并不如此。这时，她就端坐在包厢里，让舞台上的歌声环绕她，保护她。在忙碌地晃个不停的丈夫身边，她命令自己保持平静。

她需要这平静。真正的风暴如果没来，她就用不着为无谓的事情激动。平静——那至少还有她的尊严。

风暴，幸运而又不幸地，终于来了。它起始于一场命定的相遇，像安娜·卡列尼娜遇到渥伦斯基。河水掀起了大浪。她从此知道，生命还有另一种可能，还会燃烧，还没死。真太棒了。

她像着了魔。她没想到爱和激情的力量是这么强大，她对爱、对被爱的需求是这么深。就像重回到十八岁，她竟想时时刻刻看到爱人的眼睛，感受和确认那份爱。那也是她对生命的感受和确认吧，生命实在已被她荒芜得太久。她是在从爱情中学习爱，学习生命，了解这个世界。除此之外，她什么都顾不得了。河水变成了一片火海。

她开始一个人，而不是跟在丈夫后面，外出了。她第一次向丈夫说谎，说，她要和女伴一起去剧院观剧。然后，她一个人坐在包厢里。望远镜现在到她的手上了，整个晚上，她都用它来搜寻她的秘密情人——她知道他一定在剧院里，不是陪着他高贵的母亲，就是和他漂亮的表妹一起来。她的身子甚至探出了包厢的围栏。这真愚蠢，蠢极了，但她已控制不住自己。相见的渴盼推动着她。隐藏在渴盼后面的，还有一种隐隐的恐惧——他是不是还有另一张面孔？对于爱情，他真的像他所表白的那么热烈和纯粹吗？……

那个晚上，她的包厢成了剧院里又一个舞台。许多人望着她，指指点点。照亮这小舞台的，是她的不加掩饰和控制的爱情——这盏强大的聚光灯，已使她无处逃遁。

有关她的秘密恋情，社交界其实早已沸沸扬扬，她只是不知道而已。社交界总是无孔不入，有数不清的"包打听"和"克格勃"似的，更别说那些无风三尺浪的好事之徒。无聊的人们，也正需要有这么些小点心来开心解闷。她在包厢里的这种热切——这种失态——正可使流言再起波澜。

她却像个瞎子，聋子，只听到自己心里那首倍受煎熬的爱情之歌，只顾着寻找那个可能已经不忠的爱人——就像寻找她生命中的最后一张赌牌。她要借此知道爱到底有多大的能量，多大的亮度，多大的包容度，爱能不能打败世俗的虚荣心、自私自利心，以及，一个人的心是不是真的能为另一个人完全敞开，人和人能不能真的相知相通，一个人爱另一个人到底能爱多久？……

她在那个包厢里探出围栏的身姿，被卡莎特的画笔永远地固定了。

她让我想到安娜·卡列尼娜。在看到克拉姆斯柯依的《无名女郎》时，我认为，这就是她，就是安娜·卡列尼娜。她陷于爱情不能自拔，丈夫卡列宁已向法院提起诉讼，儿子安德烈已被愤怒的卡列宁当成要挟的筹码，而她与渥伦斯基的爱情又出现危机。她是把自己逼进了死角。

她从她从前的家中出来，怀着又一次没能见到儿子的痛苦和沮丧，坐上马车。马车夫问这位雍容华贵的夫人要去哪里。哪里？——在彼得堡街头的严寒中她听到这句问话，忽然不知道怎么回答。回渥伦斯基的家吗？再次面对他冷漠的眼神？这会要了她的命。她的爱，就是她的命啊。那么，哪里是她的容身之所？她还可以去什么地方？在她眼前和头顶，天阴晦着，大雪将至，一片寒冷和空茫。

她曾经问自己：我是否过于贪婪，什么都要，儿子的爱，情人的爱？那么，这不应该吗？爱难道是错的吗？爱难道还要时时刻刻用什么尺度来规范吗？爱是能源，还是毒药？……种种问题纠集在她心头，她的心再也挤不下。她只知道，自己不可能再回到从前。已见过爱情明亮光辉的人，又怎能容忍深暗的沉闷乏味虚伪无聊像灰尘、毛毛虫似的再次爬上她的背？她唯一要做的，就是挽留那些光亮，让它保持足够的亮度和纯净度。但她已经精疲力尽。

想象我是那个画家。一百多年前那个冬天，我在彼得堡的涅瓦大街上走着，忽然，看见马车上这个年轻女子。她的脸被华贵的黑丝绒和裘皮映衬得格外苍白，黑眉微锁，倔强的嘴紧抿着，像含着无限心事。她已经知道了爱的脆弱，人的脆弱，心里的光亮正离她而去。她的身子却还是挺得那么直，头颅昂着，只有眼睛略低垂，似正从高处俯看众生。那么我就是众生之一。我仰望她。我受到震动——不是被她的美丽，是被她的目光。那是忧伤、疑虑和悲悯、不屑相交集的目光。我听见她说——

"人，你们在为什么活？"

我呆在了原地。我感到自己的低矮渺小。我知道爱已将她打造成一个真正活过之人，虽然她的生命马上就要结束，她马上就要把她的身体和头颅在滚滚车轮下狠狠地碾一遍，让血痛快地流出来，达到她所要的真谛深处。我从她脸上看到生命终极处的爱和绝望，我已不能挽留这世间难留的美人。

  惊鸿一瞥。马车哒哒地驶过去。她的故事，已席卷她而去。

  她绝尘而去。

2000 年

诗琴女

诗琴女。我在米兰·昆德拉的小说《不朽》中看到这名称。小说里，有个名叫鲁本斯的男人，用它来称呼他所着迷的、却不知其名的一个女人。

"因为你像诗琴一样温柔"，他说。

他认为她像天使乐团中的诗琴演奏女。"你挺胸朝天，……而你的头部，因为意识到一切都是虚无，低垂望着尘土。"他把她看成他的"爱情的疆域之外的爱人"，一个他所神往的梦。

他不常见到她，一年中只与她相会一两次。就是在肌肤相亲之时，他仍然不知道藏在这肉体之中的灵魂经历过什么，或正在经历什么。她的确把自己藏得很深。而他对她的生活、婚姻、烦恼也根本不想了解。

这并不需要让别人了解，她是这么想的吧。她经常沉默，不急于表白自己，也不与人多争执。心里的东西只在她一人独处时发生，即使多么的激烈，连着痛苦和寂寞，也还是被她珍视着。

隐藏自己的内心，也是一件快乐的事。这可以保护它不被侵扰，不受污染。

诗琴女。我觉得这名称很美，于是记住了她。

我看到罗塞蒂的画《白日梦》。那个坐在花树上的年轻女子，我认为就是一个诗琴女。

她的脚悬在半空中，不接触土地。她的膝头有一册摊开的、读到一半的诗卷。在她微微前倾的脖颈上，她的脸侧转过来，眼里有一种梦幻之光，对不远处的现实则表现出警惕和拒绝。

她的身体并不是极其纤弱的那种，却只能在轻巧的花枝上栖息，而不能落脚在地上。如果哪一天呼吸不到含有花香的空气，诗卷被拿走，身体坠落，她也许就会死。

有人说，她就不能正常和坚强一些吗！有人把她和那些过分苛求的、自命不凡的女人相提并论。有人因害怕而远离她——害怕在她面前，暴露出自己的鄙俗和不洁。如果说曾经有一个人们争相仰慕她的时代，那么这时代已经消亡。现在有人嘲笑她。

但她还是坐在花树上，固执地拿着诗卷，保持她审慎而挑剔的姿态，不肯下来。

我在这里，她说，一个人一生中至少该有一刻，在这里。

女人是这么一种擅长幻想的生物。她不但在白天做梦，在黑夜里也要寻求自己的光明。就像克拉姆斯柯依《月夜》里的女子。

光明来自画面之外的月亮，也来自她本身，她的洁白的衣裙和头巾，她的冥想的头颅。不能说那是月光的偏爱，只能说，是通体焕发光芒的她，最大程度地接住了月光。画中与她同一色的，是池塘里的莲花，小小的几朵，美而圣洁。像她。

也像一个偶然来到林中歇息的仙女。可我知道她不是。她是一个凡间女子，只不过从小和树林、草地、池塘亲近惯了。当她还是一个小女孩时，她就扎着毛茸茸的小辫子，光着两只小脚，在水边的石头上一坐就是一整个下午。双手交叠着放在屈起的膝盖上，脸枕在手背上，黄昏的阳光斜斜地照在身上，她就开始睁眼做梦。

她梦见民间传说中的伊凡王子，年轻英俊，骑一匹有马那么大的灰狼，前面还坐着一位美丽的公主。他们穿过荆棘，雪野，密林，要去一个自由温暖的地方，开始新的生活。王子多么勇敢，无论脚下的路多么颠簸曲折，他的手臂总环绕着公主，一刻也不离开。

在幻想中，她变成那个幸福的公主。她把头靠在王子胸前，听见里面有一颗纯朴真诚的心在扑通通跳个不停。那么，周围再狰狞可怕，前路再艰险渺茫，也是不要紧的吧，只要这心跳声陪伴着她，只要这手臂永把她围抱，她就可以去任何地方。

但她最终是一个人来到了这里，这个小树林里。她真的长成了一个美丽的女人。她有了自己的家，丈夫和孩子，自己的生活。但她是孤独的。没有王子，没有一匹穿越密林的勇猛的灰狼驮着她奔跑。她穿梭在晚会和宴会之间，却没有一个可深入交谈的朋友。到了晚上，她就找了个借口，出来透透空气。

月色清朗，引导着她，来到这个小树林。坐在长椅上，她看到池塘里那几朵盛开的小小莲花，觉得这很像一种提醒，或者暗示，让她重拾少女时的幻想，让她自由地呼吸。

在月光下她坐了很久。诗琴的声音渐起，在这孤独和洁净中飘扬。在她心中。

若干年后，她在蒲宁的《素昧平生的友人》里出现。诗琴的弦再次颤动。

她坐在一辆电车里，翻开偶然买来的一本书，读起来。突然，她的心迸发出紫罗兰色的电火花，就像她所乘坐的疾驶着的电车。那么，这就是载她奔跑的那匹灰狼了，而她的伊凡王子，就是写那本书的作家了，虽然她不认识他。

请告诉我，这究竟是一种什么样的感情？一般说来，艺术会给予人们什么样的感染呢？倾倒于人类的才华和力量？激发起对个人幸福的憧憬（这种憧憬是始终、始终存在于我们心底的，尤其当我们的感官受到像音乐、诗歌、某种动人的回忆或者某种气息的影响时，

就更其强烈）？或者会喜不自胜，因为体味到了人的灵魂的高尚美好
（能够为我们揭示人的灵魂的人寥若晨星，只有像您这样的作家才有
这个能力，才能告诉人们高尚美好的灵魂的逆境还是存在的）？……

　　现在她有了一个精神的上帝：那个作家。在哗哗的大雨中，在阴沉
沉的房间里，在看着家中那座绿得反常的花园时，在壁炉里的火哔啵跳动
时，她不断地在心里向他发问。这些问题跟她的日常生活没多大关系，——
她的生活，不算糟糕，但很平淡，且密集着物质，看不到"精神"、"幸
福"、"意义"。她多么想从中拔出头来，透一口气。她其实是要踩着这些
远离世俗的词句，这些问号，去她向往的地方——那地方十分朦胧，而她
确信是美的。

　　她以为那个作家一定有答案。她不知道作家本人也常被这些问题困
扰。她是要有一个站在稍高和稍远的地方的人来倚靠吧，而且是一个男
人，这样，她的心就能够在痛苦的反省中鲜活地跳荡，而不是在平庸乏味
的生活里烂掉。

　　"世上的一切都是诱人的"，看着她房间里泛着金黄色的灯罩，已经铺
好了被褥的床，她华丽的睡衣，她穿着拖鞋的脚，她套在宽袖里的瘦瘦的
手臂，她在心里自言自语："我为这一切感到惋惜：它们有什么用呢？无
非都是过眼烟云，转瞬即逝，都是虚幻之物，正如我朝朝暮暮所期待的某
件事物一样，可是这种期待如今却替代了我的生活……"

　　质疑却是可贵的。期待也是。一个这样的灵魂已轻轻飞离她的躯壳，
停留在高处——就像拿着诗卷坐在花树上一样——看着耽留于物质生活
的她。

　　这样，当她蜗居在一间漂亮而舒适的房间里，她才可能想到周围是
秋夜的黑暗，海上飘来的迷雾在缭绕，而海洋一直可以通向遥远广大的地
方，贫瘠荒凉的岛屿，贫困的人们……

她才可能像一个热恋中的少女那样，时刻心神不宁地等待作家的回信，同时又深知，她这么做，并非简单地希望人家爱她，她的希望要复杂和广博得多。

在房间和花园里走来走去，想着雾气腾腾的海洋，她对自己说，"谁能肯定没有另一个世界呢？要知道我们甚至对自己的想象力所创造出来的梦也并不了解……"

她的倾诉对象已不是那个素不相识的作家，而是她自己了。她是在与她的幻想——理想对话。她就这么养育了心里面那匹灰狼，让它拐走了自己。

又过了若干年。诗琴女永远不死。她成了玛格丽特·杜拉斯《琴声如诉》里的女主人公。她从那些上流社会的晚宴上，从摆在她面前的那些丰美的菜肴前，逃走。尤其是那盘肥腻的鸭子，看见它她就想吐。她仿佛已看到肥鸭块填进那些绅士淑女的高贵肠胃，和那些装腔作势的高谈阔论一起蠕动，变成污秽的垃圾，被排泄出去……她用手捂住嘴巴，阻止自己当场呕吐。她逃进清冷的夜，逃去一个咖啡馆，一排篱笆底下，去见一个脸色苍白的潦倒艺术家——他曾教她的孩子弹钢琴，从他瘦瘦长长的、神经质的手指下，曾流淌出令人心颤的琴声。

世人在她背后指指戳戳，她一点都不在乎，因为她又能听到诗琴声。

最后，她来到《不朽》中，正式获得"诗琴女"这一称号。她的名字原本是阿格尼丝。在人声嘈杂的法国街头她走着，走进响个不停的汽车喇叭声、人群怒气冲冲的吆喝呐喊声里。这是她竭力要躲避的公共的喧哗。她其实没有听到，她是在逆向而行。当人们与她擦肩而过，谁也不知道这个女人此刻心中，是在渴望买上一枝勿忘我，而且，只要一枝，她希望把花举放在自己的眼前，作为美的最后的、不为人所见的象征。她在喧嚣中走向那至美的远离喧嚣的声音，那是诗琴的声音。

2000 年

被爱锁住

　　她陷入深重的疑虑和痛苦中，就像陷入坚硬的岩石中不能自拔——这是我在罗丹的《思》里看到的。人们说，这个雕塑在大理石中的女人，是以罗丹的学生兼情人迦蜜儿为模特。

　　已经有一部法国电影《罗丹的情人》，伊莎贝拉主演，详述了迦蜜儿的一生：超凡的美丽和才华，和罗丹相爱，为他奉献，被他嫉妒，与他争执、分离，因他伤怀、愤怒、发疯，在疯人院里死去。

　　再看这件《思》，我有更大的震动。在她还是一个年轻有为的艺术家，为她崇拜和热爱的人做着模特时，她心里就已种下忧伤的种子。她美丽的鼻梁和眉骨投在眼窝里的，就是那忧郁的阴影。她张开的眼睛失神，好像找不到方向，只能被忧郁牵着走。她低头在看什么——此刻的茫然？以后的悲剧？不，她预见不到以后，只被死死地定在这一刻。那么，如这件作品的题目所示，她在想什么呢？或罗丹认为她在想什么呢？想她为什么不能挣脱这沉重的岩石，这命运的枷锁？

　　作为情人和导师的罗丹，那时，已看出她致命的忧郁了吗？当他出神入化地留下她忧思的神情时，有没有伸出手去抚摸一下她的头发，她的面颊，像一个怀有爱情的人所能做的那样，用温暖去化解寒冷？还是，她的忧郁本就源自于他，他也知道，而他的事业——他的艺术——却让他顾不了那么多？

人心的黑匣子，我们已经找不着，找到了也没法打开。

但如此深切的忧伤，绝不可能为一块面包、一件首饰而生。也不是一个雕塑家对一个模特所能导演出来的。

的确他导演了她的命运，或至少参与了这改变。他意识到这一点了吗？

后来，当他以一个"大师"身份向葛赛尔展示这件作品，并听到葛赛尔发出崇敬的赞叹时，他是否会在心里掠过哪怕一秒钟的哀痛或者内疚？生活中的她，那时在哪里呢？是否正在疯人院的铁栏杆里，看那已经不属于她的蓝天？

那么，这仅仅是一个出了大名的艺术家和他的学生兼情人的故事？还是一个男人和一个女人的故事——一个到处都可能有的男人，和一个到处都可能有的女人的，那种永远都可能发生的冲突？

头巾遮住了她的头发，发型，那些可能带出她身份和背景的标记。刚看到她时，我觉得她更像一个农村姑娘，或古老小镇上一个挎篮子走路的年轻女子。这是罗丹的聪明吧——以他对女性和人性的熟悉，他早已看出女人身上总有这常见的忧郁，不管她天分如何，受过怎样的教育，她总会有这么一刻沉浸在低抑里，任谁也不能走近。

她是个敏感脆弱的女人。她对美有多大的热情和期冀，她对不美就有多大的失望。

她把一生的幸福，对生活的美好的希望，全放在一个她崇拜的男人身上。她仰视他，他的优秀，特异，他所具有的力量——有时这成为一种权威，有时表现为一种才华。他是她眼中的英雄。

女人崇拜英雄，和一般人崇拜英雄不一样，让人联想到动物中的雌性，总是青睐同类中打遍天下无敌手的那一个雄性。在女人的潜意识里，是否也有着类似的基因：感觉到自己的弱，便渴望对方的强？

很久以来，很多女人在选择男人时，确是把自己当作弱势的一方。世界历来也这么规范女人：娇弱，小鸟依人。中国的古人早已宣布：女子无才便是德。她要懂那么多干嘛呢——她要是笨笨的才更可爱呢，也更能显出男人的聪明。就是到了二十一世纪的今天，在一些电视征婚节目里，还是有大学毕业新潮打扮的女孩，高声说着这样的择偶标准：一个能够引导我人生的男人。

她要在这个男人身上，找到她全部的人生答案。而且，她相信能够找到，因为他是优秀的男人。

她拥有了优秀，她便也成为优秀。她的骄傲和自豪便有了坚实的基础，她的幸福便可靠。这可能是她的另一个逻辑，奔着"幸福"而去，并非一句简单的"虚荣心"所能概括。

总之她爱上他了。他的一举手一投足在她眼里都美妙绝伦。她其实是透过他爱上了自己。

他也爱她，她的年轻美丽，她的天真幼稚，——这两者都和青春的活力相似。在互相认同的刹那，幸福演化为完美风暴。

处于风暴的中心，她反而是宁静的，可以让幻想肆意生长。看到他的缺点，她便把他想象成童话中变成野兽的王子，而她是无所不能的公主，只要她吻他一下，就能吻醒他裹在兽皮里的灵魂，让他恢复高贵英俊的本来面目。

她在幻想中强大起来——她母亲般地包容他，拯救他，为他献身……她搭了一座梯子想要上天。当她坠落时，她才会看到真相。那时她便受不了了。

他其实就是他本身。是连他自己都没法了解的。有时激情澎湃，有时冷若冰霜。而且，他的激情从来就大于爱情，心只跟着感觉走。同时他另有更重要的所爱：他自己的事业，或他自己。

当初她为他的事业骄傲，现在她恨。她所爱的人，同时变成了她的敌人。

他要爱情的甜蜜欢快，但拒绝负担和责任——把另一个人的一生扛在肩头，时刻扮演一个导师，这太重，他感到危险。

爱从来就不平衡。从来没有平衡的爱。在这架精微而敏感的天平上，爱的双方把自己付出的加上去，把自己得到的加上去，把激动、沮丧、失望、烦恼加上去，甚至把所消耗的时间也加上去（今天不是已经有一个词叫"青春损失费"的吗？）……甚至一个莫名的眼神，一个细微的动作，或仅仅一种异样的感觉，轻到一根头发丝的重量，也会让它即刻倾斜。

这样的爱像人性一样脆弱复杂，可她还是要爱。这样的爱让人愚蠢，迷失，困惑，焦虑，痛苦，可她还是要爱。这样的爱已经不成其为爱，可她仍以为这是爱。

这是枷锁。她就这么被锁住。她折磨自己，或折磨对方。她的形象因此而在对方眼里大打折扣。她从一个单纯顺从温柔热烈的爱人，变成一个他眼里喜怒无常、苛刻挑剔、斤斤计较、总板着脸让他反省和检讨、像在一面镜子前不断照出他的黑斑的女人。而她，看着他身上的光辉一层层脱落，她对世界人生的信心也跟着一层层脱落。

在这时，男人的强势显示出来。他果断脱身，回到自己的事业身边。而她不能。当她交出全部的自己后，已经没有了她自己。当她所倚靠的世界崩溃，那么她也就跟着崩溃。

她忘了她的年轻，美，她的横溢的才华。痛苦冻干了这一切。她什么修饰也不要了，终日只戴一条头巾，低着头，不断地想、想、想：怎么会是这样的？

她的头不能动，不能抬头看天——无限广阔和美好的蓝天。她的目光向一个越来越尖细窄小的地方探去。一个牛角尖。她再也没能拔出来。

疯狂离人其实不远，甚至只有一步。不过，她就是疯了，也顶多是朝那无情的情人的窗口扔几块石头而已。她做不了什么了，除了伤害她自己。

我曾认为执著的爱令人敬仰，为爱而生的痛苦就更伟大，至少比幸福深刻。现在我开始怀疑，虽然我无法对爱情指指点点，说，应该这样，不该那样。爱是这么不容易。

我只是在想，人们是为什么爱？为自己？为对方？还是，最终为了一种幸福？那又是什么呢？

　　这个被岩石锁住的女人，她是在为什么付出她忧伤和痛苦的代价？为所有看到她的人？为所有追求爱、向往爱、正在爱、思考爱的人？为那远远地、耐心地等待所有人的幸福？还是为了一种永远也说不清的、但必定存在的爱的理想境界？

2001 年

"让我一个人呆一会儿"

弗吉尼亚·伍尔芙有一间自己的房间，她可以独自待在那里，仔细观察并揣摩墙上的一个斑点，在想象中穿过伦敦街头去历险，去买一枝铅笔回来，然后按照原子纷纷坠落到人们心灵上的顺序，记录并追踪它们的运动模式，好让她奇异的意识有一个肆意奔跑的地方。

她曾经住在伦敦的文化中心，她的家曾是一个著名的文学艺术沙龙，许多文化人往来其中。她结婚后，和丈夫一起创办过出版社。她的生活想来不缺乏热闹甚至轰轰烈烈。可她在照片上的脸是有一点瘦，有一点忧郁，有一点神经质的，仿佛暗藏着一种拒绝。她好像在说："别来烦我，让我一个人呆一会儿。"

她被形形色色的人和思想包围过。从她脑子里滋生出来的繁丽思维一直拉着她向前飞跑，理性只能在后面磕磕绊绊地跟着。很累。她脆弱的身体经受不起这些翻腾。她想让独处的安静来平息它。

这只是我的臆想。最后她还是在疯狂中投河而死。疯狂的原因不明。而她的这句著名的话——这个著名的标题：《自己的房间》——如今已被许多女人用来表达一种渴望，对一个自我空间的渴望。

有一个安静的自己的地方，对女人来说并不是一件容易事。她的生活和思想常常被别人占满。别人的议论，别人的评判。对别人（那往往是她的至亲之人）的操心，对别人的依赖。就是她一辈子把自己锁在一间石头屋里，也不见得就能和自己在一起。

她是慢慢地，然后越来越强烈地想要一个人待一会儿的。开始只是觉得心被塞满，很难受，想从嘈杂拥挤中探出头来呼吸一下。于是她去阳台，那里望得见天空。她就那样在开阔和高远中和自己待在了一起。当阳台上也听得见吵吵嚷嚷时，她去了浴室。虽然狭小，她总算是暂时有一间自己的房间了。

在所有的房间里，浴室通常是最安全的地方，只要锁好了，谁也不能冒冒失失地用各种借口闯进来。而在别的房间里就可能发生这种情况。

浴室渐渐成了她最爱去的地方。那里通常有镜子，她对着镜子哭，对着镜子笑，对着镜子做鬼脸，没有谁能管得了。

在浴缸里放满热水。脱掉衣服，站到里面，躺下来。她马上被温热的水包围了。一身的累赘、不洁、烦恼全都消失，她只面对自己的身体。她的想法也变得单纯和赤裸裸了，和母亲子宫里的婴儿一样。浴缸里的水就像那安全的羊水。

她无意识地在水里躺了很久，好像什么也没想。其实这是在清洗嘈杂。一些音符和旋律，在这过程中悄悄地、没来由地从脑子里蹦出来，她便轻轻地哼唱出它们。声音好不好听没什么关系，这里只有她自己，她的声音才重要。她的声音，在浴缸的四壁中缭绕，带着水汽的氤氲，上升。

从水里起身，出来，擦干自己，她真的像一个婴儿那样新鲜和干净了。她感到周身舒畅，血脉贯通，又可以走回到生活的嘈杂和拥挤中去了。

有一个名叫倪拗拗的女孩——陈染小说《私人生活》的主人公——也热爱浴缸。浴缸暖暖的水能驱散她身上的寂寞和疲倦。躺在浴缸里，她觉得是被紧紧地搂抱住了，这样她能够忘记所有的过去，并相信交流是可能的。她静静地枕在浴缸边上，像一株干渴的植物被水分浸润后成活过来。她甚至别出心裁地在放干水的浴缸里铺上被褥，变成她的床。那是最安全的地方，谁也不会来打扰她。她充分地享受了这份孤独。

在这时，隔壁房间的电视里也许会出现刘德华对着一只马桶上下看的镜头。他对它反反复复唱着"亲爱的马桶"——"……你有多少苦痛，你有多少失落，它会帮你全部都带走，你的秘密太多，你的梦想太重，你会慢慢地懂，亲爱的马桶……"那是男人依恋卫生间的主要原因吧，耽留在谁也进不了的私人空间，他最终是为去外面世界打拼作一个准备。而女人走向浴缸和镜子，是要更彻底地面对自己，和世界拉出一段距离，而且是用这么唯美和彻底的方式。

旧时代的中国女子，大多没有独享浴室和浴缸的自由。她们的住宅里有没有这个设施都是问题。苏州有一座建于民国时代的"雕花楼"，里面曾住着当地一家富商，我看到楼里的大客堂，老爷房，少爷房，小姐房，书房（里面还有几只中西合璧式样的沙发），藏宝阁，可就是没看见盥洗室。而且，老爷和少爷的卧房都各有门，可以关闭，唯独小姐的卧房和书房一样，没有门，好像谁都可以去探头探脑。好像只有男人的隐私权才可以得到保证，女人么，即便是尊贵的小姐，她的贞节，一举一动，也是要所有人来监视的。

据说这家人家的小姐，最后是跟一个木匠跑了，跑出了这座像是用金钱堆出来的雕花楼。不知她跑到了一个什么地方。

现在不同了。除了近在身边的浴室，女人还会去远方。她会从自己的日常生活轨道中逃离开去，一个人，坐火车，汽车，轮船，飞机，走得越远越好。像是一种逃避，也未必不是一种反观。这是她生命旅程中的必经时刻。

她来到陌生的地方，在旅馆的单身客房里住下。这地方谁也不认识她，除了总台服务人员，谁也不知道她从哪里来，叫什么名字，做什么职业，身份证号码是多少。她置身于正常的秩序之外，也置身于那种潜意识里被旁人指指点点的感觉之外。

我曾在一篇粗疏的小说中描绘这种状况。我的女主人公，就这样在一个假期中独自来到一座小城。她住下后彻底地洗头洗澡，换上新的干净衣服，像一个自由快乐的幽灵，一个隐身人，一条游动的鱼。再也不用埋身于过去生活的灰尘和垃圾中——

  这个女人现在走在一座陌生的城市里，一条陌生的路上。现在她是她自己，是她自己的，此刻的，即时的，从来没有过去，也不知道将来。她不知道此刻她为什么而愉快，而惆怅。她不想分析。分析是一把手术刀，一条虫，而她是完整的，鲜灵的。一切都不要切破咬烂吧，这种时刻是罕有的。

  她只顾往前走。……当她一个人的时候，她反而会有力量迎接它或对付它。

这或许是一种错觉，不可能这么快就转换心情的。不过这是个心情的中转站，从被束缚，到自由呼吸。至少她看到了这么做的可能。去远方就是她迈出的第一步。

她来到陌生的旅馆，进了客房，把门锁上。放下手提箱。脱下帽子。踢去高跟鞋。把外衣、衬衣、裙子和丝巾什么的东一件西一件地扔在随便什么地方，只穿一件薄薄的内衣。她就先这样狠狠地解放了一下自己。

然后，才把一封信拿出来。信在她的衣袋里放了很久，已经揉得皱巴巴了。她对着信纸出了好一会儿的神。这封信和她过去生活中的难题联系在一起，她就是为了这个才选择独自旅行。她需要静静地想，一个人把它想清楚。

她想了很久。然后她躺下。当第二天早晨的太阳从窗外照射进来时，她猛地坐起来，看到了窗外阳光下那开阔美好的一切。她的心结被搁置一边。她有了更宽广的答案。

霍珀画了她低头沉思时迷离的神情，又将她坐在床上扬起头迎向阳光的姿态画出。我想，她应该已经度过她生命中的难关，她可以朝生活投去自信的一瞥了。

风雨水火

也有另外的可能。生活不可能只有一种选择。她不再回到与她格格不入的世界里去了。就像昆德拉《不朽》中一个不知名的姑娘，在一天下班后不再回家，不停地走，走向城外，走出公路，上了一条不那么喧闹的岔路。没有一个确定的归宿，因为，"唯有她自己的心灵才是她的天地"。

这姑娘后来目睹了阿格尼丝的车祸。正如小说的旨意所在：让一个女人对自我存在的觉醒，引出另一个女人对自我存在的质疑和思考。

因为无法与他人苦乐与共，并深感与他人的隔膜之深，不知如何生活下去，阿格尼丝独自开了一辆车行驶在这条岔路上。她遇到了生命中更大的难题，她清楚地看到她的生活中没有爱，只有痛苦。她想远去，远离尘嚣去想清楚这一切。而在思索中她突然意识到：生命中无法承受的不是存在，而是作为自我的存在。她还在继续想下去，关于这个自我的存在。她一边开车一边想着，没有意识到她正在为这思索付出全部生命的代价。

汽车翻到沟里，她死了。一个虚构的小说人物死了，而生活中多少活着的女人，仍在想着同样的问题，一个人想着，知道谁也帮不了她。因为，这有关她的自我的空间，她只有独自去寻找、争取。

2000 年

三　生命不安处的花朵

绽放在伤痛记忆上

《漂泊手记》，安妮·麦珂尔斯著。陌生的名。陌生总是吸引我。我弯身注视它薄薄的书脊，那里有一种沉静的蓝，透出紫。我弯腰像在对它礼敬。这时还不知道它有多好。它处的位置是低的：季风书园外国文学架下方，众多异域作品中间。挤。不在热闹显眼的畅销书堆里。痛苦不可能畅销。沉静自守应是它恰当的姿态，如同一个默守伤痛的人的姿态。

后来我向一个个熟人推荐它。他们买了它。然后……我没再听见他们谈论它。一本书与一个人的相遇需要缘分。它可能会在书架上独自静待很久，之后，被一双偶然或也必然的手，一颗寻觅已久的心，找到。这也仍然会在静中发生，从词句到故事，从心到心。

它的第一页，第一段：

第二次世界大战期间，有无数的手稿——日记、回忆录、证人的叙述等等——被遗失了，或被毁掉了。其中有一些是人们故意藏起来的——埋在后花园里，夹在墙缝里或是藏到地板下面——但藏东西的人们却没能活下来使被藏的东西重见天日。

那很遥远。那时代并无我的存在。但真的与我无关么？为什么我总是被遥远时代里的日记、回忆录、证人的叙述等等吸引，仿佛与我有极大的联系？是的。一个生命存在于这世上总是与万千生命关联，纵向或平行地递进、影响，至少这同一星球上的空气、水分、养料已经聚合混杂了不知多少代而被万千生命同时或不同时、同地或不同地地呼吸摄取。我在其中，不是第一，也不是最后，我希望知道其他同类如何活过，因为我不可能是彻底的唯一。

那么，这些被湮没的生命见证的重见天日，该是后人多大的幸运。就像《安妮日记》的重见天日。而这本《漂泊手记》的视野和格局应该更大。书中说，这是一位名叫雅各的诗人在 1993 年去世前不久写的回忆录。那么它也不遥远。

它是小说，但不会完全虚构。雅各不会是安妮·麦珂尔斯凭空想象的一个人。雅各说："一个人对战争的感受并不会随着战争的结束而消失，一个人的事业，正如他的生命一样，永无终结。"这一种感受的精髓，必定从坚实的历史土壤中抽取，无论这土壤被怎样的苦难浸泡。我要看的正是这过程：一个人怎样从伤痛中走出，怎样确定他生命的支点和重心。这对我将是有力的借鉴。我，一个总在彷徨也不够坚强的人。

我从当中打开它。再也无法放下。"我无法把痛苦从死亡的一瞬转移开。我被迫关注着那历史性的一秒钟：那萦绕于心的三位一体画：罪犯，受害者，证人。"正是我后来每读这本书时的心情。

它没有完整的故事和奇巧的情节，只有一个个片断，陷在泥沼里，刻在岩石上，被风暴所裹挟。这些关键词（屠杀，犹太人尸体，囚犯，亡魂，音乐，诗歌，痛苦，反省，质问，思考，爱……）。这些缓慢渐进的历史瞬间和心灵时刻。如一支时断时续的悲歌，有最惨痛的底色，而记忆的天空上仍现出一朵花的影子，顽强绽放，朝向爱。

惨痛而最终导向爱。我震讶。在人类最大的暴行面前，仍有这一种博大、温暖的情怀存在。这是怎样一种优美，到达它需经历何等漫长的艰难。雅各在 60 年的经历和思考后到达了，他是我心中的圣者。

神圣也许并不难达到，只要不对历史和记忆掉过头，不从苦难的经验一下子掉入享乐的漩涡，不为狭隘的个人或民族记忆所缚。神圣不神圣也不重要，雅各的最初目的，不过是，心的安宁：能面对死去亲人的眼睛，感觉为人类的命运尽了责。——一个不伟大者的猜测。

雅各的历程。

他没有忘记历史，背叛记忆，宽恕罪行。恰相反，从7岁时从衣柜缝隙中目睹父母姐姐被纳粹杀害，惨景无一天离开他。他们镕进他的身体——先是死去的亲人，后是更多的犹太亡魂。他每次进门都要略作停顿，好让无形而永在的姐姐先进去。他在最幸福时仍会看到那些临死前的眼睛（"他们想在那一刻把毕生的爱都用尽"）。在避难的小岛上，他白天给亡魂写信，期望晚上能收到回信。他没有像我们很多小说喜欢描写的那样，因受恶行之害而变恶。他从小牢记美与爱：贝拉脑后那条像隆起的肌肉一样的粗辫子多么美，她指间流淌出的乐章和弹奏时端正而骄傲的坐姿多么美，她在他后背上用指尖写下的话有多少爱……美和爱只是一些可感觉的细节，抽拔不出多少宏旨大义，而一点美、一滴爱也会让一个孩子铭记终生。他被救后在爱的注视下成长，用回忆接续这爱。最私人的记忆就这么开始，一步步融入广大的记忆。救他并收养他的希腊学者阿索斯对他说："你的记忆就是你的未来。"阿索斯引雅各进入人类历史和地球历史——这本书里有最美的描述地球自然现象的文字——告诉他："我们无法控制生命中的偶然小事，这些细小的东西凑在一起，就成了我们的命运：你重新回去拿忘记带的东西的这段额外的时间或让你躲过了一桩祸事，或为你带来了灾难。但我们每天都可以坚持最高的法则，那是最高的人类价值观，是我们唯一可见的法则。"雅各这么做了。他在目睹耳闻纳粹的暴行时也看到普通人救助犹太人的善行。他得到阿索斯及其希腊朋友们（无论学者还是平民）的小心呵护。他在搜集纳粹暴行的过程中看到人类生命、愿望、人性怎样被拒绝、蔑视、践踏、毁灭。他在堕落最甚的地方寻找灵魂。他学会尊重并爱有人性、有渴望的生命，从人类的最高价值观上，也出于本心。

　　爱，像春雨一样从任何细微处浸润他。爱人类，及宇宙间一切。他们从一地搬迁到另一地时，阿索斯对雅各说："爱会使你用不同的眼光去看一个地方，正如你会以不同的方式去拿你所爱的人的东西一样，如果你对一个地方的风景非常熟悉，你就会以不同的眼光看其他所有的风景。如果你学会了去爱一个地方，那么有时你也能学会去爱另一个地方。"哦但愿我从小到大也有这么一位精神导师，随意说出的就是至理名言，眼光时时被校正，出于爱，落于爱。

　　艰难而缓慢的过程。从悲痛到达爱需要时间。但雅各终于看到了：亡魂们"在银河系的某个角落，正一刻不停地朝赞美诗篇飞去"。

　　雅各没有停留在对罪行的揭发、谴责上。他用人类最珍贵的"爱"击碎恶。他一定相信：如果人类有爱，有对生命最大的尊重，恶就无处生长。

　　爱还是要落在最具体的个人生活里。爱整个人类而不爱一个具体的人，这是不可想象的。

　　雅各爱过两个女人。爱证明了他，她们，各自的情怀，注视对方时目光的落差，心的敞开度、接纳包容度。生命在爱情中才真正展开，新的内容被注入。

　　年轻时他遇到亚历克丝。活泼、美丽、智慧的女人，具有古老的女性文明与时尚结合的裹挟力，要带他远离生命的重心，那些记忆和思考。她要投入新的世界，要往前走，要享受纯艺术、纯爱、纯生活、纯智慧、纯幸福。没错，是她的选择，她有权选择。但他感到了危险，无法跟她前去，他有他的事要做。他记忆的力量太大了，比想象的更大，连带着历史的责任和使命感。他就让她一个人出去，自己呆在黑屋子里，沉思冥想俯瞰历史，孕育着支撑生命的诗句。她每晚派对回家，冰凉的手只触到他的肌肤，触不到他的心。他花了半天时间咬破痛苦而达到的思考瞬间，被她打开的电灯一下子照得粉碎。"她永远无法理解，她确信那是为我好，让我回到这世界上，把我从绝望的魔爪下抢过来，拯救我。"但她不知道，对他，每失去一个回忆或一个故事，也就失去了更多的自我。夜间的幸福也消失。"我没有欲望要用舌头去舔她的脊背，也不想对她说话，不想一点一点地挪到她身边去。"她睡了，他却醒着躺在那里。他把她抱得越久，她离他的触摸就越远。

毫无办法，他们是两个世界的人，爱的意愿并不能拉近彼此。爱有时就这么毫无办法。爱必定也在这日渐疏离中慢慢消失。

中年后他遇见年轻的米凯拉。他和她之间相差 25 岁。她没有回避他稀疏的头发，假牙，他身体里带着的可怕东西。然而，连他都觉得怎么可能，难道不带一丝怜悯——"她把柔软的、被阳光晒暖了的桃子似的面颊"放在他冰凉的手心里。她对那段历史没有切肤之痛，但她抽泣，为亡魂流泪，仿佛那也是她的亲人。年轻的血液和温柔的理解成为他和她共同的力量。"血液被信任的力量吸引着有多美好。……她向我靠近，芬芳，沉重，静如碗中的苹果。"伤痕胶合住他俩，他的哀伤在黑暗中呼出。他终于也能够走进对方的记忆，走向广大的世界：湖滨，山坡，海岛，人群。这一个小小的身躯救了他。爱情让他向前走了。人还是要有这一种具体坚实的爱情，一个亲密爱侣的所有认同和陪伴，才可能对未来充满希望。爱情安定了他，他的生活、事业、精神都达到开阔完满。他俩如此携手到生命的终点：60 岁的雅各因车祸当场身亡，同时受伤的米凯拉只比他多活了两天。

爱情无所谓对错，只有能不能（或愿不愿）理解、有没有幸福感、对生活怀着怎样的期许之差别。现实世界以两个不同女人的形象与背负过去的雅各相撞了两次。在书中爱情不是主线，爱才是主线。雅各对亚历克丝应当仍怀有深情，她带来的世界毕竟冲击了他，丰富了他。那也是一种鲜活的生命。在最幸福的一刻，在为世界和未来祈祷时，雅各提到了亚历克丝的名字，令我欣慰。爱已使他如此博大。

这本书里有悲愤，有对于罪恶的描述，但没有任何卑琐的字眼。

它属于诗，但对最残忍的事实和思考中纠结的矛盾从未掉过头以简单的诗意掩盖。它不求轻松，不娱乐你的耳目和感官，而像针一样刺你心肺，却又让你看到阳光和花朵的影子。

请读这些句子，我久久停留过的，关于记忆、历史、希望。它们不可阐述、转述，只能照录：

　　这是一部写满思念和渴望的传记。它是深深吸引着我们的磁场，一个无形的精神力矩。这也就是为什么有人会为一种气息、一个字、一个地方或是一张一堆鞋子的照片感慨不已，有人会为那欲言又止的爱悔恨不已。

　　人类的记忆被编成密码，记录在气流中和河底的沉淀中。长蛇般的一个个灰堆等待着被铲起，生命在那里期待着再生。

　　历史是超道德的：各种事件发生就发生了。但记忆是道德的：我们有意识地记住的就是我们的良心所记住的。历史是死者的书，由集中营管理员保管着；而记忆是被哀悼者的名字，在大厅中被人们高声念出来。

爱终结了全篇。在第一部末尾，雅各对尚未出生（事实上未及出生）也不知性别的孩子留言："我的儿子，我的女儿：愿你们永不会对爱无动于衷。"在第二部里，一个犹太集中营幸存妇女对洗晒过的被单气味的珍爱（她总要嗅那上面的阳光气息），烘烤面包时悄声说出的话语（那么细小的对生活的愿望），都被诗一样的语言写出，令人心痛，心动。她的儿子本最终理解了父辈（他们保持记忆的方式，他们在现世生活中的缄默），找到了记载雅各心迹的笔记本，并由衷发出这样的忏悔："我荒掷了爱，我荒掷了爱啊。"——如同对雅各遗言的回应。爱就这么传承。本的心变得柔软丰盈，被爱充实。最后，他乘坐的飞机就像他本人那样要从天空降落于大地，向他平凡而值得珍惜的生活，他相知八年却一度隔膜的妻子。

我相信他将平稳落地。

对这本书，只读一遍是不够的。我一直在读，一再地读，任何时候，翻到哪一页都可以开始，可以进入。它有福音书的质地，纯净，深情，但不教导，不祈使，不强求他人认同。只是表达。与它相遇是我的幸运。

它引我进入历史和地球的我从未到过的时间、空间，思考人类最纯净的深情在哪里发生，我们配不配拥有，我们在哪里与它错过。人性的美的可能性在这里无穷大，比宇宙还大，虽然人的生命曾如草芥被践踏，也显示了其渺小、短暂、脆弱的本质。

它必然地令我想到我们的"文革"，想到那些生生被扼杀了生命和理想的亡魂——其中就有我的父亲。他们，难道不是在为我们的未来付出代价？但我们的记忆是否就是我们的未来？我们的未来又由哪些记忆奠基？还有哪些记忆已经淡漠或失落？最重要的：在伤痛的记忆之上，我们所应有的精神高度在哪里？

几年前我去欧洲，在飞机上看见一些欧洲老人。他们在机舱里的前六七小时中安静如水，根本不为人察觉——我以为机舱里都是中国人，满耳响亮的国语。飞机即将降落，他们中才有三两个、四五个相继从各自分开的座位上站起，模样普通，穿棉布夹克，脸颊红而松弛，有的动作迟缓。我不知道他们要做什么，留心看。一个丝巾披肩的老妇人被搀扶起来，向他们伸出手，手心向下。这布满皱纹的手被依次引向老人们的唇边。然后，他们两两靠近，互吻脸颊。后面一个格子衬衫牛仔裤的眼镜青年向他们走去，带着后排几位老人。他们和他们同样两两行吻礼，脸颊贴着脸颊。青年最后上前，逐个吻老人们，像儿子吻着父母，严肃，深情，些微的忧伤。几乎无话，一切静默。然后他们各回座位，如同之前那样，仿佛不存在似的，消失在坐着的乘客中。

机舱这一刻沉寂下来。即使嘈杂我也已经听不见。我猜这是个老年旅游团，团员们本不相识，下机后就将从法兰克福各自转机，再也不会相遇，所以就此别过。但是我被打动了。为什么？因了他们脸上的岁月沧桑？普通人分外的严肃认真？凝重的仪态动作里透出的自尊、矜持、友善、忧伤？他们经历过什么？心里藏着什么？相互间又知道对方什么？我进入了想象。想象中最清晰也最强烈地出现的，正是《漂泊手记》中的人物故事。雅各如果活到今天，应该就是这些老人的年纪。而那个戴眼镜的青年男子（一个导游？某位老人的儿孙？）多像是年轻的气象学家本。现实不等同小说，但我相信小说中的故事确存在于现实中，记忆、希望以及爱无处不在。怀着这想象和愿望我降落于欧洲大地。《漂泊手记》，即便它不著名，在我心中也完全抵得上一部名著的分量了。

2005 年

风雨水火

治疗·救赎·爱

《治疗》。这本书的引言：写作是一种治疗方式。格雷厄姆·格林的话，他是谁？我不知道。

因为这句引言我买下这本《治疗》，而不是因为封面上那个眉头深锁、头发浓密如明星的外国男人。他肯定不是书中主人公墩子（一个矮、结实、秃顶的英国电视剧作家）。他是否本书作者戴维·洛奇也很可怀疑（这个英国人以另一部长篇小说《小世界》著名）。也许那真是一个电影明星，被书籍装帧者移来招徕读者的？看上去他四五十岁，眼神冷峻，看透众生。

买下后翻了一下。第一人称，口语化，充斥着知识分子琢磨事情时翻来覆去的绕劲儿，洋洋洒洒，透出焦虑。仿佛这个人正在生活这规定了的圆里给甩来甩去，而他还自以为在奔跑，边跑边说。我已习惯安静、隽永的文字，可带我慢慢行走在内心。我不习惯奔跑，尤其猛烈的跑动。就让这个膝盖莫名痛的剧作家带着他疼痛的神经团团转吧，我得等他停下来，或我能跑起来时，再去读。读书需要机缘，相应的心境和愿望。我终会知道他是怎么获得治疗的，那也许也会治疗我。我在等待这个机缘。我把这本书放进书柜的某一层，不太高，因而不是束之高阁。它就这么以一种不醒目也不容忽略的姿态对我保持了一段时间的吸引。

　　我外出旅行时总要带一本书。这一次，我去北方。在那座北方城市里我将见到一位电视剧作家。打开书架，手就伸向这本书了。我抽出它，心里有暗暗一笑。我将见到的人也常这么眉头深锁——也许是出于习惯，也许是被限时限刻的剧本合同逼的。同样的职业和年龄段，只有地域和文化背景不同。人类根本的痛感应该相近，可被了解。读书即是读人。这样，我在火车上对这本书的阅读，就仿佛有了双重动力。

　　火车行进得很快。我已初步认识了外号墩子的英国电视剧作家。因为一部电视剧（也可说是肥皂剧，每周出一次泡沫）的热播，他名声大噪，收入大增，住进伦敦高级住宅区，妻子美貌而成功（大学里的学科带头人），孩子已经独立生活。他有一个柏拉图式的红颜知己，定期约会，无话不谈。他受女人吸引，情感生活并不贫乏。他被人羡慕，受人尊敬。除了按时交出电视剧本，他有大量可自由支配的时间和金钱，尽可以想干什么干什么。可老天偏要给这完美挖个缺口似的，某一天，他的膝盖无缘无故地痛起来。不是剧痛，是间歇痛，不定什么时候就来一下，扰乱他。他用各种方法治疗，物理的，手术的，心理的，终不见效。疼痛像在他膝盖里扎下根，耗上他了。幸福感涣散了。或从未有过幸福感，他只是以为有过。他对这个世界可从来都是居高临下的，嘲讽的，批判的，无所谓的。现在轮到他自己了。他对自己也常自嘲，并不看高，但归根结底他优越——也可解释为一种自信。现在他意识到自己大部分时间是不快乐的。早晨起来，看到院子里活蹦乱跳的松鼠他也要羡慕了：它们有那么柔韧的膝关节！

　　他是作家，对事物的认识会很快升华。他明白身体的某个部件出了毛病，也许还殃及大脑、灵魂。他自我分析，也让心理医生分析。他倾诉这一切时语速很快，絮絮叨叨，加上聪明人那种什么都想说一说的习惯，小说的第一部简直密不透风。他列出与周围人的关系，既不美妙，也不太坏。就像真实的生活那样让人失望。他的生活由此一层层掀开。他因此脱离躯壳而幻化成一个纯粹现代的苦恼灵魂，潜入火车，站在我面前，卧铺上那盏光线有限的床头灯照着他。夜很深，世界在你一人独处时总是充满无限的可能。他停留了一会儿，说，跟我来吧，来看看我的世界。他走着。我跟着他。他去医院做膝盖手术，在迷魂阵里七拐八绕地穿过仓库、弹簧门、走廊、上下电梯我也跟着，就像悬疑片里常有的那种前景不明的诡异的穿行。我们前行时也会这么盲目，舍近求远，自以为目标在望而实际南辕北辙。他躺上手术床时还跟麻醉师说笑来着，然后，失去知觉。他被麻醉了。我也在摇晃的上铺睡着了。

醒来，这种荒诞感仍在。荒诞感其实一直在。我们每个人都有病，从身体至灵魂，那些隐秘的地方，非此即彼，我从不怀疑。我们的个人生活如果也以这样的方式被叙述呈现，那也会让自己大吃一惊。只是我们很少这么做。我们总是回避。我们，或只是我。

墩子在对心理医生和对自己"交代"时都提到性爱。性爱关联着一个人最隐秘的焦虑感，生命质量，幸福、孤独或者悲哀。性与爱有时分裂，有时是同一事物的两极，不能平衡，且因人而异。米兰·昆德拉甚至将它作为写作的一个重要母题，把政治、社会、时代糅入其中。性之于一个成年人其实须臾不可分离，无论哪个层面。戴维·洛奇笔下的墩子，用一种客观的技术语言叙写与妻子的性事，像写一份关于体育锻炼的科学报告。他认为做爱只能带来一两个钟头的睡眠，远比不上打一场橡皮球或高尔夫球赛来得过瘾，后者至少能带来较长久的香甜睡眠。做爱成为一种习惯，之后他妻子就像腿上绑了沙袋那样沉沉睡去。他仍为膝盖疼痛而暗自苦恼，然后悄悄下床，坐在电脑前写作。孤灯一盏照着他。没有激情，也无所谓幸福。这就是他的最本质的生活真实。也是很多人的真实。要求人每分钟都处在美好情感中的确过分和不可能，但很多人实际上每天、每月甚至每年都没有一次高质量的精神获得和情感交流，要么没有对象，要么心已疲惫。深夜无眠的那一刻，才是真正可以考量一个人生命质量的时刻。

写作逼近了这一层，也才是逼近了人性中绕不过去的最高真实。

　　我到了那座北方城市。我见到那位电视剧作家。他也和墩子那样带着电脑到处走，边走边写。他采访奇异的人和事件，储存大量素材，凭借个人经验、情感和想象编织一个个故事，曲折腾挪，惊心动魄。他像上帝那样创造他的人物们的命运，怎样爱，怎样恨。我只是不知道他是否也像墩子那样，反讽地看自己，反省自己的生命质量。他潜入他人生命时也许就忘了自己。他因之而充实。他总是把自己放在昂扬的状态里，像在战场上冲锋陷阵——那就没有低回的余地，只有前进。他似乎不愿看到自己和他的人物们其实是平等的。我能想象他的反驳：这是我的生活方式，更开阔，不自我，不挺好吗？没事找不愉快干吗？非得戳到痛处才算深刻，才是所谓的纯文学？要有痛我也会独个儿面壁，不会摆到纸上，不行吗？……这也是我的声音，另一种，我总在心里用两种声音对话。我看到对方奇异的面容，狂野和纯真兼具，让我想到野兽和孩童。看上去他是自信的，没有什么大的疼痛。谁知道呢。人与人在现实中的了解注定肤浅，甚至比不上通过书本——而文字也有欺骗性。那也没有什么吧。别人的疼痛你不必知道，那是那个人自己的事。人与人之间永隔着无底深渊，其中的暗黑你无法潜渡。你对某人的好奇，或许只是对这个世界好奇的一部分。对岸也许有另一种气象的内心风景，陌生的，吸引你，然而你也只能瞭望，凭着想象。在他面前我的想象止步了。我意识到潜入他人内心既危险又不道德。人注定孤独。

　　墩子在疼痛的苦恼中有过一阵子疯狂。他怀疑妻子有外遇，冲上门去和假象中的情敌理论。他试着和柏拉图情人冲破最后的防线，双双去旅馆开房间，结果却无比尴尬而失败。他百般勾引曾爱慕他而被他拒绝过的女人，仍然失败。他怀疑自己性无能，因他已不能勃起。一切都变得糟糕，先是身体，后是灵魂，接着又回到身体，但归根结底还是灵魂——灵魂没有安放的地方。疼痛像一个洞，越来越大，非得拿什么东西堵上。那会是什么呢，什么才能拯救他？他妻子提出与他分居，然后要离婚，他还得面对财产分割等现实问题。他跌入人生的最低谷，挫败感死死缠住他。他左奔右突，想爬出来。他频频搬出克尔凯郭尔精神哲学里的"忧惧"和"绝望"理论来比对自己，以为可以获得解救，可还是深陷灰色迷雾的漩涡。叙述在这里仍以绵密的事无巨细的絮叨推进，却已进入一个危险的境地，要么死，要么生。

小说第二部让墩子靠边，与他有干系的几个人出来说话。仍是第一人称。每个人都有话说，关于墩子也关于自己。每个人也都有自己的人生大道理小道理。红颜知己顾虑重重，对将要发生的性爱，对这种关系的发展给她固有的生活带来的影响，甚至对旅馆房间里种种不值一提的小细节也百般挑剔，认为两人的共同旅行是一场灾难。可见一切都没到爱的程度——爱是勉强不来的，有爱则可以不计一切。年轻的女电视制作人粗话连篇，忘不了四年前被墩子拒绝的屈辱，也承认那次是因男友不在寂寞难耐，而墩子一旦深情起来，她倒满身鸡皮疙瘩了。那么，也没有爱。他妻子则对两人关系的冷漠感到累，认为自己付出过努力，也用拼命工作来面对丈夫的忧郁，她回忆两人的结识和结婚，那时候，他有魅力，能让她笑，而现在，"他必须找到自我拯救的办法。我得考虑自己的需要"。没错。没了爱便会冷静如斯。归根结底，她们和他不同路，所要不同，所痛各有源头，无法与他的世界相融，注定擦肩而过。没有人来救他，也没有人可以救他。

第三部，沉寂一阵的墩子复出，有了绝处逢生的迹象：他想起了初恋情人莫琳，一个可爱纯真的 15 岁少女。他爱上她是在 17 岁。他怎样处心积虑地在放学后的某个街角等她，装出偶然邂逅的样子。他怎样想尽办法接近她，和她交谈，被她吸引。他那时的喜悦和苦恼怎样像巨大的水流那样有力和纯净，冲击他。他也犯过浑，以致错失了她。而现在她的伤心和失望出现了，纯真的爱也重现眼前，——他离它们已有 40 年之远！这记忆是被克尔凯郭尔的哲学唤醒的吗？是他一定要有个什么东西来拯救他吗？我以为不是。一定是最自然的本能，亦即这段日子他在无形的自省中积累起来的潜意识，引导他走向这段回忆。命运也许终会来眷顾一个人，如果这个人纯真犹在，并对它保持了敬意和热望，命运是会给这个人一次机会的。他想起更多的细节，越来越多，他以为不重要的，他以为唾手可再得的。他意识到自己失去的不仅是莫琳的爱情，还有年少的天真无邪。他和她之后再没有见过面，而他决定去找她，不管她是否已结婚，是否已变得年老而不美。新的旅程开始了，他抛开一切——剧本合同、房屋财产，独自一人开着车去找了。这出行真可谓轰轰烈烈力拔千钧。他来到莫琳的家——那个记忆中青春美丽的少女在照片上的确变成一个五十多岁的粗壮女人，遭遇了痛失爱子的悲伤，还因乳腺癌丧失了一个乳房和丈夫对她的性爱。但她没有在冷冰冰的家里陷命运的残酷而不拔，她离开家，去朝圣，去寻求自己精神的目标——她总得有事做，我认为恰是徒步旅行本身的身体动能，旅途中扑面而来的开阔世界，寻求中的强大动力而不是具体目标，才赋予她可贵的活力。墩子的遭遇和她的比起来不值一提。而这时的墩子真棒极了，他开足马力，去那条浩浩荡荡的朝圣路耐心寻找，终于找到容颜大改的莫琳。他像认出自己的灵魂那样一下子认出莫琳。在她面前他不是什么名人，不看电视的她也根本不知道眼前这家伙红到什么程度。她也许仍是美好圣洁的象征，但也是现实中生命强大的女人。爱情再次到来，不可解释。真爱也许就不可解释，因它与外物无必然联系。外部世界轰然倒塌，他们如同回到少年，并且第一次做爱就自然畅酣，毫无障碍地达到完美。他由衷地感到幸福。折磨他一年多的膝盖痛也霍然而愈，再没复发。治愈他的，我认为并非他以为的宗教信仰，而是爱情——非他人赐予，而是他自己领悟并寻找到的爱情。他的精神也彻底康复，瞧，最后他的家被他曾信任的一个年轻人洗劫一空，他也无所谓了——他实在是比任何时候都空前富有了，他还担心什么呢？他和她一起走到圣地。而我一厢情愿地认为，真爱就是他的圣地，他灵魂的最后归宿。在小说结尾他说：我的良心已十分干净。他获得了拯救。

　　我听说，中国北方的那位电视剧作家后来遇到了他爱的人，他和她倾心相爱。那应该也是个曲折的故事，因我知道那之前他曾经历一次死而复生或大难不死的事故。这两者间有联系吗？以他（们）的年龄，两个灵魂在彼此相遇前应该也有过漫长的寻找，失望或痛苦，写出来也会是一部丰富的书。而他们互相等到了，是因为怀抱着希望？热情犹在？还是命运给了他们机会？这份爱对他是拯救吗？也许不是，看上去他很强大。那就是命运的馈赠了，就像莫琳，不遇到墩子她也可以支撑自己，她有自己的目标和动力。但那也将是有缺憾的，孤独的行走。人总要寻求更高层次的幸福，寻求他认为最重要的。不管怎样，以我这个不相信戏剧性的人来看，他的故事和《治疗》的故事还真是有戏剧的巧合，虽然那具体过程我不清楚——我指的是在生命最重要的那一层，即灵魂的层面。每个人都会有自我救赎的时刻，就像生活在任何时候都可以开始，爱在任何时候都不晚一样。但愿那是他的真爱，像墩子和莫琳的爱一样，并且永不结束。我祝福他。

但我是否高估了爱情的力量？爱情是那么抽象，无形，甚至无用——对功利世界而言。爱有时如信仰般强大，却不可迷信而至顶礼膜拜。爱也如镜花水月般迷离飘忽，因承载它的是人的多变的感觉，复杂的人性，那也并非无根之物，还是与瞬息万变的外部世界息息相连。爱就这么不容易。但一个人若想爱，重视爱，能够爱，能被激起爱，爱对了人，那么幸福还是可能的，生命的能量也将不绝。这并非利用了爱情，而是爱赋予了这一切。这逻辑也许简单，不严密，不堪一击。爱本来就脆弱。爱是这个热闹非凡应有尽有的世界上绝无仅有的珍宝，却不是万能妙药。何为爱，如何爱，都是相当复杂的命题。墩子和莫琳的爱情结局，小说结尾就语焉不详，爱的愿望和动能似乎掩盖了其他，那里面还是有未尽的难题。

我认识的北方编剧也会有这样的问题，甚至更多。他的她如果和莫琳一样在外表上丧失吸引力，他会怎样？会像叶芝诗中写的那样，"多少人爱慕你青春欢畅的时刻／爱慕你的美丽／假意或者真心／只有一个人爱你朝圣者的灵魂／爱你衰老脸上痛苦的皱纹"？那仅有的一个人会是他吗？而她的灵魂是否会有朝圣者的高洁？总之，这种古典主义的爱情观还会不会在现在和将来的人身上延续？心灵的力量还会不会在爱情中占主导地位？他们会爱得长久吗？爱就能涵盖人生一切的幸福层面吗？……

疼痛还会出现。治疗从来不可能一次完成。爱路和人生路一样，也将曲折而不可预测。不过，那将是另外的题目了，另外一本书的内容。

在《治疗》的最后一页，我注意到格雷厄姆的名字，他正是那个把墩子的房间洗劫一空的年轻人。他是姓格林吗？是他说的——"写作是一种治疗方式"？他是要把你洗劫一空然后才告诉你一个真理吗？也许不是他。暂且认为是他。反正我已被告知了，被这本书，也被它洗劫一空了：浮华已不在。重要的东西我已被给予，确定地。

2006 年

两个杜拉斯

在玛格丽特·杜拉斯这个久而不断的话题中，我未能免俗。最初也是因她的《情人》迷上她。那时还没有同名电影，而文字的魅力远超过影像，一直超过，对于我。第一节就吸引住我，她说："我已经老了，有一天，在一处公共场所，有一个男人向我走来。他主动介绍自己，他对我说：'我认识你，永远记得你。那时候，你还很年轻，人人都说你美，现在，我是特为来告诉你，对我来说，我觉得现在的你比年轻的时候更美，那时你是年轻女人，与你那时的面貌相比，我更爱你现在备受摧残的面容。'"

是王道乾的译文太出色？还是文字外那毫不掩饰的自恋、沧桑感、浪漫情境对女人毫无例外地具有冲击力？那里面还有一种置身时间之外的超然，面对衰老的坦然，不能不让人（尤其女人）驻足倾听："好像有谁对我讲过时间转瞬即逝，在一生最年轻的岁月，最可赞叹的年华，在这样的时候，那时间来去匆匆，有时会突然让你感到震惊。衰老的过程是冷酷无情的。我眼看着衰老在我颜面上步步紧逼，一点点侵蚀，我的面部各有关部位也发生了变化，两眼变得越来越大，目光变得凄切无神，嘴变得更加固定僵化，额上刻满了深深的裂纹。我倒并没有被这一切吓倒，相反，我注意看那衰老如何在我的颜面上肆意践踏，就好像我很有兴趣读一本书一样。"杜拉斯的形象就这样从文字和时间里跳脱出来，不管她年轻、年老的照片在怎样残酷地做着诠释。一切均与她无关。那还是一个年长女人对同性后辈的告诫：别害怕，你也会有这一天，但容貌永远外在于心。忽然我就感到心安。小说里的故事退到远处，虽然，故事本身、故事中永不消失的激情，也许正是这个已不美却魅力在的年长女人的支撑。

杜拉斯的小说不是流畅完整的那种，相反，支离破碎。膨胀的情绪带动着它。梦呓般的倾诉，完全的口语风格，颠来倒去，远离逻辑和理性。是她语言的高速公路，也像她电影里的那辆卡车，不顾一切，向前向前。有时超速，急刹车，出人意料，奇险迭出。法语专业的维维说，老师上口语朗读课总是用杜拉斯作品当教材，因它语感特殊的局促、抑扬，诉说的直白和朴素。我却以为它最迷人处，在于叙述时贯穿始终的绝望、恍惚、虚无，和落实到细节上的一种或连她自己也不察觉的真切喜悦，两者刹那间的奇妙混融。一如巫婆的咒语，当她念动，我便失去理性的判别力，除深堕其中别无他法。

　　不朽就是朽，不死也就是死，不死也可以死去，这是已经发生并且还在继续发生的事实。

要杜拉斯讲道理是不可能的，她会说一连串不知所云的绕口令，让你云里雾里。她不打算让你接受，你也别指望从中获得什么道理。她只要自顾自不停地说就够了，而你也只能跟着，将那些感觉接收过来。她不控制自己的情绪，也没有控制的迹象，既蛮横又可爱。她奇特的感觉和不按牌理出牌的表达也许才是她对文学的贡献，那就是赤裸裸的自我，她生命的本来面目。无望的爱，性与死，只有她能写到蚀骨。是否她整天坐在房间窗帘后面，写啊写，一支接一支抽烟，一杯又一杯红酒，任窗外阳光满地？她的确给我这样的暗示。并无根据。读她的小说会让人跟着感性、任性，这是她的魔力。接连读也许会疯。只能偶尔读，再到阳光下晒暖那些阴郁。

有时，一些似乎单独的句子从她书里跳出来，那是她心里罕有的沉静，可以让人停留得久些。

那种蓝色比天穹还要深邃邈远，蓝色被淹在一切厚度后面，笼罩在世界的深处。我看天空，那就是从蓝色中横向穿射出来的一条纯一的光带，一种超出色彩之外的冷冷的熔化状态。

光从天上飞流而下，化作透明的瀑布，沉潜于无声与透明之墓。空气是蓝色的，可以掬于手指尖。蓝。天空就是这种光的亮度持续的闪耀。

如此突兀。美。如此静而冷。

一个自我与文字混融一体的生命，从不粉饰，从不深思熟虑后再确定。动荡不定，是因这特定的生命本身具有那么多不能确定、转瞬即逝的痛苦、喜悦、迷惘、爱欲，一旦确定便有僵死的危险，那是她唯恐避之不及的。也不用过多地设计，讲究什么技巧、手法，生命及感知的唯一性便是其独特性的保证，她携带这唯一的生命横冲直撞，绝对忠实之，头破血流也在所不惜。文字的这种同一性无关她的隐私，她没有出卖自己，只是勇敢地把它摆上文学的解剖台罢了。一切都因这标本的激烈、极致、独特而具备了相当高的文学价值，尽管，世俗中的人会在观看惊叹之时，暗暗告诫自己：还是把文学和现实生活分开一些的好，让自己待在安全、安稳、安定的现实皮囊中，而灵魂么，就让它在默默无闻而更自由的天地里悄悄孕育并绽放它命定的花朵好了。

我就这么想过。我承认自己的世俗性。同为女性写作者，我欣赏跌宕起伏的人生，它无疑具有更高的文学价值，然而我希望自己的人生具有普通人生那种简单、稳定的温暖，不要大起大落，不要死去活来，感性和理性兼具，而文字所能宣泄的只是其中一小部分，生命绝对大于、重于写作。杜拉斯，我与你如此不同，但这一点也不妨碍我成为你生命和写作的痴迷阅读者。

　　会有另一个杜拉斯吗，跳出自我而注视身外更大的世界，更多人群，甚至凝神地注视？

　　读她的《外面的世界》之后，我明白，这另一个杜拉斯其实一直都存在。她也会为大街上卖花的人写点文字，会留意小学生心里想什么，会关心文盲女人的生活，会倾听老年女窃贼的心声，会和不思悔改的小流氓交谈，会被别的艺术家（歌唱家、画家、雕塑家、作家）吸引，会对一份韭葱汤胡思乱想，会写下她拍电影时的见闻感想。她没有和这个世界隔绝。"时不时地，每当外面的世界将我吞没，每当发生了一些让我疯狂，让我必须蹿出去、走到大街上去的事儿——除此之外我别无他法——我就会为外面的世界写作。"她会"蹿出去"。并不仅仅为私人的世界发狂。她是更丰富的。爱之于她固然重要，但不可能覆盖她整个生命。

　　她坦白告之，写下这些生命之外的事物，有的是为把自己拉到房间外面，外面是她"最初的影院"。有的是要用应景之作换钱，她需要钱。有的是抗拒不了各种社会运动的席卷。这该是一个更年轻更有活力的女人，穿平底鞋，挎一个大包，在巴黎街头走来走去看来看去。她的脚步也许腾腾作响，并不亚于爱的激情。她仍拥有作为纯作家的头脑。当她貌似一个新闻记者做采访时，登在报纸上的文字仍葆有她独特的语感和生命，唯美，虚无，还是她。

　　采访一个不识字而独立抚养了两个孩子的女人，我相信是她的选择。她文字里总有一种自由的霸气。她怎么想到要写这样一个女人的？为什么想要知道对方如何出门买东西，有何娱乐，是否看电影，会不会忘记自己不识字？那是要打开一扇陌生而黑暗的门吧，她想知道人类无所不在的生存之艰难。她本人也经历过。她对平民、穷人一直怀有天然的同情。她实录女人的回答，不加点评。问答中这两个不同的女人一定有特殊而难忘的目光或心的交集。

　　她蹲下来问那些知道卫星上天的孩子们怎么想的情景很有趣。在一片

"令人疲惫的愚蠢"中，她很有耐心，认为有必要听听孩子们谈未来的机械时代，这个时代是他们的。她问："你们会到卫星上去吗？"一个 11 岁孩子答："现在不，要等人判了死刑以后。"她问："为什么你们不愿意去那里度假呢？"一个 6 岁孩子答："那里那么穷，我不会觉得开心的。"她问："要造火箭得学些什么呢？得知道些什么？"一个 10 岁孩子答："脑袋里装上那么多东西准得疯了，最后真的会这样的。"哦，她也像到过《欢乐嘣嘣跳》现场似的，而且没有从一大堆天真的回答中抹去最自然有趣让人琢磨的那些。

她可能只凭唱片和海报就写出《卡拉斯》——她承认没去看过卡拉斯的歌剧。这篇短文养活了她将近一年。而她女人看女人的眼光真是犀利。"她是蛇发女魔，是美杜莎。……阔嘴就像某种深海鱼类，是为吞噬生命而特制的超大号的嘴。……她以母狮般的活力战斗着，在另一个活在她体内的女人的名义下。"激情，诗意，从另一个女人身上她走向自己。

她擅长品评艺术，尤其前卫艺术。但她不谈观念、技法，只写她感觉到的生命。她的感觉细胞可谓发达。她看到女画家笔下的女人，看出她们脸上懒洋洋的严重受伤的表情，认出"这些没有来处、没有背景的芭芭瑞拉"是她的姐妹。生命贴近了生命，其间拔除了男性专有的文化利剑。她看到女雕塑家创造的原初生命的大海，女人的器官像花，像海星，绽放着珊瑚的花冠，而男人的器官在大地雌性的空间中勃起，有一种幸福，不带悲剧色彩，大地仍在沉睡。她对性一直抱有近乎纯真的认同和敏感。在一个男画家的画幅前她看到黑夜，白色积累到相当程度后黑色的变形，只有一些史前人留下的印记般的痕迹。写到这里她不免牵强，难以深入，可她仍在画家黑暗的沉默里闷头向前，跟着他，理解他不去表现那些照不亮的东西的原因，研究那些不接受光明、不能让光明回荡的东西，和那些不涉及思想、光明、绘画的命题。

嗯，她很适合给《巫婆》杂志撰稿。她可以从一份韭葱汤的配料、烹煮想到它黯淡悲伤的颜色，再想到一个外省小资女人吞噬时的幸福畅快。汤的香气弥漫开来，"我们会什么也不想做，然后就是做汤，是的，就是这汤：在这两种欲望之间，总有一条很窄的边缘地带，总是同一条：自杀。"无章法，蜂拥的感觉慌不择路，就像她无所不在的绝望唯有通过做一件具体的事才不致伤了自己。

她谈论电影。有关凡尔赛宫皇家女的电影。从中我知道她也有兴趣做别的事，譬如说，拍电影。她拍起电影来也总是对女人生活感兴趣，不论平民还是皇族。通过电影的画外音她讲述皇家女的讲述，宫廷里的死亡，疾病、偷情、开洞椅、鸡鸭猫狗人的屎尿味，直逼真实和本质的底部，以致我站在凡尔赛宫时还仿佛看到闻到这些，那闪闪发亮的镜子、雪花石、黄金、丝绒上附着的死尸般腐朽的影子，心一阵阵冷。

在这时，同一个杜拉斯就变成两个，一个振奋着另一个，另一个将底色晕染这个，两者对立，交融，平衡，如此摇摇摆摆地一路下去。

2005 年的一天，我和法国作家巴图（这是我和维维当场给他起的中文名字，略去了一个常见的"让"）谈文学。我们互问读过对方国家的几个当代作家。我提到玛格丽特·杜拉斯，巴图显出淡淡的惊讶，说，她死去近 10 年了。他不理解杜拉斯的书为何在中国重复地出，反响如此巨大。他的反应让我联想到杜拉斯《情人》获龚古尔奖时法国文坛中另一种不屑甚至鄙夷的声音。巴图是否在此列我不知道。他自己的书，小说和散文，在法国首印仅两三千册。纯文学的命运，他说。所以他另外编导戏剧，出于兴趣也出于生计。

是在这时，作为翻译的维维说起了大学时代总在课堂上被老师要求朗读杜拉斯的事。她用法文对巴图说一遍，再用上海话对我说。

他和她说着难懂而好听的法语，有点细碎，有点急促。我渐渐游离开去。杜拉斯似乎不这么说话，她说的都是王道乾、袁筱一们翻译出来的中文，美妙而奇特，属于她一人。她也从来不像是一个 70 岁写出《情人》、83 岁死去的女作家。她在一个遥远的位置上，远离这一切，也许我认识的只是另一个她，出离于她，仿佛她？

我最早读的那本上世纪八十年代作家版的《情人》已不知去向。后来买《情人·乌发碧眼》、《外面的世界》、《物质生活》、《写作》等，都在她去世以后。她是否应被重视不是一个可以讨论的问题。一个生命对另一个生命的靠近不需要别人认可，它就这么发生了，如同必然。她向我显示了作为女人和作为作家的特立独行，犹如一种标杆。而她成功地远离了那些作为最后结论的东西。

她的书我已不常读了，不像开始时那么沉醉。一个生命要被他人穷尽几乎是不可能的，无论它曾怎样热闹过，寂寞过。有时我拿起她的书，打开，感觉她在里面，在她自己的生命中。精彩是他人看得到的，而那无望又绝对的又冷又烫深不见底的激情，归根结底只属于她一人。

2006 年

你是哈扎尔一族吗？

  《哈扎尔辞典》，一部极富想象力的奇作。它也许深奥异常，但也向平常人打开大门。它围绕擅长做梦、追梦、捕梦的哈扎尔部族展开。该部族十分古老，与其说在欧亚交接的草原上生存过，莫如说一直活跃于非现实的梦之国土。它的可汗某一天得一怪梦，遂起意改变部族的宗教信仰，但到底选择三大教派中的哪一派，部族和前来游说的三大教派人士辩论了几天几夜，结果谁也说不清，哈扎尔部族反而从此神秘地消失。对这个部族及这件事的传说持续不断众说纷纭，已形成一门独立的学派，至少从公元七世纪开始到二十世纪，一直有人加入对它的追踪研究，撰写论文，编纂辞典，参加研讨大会，各怀隐秘的目的（有的为求得安宁，有的对谜天生好奇，有的想逃离残酷的现实……），手段无奇极而不用，甚至进入他人梦中，与此事交缠一生，或断了性命，或杀了人。哈扎尔的语言和历史则被族中人用千奇百怪的方式保留传承，例如教会鹦鹉去传播，在陋巷街边烧煮一大锅记忆之汤给路人喝，打包复制后（犹如电脑程序）输入后世人的梦中再用马匹快递。牵涉到的人有武夫、外交官、女学者、公主、可汗、大天使、魔鬼、博士、小孩、女招待、乞丐、贵妇、卖淫女不等，但且慢，他们或许有血液的关联，这个就是前世的那个，那个则是这个最早的先人，总之这些人都有其明显的外部特征，性别、年龄、职业、国籍、容貌等却会变来变去，唯恩、怨、情、仇、征、伐、厮、杀不变，三大教派和一个部族的争辩几百年来仿佛以更隐秘奇特的方式持续着，如钉子一般执著顽强，像血脉一样割不断。

这是我的理解，和这部奇书全拧了个也说不定。它太复杂，又雄心勃勃，要用 10 万字的篇幅熔政治、历史、宗教、神学、人类考古、民间传说、侦探悬疑小说、辞典形式、魔幻镜头于一炉。人物都是一鳞半爪，故事则七零八落，叙述是密集型的，但超凡的想象力足以让奇幻大片的制作者来这里汲取灵感。不过既是辞典，那么读的人也可以挑自己感兴趣的看。谁会捧着一本辞典按部就班地读它呢，随便翻翻倒可以。我就是这么从翻阅开始进入它。

我看到永远不死的哈扎尔公主把致命的咒语涂在自己眼皮上，使自己睡梦时亦即人最脆弱时变得最安全，然而有一天她同时照了一面快镜和一面慢镜，于是死了——死在来自过去和来自未来的字母的打击下，也死在她自己设立的陷阱里。

我看到一个人在他七岁时目睹老仆人被射杀，凶器是衔在一个骑兵头目齿间的芦管里的毒箭，七岁的男孩愤怒地鞭打那个骑兵头目，得到的只是对方的哈哈大笑。男孩长大后也变成一介武夫，齿间也衔了一根藏有毒箭的芦管，某一天也当着一个七岁男孩的面用同样的方法射杀了男孩的密探父亲，男孩挥棍怒打骑在马上的这个人，这个人也毛发无损地哈哈大笑。可是，忽然，他咕咚一声掉下马失去知觉，醒来后一条腿瘸掉了。他活该得到这报应。

我看到一个人杀死雪魔后若无其事地回屋喝汤，正吃得津津有味，忽然自己的头扑通落进汤盆，可他像抱着恋人那样紧抱住汤盆，吻了吻里面自己的脸蛋，照吃不误。这是怎样一种可怕。

我看到秋天的草原，鸟儿飞过拉下毒粪，沾上毒粪的树叶和青草立刻着火燃烧。像奇幻片里的经典一瞬。

我看到大天使对一个人说："你把人从他躺着的地方推开，你会看到那地方都是蛆虫、霉菌和当作宝贝的甲虫……"是吗？这么可怕？这就是历史和人生的真相？

　　我看到一个女学者数年如一日地给一个女人写信，信都寄到她童年住过的老房子里，那里曾有她们共同的父母和回忆。她总是称对方为"我永远也不会忘怀的亲爱的多萝婕娅"——那也是她自己的昵称。"很久没见到你了，不知道还能不能认出你来。也许你早就认不出我了，早就不在我们屋里（我们那间屋里的门把手老是要钩住袖子）想念我了。……我回忆你小女孩时的模样，你长得那么快，比你的指甲和头发长得还快……"她诉说自己的怪梦，对丈夫的下意识排斥，研究哈扎尔时碰到的怪事，种种苦恼和困惑。她并没有姐妹，何况孪生姐妹。那么她就是在给自己写信，是信札形式的日记，在她心里永远有一个更纯净天真安静的自己在等着她。那么她应该不会害怕了。我也应该不害怕。

　　我看到那个瘸了腿的人最终被人用长矛刺死。然而"他根本没感觉到长矛的伤。他感到的是身上一下子出现了许多伤口，而且伤口以飞快的速度增长。……有不少像箭矢之类的东西射进他身躯，然而中间的过程却是颠倒过来的，每中一箭，他首先感到的是伤口，然后是箭镞碰着皮肤的疼痛，此后疼痛消失，响起箭矢划破空气的飕飕声，最后才是箭脱弦的声音"。让我想起博尔赫斯描绘过的一粒飞速行进中的子弹，在慢镜头中其实有曲折缓慢的过程。奇异的时间表达。奇异的死亡感受。

　　我看到每个人的时光都有一种特定的状态，有的像雨丝轻扬，有的像大雪纷飞越积越厚快埋到脖子。那么，我的时光是怎样的呢？如果像河中之水，那么我希望是流动的，即使注定枯竭也不要死水一潭……

　　哦，我也想走进这历史（或虚拟历史）的迷宫了，加入追寻的行列，在河水滔天的草原上看一队肚皮上写着字的鸟儿飞过，看看还会有什么发生。生命在这里不死，死不过是梦的一种形式，还会醒来，就像历史翻过一页页仍充满似曾相识的荒诞，离奇，纠缠，也有更新的花样出来。

　　不过书作者米洛拉德·帕维奇首先是一个哲学教授，然后才是一个作家。他写这部辞典式小说肯定不是让你看单纯的西洋镜万花筒，其间他必然设下一个个正论或悖论的圈套，也借各种逻辑关联撒开一张天罗地网。

他时不时就借人物之口说出些格言，如："灵魂具有骨架，这骨架就是回忆功能。"又如："两个'是'之间的差别也许大于'是'与'非'之间的差别。"那张大网他用来盛放捕到的梦，——一个历史大梦网住了各色人等的零碎小梦。他的宽容也显而易见，他对读者说，这是辞典，你尽可以安自己的便利查阅，取你所需，自写续篇也无不可，更别说像玩魔方、洗纸牌、走迷宫那样，"反正你投入本辞典几许，便可以从本辞典中收获几午，这犹如照镜子，你对镜照多少，镜子便照出多少，因为你从真理那儿获得的，不可能多于你多投进真理的"。

那么我还做对了。对那些历史疑云、传说迷雾、刀光剑影、人物关系之密林我本来就畏而远之绕开了走。现在我留意到梦：那些做梦的人，那些进入别人梦中的人，那些奇梦的呈现。梦在书中无处不在。真可谓一本说梦的书。可那并不都是美梦。

瘸了一条腿的武夫转行当了外交官，继而研究起哈扎尔历史。他的人生越发蹊跷。不知从何时开始，他以昼为夜，白天睡夜里醒，用餐时面前总放着一模一样的两只杯子、两只碟子、两把椅子，吃着吃着就突然起身坐在另一把椅子上继续，说话用的语言也不断更换，睡觉时用一大一小两张床，睡梦中老是从一张床换到另一张床。他总是梦见一个特征奇怪的火红色眼眸的年轻人，并在梦中变成这个年轻人。如果他在梦中清醒活跃，醒来时就会疲惫不堪。最后他死于这个梦中年轻人刺向他的长矛，就仿佛被另一个自己刺死，而年轻人也同时压在自己的梦中化身上死去——两个人终于在最后这一刻相见于现实世界，然后必然地同时死去。他们就是同一个人。

哈扎尔可汗想知道梦的解答。他的发问像是所有蒙昧中人的发问："是什么照亮我们在伸手不见五指的黑夜紧闭着眼睛所做的梦？是对已经不再存在的昨天白昼的光的追忆，还是我们从明天的白昼那里取来的未来的光，虽然天还没有亮？"是什么？我也想知道。我们对昨天、今天、未来、内心和外界的黑暗的了解，并不像我们以为了解的那么多。

梦是什么？醒是什么？捕梦者为何要捕梦——就像我们为何要回味

梦？他的目标何在？捕梦者这样回答："……目标就是意识到每天的觉醒不过是摆脱梦的过程的一个阶段，一个人要是领悟到他的每一个白昼不过是另一个黑夜，领悟到他的两只眼睛等于别人的一只眼睛，那么他就会奋力去求索真正的白昼，这种白昼将带给他彻底的觉醒，从醒态中彻底觉醒过来，……那时他终于会发觉：同有两只眼睛的人相比，他是独眼，同明眼人相比他是盲人。"哦，比醒态更彻底的觉醒。人醒着并不等于觉醒。人若能意识到自己的眼睛不够多，不够亮，那这个人就有希望了。

我还是中了圈套。一不留神我就跟在哲学教授后头简单机械地推导起什么来。我本该在这里享受他的想象力，他无所不在的隐喻的外相。好吧，我试着反其道而行之，在这些梦的描述上编织一个爱的故事，跟征伐厮杀彻底绝缘的故事。对，就是爱。

我把一些句子从复杂的背景中单独析出。我看到了其中的诗意。

　　你将梦见一个两撇唇髭中有一撇是白的、眼睛呈火红色、一只手的指甲像玻璃般透明的年轻人，这人正在来帝城的路上，你们俩必在帝城相遇……

为什么这不可以是一个女人和一个男人将在人生路上相遇的预言呢？这可以是她或他心里时时响起的自我暗示，对一个与众不同之人的渴望，对未来命运的期冀。这段话可以做故事第一章的引言。

　　人的思维和睡梦都具有一张角化了的、不可渗透的外表层或者说表皮，它保护着里面的软组织不受伤害，但与此同时，思维一旦触及语言，一如语言触及思维那样顷刻之间就消亡了，而我们只能无可奈何地忍受这种相互仇杀的局面……

那么这段话就是第二章的引言。在这章里，男女主人公将要进行两人间漫长的、小心翼翼的、断断续续的心灵探索，用书面或口头的交流，在语言、思维、意愿的三岔口展开。他们将摸着黑，凭直觉的感应，在忽近忽远的盲目过程中捕捉爱的讯息。就看他们怎么做了。他们会变得敏锐，也会迷糊，因为他们伸出的手既是为了触摸对方，也是出于自我保护。他们暂时看不清彼此，不知道自己要什么，不知道对方是不是自己要找的那个人。但必定有一些重要的品质在这过程中响亮起来，譬如勇敢，譬如直率，譬如真情，使他们终于像认出自己的灵魂那样认出对方。

明朗的第三章到来。"梦主宰了他的整个生命，他在梦中比在清醒时年轻了一半岁数，现实世界在他梦中逐次失踪；……仿佛在夜里，在他做梦的时候，他变成了另一个人……"这也可以是获得了爱情的男女主人公共同的写照：他和她都变成了另一个人。现实的僵硬外壳必然地碎裂掉落。一个梦一般的境界，就让他们去体验好了，那些激情，那些从未想过而此刻可以去想的计划，那些增加了的生命时光。此外又有什么可以使一个人焕然一新呢？人是不可以没有梦的。梦也可以是一种力量。没有梦的人生将索然无趣。

而他们终将分离。时间，距离，甚至生死，都将阻隔他们的肉身。"如果我们今生不能团圆，"在心里，他或她会对对方说，"那么我们在来世或来世的来世必将重逢。也许我们只是灵魂的根部，有朝一日将会发芽。也许你的灵魂中将会孕育着胎儿那样孕育着我的灵魂，有朝一日会把我生出来，但是在此之前，我俩的灵魂必须走完命定他们要走的路程……"

这是结束。或未结束。爱能超越生死，那么也能超越爱本身。爱是他们憋闷、枯竭时广漠夜空中的明月，让他们时时抬头看天，而不是低头行路。爱即是他们的梦。如果天阴下雨，他们也知道月亮总在那儿，只是暂时看不见而已。

现在我已经部分地篡改了帕维奇的《哈扎尔辞典》，篡改了其中梦的定义，甚至篡改了哈扎尔部族的特征。这一支扑朔迷离疑幻似真的部族，我将它称为梦的部族，为了保持做梦的天性，为了追逐梦以外的光明，为了捕捉人所不知的心灵深层的暗梦，归根结底为了看清固有的自己，即使消亡它还是要在所有可能的地方冒头。只是它不要征伐厮杀，它要爱，要和平。我相信它存在，只是已经分散，隐姓埋名于广大的人群。我是否遇到过这样的人？是的，遇到过。我甚至希望自己也是其中之一，是这样的怀着爱以及梦想的哈扎尔一族。

2006 年

他失落了一件东西：生命的花朵

　　托马斯让我想到《纯真年代》里的纽兰。或扮演托马斯（电影《生命中不能承受之轻》男主人公）的丹尼尔·戴·刘易斯让我想到他扮演的纽兰。因了刘易斯那双深邃莫测而有丰富述说的眼睛，这两个男人从小说人物一跃而变成更可想象的血肉之躯。当然，他们不同，年代不同，渴望不同。

　　读原著中文译本，一本简装的、小字密密麻麻的、封面剧照也错搬另一英国片《莎翁情史》的《纯真年代》。看得吃力。细密而缓慢的场景更迭，静默表象下涌动的心潮（无论真情还是计谋），在局促的纸页上被紧紧压缩着，一百多年前纽约上层社会浮华而保守的气息也很难尽情地飘浮出来，尽管在小说中，它们在不动声色的僵死状态下其实已左奔右突处处波澜。从前的美国，纽约，原来并非我想象的开放急进，那些体面贵族们甚至比起远在英国的同宗前辈们还更封闭并死守传统——我不可避免地想起《法国中尉的女人》里的英国贵族们了。不过，《纯真年代》里的纽兰，也并不等同于维多利亚时代的年轻绅士查尔斯。纽兰比查尔斯更温和也更胆怯，更不敢面对自己心里的真爱，更善于为自己的胆怯找到理由。一次次可能与心爱的女人彻底结合的机会都因命运的巧合而被阻拦了。可是，命运真的有力量阻拦勇敢的真爱吗？

不用多说了。小说所有奢华生活的程式铺展，隐秘的心理交锋，一次次的欲言又止欲进又退，生活在庸常安稳中一日复一日的流过，在我看来都只是为了一句话而存在，这就是接近故事尾声时对纽兰内心的描写："他知道他失落了一件东西：生命的花朵。"

这是全书唯一带有明确亮度的话语。生命的花朵。那么其他所有为丢失它的遗憾而找到的自我辩解和自我宽慰，都是苍白、渺小、站不住脚的。纽兰其实明白一切。而生命的花朵在他生命中占的分量还不是那么重，那么必需，因此他任它失落了。他本可以拾起，毫不犹豫。他没有那么做。他被责任、体面、安全的生活绊倒了。生命的花朵归根结底不属于他。在影片《纯真年代》的结尾，上了年纪的纽兰跟着年轻的儿子来到艾伦的住所门前，他看着儿子上去，看着楼上有一盏灯亮了，然后一双手（谁的手？）关起了这扇窗，他的眼里有多少真挚的渴望！可他仍然只是看着，看了很久，然后离开，走远，在茫茫人群中消失。他终是一个远离激烈事物的人，生命花朵的亮烈并不适合他。

看电影时，我为这个纤弱敏感真挚的男人深感遗憾。看完小说，我不再为纽兰觉得难过。他无形中已经完成自己的选择。"他知道他失落了一件东西：生命的花朵。不过现在他认为那是非常难以企及的事，为此而牢骚满腹不啻因为抽奖抓不到头奖而苦恼。（……）当他想到艾伦·奥兰斯卡的时候心情是平静的、超脱的，就像人们想到书中或电影里爱慕的人物那样。（……）回首往事，他尊重自己的过去，同时也为之心痛。说到底，旧的生活方式也有它好的一面。"一个随遇而安的妥协者的自我圆说。

但是我仍为那被丢失的生命花朵而惆怅。它在黑暗中依然亮烈，可是，那只手，那充满对生活更高追求的渴望之手明明已经接近它，快要握住它，却在最后退缩了。我听到花朵在叹息。它知道，当越来越多的人放弃它、不予浇灌时，它的萎败也将是这个世界的萎败。

2006 年

托尔斯泰悬案

他关注安娜？他轻视安娜？

列夫·托尔斯泰在我心目中曾长期处在崇高伟大的位置上。原因复杂。也许初读托尔斯泰时自己太年轻，看什么都习惯了仰视，正经"研读"时又被大学教材中一连串不容置疑的定语镇住，能够置疑时却不大读他了。于是他就未经修正地一直待在那个位置上。

我读《安娜·卡列尼娜》时未满 18 岁。书从何而来不记得了，肯定是向某人借的。那是在文革中，借我书的人也许是我的同学，也许是我哥哥的同学。当时像我这样停课在家、不参加任何"组织"、也还没有积极上山下乡的"逍遥派"不少，互借世界名著是一种流行。名著们无论出自私藏，还是从要烧掉的书堆里救出，从关闭的公家图书馆里偷出，进入流通时封面大多覆盖了一层暗黄的牛皮纸，有的干脆用浆糊粘牢，撕不坏揉不烂，也暴露不出"封资修"面目，有的还用报纸严严实实包裹，安全之至。我就这么从一个报纸包里稀里糊涂地得到了我喜爱的《安娜·卡列尼娜》。书中有作者像，胡子雪白的托尔斯泰，一个很老的外国老头，眼窝深陷，目光威严，手里拿一本打开的书，整个模样狠狠地权威着，不能不让我相信他写的都是对的——这也是当时我对所有印在发黄纸页上的铅字的态度。扉页上"伸冤在我，我必报应"的题词让我心头一凛。不管了，先看小说。第一页第一行（竖排），"幸福的家庭都是相似的；不幸的家庭各有各的不幸"，我并未意识到这将成为一句名言，也没特别留意。反而是安娜的哥哥，搞上别的女人而把家里弄得一团糟的斯捷潘的最先出场，我才进入一个个贵族家庭。那么我也就远离了被文革弄得一团糟的自己家的现实，去到一百多年前遥远的莫斯科，我的心也可以在那里暂时游荡一阵了。

书很厚，里面有大段大段关于社会、哲学、宗教的讨论，我总是跳过去。仿佛依照本能，我只在安娜和渥伦斯基的爱情上停留，连吉提和列文的爱情也不大留心。爱情似乎总能抚慰我。但这是一个爱情悲剧，激动人心的火车站相遇、舞会上相识、对话、相爱、同居后，漫长的官司及情人间的争吵、猜忌、失望、绝望就跟着来了，直到安娜恍恍惚惚地从家中出走，走到火车站，迎向隆隆驶来的火车……我是把它当成爱情小说来读了。这很浅薄。而最初的感觉决定了一切，包括浅薄。

那时我觉得安娜可爱极了，美貌脱俗，内心高贵，敏感，热烈，勇敢，为爱不顾一切，我所有的钦佩和同情都在她那一边；渥伦斯基跟始乱终弃的花花公子简直没什么两样，虽然他最后对安娜之死表现出忏悔，让我解气；卡列宁这样的官僚老头子当然一天都不能相处下去，何况一辈子；而吉提、列文虽善良却平庸太多。那时我崇尚惊世骇俗的爱情，激情勃发如电光火石的那种。我尚未遇到爱情，只是从名著中陆续收集自己未来爱情观的基石。

我那时的熟人圈子里，有个年轻男人鼻梁高挺眼窝深陷，俊美而略油头粉面，我暗地里叫他渥伦斯基，既留意，又不自觉地警惕。没见过安娜这样的完美女人，遗憾。至于卡列宁之流，完全不在视力范围内。后来看到克拉姆斯柯依1883年的油画《无名女郎》，一震，便将安娜认作她。

很多年过去了，安娜的最后一幕我仍记得。后来重读这部小说，却发现小说并未以安娜之死为结束，后面还有列文和吉提的婚姻生活——生活还在继续，并不因一个人的离场而结束。列文夫妇似乎是互相理解的，也总能及时留意到对方的心思，但怀有另一种大信仰的列文已察觉到自己心中的秘密理想，也预感到与妻子之间存在鸿沟，为了他自己的某种恐惧他还会责备她，"但是现在我的生活，我的整个的生活，不管什么事情临到我的身上，随时随刻，不但再也不会像从前那样没有意义了，而且具有一种不可争辩的善的意义，而我是有权力把这种意义加到生活中去的。"这心理上的优越感带给列文隐秘的愉快。他似乎并不打算就这点与妻子交流。夫妇间的精神裂纹已见端倪。这部小说在 1877 年完成，是时托尔斯泰 49 岁，处在他婚后的第 15 个年头，距离他生命和婚姻的终结还有 33 年。这个结尾，是在影射安娜·卡列尼娜为情而活的人生没有意义吗？还是作者本人的"夫子自道"？那么，我从前深为之感动的，他对安娜·卡列尼娜命运的关注、理解、同情，是否是一种误解呢？

自然，我这么想，依然离不开浅薄。

人生的本质，不过是，为了爱——哪一种爱？

大学时上俄苏文学课，集体观看苏联影片《复活》。我忘不了玛丝洛娃是怎样从一个对生活怀有热望的纯情少女变成一个自暴自弃的妓女的。（她洁白的衣裙，毛茸茸的粗辫子，她在草地上无忧无虑的奔跑欢笑……只是，她的生活热望那么模糊，只寄托在那个看起来挺不错的回家度假的大学生少爷聂赫留多夫身上。）她怎样把手指放在拴紧的门闩上，犹豫不决欲拒还迎地在那上面滑来滑去：开，还是不开。（这个哈姆雷特式的选择似乎决定了她一生的命运。）她怎样作为一个有命案在身的妓女，在等待判决的前夜，抽着烟，把她有过关系的男人一个个从头想了个遍，却压根没想到让她第一个失身的聂赫留多夫。（讽刺！决定赎罪的聂赫留多夫还在监狱外忙着忏悔并营救她呢。）但她流放到西伯利亚后我就不怎么关注她了，转而被聂赫留多夫一连串悔罪赎罪的行为所感动。始乱终弃的花花公子这次终于回头（我把他归在渥伦斯基一类），了不起地放弃与贵族小姐的婚约，硬跟着玛丝洛娃一起流放，还要娶她为妻，承担她一辈子的命运。尽管玛丝洛娃最终爱上一个政治犯，聂赫留多夫无功而返，我臆想中两人重新相爱结合的俗愿落空，但他俩在道德上都得到自我完善，也算修成正果。托尔斯泰又一次打动了我。再读同名原著，那些道德、政治、思想的议论段落仍被我草草带过，影像视觉的冲击对于我毕竟大于文字（浅薄顽强地延续着），但我确认所有使我震惊、感动的都出自原著，也就是出自作者的大脑。一个极富道德感和人文关怀精神的伟大作家的形象，与教材中对托尔斯泰毫不吝啬给出的评判（"19 世纪俄国伟大的现实主义作家"，"俄国革命的镜子"，"文学泰斗"，"思想导师"……）相叠，就此定型。

后来读《战争与和平》。印象最深不是别的，竟是婚后生儿育女的娜塔莎衣裙上一再粘着的汤渍。不修边幅至此，仿佛先前她与安德烈轰轰烈烈的生死之恋并不存在，或已被她淡忘。安娜如果活着，会这样吗？如果她放弃与渥伦斯基那华美虚夸的爱情，回到卡列宁身边，这堪称"扎实"却着实平庸的婚姻现实，会不会就是那种"绚烂归于平淡"的平淡？这算不算一种升华呢？

也许我从未从思想意义的层面读懂托尔斯泰。没有办法。一个阅读者本来就带着他独有而顽强的自我与一本书相撞。一本书的世界可能很大，但有多少人会在它所有的角落和层面都徜徉一遍呢？又有谁规定了一条正确的阅读路径：只能从这里走，不能从那里走？他总是依照自己的本心或兴趣有选择地留心一些地方，忽略一些地方。见仁见智是阅读者高尚的表现，浅见愚见未必就低鄙到不能允许。阅读应该自由、自主，不是老师强加的功课，不该有标准答案在后面等着。书从诞生之日起就已客观存在着，读它的人却是变化着、成长着的。

那时我有了自己的爱情和婚姻。很可能"汤渍"的印象就在那期间留下。那么强烈。人终会告别文学和电影，进入属于自己的真实人生，即使一个迷恋浪漫的前中文系女生。真实的人生的确布满"汤渍"一类不值一提的琐屑，左一点右一滩，散落各处，聚起来却也触目惊心。结婚数年后我开始写作。阅读并未停止，只是转移到其他方面，有别于古典名著的，更接近现代的。托尔斯泰于是淡出。

仅有一次，我在写一篇题为《长梦不醒》（浅薄形于题目）的小说时，引用了不知谁转述的托尔斯泰的话："人生的本质，不过是，为了爱。"我并没找到这句话的出处，就率然用了。在这篇小说的另一处，当男主人公走出家门去朋友家喝酒途中忽然升起解脱感时，我写了这么一段话：

> 他有妻子和儿子。听上去像是幸福的一家。这样的家庭千千万万。每当夜幕降临，这千千万万只窗口就亮起温馨的灯光。它们是多么的相似。是的，托尔斯泰说，幸福的家庭都是相似的。托尔斯泰说这话时，也许并没有料想到，在他最后的日子，他会拖着老迈的病体走出家门，只是为了在离开世界的那一刻，不要让这幸福家庭的主妇打扰他平静的安息。

简单而武断。我真的弄清楚托尔斯泰晚年出走的前因后果了吗？还是想当然？人云亦云？但，也许自己都未察觉，托尔斯泰这时已无形中从他高高在上的"导师"、"伟人"的位置上下来，进入一个需要面对他真实人生处境并作出选择的"人"的行列。

他脸上的油彩？她模糊的身影？

斯蒂芬·茨威格对托尔斯泰一直怀有无限的崇敬，他的长期被中国语文教材选用的《世间最美的坟墓》就是一证。短短一千字布满赞美："宏伟"，"感人"，"被后代永远怀着敬畏之情朝拜的尊严圣地"，"世间最美的、给人印象最深的、最感人的坟墓"，"庄严肃穆"，"感人至深"……他在《人类的群星闪耀时》中写托尔斯泰晚年出走事件的剧本《逃向苍天》用的也是这语调。去年我读到这本书（广西师范大学新版），更确切说是读到该社同时新版的茨威格《昨日的世界》后深受吸引，才又买来这本读。此时的我，已不能习惯这种绝对和强烈的一味高亢却少沉实的文风。我相信茨威格的激情和深情，以及他在剧本前言中强调的"尽可能忠于历史和尊重事实与文献"的写作态度，不过我读时还是多了一份警惕。凡领教过动辄就用"无限……"、"最……"把事物推向极端的"文革"文风的人，对这份警惕该可以理解。甚至，我是抱着查阅事件素材的心态去读的，我更想从茨威格写的托尔斯泰的最后几天里，找出事实真相或哪怕真相的蛛丝马迹。

茨威格在剧本前言中指出，1890 年托尔斯泰开始写一部题为《光在黑暗中发亮》的自传性剧本，目的是用最隐晦的方式描绘自己的家庭悲剧，为自己酝酿中的离家出走公开辩白，也想以此求得妻子的宽恕，因此，剧中主人公虽用了虚构的名字，写的却是作者本人。茨威格认为那是"一部在心灵极度破碎中企图求得精神上完全平衡的作品"。

也就是说，托尔斯泰在六七十岁或更早时，他家庭的悲剧已拉开帷幕，他已处在巨大的内心矛盾中：既想摆脱家庭生活，又无彻底决裂的勇气。茨威格说："这部悲剧（指《光在黑暗中发亮》）所缺少的最后一幕，托尔斯泰后来也没有再行补写。不过，重要的倒是，他用自己的生活完成了这最后一幕。"茨威格于是用《逃向苍天》完成了这悲剧的结局，主人公也用了托尔斯泰的真名。

演出开始了。文字舞台上的人物脸上到底被涂了多少油彩？我看见 82 岁的托尔斯泰在他生命的最后十几天里还在接待来访的大学生，和他们讨论强权、暴力、仇恨、罪行、宗教、苦难。但他并非以精神导师的强势形象出现，而是表现得谦和宽厚，以致容忍了大学生十分尖锐的质问（这些质问的大意是：为什么托尔斯泰您本人不去亲自经受苦难，为什么您向别人宣扬殉难而自己舒舒服服地坐在私人庄园里，当您的农民衣衫褴褛饥寒交迫，您自己为什么还在用全套银餐具吃饭，为什么不身体力行您自己的主张……）。托尔斯泰对此流露出良心上的痛苦和惭愧。剧本后几幕表现他与神经质的妻子在精神上的严重不相融，他数次想与之决裂又出于怜悯而犹豫不决，不过他决心把著作权所得利益（"这些肮脏的钱"）统统捐献给全人类并立下相关遗嘱。之后，他与妻子作了最后一次坦诚的长谈，矛盾似乎缓解了。但托尔斯泰夫人深夜像小偷一样潜入他的书房搜寻某个文件的举动，促使他下决心立刻出走，并在出走后的第 10 天病死在一个小火车站的站长室里。

的确令人扼腕。也令人震惊。一个 82 岁的老人因不堪忍受家庭纷扰、良心折磨而拖着衰弱之躯离家出走。在他本人所写的数部小说中都不曾出现的惊人结局在他自己的生活中出现了，尽管这一幕早已在他心中上演了无数遍，除了最后的死。剧本用托尔斯泰的家庭医生杜尚的话作为结束："不必为他难过。这种没有光彩的、卑微的命运无损于他的伟大。如果他不为我们这些人去受苦受难，那么列夫·托尔斯泰永远不可能像今天这样属于全人类。"我倒不觉得病死在一个小火车站站长室里就是"没有光彩的、卑微的"，除此之外这的确是一句提纲挈领的话，赋予悲剧一种伟大壮美的诗意。这是剧本的需要，也出自茨威格由衷的评判。

剧本中的事件过程也许大致符实，人物的台词可能大量引自当事人日记、信件及身边人的记录，我不怀疑这个。茨威格去过托尔斯泰的庄园，他见到的文献资料该远远大于我这个孤陋寡闻的非专业研究者。但即便如此，留在纸上的证据仍可能只是部分而非全部的事实真相，同一事件仍可以有多个原因、多种解释。就像一出正在上演的戏剧，如果舞台上麦克风失灵，或你根本不懂台上人物的语言，只看到他们在那里说话、争执、发怒、走来走去，你不也可能根据自己的经验和感觉不自觉地为之找出心理和行为上的逻辑，编出完全不同的故事么？在这出戏里，托尔斯泰和妻子的矛盾似乎直接导致了他的出走。而之前他俩在自我辩白时，却都坦然冷静，甚至不乏深情。那么，托尔斯泰夫人不也是一个矛盾、复杂、可探讨的人吗？或许她的痛苦不亚于她丈夫，只是她没有留下伟大的著作，托尔斯泰的痛苦和悲剧却又更衬托出她的卑微和庸俗的不可原谅，而把她真实的面貌遮蔽了？她不是曾为丈夫誊抄过数遍几千页的小说手稿吗？托尔斯泰的成就里难道没有她的心血？在漫长的共同生活中，一方当然不应为另一方的精神发展负责，但如果这个婚姻出了问题，貌合神离，任何一方都不能说：那是对方的事，与我无关。如果，列文的那种心理也就是托尔斯泰的心理，在夫妇关系中他总是处在精神的制高点、中心点上，那他的责任还不是一点点呢。

另一疑点：托尔斯泰夫人偷偷摸摸搜寻的若真是托尔斯泰的日记或遗嘱，尤其后者，托尔斯泰干吗不向家人公开而要藏起来？这是直接引发出走事件的导火索，而它似乎来路漫长，牵扯着更多的前因，令人想象。

托尔斯泰夫人（其时她应该也上了年纪）在这悲剧中成了最该负责的一方（既要为丈夫良心上的矛盾负责，又要为他的出走和死负责），除了被世人憎恶鄙视甚至唾骂，不会有什么等着她了。若没有她，若她不是这样而是那样地与丈夫相处，结果会不会不同呢？她后来在怎样一种境况中生活，怎样死去？我莫名地为之心痛。当然，所有的聚焦只是对着她与之生活了 48 年的伟大男人去的，她的身影日益模糊、飘忽、渺小也是注定了的。

他是否爱过一个具体的人？

就为这个女人，我也想了解托尔斯泰是怎么生活，怎么爱，怎么选择婚姻，怎么对待生活中那些"汤渍"，怎么在理想和现实间保持平衡的（虽然这平衡最终由他的决然出走打破）。不同于为研究其作品而进行的"知人论世"，我承认，我的目的论等级是低一些、小一些的。但很真实。

我在互联网上输入托尔斯泰的名字搜索，众多搜索结果中突然跳出一条令人瞠目结舌的标题：《出入妓院引诱村妇色欲令托尔斯泰片刻不宁》！难道是另一位同名同姓者？或子虚乌有凭空捏造危言耸听只为提高点击率？点开看，却正是这位写出过伟大作品的列夫·托尔斯泰，内容还更详尽更令人惊心。内容引自一个名叫保罗·约翰逊的英国人所写的一本书：《知识分子》，江苏人民出版社 2003 年版。为免断章取义，我去季风书园寻这本书，没找到，登记订购了一本。几日后书到手，打开，书的第一章开宗明义：（大意）当有影响力的新世俗知识分子像普罗米修斯那样宣称可以诊治社会的弊病、告诉人类该如何行事时，这本书则要考察这些人的档案，看看他们自身的道德和判断力的可信程度如何，他们在生活中是如何管理自己的，他们对自己的家庭、朋友和同伴表现出了几分忠诚，他们在处理性和金钱问题时是否公正，他们所说所写的事是否都是真实的，他们自己的体系是如何面对时间和时间的考验的。书中考察了十几个著名的人文知识分子，我知道的有卢梭，雪莱，易卜生，托尔斯泰，海明威，布莱希特，罗素，萨特，奥维尔。托尔斯泰排在第 5 位，考察文章的题目为《托尔斯泰：上帝的兄长》。

读这一篇。文章开头说："在我们考察的所有知识分子中，列夫·托尔斯泰是最雄心勃勃的一个。他的胆大妄为令人敬畏，有时令人恐惧。他逐渐相信，凭借他自身的才智，以及胸中涌动着的精神力量，就能够改造社会的道德。"口吻也颇绝对，当然之后有一系列证据支持着这个论断，也有"但是"这样的转折来说明其人其言背后的真相。于是我进入一个更庞大复杂的人性迷宫。我将信将疑地走着看着。我并不想探究托尔斯泰的宗教观、道德观、社会变革观，只在意他的文学作品和他的人生，可后者就是由这么些庞大复杂的内容充塞着、支撑着的。分析评价它们显然超出了我的能力，就说说我在这篇文章里看到什么让我吃惊的吧。

文章说，托尔斯泰青年时期就对自己的爵位、门第及由此带来的进入上流社会沙龙的权力感到骄傲，直到晚年他仍认为自己天生就是这方面或那方面的统治者。与这种根深蒂固的统治欲相伴而来的是对被统治的强烈反感。他一直喜欢做戏，甘愿牺牲舒适、享乐甚至生命，只要其所作所为显得崇高，有戏剧效果，能为人瞩目。这使他早期的军旅生活具有传奇色彩，唤起他的写作冲动，使他能在文字中获得幸福感和心灵的宁静。文章在肯定他写作中表现出来的勤奋、意志力、才华的同时，说他生命中（尤其上年纪后）的大部分时间并非用于写作，而在发布预言，创立新的宗教，行使道德导师职责，改造这个世界。然而驱使他完成这伟大的道德任务的，竟是他压倒一切的负罪感，尤其是他对自己的性欲和性满足方面的强烈负罪感。

　　托尔斯泰和女人的关系在这里出现。"色欲使我片刻不得安宁"这句话原来出自他25岁写下的一则日记。晚年他向他的传记作家承认自己一生性欲强烈。年轻时他出入妓院，性关系混乱，染上过性病，而同时期相关的日记里总是不变的自我谴责基调，和对那些女人的憎恶。"如此淫荡，可耻，可恨，她（即一个妓女）使我违背了我的准则。""令人作呕。女人。愚蠢的音乐，女人，冲动，雪茄烟雾，女人，女人，女人。"他的手还伸向自己庄园里的农奴姑娘，已婚妇女，生养的私生子也继续留在庄园里做仆人。他自知有罪，但更多是在责怪女人。与他写安娜·卡列尼娜时下的功夫相反，生活中他并不曾打算深入理解女性的心灵，也不承认妇女能成为严肃、成熟、有道德的人。70岁时他写道："一般来说，女性都是愚笨的，但是当她为魔鬼服务时，魔鬼会借给她头脑。然后，为了干出什么肮脏的事情来，她能奇迹般地思考，而且眼光长远，意志坚定。""不可能要求一个女人在道德感的基础上估价她那排他性的爱情，她做不到这一点，因为她不具备真正的道德感，即一种高于一切的情感。"

　　文章写到托尔斯泰的婚姻。托尔斯泰34岁时和医生的女儿，18岁的索尼娅结婚，婚礼中他就不能理解她，并且表现得动作粗鲁。"得到"她后他在日记中写："难以置信的幸福。我无法相信它可以像生命一般长久。"文章认为："当然不可能那样长久，即使是最驯服的妻子也会发现难以忍受这样一个罕见的利己主义者。"文章说，索尼娅是用充分的智慧和勇气来抵制丈夫压倒一切的意志的，至少她某些时候做到了。他们的婚姻是历史上最糟糕也是记录最完备的婚姻，结婚后托尔斯泰坚决要求妻子看他婚前15年的日记，于是她看到他以前所有的性生活细节，与众多女人甚至他母亲女友的性关系。惊怕之余她还是原谅了一切。她本人从11岁开始记日记。托尔斯泰的"公开性"原则之一是夫妻双方都应该坚持记日记，并可以互看日记，以消除相互间的猜疑和痛苦。

　　文章猜测，自从索尼娅知道丈夫是个性怪物之后，夫妻俩的性生活可能再也没有恢复（虽然她屈从丈夫的要求忍受了12次怀孕的痛苦）。结婚不久他便不再爱她，并渐渐把婚姻看作巨大痛苦的根源和道德进步的阻碍，而她的悲剧在于她心中始终保留着对丈夫的爱。她在日记中倾诉："我什么都不要，只要他给的爱和同情，但他不愿给我。我所有的自尊都被践踏在泥沼里了。我只是一只被压扁了的可怜虫，没有人需要，也没有人爱护，一个挺着大肚子、不断因怀孕而呕吐的无用东西。"但她仍维持着这婚姻，管理并服务于丈夫的各种事务，将他那些字迹难以辨认的小说手稿誊写成清晰的副本。她发现，当他写作小说时，他们都是幸福的，而他一旦停止写小说，就会做出蠢事来。当然，她也为这个家庭的物质生活操心，她重视这一点。

她在痛苦中思考过被丈夫当作宣言的"爱"。一次托尔斯泰威胁说要放弃所有的财产去救济穷人，并急匆匆离开她和四个月大的生病的儿子，她认为这是一种遗弃行为，因此写了一封信，信中写道："我们这些平凡的人，既不能够也不希望扭曲我们的情感，或以向整个世界表白爱心之类的东西作为对个人缺乏爱心的正当理由。"

索尼娅多年来一直观察丈夫的行为。她提出过一个问题：他所爱的只是作为概念的人类，因此，他是否真的爱过某一个具体的人？

当托尔斯泰日益成为一个被全世界聚焦的伟大人物时，他的庄园、家庭也日益变成一个宫廷圣地和公共舞台。他的因精神激变而来的压力主要由妻子承受。夫妇俩晚年的关系是他所要求的"像兄妹"一样地生活在一起，他则向传记作家谈论他们最隐秘的私生活包括性生活，让对方记录下来。索尼娅为此既觉得妻子身份受辱，也极度反感隐私外传，两人关系进一步恶化。托尔斯泰在日记中对妻子的指责越来越多，也不愿让她看见，而是藏起来，却又应一个名叫切尔特科夫的人的要求，把自己所有的文件照片包括日记都做成副本每天交到这个人手里保存。索尼娅担心被人看到丈夫日记中对自己不利的内容，也担心丈夫私自签署剥夺她和全家人物质利益的遗嘱，并妒忌、愤怒于丈夫与切尔特科夫的关系，剧烈的争吵频繁发生，最终导致她的搜寻和他的出走、逝世。文章认为，托尔斯泰在那个火车站的临终并非一幕圣经般的悲剧，而是他暴风雨般的漫长人生结尾的一声哀鸣。

哦，这样。托尔斯泰在保罗·约翰逊的考察下看来非但全面不及格而且差距巨大。我没有在这篇文章中看到托尔斯泰爱现实中的任何一个人包括女人，善与爱似乎只是他的面具，那张真实的脸令人不寒而栗，一切的发生似乎责任都在或主要在他。

真是这样？不会也是麦克风失灵后作者依自己的逻辑理出的头绪吧。无疑他看了很多资料，但他引用的诸多"书证"都是被抽取出来按判断的需要而独立出现的。我已经如此不相信文字，不相信人。我想看到最原始直接的资料，譬如说，当事人的日记。尽管，保罗·约翰逊在这本书中告诫："知识分子们都有一个习惯，他们写任何文章都会考虑到将来发表。因此他们习惯性地把自己的日记当作辩护文章和宣传工具，而且作为自卫或进攻武器，对付那些可能出现的批评家，特别是他们的亲人。"

三尺冰冻何时形成？

托尔斯泰夫妇漫长而数量巨大的日记我是不可能去查阅了。家里正有一本江苏文艺出版社1990版的《名人日记》，收有这对夫妇各自的日记若干，夹在包括英格丽·褒曼、戈培、雷锋、蒋经国、康有为、陆游在内的众多古今中外名人的日记中，我以前看只觉有意思，并未细究。现在带了目的读，便读出一点名堂来。

托尔斯泰夫人在这里被叫做托尔斯泰娅，她的日记名《我的备查日记》。备查——准备给丈夫查看吗，为了他的公开性原则？书中对她的介绍是：才女，性格有点怪，多愁善感，易冲动，极坦率，从少年时代起就养成忏悔、自我分析、把自己的感受和痛苦及与己有关的重要事件记录下来的习惯。书中选了她的10则日记。

1870年2月14日（时托尔斯泰42岁），她在读《普希金传》时忽然产生一个念头：不必记录托尔斯泰的日常生活，而要记录他的精神生活，因为她可以注视他的精神生活，这记录将对后代有所裨益。于是她写他看什么书，他怎样评价这些书，联想到些什么情节，并作出即时评论。她语调平静，仿佛在用一种年深日久的熟悉而家常的目光注视着丈夫，不是仰视，也不激动，但很用心。那时她已感到丈夫的精神活动有记录下来的价值了。夫妇俩交谈读书写作似很融洽。她称他的昵称：廖瓦契卡。他们的婚姻已越过七年之痒，到了第八年。《战争与和平》已在酝酿。

第二日写的又是相似的内容：前一晚托尔斯泰继续向她谈论莎士比亚和歌德，早上她路过他的书房时，他硬是把她叫进去，跟她谈了许多俄国历史和历史人物，并告诉她他想写什么不想写什么。他们还双双去滑冰，他努力学各种花样动作，孩子般的开心。——多么和谐，她像是他精神上的同伴，我甚至觉得他是依赖妻子的。托尔斯泰娅这年 26 岁。

过几天她写道，他开始写叙事作品，并告诉她他酝酿了一个妇女典型，出身上流社会，已出嫁，但堕落了，他的任务是把她写成一个仅仅可怜但无罪的人。然后他向她谈论对宿命论的看法。

这年年末的一天，她写到对他写作的理解。她不无怜爱地写："他太疲顿了。"但她也提到："有时他觉得——这种感觉总是在他离开家庭的时候才有——他要发疯，他对神经错乱的恐惧如此之强烈，以致他后来跟我谈起时，还使我毛骨悚然。"三天前他离家去了莫斯科，回来给妻子孩子买了娃娃、玩具、亚麻布等，到家后他不停地说："在家里真是幸福，孩子是幸福，他们对我真是一种享受。"不过他在教儿子学算术时会发脾气，火气很大时还得她去劝他停下。——这不是一个情绪不稳定的爱家男人吗？至少他有神经质，而不是她，这里我只看到她对丈夫的安抚。

一年后的三月，她写他如何苦学希腊文，他喜欢让她听他的口译，再由她照着别人的译文纠正他。她认为他在这方面取得的成功之大几乎令人难以置信。他仍向她大谈写作中的问题，她对此表现出清楚的理解和判断。而他生了病却不承认，"我一提，他就发火，（……）这使我比什么都痛苦。"——他俩的关系时而像同学、同行，时而像亲人，而似乎在后一种关系中，他比较任性，她则因他而痛苦。

其后几则日记也都是这期间写的，也总是她注视着他，他的写作，思想，情绪。偶尔她冒出一两句对好天气和美妙景色的描绘，也许是因为心情不错。总体上她的文字传达了一种平静宁和的心境，偶有痛苦透出，但很克制。仿佛她总是从背后长时间无条件地望着他，而把自己忘了。他咳嗽，她就为他担心。他去打猎，她则回家去准备九岁女儿的生日。他写安娜·卡列尼娜时告诉她他如何关注妇女世界的一切，但从她的日记里看不出他对妻子关心了多少。他总是谈论自己的工作，仿佛他需要一个听者，而她也愿意或习惯成为这个听者。这个家庭是为他而存在的——在他俩还没到关系紧张时，我已从托尔斯泰娅的记录中看到这令人不安的影子。

托尔斯泰的日记在这本书中题为《最后的日记》，亦即从他离家出走到逝世前夕的日记。时间跳过了近 40 年。《最后的日记》可与茨威格的《逃向苍天》对照着读，当然，应比后者更朴素真实。

1910 年 10 月 28 日，82 岁的托尔斯泰写他半夜三点醒来，又和前晚、大前晚一样，听到开门声和脚步声，从缝隙间望见书房灯火明亮，妻子正在找寻什么或阅读什么。他觉得自己所做的事、所说的话都在妻子监督之下，为她的举动感到憎恶、愤慨，翻来覆去睡不着，点亮蜡烛一开门，她就跑进来故作掩饰似地问他身体好不好？这更使他憎恶愤慨，于是突然下了离家的最后决心。他急忙收拾准备，终于出发。"这期间，我不断地期待着她的出现，"他写道，"火车开始动起来了。这时，我忽然消失了恐惧，而升起了对她的怜悯之情。可是，自己是否做了该做的事情，我却一点也没有发生过疑问。也许是错了，在替自己辩护也未可知。但我觉得好像被救了出来的并非列夫·托尔斯泰，而是那种虽然很轻微但却时时昭示我的内心的存在的东西。"

29 日的日记显示，他获知妻子一读到他离家前的信"就大声叫喊，朝池塘方向跑"。还有，他整天都感到异常苦痛，"在路上，我一直继续想着要从我和她的境遇当中摆脱出来，但终于什么也不能够想出来。可是，不管我们是否愿意，它还是一定要来的吧。"

30 日，他写信给妻子。（书的注释中附了这封信的原文，信中说："我的离家将使你感到悲哀吧。我觉得遗憾。可是，请你理解，请你相信：我再也没有旁的办法。（……）姑且把一切原因除去不谈，我在这一直过到现在的奢侈环境里，已经再也不能够生活下去了。但我要实行跟我的年纪差不多的老年人们普遍所做的事情——为了使自己一辈子的最后几天在孤寂和静寂当中过去而隐遁于世外。（……）我要感谢你跟我一块儿度过四十八年间的诚实生活，我要请你宽恕我对你所犯的许多罪行。因为我也由衷地宽恕你也许对我曾经犯过的一切罪行。"）

11 月 3 日的日记是托尔斯泰最后留下的文字，其中提到他在发烧，他"痛苦的一夜"，他的妻子要来。最后一句是："而一切都是为着别人的幸福，同时，特别是为着我的幸福……"

这不像是他口述而别人写的，这些断续、跳跃的语句，真的是一个衰老病弱的人复杂矛盾的心态：愤怒，怜悯，哀伤。他渴求宁静，准备宽恕，怀抱微弱的幸福感，既顽强又无力。离家出走在他那个时代和环境里似乎并不罕见，老人们在最后的日子里通常都要躲到孤寂宁静的地方去，看来这不是什么惊世骇俗的行为。他心里还是有妻子，他希望她能适应他离家后的新境遇。激烈的举动过后，一切在他心里仿佛缓慢地归于平静，而他的妻子在家里要投水自杀要跑过来见他他也管不了那么多了，他决心已定，绝不会再见她，不会告诉她他在哪里，绝不回去，为了他心里那种虽很轻微但时时昭示他内心存在的东西。水火不相容。结局也就是必然的。

想起一句中国的老话：冰冻三尺非一日之寒。在他们 40 多年共同的"诚实生活"里，寒冷是怎么开始又怎么弥漫开来的呢？

早年偏见一脉相承？

手边还有托尔斯泰的早期自传体小说《童年·少年·青年》，主人公约等于当时 29 岁未婚的作者本人。我留意到他在其中表露的一些心态——它们在他头脑里也许根深蒂固，到后来也没多少改变。也许。这有助于我了解他，了解他后来遇到的并最终恶化了的婚姻。

我确信崇高的话语很少能与崇高的事实相符合。

我娶了索涅奇卡以后，最好是住在乡下，我们得有几个小孩子，让他们满地板上爬，他们会叫我爸爸，……我对他（他，即"我"的哥哥）讲起我的爱情、我对未来夫妻幸福的全部计划。而奇怪的是，我刚刚详细讲起我这感情的全部力量，刹那之间却感到这感情已开始衰退了。

有三种爱：1，美丽的爱；2，自我牺牲的爱，以及3，积极的爱。我说的不是一个年轻男子对一个年轻姑娘的爱，相反，我害怕这种缠绵柔情，并且一生中是如此不幸，以至于我在这种爱情中从来不曾看到过任何一点真实的火花，看到的只是虚伪，在这虚伪里面的肉欲、夫妻关系、金钱以及要缔结或解除关系的愿望，它们把感情本身搞乱到那种程度，以至于什么也分辨不清了。

常有这样的情形，您在多年间所看到的家庭，是掩盖在这样那样虚假的彬彬有礼的幕布之下的，其成员之间的真实关系对您仍是个谜（我甚至发觉，由于这层幕布越是看不透，因而也越是美丽，那对你隐瞒的真实关系就越粗野无理）！

姑娘们没有我们这样的理解力，而这就是我们与她们精神上的分歧和我们鄙视她们的主要原因。或许，她们有她们的理解力，但是它没有到那一个点上与我们汇合，那一点就是我们看到那是空话的地方，而她们看到的却是感情，我们的讽刺却被她们认为是真话。

不过，一个年纪尚轻的男人，他对婚姻的不信任，对女性的轻视，他自身的任性、不稳定、幻想甚至邪恶，也许都可以被原谅，只要他不一直这样下去。人们有理由期待他的成熟。但愿以上所引，什么也说明不了。

他做的事情他和上帝知道？

她做的事情她和上帝知道？

托尔斯泰已在我心中悬了很久，我感到了一丝倦怠。我也意识到自己的注意力越来越放在作为男人、男作家的托尔斯泰身上——这种言行分离的男人是我本能地害怕的。私人化的倾向很危险，但它潜在地维持了我探索的动力。

在刚过去的 2006 年春节，我与好友苏通电话，说到这桩"悬案"，希望早些结案。苏说她有一本《托尔斯泰的最后一年》，备课用的，可借我一阅。于是我得到这本新华出版社 1987 年出版、书脊上贴着一枚学校图书馆编号标签的书。我希望，这是我要查阅的最后一份资料。

书作者名叫布尔加科夫，当时的身份是一名俄罗斯大学生，大学期间曾就自己的论文请教过托尔斯泰，1909 年托尔斯泰的秘书被捕，托尔斯泰的密友，即那个前面就令我生疑的切尔特科夫（此书中译成契尔特科夫）便推荐这个大学生做托尔斯泰的秘书。大学生住在托尔斯泰庄园的附近，每天前去"上班"。切尔特科夫希望这个崇敬托尔斯泰的大学生能写日记，并把日记的副本交给他。大学生也愿意这么做。这本书就是大学生从 1910年 1 月 17 日开始秘书工作到这年 11 月 7 日托尔斯泰逝世期间写的日记。

这些日记都与托尔斯泰的言行生活有关，是对这关键一年中所有当事人的近距离观察，也像生活本身那样纤碎，冗长，未加提炼。在这座关系复杂的托尔斯泰庄园里，大学生似乎保持了一种难得的沉静和客观。他竭力接近并理解这个传说中伟大人物的心灵，同时也为这个人处境的混乱感到悲哀怜悯。我想象着这个年轻人的纯真目光，因而相信了他的日记，——虽然他记下的事大多发生在白天。

大学生见到的托尔斯泰是个喜欢孙儿的老人，没有架子，亲切谦和，思想顽强，身体虚弱。老人忙于社会交往，编辑自己的格言录，回复来信，拿所思考的问题和这个大学生讨论，讲很多格言似的话（也可能有意让大学生记录他即时的思想闪光，尽管这些思想在我看来有的实在一般）。这一年开始时，老人总是乐呵呵的，对各种问题都表现出兴趣和耐心，只偶尔感到厌烦无聊。

66 岁的托尔斯泰夫人——书中她的名字被译成索菲娅——最初出现时态度亲切，爱孩子，只在丈夫说话时反唇相讥（也许想借有旁人在的机会与丈夫以这种方式沟通，私下里他俩有无沟通值得怀疑），有时表现得过于尖锐而让大学生觉得难堪、痛心。夫人脸上时有哭过的痕迹。

他们的庄园的确像一个思想发布地或指挥中心，什么人都可以来，采访的，拍照的，看热闹的，满足好奇心的，寄来的信件也奇奇怪怪，要钱的，为找工作求助的，骂人的，表示崇敬的……整天人来人往，马匹雪橇进进出出，俨然一个俄罗斯大地上非官方的思想圣地。托尔斯泰说的话被录下来再用留声机放给大家听。一切都暴露在他人眼中，被人注视、记录下来甚至传播出去。早已不是一个私人生活场所。

有个大学生写信劝说托尔斯泰"把生命献给人和人类吧，完成您在世上最后须要完成的事业、使您在人类的心灵中永生……放弃伯爵的爵位，把财产分给您的亲属和穷人，自己分文不留，像一个行乞者那样去周游一个又一个的城市……"托尔斯泰回信说这正是他的夙愿，不过这样做不应是为了外在的预定目的，而是为了满足精神上的内在需要，他没有一天不在盼望能实现来信者的这种建议。

日子热闹庞杂地向前流动。每个人都按自己长期形成的性格和意愿行事，并不清楚日后会发生什么。也许托尔斯泰是清楚的，总在心里考虑他是否要或哪天要摆脱这种生活。大学生秘书这时已预感到托尔斯泰虽年迈但并非一切都完结，他一定会做出某种任何人都意料不到的事来。

我跟着这本书往前走，在它如生活一般散漫的、看不出重点的、沉闷的内容里注意到一些细节。它们看似零散孤立，但因有前几本书的铺垫，就格外令人寻味，每一个都在我已知的人物和事件上作了新的描画。

2 月里医生杜尚透露，托尔斯泰经常在夜里呻吟喊叫。而白天大家喝茶时索菲娅朗诵诗，托尔斯泰则在一旁提词并加入朗诵。

　　3月里托尔斯泰谈到战胜荣誉："首先要从世间荣誉感的诱惑中解放出来，……战胜这种思想比战胜个人的欲念更难，……我就曾用了一年半时间去摆脱这种诱惑，当我取得成效时，我很高兴。"谈到死："死是多么愉快啊，但与此同时，自己的死又将给别人带来多少不愉快！"谈到人的理想和私人财产："应该按自己的能力去追求理想，而不应该降低理想。允许结婚并与妻子过性生活，但人可以高于这些，对待妻子要像兄弟对姊妹一样。允许有私人财产、保护私人财产，但是也可以完全拒绝私人财产。……要做到这一点也是比较容易的。我不同意那种观点，认为这很难做到。"谈到宗教："需要宗教，别以为我一说就是老生常谈。否则总是淫荡啊，打扮啊，酗酒啊。"这时索菲娅建议大学生朗读莱蒙托夫早期的长诗，托尔斯泰用一句"枯燥无味"表示反对，诗没有读下去。

　　4月里托尔斯泰为他的一本小册子的名字伤脑筋："我不知道该给这本小册子起个什么名字。《无节制的罪孽》……《沉湎于肉体的罪孽》……《沉湎于肉欲的罪孽》……都不好！"同一天他给一个农民写信，表示自己既不喜欢目前这种被穷困围绕着的奢侈生活，却又喜欢自己这种按意愿去爱上帝和他人的生活，"我高兴的是，我能够尽自己的力量完成主交给我的任务，为建立我们大家所向往的天国而工作。"谈到爱情时他说："如若存在精神生活，那么爱情就是堕落。对所有人的爱，会吞没对一个人的爱。"他认为一个老头还在恋爱"只能令人厌恶"。索菲娅当场反驳。第二天索菲娅当着托尔斯泰和别人的面说了一席话，先说托尔斯泰现在变得好看了，以前他的面部表情是狂热的、不安宁的、暴躁的，可现在是善良、亲切、温和的了，接着回到昨天的话题，说托尔斯泰从未像她爱他那样爱过她，从未感受过爱情的诗意，在她50岁时他却还妒忌过她，"他的日记中两次写道，倘若我不爱他，那么他要自杀……不过这当然是不会发生的。他会从另外某个女人处得到安慰……"这个月托尔斯泰再次说到死："我浑身是病。就这样也很好，越来越接近死亡。"

　　5月里他说到孤独的渴望，显然有针对性："我陶醉于孤独，当你走出去时，什么人也没有，没有来要小钱的人，没有村妇，没有头脑不清的人，也没有那些你无法帮助的人。……人们有星期日，那就让我也有一个长长的星期日吧。"当月的一天，切尔特科夫向大学生转述了一件事：索菲娅觉得对什么都厌烦，托尔斯泰"建议"她排开这些无聊事，要不就离开这儿到随便哪里去，索菲娅于是生气地跑到田沟里躺下，托尔斯泰怕她出什么事，很激动。不过第二天托尔斯泰对大学生说，"一切都好了"。

7月，持续近10年的日记风波掀起大浪。索菲娅早就坚决要求把存放在切尔特科夫那儿的托尔斯泰日记交给她，不然就要服毒或跳河。半夜里她吵着要丈夫拿回日记，并先后躺在阳台上、跑到公园里，他们的儿子也对父亲大喊大叫，让他接母亲回家，最后托尔斯泰把她请回了家。他们的子女们这一天一起商议怎样让父亲"预先防止有病的母亲可能发生的突如其来的越轨行为"。第二天索菲娅恳请大学生去让切尔特科夫还出日记，边哭边说，泪人似的浑身发抖。而切尔特科夫态度狂妄并带侮辱性，让大学生也觉得惊愕。托尔斯泰于是给妻子写了一封长信让她放心。信的内容曾在《逃向苍天》里出现，不过在那里托尔斯泰是当着妻子面说的，而生活中是写下来的——写当然比说更有条理更完美，尤其是一个作家的写。信中说，他现在的日记谁也不给，由他自己保存，以前的日记他会拿回来由他亲自存放在银行里。信中写到他对她的态度和评价，说他从年轻时就爱她，现在仍未停止过爱她。而造成他两冷淡的原因他说了三点：首先是他厌恶世俗生活的趣味，而她却不能也不愿与之分离，"你心里根本没有引导我追求自己信念的那些原则"；第二是她近年性格变得越来越易怒、专横、不能自控，不能不使他感情的表达（不是感情本身）变得冷淡；第三点最主要和致命，就是他和她对生活的理解处处相反，不管是生活方式、对人的态度还是对待财产。"我认为财产是罪恶的，而你则认为是生活的必须条件。"信中还有对他俩共同生活的评价，他承认自己过去是个贪恋女色的人，在两性关系上犯过很大的错误，而尽管他有这些污点劣迹，她还是爱他并与他生活了近50年，照顾孩子和他的生活，不受诱惑，无可非议。"至于你在我的特殊的精神活动方面不能夫唱妇随，我是不能责怪你的，而且也没有责怪你，因为每个人的精神生活是这个人和上帝之间的秘密，不能有别人对他提出任何要求。而如果我这样要求你，那我就错了，在这点上我就不对了。"信的末尾他劝她和睦地好好过日子，不然他将出走，因为他不能平静地忍受她的痛苦，而她折磨的不是别人，是她自己。日记终于在被复制后回家，然后封存起来存入一家银行。之后托尔斯泰托人转告切尔特科夫："关于日记一个字也别提到！这可能会引起无法预料的大发作，要知道日记就是引起她神经错乱的导火线！"然后医生来给索菲娅看病，诊断为"退化性双重结构：偏执狂兼歇斯底里，而以前者占优势。目前病情偶尔加剧"，医生建议夫妇俩分开哪怕一段时间也好，托尔斯泰乐意接受，索菲娅却生气地认为医生开出的避免激动、经常洗澡、散步的处方很可笑，认为病因更深。切尔特科夫频繁出现，使得索菲娅情绪越来越坏，对所有人都态度粗暴并带挑衅。一天她决定独自离开家去莫斯科，"可能永远都不会回来"，与家人平静地告别，仿佛要在外面自己平静一阵，但很快又在儿子劝说陪同下回家，儿子不满的目光让托尔斯泰感到痛心。过一会儿托尔斯泰在另一个话题中说："处在我现在的状态，'无为'是多么重要！"

8月里托尔斯泰和切尔特科夫的密切关系继续令索菲娅痛苦。她对丈夫"说了许多丧失理智的话，还引用了他年轻时日记中所写的某些事"（我猜与保罗·约翰逊在《上帝的兄长》里提到的索菲娅怀疑丈夫和切尔特科夫是同性恋一事有关），托尔斯泰气得脸色煞白，把自己锁在卧室和书房里，他不幸的妻子便一会儿跑到这个门口、一会儿跑到那个门口求丈夫原谅，要他开门，可是里面沉默。两天后两人好像和解了，托尔斯泰为自己能做到怜悯妻子而高兴，关于这一过程他是这么写的："每个人永远是处在发展的过程中，所以不能对这一过程加以拒绝。然而有些人却如此特别，和他们所处的状态相差很远，以至对他们只能像对待孩子那样爱他们，尊重他们，保护他们，但却不能和他们处于同等地位，不能要求他们理解他们所没有的东西。"然后他指出"这些孩子"是很难办的，不好学，不谦虚，对什么都不感兴趣，对所不理解的东西持否定态度，最主要而令人难以忍受的是自以为是。他要大学生把这些话抄到自己的日记本里——日记本原来藏在高高的书架后面，为了不让妻子看到。但他翻看日记时自己也说："这里面也没有什么避讳人的东西。"午饭时索菲娅提起以前她要求出版托尔斯泰全集而被人拒绝的事，说她在争取出版时引用过叔本华的名言"智慧是人们提在前面的一盏灯笼，而天才是照耀整个宇宙的太阳"，意指丈夫是个天才，托尔斯泰当即认为这么说不合适，索菲娅立刻反驳："为什么？我实在是替自己的丈夫感到委屈。"他两总是口角，针锋相对，托尔斯泰认为只要妻子在场就绝无可能进行严肃的谈话。

到了9月——离最后的结局越近，我的心也越紧张——这个家庭的生活还在繁杂不安中继续，暂无大的动静。索菲娅给大学生看托尔斯泰从前日记中的某个地方，即她嫉妒切尔特科夫的由来。大学生拒绝看，说会难堪，因他太热爱托尔斯泰。索菲娅和气地接受了这拒绝，不过她认为大学生这么做是要给自己保留某种错觉，而大学生认为自己并无错觉，坚信托尔斯泰道德上的完善和纯洁。索菲娅抱怨切尔特科夫对她态度不好，说这个人有一次当她面对托尔斯泰说，"我要有您这样一个妻子，我就自杀了。"另一次这人对她说，"如果我愿意，我能把您和您的家庭搞臭，但是我没有这样干！"冷眼旁观的大学生则对托尔斯泰周围的人都有看法，认为切尔特科夫是要从精神上摧毁索菲娅，以便由他来支配托尔斯泰的全部手稿，托尔斯泰的女儿要么是和切尔特科夫串通一气，要么出于女人的心理憎恨母亲、和母亲较劲，另一些人有的从中搬弄口舌，有的结伙加入进来。整个情况让大学生感到可怕而凄惨，他只寄希望于托尔斯泰具有崇高的精神和对双方一视同仁的强大的爱的力量，以为这样才能克服他身边亲近之人的这一切无谓纷争。

但情况未如大学生所愿好转。托尔斯泰某天把一个最珍秘的记事本藏在某个地方，过后忘了藏在哪里，怎么找也没找到，便怀疑落到了妻子手里。索菲娅确实在托尔斯泰的统靴里找到了这个记事本，并看到里面那么多她认为对她不公、残忍、不真实、故意歪曲、凭空捏造的东西。她在本子里粘了一个纸条，上面写着她悲愤绝望的心情，其中有这样的话："让善良的人们来读读他的日记，看他是怎样和何时曾对我献殷勤的吧。他说他从来没有这样热恋过……如果继续这样……他会自杀的。当时我的列沃奇卡就是这样的，而且长期是这样的。现在他是切尔特科夫的人了。"夫妇俩的矛盾或在表面或在心里持续着，积重难返，尽管有时并不在同一层面上发生。托尔斯泰说，我做的事情我和上帝知道，她做的事情她和上帝知道。"摆脱"的念头在他心里愈益强大，甚至骑在马上他也在祈求上帝帮他摆脱这处境。他希望去流浪，让善心的人们在他垂暮之年给他一口饭吃。短暂的平静后，因托尔斯泰在书房里又摆上被索菲娅换掉的切尔特科夫相片，索菲娅便认为"老头子想把我气死"，愤怒之下撕碎照片，回到房间里放枪射击，又跑到公园里去，很晚才被人找回来。女儿激烈地责怪母亲，母亲要把女儿赶出家门，几个人吵成一团，托尔斯泰则说："一切都会有个尽头的。"当然，几天后一切又暂时平息了。

决定生死的 10 月来临。每天都有新情况发生。3 日，托尔斯泰早上还好好地跟大学生打招呼，傍晚索菲娅突然从丈夫的眼神里觉出不好的兆头：有些怪，眼光茫然，昏昏欲睡。她熟悉这种样子，丈夫发病前总是这眼神。然后大家发现托尔斯泰躺在床上，颌骨翕动，发出奇怪的低低的哼哼声，继而抽搐。索菲娅脸色苍白双眉紧锁但不慌乱，配合医生让大家做该做的事，还在丈夫痉挛踢蹬时扑过去跪倒在地抱住他的双脚，把头紧贴在上面，直到他重新躺好。医生认为病情可能由他近期的神经状态造成，也和动脉硬化有关。次日，索菲娅承认这场病的起因之一是她情绪不好。托尔斯泰的身体渐恢复，虽很虚弱，已能散步。月末，切尔特科夫给托尔斯泰一封信，索菲娅要看而托尔斯泰不给，说信是事务性的，她又大吵大闹，和女儿发生冲突，还硬要丈夫说出是否已立了遗嘱，要他出一张特别字据，把全部文学作品的版权给她……这样，在托尔斯泰周围亲近的人们中就有了一种流传，说不久的将来托尔斯泰可能离开庄园出走。托尔斯泰的确在这几天秘密地写信给一个农民，希望给他在村子里找一个哪怕最小但是单独而温暖的小农舍，他可能短期内要去住。27 日夜里 12 点左右，索菲娅因怀疑丈夫已秘密立下遗嘱（事实上已立下，其著作版权全权委托切尔特科夫处理），去书房翻找证据，托尔斯泰看见，顿下决心立刻出走。

大学生没有跟着去，因此记录下出走后的托尔斯泰所不知道的家中状况。索菲娅跳进了池塘，池水把她整个人淹没，幸好大学生和其他人把她拼命往上拖。之后她又要用别的方式自杀，人们强行从她手里夺走鸦片、铅笔刀及所有她打算用来刺进胸膛的凶器。她再度向池塘方向跑去，再度被追回。记者来了，彼得堡和莫斯科多家报纸发表了托尔斯泰突然出走的消息和有关通讯。索菲娅抱着一个小枕头贴在胸前不断亲吻，一会儿叫着丈夫的昵称哭着说"你那干瘦的小脑袋现在躺在哪儿"，一会儿又说"他简直是野兽，没有比他更残忍的了，他是存心要害死我"。她要大学生陪她去找丈夫，被拒绝，她仍请求见丈夫一面，希望在她临死前同他和解，请他宽恕她对不起他的地方。她还希望找到切尔特科夫来帮助达到这个和解，却被对方认为"这是她的诡计"，以致大学生都感到这个自称托尔斯泰信徒的人不可原谅。索菲娅自觉将死，31 日拟好给丈夫的电报："我已领圣餐。已与切尔特科夫和解。日见衰弱。别了。"只差没请神父来。但事实上她与切尔特科夫的和解愿望因对方拒绝并未实现。11 月 7 日，庄园这边的人还在为可以给托尔斯泰送去防寒衣物而欣喜，大约上午 11 点，托尔斯泰的儿子季马打开房门跑进来，急急忙忙向他母亲伸出双手，断续地带哭声说："妈妈……亲爱的……怎么办哪！……看来，也该这样！……谁都会这样的……妈妈！……"索菲娅这时从圈椅里站起身，望着儿子，有气无力地喊叫着，死人一样仰面倒在儿子怀里，脸如白纸，双目紧闭，失去知觉。自然，大家都明白了：托尔斯泰逝世了！

　　书在这里结束。当一个这么多人关注的生命结束时，人们也就无话再说，也没有记录下去的必要——对象已经消失。托尔斯泰最后的愿望原来是以这样的方式在这种情境下实现的。

他最终走向了哪里？我们呢？

　　仿佛一部情节曲折的传记大片，看了很久我才看完。太庞杂太漫长，重复、反复太多。它的发展、推进、回旋、无数小高潮积累起来的最后高潮，显示了一种表面辉煌而内里无力的趋向。这之间还有许多空白点，疑点，不过我不打算弄清了。人本来就是这么一种奇怪、复杂而难解的生物，他有原始冲动，也受思想控制，感性与理性并存，自我的斗争和与外界的斗争无时不在，尤其是怀着高尚理想和远大目标的人，能将这些形诸文字的人，用文字表达真实和不自觉地用于装饰的人，有超凡观察力、理解力但看别人永远比看自己更清楚的人，在深夜时分感受到良心的拷问而大白天里又满足于另一些东西的人，想扭转局面却无力控制的人，只适合做某件事却要做力所不逮之事的人，习惯于忏悔而往事难追的人，被一个难以达到的目标永远折磨着、推动着的人，时刻想着完善和最后完善的人，过分注重名誉而忽视生命中本真事物的人，以为自己真理在握而轻视或不认同最多也就是居高临下地怜悯宽恕他人的人，能高屋建瓴却无法与细小人性较量的人……如果他恰巧生活在那个沙皇统治的时代，他是个地主贵族、庄园里有大批农奴做着苦力，他既沾染上那个时代普遍的贵族恶习又向往善与美的境界，他目睹严重的社会病象而觉得有改革的必要并付出努力，却又有来自各方包括自身的阻力，那么他就会加倍痛苦。也许他要做的事太多，以致来不及对身边的人付出具体的爱，久而久之爱便成了理念而非实践。也许他并不适合家庭生活，近距离的相处会让视他为天才的妻子也深感绝望。还有，那些维持一个家庭正常生活的必须的物质条件，对他来说却正是一种耻辱的罪恶，但他又不能抛弃家庭让他们过一贫如洗的日子。他做不出来。他想这么做而又不忍。人们要求他像一个圣人那样作为，将他推到一个他其实不太能适应的高处，他在乐意的同时也许还有惶惑。他并非六根清净的佛祖、超然一切的上帝，要命的是他那男性的原始冲动或性的征服力还那么强大，让他一刻也不得安宁——看起来他是把性和爱分开的，所以性这件事从来为他不齿却又抵御不住，直到 81 岁性能力消失他才得到这方面的解脱。或者，他也像很多伟人一样，认为自己既然不凡，也就有一般道德法则所不能限制的豁免权？但他又常因自责而痛苦。他的理想或许超前但也空洞，而他身处的非但不是真空而且丛生着世俗人性的杂草。他对人性了解越深，痛苦也就越大。怀着这痛苦而站在一个类似聚光灯照耀的位置上，不管他看上去多么习惯和适应，他的身姿、手势、话语、气度在配合上多么娴熟，包围着他的荒谬的喧嚣还是会让他受不了的。那么他又究竟是被什么驱使着离家出走的呢？是这喧嚣？是他一开始就播种不良而后来也未用心经营的婚姻？是他内心巨大的矛盾和痛苦，为了一个最后的完美姿态，为了呼应他人的建议，为了良心安宁，为了那种不被人理解却格外令他珍视的自身幸福感？不管怎样，他年迈病弱的背影都带着一种悲怆——或许，这竟是为了让后人对自我及人性的复杂、对实现理想之艰难有充分的警醒？那么这就是一个示范者、牺牲者的背影了。从这个意义上说，他的确是伟大的。

我不否认真实的他在远处的某个地方。我不可能到达这地方。任何人都不能到达。如他所说，他做的事情，只有他和上帝知道。可见的真实和人们看到的真实与善、美、高尚、勇敢、伟大完全重合的境界应该还是会有的，他在向它走去，但路途遥远而他的时间已不够。不过，他也许已经望见它。这可能使他在最后的时刻感到安慰，也使我们感到了希望。

我不想再说什么了。对于一个"他人"我已注视得太久，说得太多。应该想一想自己了：怎么对自己，对别人，什么是生命中重要的，什么是幸福，自己的幸福，亲近的人的幸福，——我还是暂缓用到"全人类"这个宏大抽象的词吧。

2006 年

四　所有的天空都连在一起

"别再有战争，别再有墙"

柏林是沉重的，复杂的，奇特的，过去时的。这块德国版图上曾经的"飞地"——在东德地盘上一分为二。这个战争的怪胎——既属于二战，也属于冷战。于是就有了墙，有了隔绝，有了冲破这隔绝的行动，有了子弹，有了鲜血，有了不灭的希望和勇气，有了最后的歌声和欢呼声——那是为和平发出。

我相信是这样。我相信世界比我所能解释的复杂得多。柏林在我郑重的期待下出现了。它很安静，这种静真是意味深长。树木不那么浓密，楼房不那么精致，火柴盒一样的带有斯大林时代风格的大楼越来越多，土黄色，没有装饰，简陋但实用，中国人不会感到陌生。那么这已是昔日的东柏林了？我们正沿着当年苏军攻克柏林的路线进入？也许是。前方正有一个苏军战士高高地站在纪念碑上，厚重的青铜大衣和披风，肩上背着青铜的刺刀长枪，一只手伸出来指向地面。他脚下有一门迫击炮，两侧还有苏军坦克。他的姿态是悲壮的肃穆，而不是占领者的威武，所以我认为他是在攻克柏林战役中浴血奋战的 250 万苏军战士中的一个，甚至是其中献出生命的 30 万苏军战士的一个。战争到了最后的阶段，距希特勒的大本营仅一步之遥，他却倒在了胜利的路上。他一定不愿在这时死去，但他也并不畏惧死亡。这死是值得的，18 天的战役之后，1945 年 4 月 30 日，苏联红军把红旗插上了柏林国会大厦的拱形屋顶，希特勒在柏林的某个地下掩体里自杀，一周后法西斯德国无条件投降，剥夺了无数人生命的第二次世界大战也告结束。

战争真的结束了吗？柏林墙给出了否定的答案。它现在是只有几十米长的一段了，当年却绵延 169 公里，从北到南把柏林严严实实地一分为二，外加铁丝网、瞭望塔、碉堡、警犬桩、防汽车和坦克通过的壕沟、自动射击装置、地雷……完全是监禁、戒备、随时开战的样子。在这么一堵墙下过日子，和在监狱的高墙下过日子有什么两样？墙两边寸草不生，一片沙地，如今还是这般模样。幸而，它已是保存下来的遗迹了。

它上面满是画——各种肤色和国籍的画家，说不同语言的，艺术观世界观大相径庭的，来这里画啊画的，把它变成了一堵画墙。这也只有在和平环境下才可能做到。它做到了，柏林墙。这同样意味深长。

一幅画：红白相间的栏杆围住了一个孤岛，岛上有奇树异草，有花一样的少女，有欢歌跳舞做爱的男女，但这个伊甸园里的人仍在向外望着，望四周海一般、夜一般的墨黑，一个艳色衣裙的女子甚至坐上了围栏，裙子里的腿摆在栏杆外面，像是要跳下去，她的一只手垂下来，掌心朝外微微扬起，又像是在发出邀请。

一幅画：人们在水上行舟，类似于古埃及壁画上永远侧身的棕色人，头抵在柏林墙头，脚站在木条一样窄而短的简舟上，无色的水流也许湍急也许平缓，反正船桨都撂在了一边，人们有他们的事要忙：舟这头一个人脉脉含情地拥抱住另一个人，舟那头一个人却把另一个人推下了水，使得那个落水的倒霉鬼的一只手碰到了柏林墙根。

一幅画：一堵断墙上开出了一个窗，却是竖着栏杆的铁窗，里面一个人手执栏杆囚犯一般，与外面一个人隔窗相望。

一幅画：还是墙，灰色的、斑驳的、处处有窟窿的墙，飞机要冲过窟窿飞出来，一架已经栽在了墙上，一架正从遥远的蓝天向这里俯冲，大小窟窿里还有人和怪物在张望，要爬过来。

一幅画：四个大大的人的侧脸依次排列——男人、女人、女人、男人——组成两对，深棕色的男人和雪肤红唇的女人。一对面对面相视，他的嘴唇和她的嘴唇都浮着微笑；另一对后脑勺对着后脑勺，他的嘴唇和她的嘴唇各自撇下来，眉毛也挂了下来，眼神在揣测、忌恨、愁苦间游荡，反正十分的不愉快。

画上大多留有文字，也许是标语，也许是画者的名字。一些画中有花蕾或子宫的图形，或许象征的也是爱——爱总比战争和死亡好。有一段墙上满是彩色的涂鸦体文字，字母和字母紧挨着，这个的脚从那个的身体里钻出来，那个的手又放在另一个的肚子上，写的什么我不懂，但它们彼此堆砌在一起的色彩，缠绕、膨胀、左奔右突的形体，仿佛就是一个个狂猛的生命。画与画之间不留空隙，三米高的墙从上到下涂满色彩，像是硬要盖掉昨天，那惨白灰败到不可想象的水泥墙色。

昨天，还是从墙边的沙地、残存的铁丝网、废弃的哨口和远处的碉堡里探出头来。它不是那么容易被盖掉的。空气在这里特别干燥。仿佛有淡淡的血的气味。仿佛，我面对的不是一段画墙，而是一面特殊的纪念碑，为的是纪念柏林墙存在的一万零三百一十五天里那些越墙的人——他们数目不详，有说五千，有说两千，其中一两百人（君特·格拉斯《我的世纪》里说是 178 人）死在了墙下。这些人，用人类想得出来的任何方法越墙。有的单枪匹马，直接以百米速度冲刺过去。有的玩杂技似的，开足马力让胯下的摩托车从隔离栏杆下一钻而过。有的是两个家庭抱成团齐上阵，先分头一米一米地采购防雨布，然后两家的男人女人们踩着两台缝纫机一块布一块布地拼接，用他们自学来的动力学、物理学、材料力学等知识花几年时间在院子里偷偷做成一个 28 米高的热气球，最后两家的大人孩子坐上热气球的吊篮，穿过大雾，在潮湿的雾气中不断掉落再升起，这样飞越了柏林墙。还有的把思路转到地下——挖地道，像中国的地道战一样，挖了整整 6 个月，深入地底 12 米，居然成功地通到了墙对面一家人家的厕所里；或者，从阴沟洞下去，淌过齐膝高的阴沟洞臭水，顶开墙对面的阴沟洞盖子，冒出头来。那些因此而丧命的人，没能等到柏林墙被推倒、无数亲人团聚、许多年轻人爬上墙分腿坐在墙头上、警察却像看表演似的旁观的那一天，不过，他们的死可能就为这一天做了奠基。

在墙上，有一幅画我印象最深：红蓝绿黄黑的警戒线断开来，在跳舞，像快乐的绳子，像活力四射的蛇，下面写着：NO MORE WARS. NC MORE WALLS. 只有英语我看得懂。它可以译成：不要战争，不要墙。但我觉得"NO MORE"还含有对未来的祈求，所以我把它译成：别再有战争，别再有墙。

2004 年

恐怖的见证

  还有另一种墙，残破的，长长一排，坐落在柏林某个美术馆的附近。我们是走着走着突然拐进那里的。不，是预感在领引：柏林一定有比画展更值得看的东西。离开那座看起来很有来历的美术馆（它的阶梯式门前有几座发黑的没有头颅的真或仿的古希腊雕像），我们盲目地从右边向前走去。我们走对了路。这仍是一条大街，却越走越荒僻，甚至有铁丝网出现。我的心跳起来。铁丝网后面有一个简易房子，它近旁是个敞开的入口，竖着一块写着德文的木牌，一些人在这里出入。我们跟着进去。一面荒凉的斜坡，一条向下延伸的小路，让我们看到了这一排墙。

  洼地里的它，像废墟上的残留，因是墙根才得以保存。红砖墙上坑坑洼洼，有的发黑——像是烟熏或炮火轰炸后留下的痕迹。水泥墙面基本不存。墙的上方有木头钉成的风雨檐，但也可能是原来房间天花板上的木条。那这些房间就太低矮了，以它们的位置，应该是地下室。墙前方半米处挂着一幅幅放大的黑白照片，旁边有小小的德文和英文说明。我约略看懂这里是纳粹统治时期德国秘密警察局"盖世太保"的办公大楼旧址。迫害犹太人的命令和计划就是从这里签发。这里有多间刑讯室和牢房——挂照片的一块块展板，就连在这些可能是牢房的房间的横梁上。

  天很好，但我感到全身发紧。我是胆小又敏感的人。我觉得天在迅速暗下去，这是黑夜，在这 70 年前陌生城市的地下我被关着，被抹去了名字，被拷打，不知家人生死，不分昼夜地醒着、疼着、想着：为什么世界在一个夜里突然疯狂并垮塌？所有看过的二战电影的可怕镜头都集中过来——我承认，因为恐惧，我没能看完《辛德勒的名单》，但看过《索菲的选择》（她不得不在一对儿女中选择了儿子，眼看着小女儿被纳粹拖出去处死），看过《逃离索比堡》（她为爱人缝了一件白衬衫，他和她搂着腰散步，而明天可能就死去……），我的恐惧在无限蔓延。头顶上仿佛有杂沓猛烈的皮靴声，汽车、摩托车的启动呼啸声，那是盖世太保们又去抓人，去烧杀抢掠，去吊死或斩首犹太人了。国会纵火案和帝国水晶之夜的罪恶计划就是在这样的地方出笼的吧。人会死去，人终将死去，但生命不该被他人剥夺，不该像蚂蚁一般成批成批被踩死、开水烫死、车轮碾死。那真是世界的末日了——我希望自己永远别碰上这样的时日。但在这里，我看见了，想象变得更真实活跃，我感觉，要身陷在这样一个世界里，一个人，他该是多么的无能为力。

就是许多人在一起，在厄运面前，在一个巨大的集体疯狂的漩涡里，也还是无能为力的吧。看这些照片：许多犹太人紧紧地排着队，扶老携幼，离开他们的家园。他们的表情是默然，悲哀，但还看不出彻底的绝望——他们不知道此行是去集体赴死，踏上的即是不归路。他们以为，在规定的犹太人居留区里，至少一家人还能在一起。即使去集中营，他们也还没有"毒气室"这样的概念，看到浴室的管道喷头，还以为流出来的真是水——的确是水，但只一会儿，水就被毒气所取代。他们死了。那死前的恐惧该如何？他们的遭遇，世人只知道万分之一。暴行超出了所有人的想象。照片上尚未死的他们，还带着被骗的、认命的羔羊的眼神。

另一张照片：一个少年挂着牌子站在高处被示众，两个党卫军看押着他——除了犹太血统的罪名，这小小少年是否还有过对迫害的本能反抗？我就在《我的世纪》里读到过犹太人孤儿院里发生的事："所有的学生当时必须到校园里去。所有的课本、祈祷书，甚至《摩西五诫》都被扔了出来，堆成一堆全部焚烧。不得不目睹这一切的孩子哭着，他们害怕自己也被一块儿烧掉。"

又一张照片：一个高壮的犹太男子身前也挂着大牌子，一群党卫军押着他往前走，他压低眉骨，眼里似有怒火喷射，他的外套被生生剥去，只剩衬衫背心领带——他是从哪里被拉到了这儿？这是游街，还是押赴刑场？总之他是死定了，不管他之前是怎么一个人物（看起来他的确像是一个人物）。人就这样顷刻间被剥夺了一切：名誉，地位，财富，人格，直至生命。这样的犹太人有多少？美国学者詹姆斯·克莱恩在《历史会重演吗？》一文中作了统计："1949 年，百分之九十的德籍犹太人仍活着；到了 1943 年，其中的百分之九十已经死亡。1933 年至 1934 年间有十万犹太人被杀，1941 年有一百一十万人死亡，1942 年十二百七十万人，1944 年六十万人，到了 1945 年有十万人丧生。"

照片上，一个刑场出现了，像一个乱树棵子，三个犹太人跪在土坑前，坑边插着三把铁锹（他们是否已被迫先挖好自己的坟墓？），三个纳粹士兵叉腿站着，把各自的长枪瞄准各自要枪毙的犹太人的后脑勺，最靠外的刽子手嘴巴大张，好像因刺激而极度兴奋，树丛中好些人探出身来看，强烈的阳光使其中一个人用手遮挡住眼睛——他们又是些什么人？

还有两张照片，摄下了三个犹太妇女当众被按住剃光头，以及光头示众的过程……

大约有一百多张照片吧，全部，如它们呈现的黑白效果一样，为这低洼的废墟增添了特别真切的沉重压抑的恐怖感。这令我想起日本军队在南京屠杀三十万中国人的暴行，那样的照片我也见过。而挂牌示众、剃光头、游街、焚烧书籍，又让我想起文化大革命中的一幕幕。人类在剥夺他人生命、侮辱他人尊严的思路和手段上多么相似！然而，这样的几十年如一日的公开的免费的实地和图片的展览我们有吗？我们可敬的巴金老人呼吁了多少年的文革博物馆建成了吗？我们的喝着可乐、看着戏说长大的下一代下下一代，会因为年代的久远和实证的消失，而把过去发生的种种都看作有趣的带有娱乐性质的传奇吗？在这柏林的大坑里，我成了一个中国的杞人。但愿真是杞人。

　　抬头看，昔日的盖世太保办公楼已成空无，二战中盟军轰炸后这里就是残墙对天。天很高，很蓝，一两朵白的薄云在飘，可以飘到很远的地方。所有的天空都连在一起。周围有不少欧洲老人，白发在微风中抖。还有年轻的金发男女，和他们的上一辈一样，默默地，在照片和残墙前缓步移行。恐怖消失了，而我的心仍不能释然。

2004 年

水深，火已不热

  汉堡的全名"自由汉萨汉堡市"让我想到遥远的十二、十三世纪。它在那时成为欧洲少数不受主教控制、过境不用缴税的"自由城市"之一，也较少骑士们（欧洲封建主最低的阶层）拦路抢劫之类的侵扰。自由权利的取得全凭了市民们主要是商人们的长期奋斗。为在临近的北海和波罗的海上顺利进行商业活动，汉堡和吕贝克、不来梅等城市联合结成"汉萨同盟"——这个同盟所给的利益保护比国王给的有效得多。事实上国王和诸侯从未在汉堡统治过。以我对历史的一知半解，未到汉堡，我已闻到它古老的、商业的、自由的气息。

  还有火的气息。汉堡在历史上发生过两次著名的大火。1842 年的第一次，起火原因不明，也许和这座水上城市的供水、消防系统尚不发达有关。大火烧毁了汉堡的三分之一。世界摄影史因此而留下一幅名叫《汉堡大火》或《汉堡大火遗迹》的照片—— 一幅世界上最早的新闻照片。那是在摄影技术公布于世的第三年，所谓初级阶段，银版摄影术不能复制正片，照片无法登在报纸上，只能展出，我无缘见到。

  第二次大火在 1943 年，距第一次刚好一百零一年，也正是第二次世界大战打得难分难解之时。透过资料，我几乎能看到汉堡上空的滚滚黑烟，听到燃烧弹连续不断的爆炸声，近八百架轰炸机同时飞行盘旋的巨大轰鸣。那是一个午夜，英国皇家空军出动轰炸机 791 架，先撒下银箔条骗过德国雷达（雷达以为那是一大群乱飞的昆虫），再在汉堡进行地毯式轰炸，两个半小时内投弹 2396 吨，大部分是燃烧弹，落地爆炸后即刻形成风暴性大火，火势遮天蔽日，炽热的气柱高达 4000 米，直径 2400 米，火区内所有建筑物被烧毁，一切可烧之物都化成灰烬。几天后盟军轰炸机集束出动，重点轰炸汉堡的炼油厂、柴油机厂、港口，使之变成一堆瓦砾。而在此之前，德军飞机把总共六万吨炸弹扔在了英国，伦敦是重点轰炸目标之一，希特勒并曾叫嚣要把英国的几个城市"彻底擦掉"。

如果不是要来汉堡，我不会主动查阅这些资料。我孤陋寡闻，只知道日本的长崎、广岛在二战中被投了原子弹。投弹是为了制止法西斯战争。希特勒的灭亡和日本天皇的投降确与此不无关系。但是，不可否认，被投掷的地区，命运也极悲惨。

大火之后还有严寒。据君特·格拉斯在《我的世纪》中叙述，1947年汉堡遭遇到零下二十度的严寒，易北河和莱茵河等河道结冰，煤炭运不过来，许多人冻死。那些住房被炸毁的人及战后难民不得不栖身在废墟堆中的地下室里，或住进棚屋式的职工宿舍和活动房里（用弯成拱形的波纹白铁皮匆忙搭在水泥地上的临时住处），圆铁炉大多无法生火，老人们再也离不开床铺，一只鸡蛋或四根香烟也换不来四块煤球……我一向把这部书当作了解德国的最好读本，况且作者坚称，小说涉及的任何史实都有出处。

我来到了汉堡。富庶，整洁，宁静。时间又过去了六十年。阳光带着暖意。天空湛蓝明净。黑烟了无痕迹。水很多：易北河，阿尔斯特湖，还有比勒河，甚至北海。水深不可测。市政厅广场上竖着的二战纪念碑并不起眼，长方的一块，只有文字——我不懂的文字。广场另侧的海涅雕像倒是有很多可看处，不过那是另一种历史。大多数楼房年龄仍像在百年以上，不太现代也不太古老，我不能分辨是战后重建的还是当初幸免于难。哪里也不见白铁皮棚屋。巴洛克风格的市政厅，满是铜锈的青铜广场柱，式样古老的圣米歇尔大教堂、火车站、美术馆，面目沧桑宛如原版——我同样不能确定。

　　在小方石块铺成的马路边上，一个书报亭里有三张明信片吸引了我，上面有汉堡的古老市容：圣米歇尔大教堂，面包师的房子，马市场——是生活在汉堡的上海外国语大学德文系高材生兼导游吴先生看后告诉我的，我就像个文盲，马上记在纸上。我买下它们，仔细辨认，确定它们不是手绘而是照片。照片上，女人们穿深色紧身衣和曳地篷裙在街头摊边买菜，腰间扎一块围裙似的白长布，手里挎一只篮子，姿态曼妙、悠闲，如赶一场重要的集会，有的正在离去，有的刚要前往，男人们大多戴礼帽，背着手，在路边观望或等候。另一条窄街巷里，人们的穿戴更随便，像是特地从房子里被请出来，男人留着胡子，敞着外套，小孩子挨着大人或大孩子，主妇打扮的女人摆出要出门买菜的样子，中年汉站在店铺高出一截的门槛上，有人微笑，有人严肃，有人双臂交叉胸前，正从各自站着的位置上一致转过身来（除了一个懵懂的小孩），带着有准备的但仍不免惊奇的神情朝镜头方向看。那也是摄影术刚发明不久的年代吧？那么也不会古老到哪里去，顶多 160 年前。他们在想——拍照的，又来了？他们知道自己将上镜头，将留在历史里？他们脸上，那种默然的表情，也是面对一切命运的表情吗？我突然意识到他们早就是古人了，而此一刻他们还这么的活生生。他们后来是寿终正寝，还是死于什么灾难？《阿甘正传》里阿甘的妈妈有句名言：人生是一盒巧克力。历史也是这样的吗——藏在盒里，拿到哪块是哪块，真相永远达不到？那么此前那种种气息都是错觉，我已经什么都闻不出，只有此刻，我所在的汉堡，才无比珍贵：它的天空，阳光，树木，楼房，街区，以及活动其中的我从来也不认识的人们——他们的被和平笼罩着的生命。

2004 年

凡尔赛落日

　　站在凡尔赛宫里，我失去了感觉，只是想：太奢靡了。只有"奢靡"这一个词。其他如豪华、精美、富丽堂皇、金碧辉煌都不适用，太无力，或太平常。我没有觉出它的美——美首先是让人感到舒服，而它不是，它是刺激人的眼球，给人以无形的巨大压力。这无处不堆砌的花纹、装饰、雕刻、绘画。这交叠在一起的紫色、红色、金色及人们想得到的种种浓艳。这密密麻麻的水晶、玻璃、镜子、大理石、丝绒、雪花石膏……它好像不是要让人欣赏，而是要把人震住。虽然这一切都按某种艺术原则或比例呈现，附着于不同的材质和形态，若每一件分开细看，都有其可赞叹处，可是！这不计代价的繁密交织，这不达顶峰不罢休的气势，只在传达一种声音——它主人的声音：一个伟大的国王，就该有这么一个伟大的舞台来配衬。

　　故宫也比它内敛。至少不是如此刻意地铺张、显摆、炫耀。阿房宫呢？"五步一楼，十步一阁；廊腰缦回，檐牙高啄；各抱地势，钩心斗角。"最终被项羽一把火烧了。杜牧若在此，会说什么？"族波旁王朝者波旁王朝也，非天下也"？在这里，我理解了当年巴黎"暴民"的愤怒、狂烈、极端的行动。享有这一切奢侈的国王，若不管人民的死活（譬如，在他们没面包吃的时候反问"为什么不吃蛋糕"），那么，上断头台是迟早的事。

　　住在这里的国王有过三个：路易十四，路易十五，路易十六。因为他们，巴黎竟一度不再成为法兰西的首都——首都搬到了巴黎之外20公里的凡尔赛。

　　建造了凡尔赛宫的路易十四，现在成为一尊青铜雕像，高踞于凡尔赛宫前方一片白沙地的中央，一个高高的底座上。他胯下有一匹青铜马，他在马上挥动右臂，手里还握着一根圆棍（是权杖吗？我没有看清），脸转向左侧，头昂起，目光略略向下，是俯看众生的样子，也像在发号施令或勇猛向前。但那种扫平一切的气势显然已被时间磨去。游客们，主要是一些金发的学生，正在底座的台阶上坐着，或站在一边，自顾自地闲聊着。这样，他的姿势就像是空摆了一样——没有人再听他的了。那好像仅仅是一种表演。

　　这位欧洲历史上在位时间最长的法国国王，5岁登基，在位72年——其实寿命也不是最长。但他是一位重要的国王，他影响了法兰西的历史，也有人赞他为"伟大"。Great——那并不等同于中文的"伟大"。我比较相信贡布里西爵士的评价："他就是这么一个集虚荣、优雅、奢靡、威严、冷酷、轻快和勤奋于一身的奇怪的人。"——这使他更像个真人。根据大仲马小说改编并多次搬上银幕的《铁面人》，把路易十四说成是双胞胎之一，残忍或贤明中的一个，也许正隐喻了这位国王的两面性。

　　在一幅1653年的画中，他还是一个小男孩，被他母亲（"奥地利的安妮"）抱着，坐在他父亲路易十三的病榻前。他五岁，却已知道将做国王。路易十三问他："你叫什么名字？"他回答："路易十四。"他知道父亲就要死了。

　　他"太阳王"的称号是怎么来的？我不知道。反正，他十五岁时，已经穿上有"太阳王"图案的服饰，并让人画了像。他摆了一个像是芭蕾舞的姿势，套在蓬松袖管里的双臂向下张开，层层叠叠的短裙下是被紧身裤包得紧紧的稚嫩的双腿，两脚一前一后成丁字形，而头上那顶由羽毛和草叶做成的头饰几乎有他半个身体高，一个模仿太阳四射光线的金冠箍在他的额头上，和他胸腹部的太阳王图案十分相似。这姿势是他自己要摆的？还是那位执政首相马萨林的主意？他显得有点紧张，有点忧郁，目光向下，没有光芒，像是一个不能做主的柔弱少年。

直到他 23 岁时马萨林去世他才亲政，从此不设首相，把权力牢牢掌握在自己手中。绝对的权力，绝对的统治——此前他有过 18 年的（预备）国王的生涯，肯定学到了丰富的权术。

亲政是在 1661 年。这时的凡尔赛，不过是他父亲路易十三在世时狩猎的小行宫。这年 8 月，一个晚上，他去赴他的财务总监富凯家的晚会，看到那个私人府邸——规模、装饰、摆设全超过王宫。他怎么想呢，这年轻的国王？他嫉妒了吗？还是愤怒——他国王的权威受到了挑战？总之立刻，富凯的财富来源受到调查，最后被判终身监禁。而凡尔赛宫也在这一年破土动工，设计者和建造者，就是设计、建造了富凯府邸的那一拨人。

然后，花了二十多年时间，被称为"世界奇迹"的凡尔赛宫建成，太阳王搬进去，凡尔赛变成了法国的政治中心。

而太阳王，在这么些年中，从一个柔弱少年变成了一张著名画像里的那个头戴厚重的扑了粉的假发、脚蹬红色高跟鞋、用一根权杖保持身体平衡、眼中满是城府、被一大堆绣花丝绒贵重皮草金红帷帘裹着、正朝肥胖方向发展的踌躇满志的法兰西第一男人。

"他野心勃勃，通过灵活的外交政策和一种至今仍让我们惊叹的尊严，引导他的国家走向破产。"英国人威尔士在《世界简史》里如是说。

有一种说法值得注意，而且我相信是真的：凡尔赛宫的建造是太阳王的一个政治策略：他要把贵族们全都变成他宫廷的成员，以解除他们作为地方长官的权力，削弱他们的力量；他要在这座巨大的宫殿里日夜举行舞会、盛宴和其他庆典，并规定贵族们必须盛装出席，不得缺席，以使他们为置华服而付出巨款乃至变穷，没有财力来跟他作对；他还要让贵族们来帮他更衣，今天这个，明天那个，引得他们争风吃醋，把精力消耗在这等琐事上，没工夫管理地方之事；然后——所有的权力就统统集中到他手里。

是富凯事件给了他教训？他多么警惕，又多么阴暗：以奢靡为幌子，蒙蔽、腐蚀、削弱他的属下，他是怎么想出来的？

不管怎样，奢靡之风如洪水一般泛滥开了，而且蔓延到全欧洲。

然后是危机：财务的，政治的。然后是战争——解决危机的最直接方式。而战争的开支又是从农民缴付的税收中取得，税收加重，危机也加重。到了路易十六（一个酷爱狩猎、在国事会议上好打瞌睡的国王）时代，贫困到极点的农民和工人，没有政治权利的市民们，权力被削减的贵族们，纷纷起来争取权利。革命就这样一触即发。

我看到战争厅。一对战败的奴隶被反绑着，一边一个地扭曲着身体在墙上，浑身镀金，绑着的绳索也是金的。他们头上，大理石的士兵被战马践踏，倒在地上。这该是国王们喜欢的图景。路易十四酷嗜打仗，梦想称霸欧洲，不幸的是，他的曾孙路易十五有同样嗜好。

我看到国王或王后的睡房。桃色壁布，雕梁画顶，水晶吊灯，蕾丝花床。我不相信一个人能在色彩这么喧闹的地方睡好觉。一些小凳摆在床边，还有侧门，让人联想起发生在此的香艳故事。在法国王室，这早已是公开的秘密，"秘密被到处宣扬，拆别人的信，偷别人的信，把别人的信卖了的，敲诈勒索的，还有偷珠宝首饰的，去抓情郎情女的，把一对对情人耍得团团转的，当情人们拥吻时突然杀将出来，取笑一番"……要真像杜拉斯在《凡尔赛皇家女，皇族的写照》里所写的这样，那么，这王朝，就是在飞速地走向没落。

没有看到公主们的"开洞椅"。杜拉斯在同一篇文章里告诉我们："那时还是开洞椅'统治'的时代，公主们坐在开洞椅上一边'觐见'，一边方便。"倒是看到了一张座椅，摆在一间桃红的殿里，一面墙的中间，下设台阶，形同宝座，不知是哪一位坐过的。这张椅子椅面平实，没有开过洞的痕迹。宫殿里的气味也无异常。传说中从不洗澡的国王的强烈体臭，用以掩饰的香水味，乱跑乱窜的鸡狗猫留下的粪尿味，放浪、暧昧、死亡的气味，已经完全消失了。

最后，凡尔赛巨大的花园出现。大幅蓝天，大片白沙石地，一方方水池。无不经过修剪的锥形松树、草地、花、树墙，以及雕像，全在宁静的笼罩中。九月巴黎的新鲜空气毫无阻拦地扑上来。

我坐下，不愿再走下去看那著名的海神喷泉。不远处，有一对欧洲老夫妇也像我那样坐在树墙边的石凳上，静静地，看着前方——或者什么也不看。一个大理石天神赤足站在我们之间。远远近近，传来一些外国人耳语般的说话声，沙粒在脚步下挤压摩擦的沙沙声。奇异的时刻忽然出现：历史消失，时间凝止，思绪飞走。我坐着，看着法兰西三色旗在凡尔赛宫微黄的外墙上飘啊飘，夕阳慢慢地把这座宫殿变得意外的朴素。

2004 年

巴黎的浮光魅影

巴黎。它太复杂，太丰富。它不可形容。它像是我走过的所有欧洲城市的一个总结——它像是欧洲的心脏，而不仅仅是法兰西的心脏。

听听那些著名人物是怎么说的——

茨威格："谁年轻时在那里生活过一年，他就会一辈子都带着一种莫大的幸福回忆。任何一个地方都没有像这座城市那样，有一种使人处处感到青春活力的气氛。"

马尔克斯："在我们任何一个国家都不曾获得的总体概念，在巴黎的一张咖啡桌周围却变得一清二楚，让你终于明白，尽管我们分属不同的国家，但是我们都是一条船上的船员。"

海涅："让我们赞颂法国人！他们关心人类生活的两个最大的需要：美味佳肴和市民平等。"

里尔克（借一个名叫布里格的虚拟的漂泊者之口）："确实，人们到这里来，是求生的，我倒认为，这里是死路一条。"

杜拉斯（在《下等人的巴黎》中描述一个穷苦老太太时）："巴黎对她来说是一个弱肉强食的世界。"

我，既没有像茨威格那样幸运地在巴黎生活过一年，也没有像马尔克斯那样至少在巴黎的一张咖啡桌旁和别人聊过天，更不可能像海涅那样长年逗留，也不是像布里格那样为谋生而来，也没有机会与巴黎的穷人接触交谈。对巴黎的现实面貌及精神内核，我基本没有发言权。

我只在巴黎停留了四五天。我感觉戴高乐机场很美——它和浦东机场出自同一人之手——但像虹桥机场一样拥挤繁忙。我下榻的十四区的几条马路，和上海的吴兴路、高安路像极了，尤其晚上那幽昧的灯光，同样的悬铃木带着同样的暗影立在同样窄的有点破损的上街沿上。老佛爷一带繁华热闹，却不像汉堡的淑女大街那么整洁有序，什么人都在那儿挤啊挤。很多弯曲的小马路，汽车在那儿老是堵，前面有车停下来卸货或装货（慢吞吞的，像喝咖啡那么悠闲），后面所有车就都等着，没人抱怨，没人揿喇叭，只是等着。很多骑摩托的男人，脸罩头盔如神秘蒙面人，身形看上去挺拔帅气，身手敏捷车速惊人。在一个傍晚车又堵了，前面发生了摩托车车祸——是车手急着去约会吗？

"千万别爱上法国男人"，一群华侨长者在香榭丽舍大街旁一家中国酒店里对一个中国女留学生谆谆告诫。他们认为，法国男人是世界上最好的情人，最糟糕的丈夫，并且举出很多例子。年轻的女孩沉默地微笑和恭听。

地铁工人在地底下（或别的什么地方？）罢工，沿袭着巴黎工人的斗争传统，也使交通更拥塞。

花店很多，艳丽花朵满满地摆到了人行道上，其中就有梵·高画的那种金黄热烈的大朵大朵的向日葵。

黑人很多，几乎纯黑，有的在卢浮宫门外卖明信片（胖胖的，穿运动服，很嬉皮），有的在巴尔扎克纪念馆当管理员（瘦瘦的，穿紫红色制服系领带，很严肃）。

女孩子吸烟的比男人多，过马路时手指还夹着一枝烟，模样却是文静美丽，金色长发在米色风衣上扬起。……

这些人我都不认识。我是外来的观光客——我观看到的全是浮光掠影。如果滤去他们，滤去这些即时的景象，整个巴黎就空旷下来，只剩了历史——历史的遗迹、历史的场景：圣母院，卢浮宫，枫丹白露，塞纳河左岸，凡尔赛宫……巴黎就成了一座空城。

我相信这座空城里有许多无声无息的影子：那些存在于历史而消失了肉体的人的幽影。我相信他们仍在曾经生存的地方飘浮，他们的气息，思想，甚至形象。就像《卢浮魅影》中那些博物馆里雕像的灵魂。

也许我就是奔他们而来。是他们让巴黎变得如此丰富。没有他们，就没有巴黎。

他们在狄更斯的《双城记》里。那个不停地用编织来记录贵族罪行、传递革命信息的小酒馆老板娘。那些看到贵族马车上一桶葡萄酒打翻在地，便忙不迭地拿家里各种盛器从泥水里舀酒送到嘴里的穷人。他们穿的衣服都烂成一片片一条条的了——在黑白电影《双城记》里我看到了。他们住的泥泞小巷在哪里呢？我没有时间去寻找。可能早已不在了。

他们攻占了巴士底狱。站上了悬崖绝壁般的高墙顶上。从里面燃起冲天大火。骷髅一样瘦的白胡子犯人被解救出来。今天监狱早已无踪，矗立起一座歌剧院，名字也是巴士底，四方形花岗岩，玻璃钢块，围出了一个圆弧形外墙，冷峻的灰色，仿佛提醒着这里过去，曾发生的一切苦难和斗争。

他们走过小凯旋门，欢庆拿破仑的一系列战绩。不管拿破仑是平定了政局，还是跑出去与西班牙、荷兰作战，跟奥地利人或普鲁士人打仗，他们一概报以欢呼。

他们也走向大凯旋门，从各地来，从马赛来，高唱着《马赛曲》，来保卫巴黎。昂扬的样子永远刻在凯旋门上。

他们在出征的将士中间，谨记拿破仑的诺言："你们将由凯旋门荣归故里。"然而归来的是他们的遗骨，或他们空洞的名字。甚至连名字也失去。一次大战中就有无名战士的墓在凯旋门里。墓的上方，门内侧的墙壁上，至今有火在燃烧。

拿破仑的枢车从凯旋门下缓缓通过。雨果当时正在场。他专门绕凯旋门走了一圈。他认为，它的顶部只是一幕平庸的歌剧布景：皇帝站在战车上，由光荣女神和伟大女神左右簇拥。他觉得这庞然大物难以理解。我也绕圈子看了一下。我也不认为它伟大。这强势、强权的证明物，我总是从中闻到血腥味而却步。翻开整部欧洲史，从古到今总是杀戮，侵城掠地。或整个人类史也如此，人类就这么走到今天。今天也许是最好的时期，游人们在世界上走来走去，到处观光，拍照留念——战争的纪念品成了艺术品。

这些幽影在通往残老军人院的大街上出现了，他们观看拿破仑迟到的葬礼。他们中有三个破衣烂衫的穷苦工人，被 1840 年 12 月 15 日的雨果看到——"他们整个冬天饥寒交迫，却欢天喜地走在我前面。其中一个蹦蹦跳跳，手舞足蹈，疯疯癫癫，一面高喊：皇帝万岁！花枝招展、漂亮而年轻的缝纫女工，由大学生带着走过。"他们目送枢车缓慢地行进，看着那些手执引棺索的元帅将军们的坐骑，以及他们猜是拿破仑坐骑的从头到脚披紫纱的白马，向残老军人院那金灿灿的圆顶教堂缓缓走去。他们一时默不作声，在寒冷的冬天里停止了跺脚。现在，圆顶教堂的广场前轿车和黄色公交车排着队，也正以缓慢的速度向前推进——又堵车了。

他们中有刺杀马拉的少女，有不幸的芳汀的原型，有那些参加过巴黎巷战的市民——就像德拉克洛瓦所画的《自由引导人民》里拿着枪跟在自由女神后面的人们……我总是在看到那些有名有姓的不凡人物时想到他们。这是个复杂的集合体，在历史书中从没有他们确切的名字，但有他们伸出的手臂，狂热的呼喊。在玛丽王后被断头机切下头颅时他们欢呼。在大街小巷他们奔跑呼喊："处死贵族！自由，平等，博爱！"若要用一个词来形容他们的巴黎，那只能是：暴烈。当普鲁士军队通过凯旋门来镇压巴黎公社起义、围困巴黎时，他们中有的支持巴黎公社，有的反对，相互内战。街上到处都是战壕。通往凯旋门的道路成了废墟。而现在这条路成了世界上最浪漫时尚的香榭丽舍大街。

他们一个个仰头望着新竖起来的一座全钢铁造的高塔，皱起眉头。从塞纳河的左岸看，右岸看，这黑黢黢的钢铁怪物都那么刺眼，仿佛要扫平巴黎的路易十四时代繁琐陈旧的气息。一个著名诗人发誓从此再不看这怪物第二眼。铁塔落成的那一天，设计者艾菲尔却照样头戴高帽，站在接近塔顶的转梯上，摆姿势向大家挥手——大家中自然有他们。等铁塔变成巴黎的新象征，他们已为之骄傲了很长时间。铁塔前，我看见一辆红色公交车驶过去，车身上一个黑衣细腰的美女正摆着自豪而又妖冶的姿势。

蓬皮杜文化艺术中心一建起来，那裸露的管道和所有外置的钢铁内脏就吓了他们一大跳。不过，他们的神经已很坚强。他们反对，他们嗤之以鼻，他们习惯，他们欣赏……在巴黎的每张餐桌、咖啡桌上都有过他们热烈的讨论，一顿饭因此要吃上很久。现在那儿是著名的景点。在那近旁，一堆古老建筑的前面，一个喷水池里，五花八门的喷嘴正在旋转，巨大的红唇，白色骷髅头，钢铁海马，仿佛就是他们的化身，那无所谓，那包容，那快乐。水花喷向半空中，又迅速地落在下面的水池里。但因为喷嘴一直在转，下面的水，已经不复当初它们吸起来的水了。

一个傍晚，我们坐车在塞纳河附近游逛。河岸边的旧书摊已经收摊，只留一个个闭着的书箱在那里。它们本是绿色的，但暮色使它们变成了黑色。塞纳河水点点金光，流淌得很慢。夜色渐渐降落下来。行人寥寥，车流减少，这更像一座空城了。我感到冷，竖起衣领，微微探头看外面。暗黑的远处，一根金黄长柱朝天而立——那是灯光映照着的古埃及方尖碑，被拿破仑当战利品带回来的。卢浮宫前的玻璃金字塔也是金色，迎向我们，又渐渐远去，越来越小。一幢看上去并无特别的老建筑出现，是戴安娜王妃生前住过的最后一家饭店：丽兹饭店。饭店门前空无一人。车在加速，朝隧道开去。隧道入口有一点坡度，我们就像是也要往前面的柱子冲下去！我忘不了那一个瞬间：隧道里，昏黄的光线突然抖动，好像有什么被惊搅了——或是要努力地飞起来。

2004 年

我的圣母

一个神父在巴黎圣母院的讲坛上布道。他的后面空落落的。那正是拿破仑 1804 年称帝时行加冕礼的地方。在油画《拿破仑一世及皇后加冕典礼》中，达官贵妇们环绕四周，约瑟芬跪在台阶上正准备接受加冕，但她的后冠却没有拿在教皇手上，而是由皇袍加身的拿破仑举着——我肯定这人是拿破仑，此外我找不到另一个像拿破仑的人。那么一定是这样：教皇被拿破仑从罗马请到了巴黎（而不是拿破仑夫妇赴罗马请教皇加冕），被安排坐在了一边，让拿破仑爱怎么着就怎么着了，反正罗马已经被法国军队控制住，加冕的程序惯例也打破了，戴着菱形高帽的教皇只有高举权杖在胸前（尽管满脸沉郁的表情），把这出戏完美地配合到底了。

巴黎总是有奇事发生。在巴黎，任何奇事都引不来惊讶。见证生死的圣母院，当然也更能包容世间一切荣耀耻辱。它曾为被烧死的圣女贞德昭雪的诉讼案举行开庭仪式。二战结束时，万人在这里齐声诵读赞美诗。戴高乐将军逝世后，对他的追思大弥撒在这里进行。它数百年不变的高大内庭，似乎足以让一切沉落在应该沉落的地方，尘归尘，土归土。

我站在专心听道的人们旁边，听不懂神父在讲什么。那是一种平和的往下沉的语调，在高高的穹顶下又具有一种往上托的力量，要托住人们的灵魂，向上，向上，飞上天际。一种巨大的场的效应。我于是想到我站着的地方，那些曾经站过的人们，古代的，现代的，年轻的，年长的，男的，女的，我仿佛瞬间融进他们，世界曾有过和所能有的心事、祈愿里面。那么哪一种会是永恒的？爱情？心灵的平静？世界的永久和平？

肉体仿佛消失了，只有精神——只有这一种形而上的思考。和所有的哥特式教堂一样，圣母院高高的穹顶引导着人的思考的方向。告解处却设在地面，沿墙的地方，没有门，一间一间，只高出地面一个台阶，里面挂着宗教油画，十字架，有的地面已经磨损。是那些跪地忏悔的人们的膝盖磨的吗？我走过它们，比应该的速度快了一些，心生恐惧——我立刻想到那些现已消失得无影无踪的人们在这里忏悔过的罪恶。我来自一个没有忏悔仪式和习惯的国度，但文化大革命却到处流行批斗会、认罪书、早请示晚汇报等等。中国人讲究自省，每日三省吾身，而实际上这样的时刻并不多。我们的罪恶却并非不多。我也许就为此而恐惧。

看到玫瑰窗，和彩色玻璃长窗上的耶稣、天使——它们使一个无宗教信仰的人有了纯粹观赏的解脱感。看到圣母——她在暗中，在一个金十字架的下方坐着，双手摊开，眼望上天，死去的耶稣躺在她的膝腿上。她不是很美。她来不及美。她大理石的脸和眼神凝固着直接的、无力的哀痛。她失去了儿子，她是母亲，她的哀痛还没有被米开朗基罗或拉斐尔艺术化。但她的位置相当高，她膝上的耶稣因此也像是一种献祭。她像是在说：拿去吧，这生命，只要罪恶能停止，仇恨能消失。是这样吗，我的圣母？而这一刻，我竟想到了我的母亲，她在地下，处在一个低微的位置，我每有委屈、痛苦，就会在心里念着她：妈妈妈妈……这就是我的大悲咒——我所有的委屈痛苦都不及她所曾承受过的万分之一，她仿佛就是我的圣母。

走到外面。外面是一个更大的穹顶，蓝天白云，明亮宁静，没有任何幽暗的迫压。我大口呼吸。圣母院一派美丽的白色，白色中又有浅灰和微红，那种岁月的沧桑色。建筑物的边框如同长着一根根鱼刺，细长的尖顶有如鱼骨。石头支架，薄而弯曲，像是血肉消尽后永存的大骨头。

它的出水口：那些从外墙顶上斜伸出来的古怪动物，像蟾蜍，或蟾蜍伸出的笔直的舌头。它的大门：浮雕着天神，和中国佛寺中的四大金刚或十八罗汉相仿佛，也从高处俯看你，怀揣天机——在大门两侧，他们一共是一二尊。门有锈色，有铁的花纹，像真的经过愤怒平民的木桩击打、火把熏烤——他们要把美丽的埃斯美拉达送进圣母院避难，他们高叫着"避难、避难"，要把大门快点儿撞开。它著名的钟：我没有找到，也没有听到，——敲钟人卡西莫多在哪里？它著名的故事：主教的阴谋，苦难的爱情，也许从未在这里上演。但会有另一些故事，在它存在后的八百多年里发生，交织着爱恨、美丑、善恶、真伪，像人类基因那复杂交错的链状结构那样，繁衍至今。

一个小男孩从圣母院旁的小路上飞快地跑过去了。他轻巧的小身体上，金色头发瞬间呈现出闪电的形状。

我们也离开了。走远了。我会想念它，长久地想念。那些若明若暗中的思考，我会继续，在另一些不匆忙的时刻。当我回头，它已像一艘船一样地在塞纳河畔停泊不动，那桅杆就是鱼骨般的哥特式尖顶。——它已经做好了等待我一次次回去的姿态。

2004 年

尖顶，街角，大宅，密室

吕贝克像一个人的名字。机票和旅行票上没有它。在奔向它的路上，我不断听到导游在说"吕贝克、吕贝克"，像说一个陌生的朋友。

导游是个新面孔，来自北京，自称为挣钱而来兼职，挣到钱后准备在汉堡念一个法律学位。所以他像个旁观者。问："吕贝克和汉堡是什么关系？"答："好像没什么关系呀……好像，好多年前还不属于德国呢……""那它属于哪里呢？""属于什么州来着？"他自问着，开始为一个复杂的词头疼，"哦，荷—尔—斯—泰—因——是这个州。"然后他就像完成了任务，转头跟一个他带来的中国女孩聊天去了。

他漏掉了重要而宝贵的情况。关于吕贝克，我事后了解到：

——它是一座古城，位于德国最北部与丹麦接壤的石勒苏益格－荷尔斯泰因州（这个词的确让人头疼）境内，十三到十五世纪中曾是汉萨同盟的盟主，被称为"汉萨女王"。同盟以拓展和保护商业为宗旨，有百来个欧洲城市加盟，拥有海上武装和金库，打败过海上强国丹麦，因此吕贝克在德国、西欧和波罗的海区域内的贸易影响力曾一度超过汉堡和不来梅；

——1987 年它的古建筑群被联合国教科文组织列为世界文化遗产；

——它向世界奉献了两位重要人物：诺贝尔文学奖获得者托马斯·曼，诺贝尔和平奖获得者威利·勃兰特。勃兰特任德国总理期间在 1970 年访问波兰时，曾在华沙的一座犹太人纪念碑前下跪。《我的世纪》中借一个报社记者故意煽情的口吻叙述了当时情景："在曾经是华沙犹太人区的地方，一九四三年五月它被以失去理智的灭绝人性的方式摧毁而且野蛮地抹掉，在这里，德国总理独自一人跪在一座纪念碑的前面，从两座青铜的枝形烛台里窜出的火苗每天都被风吹得呼呼作响，在十二月的这个又冷又湿的日子里亦是如此，他表示悔过，忏悔所有以德国名义犯下的罪行，他将过多的责任担在自己的身上，他，这个本身并没有责任的人，却跪下了……"右翼分子称此举是在作秀，而吕贝克毫不犹豫地将波兰特引为家乡的骄傲；

——这座城市在二战中遭到英国空军的猛烈轰炸，五分之一城市被毁。城中一座从十二世纪就开始造，造了一百年才完工的玛丽亚教堂，在那个千疮百孔之夜，只几分钟就被炸坏。不过被毁的中世纪建筑大多在战后原样原地恢复了，政府并要求不惜动用现代科技手段，以使建筑材料达到逼真的古旧感。

了解这些并不难。如果我是导游，我会去查书本、资料、互联网，会向两眼一抹黑的游客背诵它们，就像我们敬业的汉堡吴导游那样。不过，我们不是每次都有好运气的。我们一无所知，也无准备，就像盲人要去摸象。

到了。车程相当于从上海到苏州。吕贝克之于汉堡，也很像苏州之于上海：距离不远，文化相似，却没有行政上的隶属关系。吕贝克那些古老的尖顶，也像苏州的沧浪亭、拙政园那样古色古香。

但这是最典型的中古时期的北欧城市。据说斯德哥尔摩就是按它的模样仿造的。城门，城堡，街道，教堂，绿釉尖顶，红砖红瓦——时间使它们微微地显蓝。什么都没有改变，仿佛，远古时代的郡主和平民仍住在这里，将士们仍在城楼上守卫，教堂的钟仍会按时敲响，捕鱼的、打铁的、造砖的、卖沥青的仍在里面各自营生……我所有读过的欧洲童话和传奇一下子在这里落到实处，看过的电影镜头也在此闪回不已：恶人囚禁了郡主，百姓不得安生，英雄好汉们前来救助，绳索在峭壁般的城墙上荡来荡去，城门在千钧一刻轰隆隆放下，士兵们擎火把奔出，一场恶战就在眼前……还想起嘉宝饰演的瑞典女王，她身披斗篷，冒着北欧的严寒，在一个月黑风高夜走出城门——那城门应该就和眼前的一样。她要去的大海也是离城不远。那是漆黑的夜晚。欧洲历史上所有的事件对于我都如同发生在无边的黑夜，星光稀疏，或许还是好莱坞桥段的人造星光。在吕贝克，我体会到了一个匆忙而肤浅的观光客的悲哀。

就只能细看这些场景：

一条河。很洁净。当时并不知道它叫塔拉沃河，流淌了至少一千年，而吕贝克当初不过是河中的小沙洲，然后变成了小村子，城镇，商贸大港，然后在现代工业的浪潮中衰弱下来，然后……成了我此刻所在的"旅游胜地"。

一座古城门。当时也不知道它名叫赫尔斯腾（我怀疑就是"荷尔斯泰因"的别译）城门，曾印在 1991 年前流通的五十元德国马克大钞上，十九世纪城里的居民和议员为要不要拆掉它争论了不止一趟，所幸还是保住了。不然我大概只能在某个人造微缩景观处知道欧洲古城门是怎么回事了，我将不能体会到城门两侧圆塔的高大厚重，它们的圆锥尖顶那高帽子似的奇巧，也不会看清中央的牌楼有这么多瞭望和射击用的窗——所幸这里从未发出过一枪一弹，城门朝外的门上已经把拉丁文的和平宣言铭刻在上：对内和睦，对外融洽。那么拱门上悬着的一排尖齿形木栅栏最多也只是摆摆样子：看上去它随时可能落下，里面的升降装置说不定早就锈住了。

导游推荐了玛丽亚教堂——为此我仍要感谢他。教堂的一面正在大修，蒙着布，布上隐现出几个华丽的哥特式窗户，不知是画上去的，还是透过布现出的真容。教堂内旧迹斑斑：被岁月磨损得不规则的墙砖，褪色掉釉的神像，失去颜色的木头长椅……仍有人在那里跪坐祷告。这时也不知道这里拥有世界上最大的一个有着 8512 个音管的管风琴。我甚至没有管风琴的印象——它陈放在哪里？当然，我也就不可能知道年轻的巴赫曾擅自休假，长途跋涉 300 公里，专程来这里听一位有着 40 年弹奏经验的管风琴师出色的演奏。

还有别的什么吗？我们只好自己瞎逛，在那些用小方石块铺成的窄长的街上，一条挨着一条逛。这些小石块被岁月和无数人的脚磨得圆滑光亮。后来知道这些小街呈鱼骨状——我们总是回到中央较宽的那条街上，然后再去找另一条小街。街上有很多游客，也和我们一样，又惊奇又茫然地在街上看来看去。哪儿都有尖顶，好像这里有无数个教堂。哪儿也都有老建筑，山花形阶梯状的牌楼式豪宅，一根根大柱子撑起的穹顶，浸透沧桑红得发黑的楼房，紧闭的神秘之窗。有些地方特别拥挤，像菜市场，有些地方又特别空旷，如同空城。集市的帐篷就撑在有几百年历史的教堂边上、古墙之下。居民们慢悠悠地走路，买菜，拎着个布袋子，敞开着夹克衫，像在自家庭院里散步。这里有系领带的上班族吗，朝九晚五？有炒股票、炒地皮、炒期货的人吗，待在家里，对着闪烁不停的电脑？这里让我的时空感模糊。我甚至出了微汗，在北欧九月的阳光之下。这里比汉堡更像欧洲。

我们真是在浪费时间，全然不知托马斯·曼家族的纪念馆正近在咫尺，而且正是以他写的布登勃洛克之家的名义对外开放。关于这位德国作家，我一向只注意他的《魔山》，从未把他和吕贝克联系在一起。其实我早该知道他的写吕贝克的《布登勃洛克一家》，大学时我们厚厚四本的《外国文学作品选》里就有这个长篇的节选——回家后打开书，赫然一段这样的介绍："布登勃洛克是吕贝克城一家有钱有势的望族。祖父老约翰开设一家大粮栈，在社会上也很有威望。它是一个稳健的自由主义者，相信资本主义制度万古长青。他身上还带着资本主义上升时期'欣欣向荣'的气息。老约翰死后，儿子小约翰继承了父业。这时垄断资本主义势力已经崭露头角，成为布登勃洛克家的劲敌。一家人开始走下坡路。……"托马斯·曼就是在家道中落时开始他的家族史写作的。吕贝克的曹雪芹。而我走在吕贝克的大街小巷上时，完全想不起来这部小说，这个家族，这个作家。小说中安冬妮碰见她未来丈夫格伦利希的那个街角，我们也许已不经意路过。在那个地方，她讨厌他，决定拒绝他，以为用两句刻薄话就能打退他的自尊心。她压根没想到这个男人没有自尊心，只有势利心，怎么着也要娶到她来解决贷款的问题。这男人也从这街上走过，满面红光，头发稀疏，鬓须上涂着香水烫出波纹，穿一件上窄下宽的十九世纪礼服在身上。从窗口飘出了大餐的香气——而无知的我完全没有嗅觉——那是布登勃洛克家在用蛤蜊肉、菜汤、炒鲽鱼、配奶油土豆和花甘蓝的煎牛肉、樱桃熏的布丁、夹罗克福尔干酪的黑面包来款待这位未来的商人女婿，并认为这婚姻十分适合。在这座商贸古都早就有人炒股票、炒地皮、炒期货了，人们对银行贷款、利率、破产之类的字眼也十分熟悉。格伦利希最后就破产了，他对着妻子安冬妮大叫："……去你的吧！……我只是为了你的钱才跟你结婚，可是因为你的钱太不够了，你尽管回家去好了！我已经厌烦你了……厌烦了……厌烦了！……"这吼叫声曾在哪里暴响？安冬妮的哭泣又在哪里低回？这许许多多男男女女笑过、骄傲过、争吵过、诅咒过、盘算过、悔恨过的街巷、大宅、密室、花园，我们统统错过了。

终其一生，一个人在这世界上所能占据和知道的真是微乎其微。我并没有多少遗憾。吕贝克总在那里，而且还将继续在，就像我们身处的这个世界，这粒星球，从目前到未来漫长的时期内总会在一样。它被保存的理由多种多样，有一点也许是：在那城门、金楼和教堂的尖顶之上，广袤的天空里有一些星光与它们有关——发自被人的欲望所驱动的星球，在暗夜里，遥远，微弱，但足以让世界这里那里彼此相像。

2004 年

旧英国领事馆的下午

到英国领事馆的旧址时我还不清楚它的历史。它离我的旅馆很近，就在云台山东麓，西津古渡临街处，来来回回的不看见都难。那几幢高低错落在山坡树丛中的楼房十分触目，并非纯粹的英国式，倒像影视里见过的民国时期南方学堂，二三层的楼体用深灰色砖块砌成，红木柱色泽深暗，连着一个个同样深暗的拱券撑起外廊，后面的房间门打开的话，像是随时会跑出一个电视剧《围城》里孙柔嘉那样的短发女助教，夹着书本去追她钟情的方鸿渐。不过楼下方不是方鸿渐们走动的平坦地，而是山坡和花园，黑铁的花园门有欧式花纹，楼房不强调正南正北，整个领地怕是驻一个营的兵也不挤，石阶路这里那里的条条笔直，半坡中枝叶浓密处隐约露出椭圆栏杆围出的圆形露台，一副欧陆派头。这在满是民国建筑的伯先路上是个异数，在镇江怕也绝无仅有。它吸引我。而我故意把它放在最后一天才去造访，是想更从容地体会它。我喜欢欧陆风。和"崇洋"无关，只是喜欢。它提供久远的想象。这个下午我把时间都留给它。这个下午阳光温柔。好极了。

几乎无人。人们都涌到旁边新建的镇江博物馆去了。这里就我们几个，加上一两个花匠，还有一对总在我们视野中出现的年轻恋人——他和她手拉着手。恋人们来这儿对头了，这里可以找到非现实的浪漫情调，异国的，遥远的。

　　然而这地方的历史并不浪漫，甚至血腥。它始建于 1864 年，亦即第二次鸦片战争期间，清政府与英帝国签订《中英天津条约》的六年后，那时镇江成了通商口岸（是否就设在了西津古渡？）。英国人来到镇江，有官员也有侨民，选了这居高临下的山坡做领事馆，想是也有源自不安全心理的掌控欲吧。1888 年镇江发生了洋捕头殴打中国人致死的事件，引起中国人公愤，人们冲到这里放了火，不仅烧掉临江的巡捕房和工部局，整个领馆也一并焚毁。之后清政府在原址上重建英国领事馆，到 1890 年，新的英国领事馆竣工。

　　这便是此刻我们所在、所见的清政府重建的英国领事馆。不知与之前的有什么不同。也许，是更大了吧，占了 17 亩面积。空气中闻不到丝毫的血与火，只有植物和阳光的淡淡香。所有的门都关着，包括昔日正副领事和职员们的宿舍及餐厅的门。我们其实并不详知哪和哪，只凭感觉乱走。每一扇玻璃窗我们都贴紧了去看里面。里面大多暗而空，于是更显神秘，更激发我们的想象。我觉得那些高鼻子蓝眼睛的英国男人并不会整天西装革履地在办公室签发逮捕令，在山坡上居高临下地观察中国城区的动静，他们大多数时候应该是脱去外套只穿衬衫背心的打扮，两手插在衣兜里，上上下下于山坡的石阶，脚步熟练而敏捷。偌大的花园，要从这头跑到那头，不跑得飞快是不行的。我宁愿他们是带了家眷来这里生活的，会逗孩子们开心，到了晚上，会和太太在圆形露台上跳一曲华尔兹或布鲁斯，在礼拜天，和家人坐上马匹（这里有专门的马厩），下坡，穿过通往渡口的铁门，去外面转悠一圈，——因了一条小小的通往侧门的台阶路，我猜马是能上下坡走阶梯的。一个熟悉马的朋友肯定了这猜想。

　　我想象中还有女人，提着长裙上下坡的英国女人，出入于花园的这头那头，带着孩子，笑着，也会在半山坡那个悬崖似的圆形观景露台上跳舞，——它铺着上好的大理石，可容三四对人儿在此旋转，椭圆铁围栏保证了悬崖的安全。果然，我们视野中的那一对年轻恋人在露台上跳起布鲁斯，口里打着节拍，眼睛望着眼睛（那么甜蜜），身体挺直地保持着应有的距离。那么我对长裙飞旋的英国女人的想象非我独有了，人同此心，这一对人儿想必也想到了，他们正模拟一百年前身在此处的英国人的舞姿也说不定。

但一位热衷历史的朋友在这里想到了严肃的大事。他眉头紧皱，说起 1900 年这个中国人最敏感的年头。这一年的 4 月 6 日，英、美、法、德驻华公使照会清政府，限其 2 个月内"剿灭"义和团，否则将派兵代为"剿平"。6 月 10 日，英军 2000 余人由天津乘火车向北京进犯，义和团埋伏在铁路沿线阻击，将侵略军包围在廊坊车站。14 日，德国公使克林德率部分德国兵从北京东交民巷使馆区外出寻衅，开枪打死正习武的义和团团民 20 余人。19 日，清总理衙门照会各国驻华使节在 24 小时内离京。20 日，克林德乘轿前往总理衙门会晤，途经东单牌楼时，八旗兵拦路搜查，克林德开枪威吓，被端王载漪的虎神营士兵开枪打死，——此即克林德事件。17 日，义和团首领曹福田带领团民和清军向沙俄驻军进攻，使其阵地"皆高挂白旗、以示不战"。同一日，八国联军攻陷大沽炮台。清政府于是宣战。之后，八国联军攻占天津杀害大批居民，东北瑗珲城被俄军焚毁，海兰泡发生 5000 余人被俄军推到湖里屠杀的大惨案，直到 8 月 14 日八国联军攻入北京火烧毁圆明园。甚至保定府的清政府官员也被八国联军公开斩首。不，这是我后来从书本里整理出来的，这位朋友查阅的史料更多更详尽，他在很多细节上停留，他的声音很沉。镇江城区的楼房、绿地及更远的江水和宝塔亘古不变似的在我们目力可及的下方。我们在山坡围墙的内侧听和看。这也可能是那些英国人一百年前坐过的地方。那下面中国人的炊烟是让他们涌起乡愁，还是升起统治的欲望？多希望是前者。1900 也是我感兴趣的年，那一年我的祖母出生。她的父母辈过着怎样的生活，用怎样的目光看那个世界？正如一百多年前这山坡下的中国人用怎样的目光打量居住在此的英国人？……石头小桌上堆起说话者抽剩的烟头。身下白色的塑料仿欧椅发出咯咯的响声，像要被什么压碎。

不是洋人也被杀好多吗，还有妇女和小孩？另一人提出了这有关因和果的问题。不啻一个先有鸡还是先有蛋的问题。

我们的历史爱好者不否认这一点。战争一旦打起来就什么什么都不分了。任何战争。但是，他说：这是在中国地儿！中国人请他们来了吗？中国人流的血，远远不止那些洋人的！

大家又沉默。这问题太专业也太复杂，而且，历史的真相，特别是细节，又总是受到这样那样的遮蔽。毕竟一百多年过去了。总之那时代对中国人来说是最残酷最黑暗的。而对具体的中国人来说，最残暴最黑暗的时代并不就在那里中止。还是让我们为没有生活在那时代而庆幸吧。我甚至希望我们的后人也会为他们自己庆幸。后面的一代代人应该比他们的前一代人拥有更多庆幸的理由。

阳光温柔。没有风。前面那两个情侣已在远处下方临着围墙的一条木头长椅上坐下了。他俩的Ｔ恤一个白一个紫很抢眼，人的眉眼却看不清。看那青春的身姿，肯定是两个"80后"，没时间也没兴趣关心历史，在他们眼里，美就是美，洁净就是洁净，正如花园就是花园，石阶就是石阶。他们一定是经过月季园，才来到最外围的杜鹃园的，瞧那些杜鹃开得多艳，那两个人是不会联想到血啊什么的，才没那闲工夫呢，女孩甚至在深黄色的长椅上躺下了，头就枕在男孩腿上。女孩把双手盖在自己的脸上，大概想遮挡住直射在她脸上的阳光。男孩抚摸她的黑长发。

他们以为这地方只有他们两个人。或根本没工夫管上头还有什么人。

这里就该是爱的世界。不是吗？这里一切皆美，如果以非历史的客观眼光看。美的景就该与美的人和事并存，不然真是暴殄天物。在高大的、有着半圆形叶片的银杏下，红杜鹃和黄月季静静绽放。对了，黄月季还有另一个名：黄和平。

花朵的诱惑如此强烈，以致我们那位热衷历史的朋友，飞快地走下阶梯，见到这大片杜鹃时，第一个动作就是把脸埋在花朵柔软的花瓣里，吮吸花的芳香。虽然我不记得杜鹃是有香气的。

薄暮降临，花园门已关闭。工匠引我们从一个隐秘的地下室走出去（这地下室是以前就有的吗，方便逃命？）。出来正是西津古渡牌坊处。几条模样普通甚至有点丑的狗围上来，嗅我的裤腿，大概是闻到了我家凯凯的气味。狗们友好地环绕着我，一直送我走下西津渡连着伯先路的阶梯。

2008 年

南方古城的无名小楼

　　写这篇旅行记时我刚看完安东尼奥尼的《一个导演的故事》。我受到了语言的催眠。南方古城之行立刻在一种类似《云上的日子》或《事象地平线》的迷离气氛中重现。我好像既不是独自一人也不是跟大部队一道行动，总有一两个、两三个人影与我若即若离，在我所见的前方兀自活动。这或许是因为我首先看到了那座小楼，然后看到那一对情侣。

　　我必须用确定的口吻叙述。在他人和我之间，或想象与真实之间，鸿沟永远填不平。必须跨越，不然一切都没法写了。安东尼奥尼就是这么斩钉截铁地做的。他会赞同我既附在前方这一对人儿身上，又不时飘出来。我和他俩的路线正好一致。他和她也在找后院。

　　他们不知道这里有多大。听说有树，有小楼，他们不由想起几个月前见过的北方某水库旁一个巨大的庭院，树木和建筑均有王者之风。不过这里是南方古城，旧时代里便没有王，只有王侯、军阀、商贾、才子们休息放松的场所。她初到时在计程车上瞥见一晃而过的"柳巷"，心想还应有个"花街"，却又看到"太监街"、"干将路"什么的。意识到是一路过桥都不断的簇新的宫灯形路灯陪着她时，一种古怪的颓靡气息漫进车窗，和周边的阴冷潮湿一道，上了她的身。她好像同时处在了另一时代。而他提着行李下火车，坐上一辆人力三轮（因为叫不到计程车），在弯弯曲曲的小巷里拐来拐去时，也好像变成另一个人，从邻近城市下了班，赶火车来这旦和自己的女人相会，匆匆一夜又将回去。那是怎样一种人呢？偷情的男子？徐志摩式的为生计也为爱情奔波的男人？他不去深想这个，没有这样的习惯，只是忽然感觉自己穿的是长衫，围巾在脖子上绕了一圈，脚蹬一双三接头皮鞋，而不是棉夹克羊绒衫休闲鞋。不过他对前面卖力蹬三轮的小伙子充满歉疚，显示他现实存在的人道主义思想让他主动多付了对方钱。下车时他依然如在迷宫，不知有什么等着自己。当然，他和她都如愿相会，第二天也没分开，一起去探所住地的后院。

所住地是个翻新的旅馆，互联网上神秘兮兮介绍说此地大有乾坤，旧时代里曾招待过某某政要，而载她来的计程车司机一路嘀咕，说怎么找了这么个破地方住，"晓得伐，勒来小弄堂里格！"（夸张的古城方言完全是沪语的老祖母。）司机十分年轻，也许从不上互联网。而这两个人也的确在投宿的那幢上世纪八十年代式样的楼前有过一阵子狐疑，但仍相信必定有个神秘的后院。楼前一个铁丝墙隔出的网球场几乎堵住了他们的希望，可是，走到最里面一看，一条两车道的路悄然从那里开端，旁边一路矮旧的墙，墙边头（也就是死角上）斜出一扇镂花黑铁门，里面是座寂寥花园，草坪一角竖一面宽石碑，上有"保护建筑"字样，正对着铁门，像是专给铁门外的探头探脑者看的。铁门挂锁，这两人只得在外面望了一会儿，读出石碑上古怪的地名，感到些许遗憾，又互相安慰：没什么，一座小花园而已。

沿路向前，又见一两座有年代的旧楼，里面亮灯，几个女子陆续出来，跨上停在外面的自行车离去。估计这里有人办公。问正出来的一个年轻女子，得到肯定的回答。某某公司，或许。是下班时候了。右侧有旧楼。也有刚装修不久的楼，也许下面就是餐厅，玻璃上贴着圣诞气氛的红绿招贴。不新的红地毯从阶梯上铺到门里。但是没有人声，人气，甚至看不到灯光。几株高大的古树在空落落的院里飒飒有风，一阵一阵。他们没去踩红地毯。

　　转身，那一路墙正在这里终止，连接着一扇顶着绿色琉璃瓦的小门。门开着。

　　毫不犹豫，甚至大喜过望，他们走进小门。这是两个对未知事物充满好奇的人。也许正是这样的一致，而非现实中的差异，让他和她走到一起。

　　又一阵风忽地过来，像是风扫平川。树叶沙沙响。天色深了一层。

　　门里的花园，正是他们经过的铁门挂锁的那一座，空寂，没有布局上的美感，草坪占了二分之一，一览无余。左边一座露天游泳池，够 20 人畅泳的面积，不规则的圆形，用那种十几年前流行的竖条白色钢砖（台湾人称那是他们卫生间的专用砖）密密裹住，因而看不出新旧。或许被人重新装修了，弄巧成拙。右边唯一的一座三层小楼，带尖顶阁楼，用一些绿色和褐色的陈旧砖块装饰，挑出的阳台和底楼的柱子有西班牙风格，但简陋，大块水泥原色，没有西班牙人那种爱显摆的细部装饰，倒像是上世纪三十年代的小城新富从大城市里看了新奇的式样，带着不周全的记忆而仿造的，楼和泳池都有西式风格，又不全像。夕阳的最后一点余晖打在小楼那些琉璃砖石上，发出一点反光，没有温热。至少她这么觉得。她正站在阴处，手上不由一紧。他马上更紧地握牢她的手。他们偎得更紧，像要组成一座堡垒，来抵挡眼前一切陌生。有那么一两分钟，他们就这么站着，无言地，看这幢显然空无一人的小楼。

　　他心中有什么在涌动。进去吗？他问。这正撞上他喜欢探秘的心。他希望她和他一样。他拽也要拽着她一起进去。他心里就有这样的霸道。霸道来源于他对她的期待，以及抵挡不住的喜欢：他们该有共同的世界。她的身体果然如他所料地向小楼幽暗的门移动了。那么她也向往。他们一起走进去，彼此靠得更近。

　　深暗的绛红色木门虚掩，仿佛正等待他们推开。里面同样深暗，右首一个吧台或衣帽间功能的半隔断，一面贴墙的扶梯曲折通向二楼。她打开墙上一个开关，一个有点俗气的枝形吊灯亮了，暗黄的光像用旧了的薄纱一层层落下来，压下来，有一种密匝感，视觉上却空荡荡。他们各自在心里"啊"了一下。他立刻闻到女人的气息——总是这样，他对女人天生敏感。她则看到一个或数个女人的旗袍身影一晃，袅袅上楼。不过这些潜在的女人是不同的，她认为她们是些演员，这里曾是拍摄旧时代故事的场所——她最近看吴倩莲的《阮玲玉》有点入迷，被这类影视培养出超级凡俗的想象力。但这时不能出声，更别说大声讲话，莫名的禁忌扼住他们。底楼的所有房门都推不开。他们在幽暗窄长的底楼过道里轻轻走过，在尽头的小楼梯口停住。然后，折返进门处的大楼梯。

上到二楼，他便一扇门一扇门去推，居然推开一扇，里面四壁皆空，堆着的席梦思横七竖八，还有一个带方镜的梳妆台。她又想这里或许充当过宾馆客房，但一个不新不旧的梳妆台摆在这里着实奇怪，难道是某摄制组的遗留物？影片《魔镜怪谈》里的影像出现了，她害怕走到镜子面前，怕镜子里出现的是另外的形象，妖孽鬼怪之类。她历来胆小，想象加深着她的恐惧，心怦怦乱跳。走吧，她拉着他退出。拐弯，他又要伸手去推另一扇门，她赶紧拖住他的手臂：不要！

枝形吊灯在二楼也有这么一盏，灯具城里常见的花蕾状，显然是近年的货色。那么这儿装修过几次也是肯定的。但她注意到楼梯旁的墙上，几个黑铁的欧式壁灯默守在暗处，铁棱和玻璃上积满灰尘。

到三楼他又推门，这次是一个露天平台，沙砾铺地，像她幼年住过的一幢四层楼顶的晒台。那是很久以前残留的方式了：沙砾铺洒在沥青上。他们走到平台尽头，水泥栏杆挡住去路，前面下方一片空无，再前方，远处，小城古老的黑瓦屋顶层层叠叠，一根电线杆也看不到，几株冬树铁丝般光秃秃的黑枝杈伸展着，混淆了他们的时空感。

他们下楼。每下一层她就关掉一层的灯。那是她根深蒂固的环保意识在起作用，也说明她仍有勇气在暗中走过。不过，事实不是这样，是因为身边有他，他强壮的身躯和胆大包天百无禁忌的一贯作派，才支持她下到底楼。

走出小楼，天色又暗下一层。他们退后几步，再次看这幢小楼。她心里忽地响起"咚"一声，一个物体飞快坠地的声音，眼前立刻蝴蝶般的有影子闪过。她没敢说，只觉得冷，也累，顺势坐在草坪边的木质长椅上。

那风吹雨淋脱去颜色的灰黄木头却冷得异常，冰一样，穿过棉毛织物直抵她的肌肤。她马上站起来。

似乎，这长椅刚被另一个他们看不见的人坐过，而且坐者的体温经年深日久已缩到零度以下。

暮色中，草坪如着了浅墨，树东一株西一株的，好像主人并不打算常住，也不想好好美化一番。匆促感如此强烈。草坪一侧有中国式的凉亭，摆了一个蜜黄瓷的圆桌，面对面两排相距甚远的栏边坐处，窄窄的，正好搭上后半个臀部来显出正襟危坐的样子。她就这么对他说了，还坐了一坐。她是再不敢回看那座小楼了，那里面有人，有女人，幽怨的目光永在眺望，在等待。她有了强烈的感觉，表面却故作轻松。其实他也有了想象中的故事雏形，人物凸现浮游起来，可他没说，因为觉察到她的胆小。

在落日余晖完全撤走之前，他们离开了这座小楼，以为完成了一个探险。

我也离开了。但想象仍在继续。他和她应该是来自不同的城市，看他两一个粗犷一个文弱的样子，差异如此之大。连接他们的应该是互联网，这是最便捷的结识方式，鼠标键一点，温暖的问候就传送出去，而只有孤独至深的心才可能接收到这来自远方的陌生信息，这种命中率是很小的，不亚于在亿万人中抽到头奖。他们中了奖。一次，两次，无数次，无形的秘道在伸展，导致后来的见面，还好，没有见光死，反而更爱。当然这爱情有许多不现实处，他已有家室，她也有固定的男友，于是他们的交谈有了无形的禁区，譬如，爱的前景，爱延伸的可能性。在心里，他们都只给自己一个爱的理由，那就是，纯粹爱，爱对方，没有任何现实目的。他曾告诉她自己平淡的婚姻状况，但她默默的，似乎没有知道的兴趣，他便适时打住。他不想做一个她眼中的"痛说家史者"，而且，不想带着他个人生活中的烦恼来与她相爱，在他面前他只想成为他自己，自由的，独立的，自然的。她其实也有相似的心理，但还多了一些东西，那就是，她会忘了自己那个堪称优秀的男友，却总是感觉到眼前这个男人身后的陌生女人。

她相信他和妻子一定有过美好的时刻，而美好没能延续。因之她怀疑任何美好的东西都不能延续至永恒。对，他们讨论了永恒，过程和结局。没有结论。连生命都不能永恒，何况其他。他有时觉得她简直不讲理，那种悲观不可理喻。但这不妨碍他们交流，那时有异样的火星蹦出，照亮并拓展他们的世界。他们好像忘了本身的爱，转而成为探讨爱情和人生的专家。

有一次他两拥吻时，他的手机响了，他松开她，踱到稍远一点的地方接听，声音低下来，语调放慢，有一种缠绵或歉疚的意味。她立刻跑出房门来到走廊，还得蹑手蹑脚，像个贼。她可不正是一个贼吗，偷走了本该属于另一个女人的情感。他们也讨论这个问题，当他在冲动下说出"我属于你"时，她立刻回答：你属于你自己，我也是，不属于任何人我们才能相爱。这一点最终成为他们的共识。可她的感觉还是很怪，见不得人似的。真的，连见面也要选择一个互不相干的第三地，算什么嘛！

在一个孤独的夜晚，在她自己的城市，她半夜醒来，忽然想起南方那座无名的小楼，那些可能生存过的陌生女人。她心里起了一阵寒意，硬是翻了个身，闭紧眼睛，好让这想象不继续下去。是的，她感到了自己与她们的某种联系。

他呢？在另一座城市，他在自家床上快要入睡的一瞬间，也有这座南方小楼的影像浮出。他仿佛仍在那里穿行，试图推开更多的门，和一个美丽哀怨的旧时女子相遇——她，整日等着她的男人从外地归来，先是焦渴地等，后是无聊地等，再后就生出些别的事来了，譬如像《大红灯笼高高挂》里的二姨太三姨太那样的不可收拾。他确信这小楼里发生过可怕的争执，尖叫，激烈的打斗，他的想象总是朝戏剧性的方向走，走得飞快，而他在外面只是观望和慨叹，并不把自己拉扯进去。他认为任何人的故事都是独一无二的，类比只会自寻烦恼。他眼前一片虚幻的光明。

后来呢？我无法再想象。这个故事线索就让给那些写小说电影电视剧的人好了，不深刻的故事只能飘在半空中，止步于未知。结局也不重要，过程比结局重要。他也许并不自知最终要推开的是对方或自己的心灵？她

害怕看到的镜中妖孽也将另有深意？谁知道呢？他们终会弄明白的，如果
他们还能往前走。

　　因着"身临其境又潜入心灵的旅行才是更有意思的"这一固执的理
念，我把这座陌生的小楼固定在这一氛围中——事实上这也是我记忆中唯
一的氛围。在那里，有我从不认识的男人女人，和似曾相识的渴望、探
求、局限。这座小楼将不再是一堆无生命的景物而被我忘却了。

2008 年

风
雨
水
火

小巷迷夜

　　我们在这南方古城最老的城区内最荒僻的一角转悠。在寒冷的冬夜。羽绒衣、呢大衣在我们身上都显得单薄，难于抵御不知从哪来的寒冷。这里并不透风，左一条右一条的窄巷交叉成一张疏密不一的网，自成一体，与世隔绝。仿佛远处没有正兴建的商业街，没有霓虹灯，时间在这里早已停滞。我们误入了此地，这幽黑的时间陷阱。

　　前头那一座小石桥莫不是前清时代的遗留，最普通简陋的那种，为平民百姓所准备？桥下的水几近干涸，黑的，流不动，像是聚集了多年的污秽。桥上站着的男人模糊不清，等人似的站在原地，脖子缩到衣领里，双脚不停地倒腾着跺地，却无声息。他看了我们一眼。他的脸隐在暗中。

　　前方的小巷深不见底，没有一个窗口亮灯。门都锁着，最简陋的木门。有的窗被破木条钉死了。古城的小巷曾以当地一位著名作家的作品而著名，它深处的人性温暖在几十年后又如重放的鲜花般见了天日。但这里如此寒冷，如同噩梦中的死城。最深处是什么？是一辆停着的旧摩托！那么还是有人，这人已被毫无灯光的楼房吞没。环绕着他的是温暖么？还是相反的什么？我想起小时候住过的上海里弄房子，现在快要拆迁，带着被抛弃的凄凉，但里面终究包含着往事的余温，只要它的框架还在。这里却不上凄凉，还有某种貌似腐朽却难以倒塌的怪异，连带着更可怕的事物在内，类似于罪恶甚至凶杀。一切罪恶都在黑暗中发生，这里就有这样的气氛。月黑风不高也可以是一个杀人夜。

忽然觉得只剩下我，同伴们都成了隐身人。我独自走进去会遭遇什么？我不敢，停住脚步。然后 A 的声音让他现形。他说起他仍住着的老房子，在北方一座城市，巷子较宽，年代不算太久，他很适应，关键是看什么样的人住在里面。他说起对门的邻居把房子租给了陌生人，彼此不通声息，现在也习惯了。对的，是人，一切老房子都只是一个容器，怎样的居住者才会带来怎样的气味和状态。我们轻声说着，声音在小巷里却似放大了几百倍。

另一条巷子的入口出现。我们已经不辨方向。一盏孤零零的路灯亮着，是那种垂死之人眼中的昏灰。终于有了人：一个穿鼓鼓囊囊羽绒服的女人。近看还很年轻，马尾辫，两手像农妇那样交叉插在袖管里，背脊微弓，因此说她是中老年妇女也行，脸胖而肿，不好看，却还粗朴。我们问：从这里可以走出去吗？她看我们几个一眼，不置可否地嘟哝一句，不是南方口音而是北方，我们便从她面前鱼贯而过，几乎擦到她——巷子太窄了。

继续着，前方又站了一个女人。我们没再出声，埋头走过她身边。廉价香脂的气味飘过。在远远的尽头 N "噢" 出一声。他明白了，这些站着的人在这里干什么营生。他们该是一个整体，那男人望风，那分开站的女人们各司其职，不是饵也是领路的。流莺，他用了一个文雅的词。"幸好我们中有女人，还不是一个，不然我们这些男人今夜就有奇遇了。"

我也明白了。这时我们已走出迷宫似的小巷，来到稍稍开阔的可以呼吸的地方。一个竖放在地上的灯箱亮在前方，即使不太亮那上面"成人保健用品"的红字也很醒目。灯箱后面是一家门紧闭的小店铺，静静的。N 以他刑侦员的敏锐一眼看出这里的秘密。不错，一个整体，配备齐全。是为低收入者准备的。这凄凉的、微薄的、大概的温暖，实则却可能相反。古城另一头的商业街上，有堂而皇之闪烁的霓虹，但未必没有相类的事物。

　　脑中忽闪过某个电视新闻镜头俯瞰的村庄：远远的，紧挨着城市，大白天的村庄里都是外地打扮的女人，叉腰抱胳膊地，不是在村口拉客就是在门前互相说话，俨然一个欢腾的大作坊。又想起夏榆随笔中录下的一首民间诗，最后一句是一个不识字的农家女孩的心里话："我笑了。／娘，明年我也去卖淫。"——就如同"明年我也去上学／挣钱"那样的雀跃，那样的平常，那样的易于出口。

　　离灯箱几步远的地方，一面斑驳的旧墙上赫然写着墨笔大字：严厉打击卖淫嫖娼！落款是古城某区警局。

　　小巷离我们的旅馆不远。次日清晨，我们去外面吃早点，走过一排还没开门的小店铺，Ｎ指着其中一个店肯定地说，昨夜那灯箱就竖在这前面。此刻没有灯箱。淡淡雾气中往来的都是神情平静的普通人。而我不禁在心里猜测起这每一个人黑夜里的遭遇和行径。

2008 年

塔尔寺晨雾

太阳淡淡地铺开一大片，把塔尔寺的金瓦和宝塔笼罩在迷迷蒙蒙的黄色之中，天上有些灰白的长云，正愈来愈薄地缓缓飘垂。寺院的淡金色里，便有些若有若无的氤氲之气在舞动。是晨雾吧。

但青海这地方与太阳离得近，即使在十月的清晨，阳光也早早降临。气候极干燥。哪来的雾呢？

八座如意宝塔一字儿排开，意味深长地直指天空，仿佛预示天机不可泄露。锥形塔顶附着于上圆下方的塔座，纪念着释迦牟尼的八件大事。望着塔身上看不懂的文字，你眼前会展现佛祖出生和即刻行走时脚下生出的美丽莲花吗？你看到了魔鬼怎样在他面前逃遁？你感到他涅槃的一刻那空前的纯净和静穆吗？

大小寺院依坡而建，零零散散地露出你熟悉的飞檐、雕梁、画栋，以及藏味十足的平屋顶、盲窗两边的梯形装置、彩幡、布幔。雾气随你踽踽上行。找不到左右对称、前后一条线的汉族寺院结构，塔尔寺错落分散，各自独立，随意中带点自由创造的洒脱，走到最高的"大拉浪"，才能望见这是一个完整的寺院建筑群。浓郁的酥油味扑面而来，进一步强调着塔尔寺的喇嘛教格鲁派（黄教）大寺院风格。

你走进大金瓦寺。许多年以前，这里既无寺亦无塔，在眼前寺正中的大银塔这个位置下，曾经埋过一个新生儿的胞衣，然后土里就长出一棵枝繁叶茂的菩提树，树的每片叶子都有一尊"狮子吼佛像"显现。虔诚的慈母遂在此建小塔一座。整个塔尔寺也从这里发展创建。那个新生儿就是黄教创始人宗喀巴，他的仪容端正英俊的塑像和画像，被供奉在塔尔寺各个殿堂里。这传说多么优美。塔尔寺真是起源于一个不凡母亲的爱心吗？

众多的菩提树出现在另一座小寺院里。盛夏季节，树上花朵盛开，奇香飘漾满院，所以这寺叫"小花寺"。这里也有那位母亲的足迹：她曾背水走过这里，倚在一块石头上休憩。现在这块青黑色石头在院中央小花坛上受人瞻仰，上面涂着酥油，粘满硬币。当年那倚石擦汗的母亲闻到菩提花香时，可曾希冀过这满石头的硬币？

雾气仍很重。你来到小金瓦寺。几个身披紫色袈裟的匆匆走过空旷的庭院，大概去听讲经。二层楼的藏式楼厅上，几个睁眼龇牙的动物朝你张望。你一惊。原来是野牛、羚羊、狗熊和猴子的标本。它们为何出现在此？问一个倚柱而坐的年长喇嘛，他抬眼望你一眼，说了句藏话，又收目静坐。他的脸色接近于他身上袈裟的颜色，腕上戴了只国产手表。你只能踱开去，细看楼上楼下满墙的壁画。色彩斑斓的衣饰，神情各异的跳舞人、狩猎人、神、魔怪。灵活的腰肢。不知其名的面具。想象、传说和历史编织在了一起。神秘的另一世界。但无论怎样神秘，奇丽大胆的想象毕竟振奋了你那多少有点拘谨的异族人的心。

酥油味浓得熏人，你闻不惯，但又抵御不住布幔垂掩的幽暗殿堂的诱惑。你屏着鼻息，轻轻走进去。一排擦得锃亮的小铜盏亮着粒粒黄豆大的酥油灯，佛像在它们映衬下更添一种神秘。

寂静亦如布幔、长幡一样，从头顶从四面八方包拢过来。你后退了。这个世界的确不可随便进入。但你还是去看了酥油花，那些用染上鲜艳色彩的酥油面做成的雕塑。那里有更多的花卉树木、飞禽走兽，好像离你近一些。

到处都有大大小小的转经轮，铁制的，外面涂上彩色图案花纹，大的可几人合抱，沉得转不动。转的次数多，据说福气就多，但方向一定要顺，不然就会"倒运"。你握着它冰凉的铁柄，身子也围着它转动，却不懂它上面的文字是什么意思。所有怀着虔诚之心来转动它的人都懂那意思吗？

一个穿藏袍的男子背了只大麻袋，身后跟了个七八岁的藏族男孩。是父与子？男子把麻袋重重卸下肩，神情恭敬地交给喇嘛，说了些话。是供品吧。然后他和小男孩走到殿堂门布幔前面一块特制的木板上磕长头。一大一小两个人，动作几乎一致地脱鞋，屈膝，两手着地，嚓地推向前，整个身子便伸直了俯贴在木板上，而后收回身。木板已磨得溜光发亮，明显下凹。小男孩动作熟练地起身，伏倒，两眼闭合，口中念念有词。他在念什么？想什么？……他始终没有朝你这呆呆的旁观者瞥一眼。

你走出寺院门。几个穿汉装、戴藏式礼帽的小贩围上来。一个少年向你展示他手上的松绿色石项链，"很好看的，不贵。"他说汉话。那些豆绿色小石子参差不齐地串在一起，莫辨真伪。一个壮年汉子拿着些手掌大的小转经轮在叫卖，说是真银子打的。转经轮也可以玩弄于股掌吗？镶嵌着大鹅卵石的浅红色墙脚下，坐着个身穿黑色彩边藏袍，头包红围巾的姑娘，托腮望着你，露出黝黑手腕上的银手镯。她也许没在望你，是望那小贩、喇嘛和深深寺院。你走过去坐在她身边，笑着说声"你好"。她一点不惊奇地点点头，不答话，也不笑，细长的眼睛依然眯缝着望那边。因为语言不通，你们无法交谈。

对面山坡的绿庄稼地里，一头乌黑的牦牛正在犁地，垂及脚踝的长毛一抖一抖，看上去很吃力，却听不到它的声音。在后面使唤它的藏民也不出声。

两个卖酥油茶的藏族妇女在塔尔寺外的路边站着，垒着一碗碗洁白酥油茶的竹篮子放在脚前，上面盖着的纱布掀开一角。她们也不吆喝，自会有人上前去，付了钱，接过一碗就喝，而后默默地擦擦嘴离开。

你又呆了。你呆呆地沿深红色寺院墙往下走。太阳浓了些，雾还是若隐若现。还早，才到上午 10 点。

回到如意塔跟前。你是向它告别的。这时候有一位牵狗的藏族老妇人和你擦肩而过，在八座宝塔间萦绕穿行，然后把头靠在方形塔座上，半晌才抬起。她朝你忽然一瞥，目光越过你，投向整个塔尔寺。那目光有些迷茫，——但也许是另一种超脱？谁能说得清？匆匆地，你怎能参透这神秘的、丰富的、历史悠长的世界？

1989 年

五　乡村备忘录

穿过记忆的我的乡村

我回到城市已经很久。曾经的乡村在我脑中渐渐变小、变薄，成了一个孤岛似的小站，不真实，也抓不住。是否我喜爱绿色、爱看植物是因它而起？痛恨荒芜、恐惧干枯也和它有关？还有更多的什么吗？我一直没有去深究。

多年后我在城市的边缘，即人们常说的"城乡结合部"居住，这里的大片绿色让我感觉亲切和快意。不时飘来的粪水气味并不令我特别反感——哦，谁说过这是"粪香"？这个词里有一种迷醉。早晨推窗，我看见年老的农妇提着水桶为地里的蔬菜浇水，一时觉得四周寂静，世界只为这默默的劳作者存在。农妇头上蒙着格子方巾，腰背微弓，动作中带出悠闲的享受般的韵律。这是我的感觉。我的感觉在日益变味。菜地黑油油的，最普通的青菜稳立在渐渐被楼房蚕食的土上，像含露绽放的绿色花。

另一个早晨我发现，那片菜地消失了，一座高楼的雏形占据了它。我想起那农妇。离开了土地，她的生活会怎样改变？而这块曾被她（们）伺弄得松软肥沃的土地，底部已被挖空许多——它真能托起未来钢筋水泥的庞然大物吗？我的惆怅只一会儿，马上就被好奇取代。没有惊讶。像看那个有着迷人眼神的魔术师大卫变出的场景（埃菲尔铁塔瞬间消失，停机坪成了荒野），我镇定地观看。这个时代奇迹迭出。

　　脚手架是钢管搭建。竹编的挡板，绿色尼龙网布，把一切包得严严实实，如同一座神秘的雕塑，不到时候不能示人。这也像一棵硕大的树，建筑工人鸟儿一样栖息、出没在它的树干、枝杈、树洞，在各自的位置上互打着招呼，音量惊人，像在喊叫：

　　"管，管了……"

　　"小心……"

　　"拽稳了……"

　　浓重的乡土之音（我听懂了），简单直率，快活自在。空气中声音嗡嗡地拉长，有人在远远笑着，电钻呜呜响着，各种器械叮叮当当。这些农民工，好像因远离土地而格外放松。

　　我觉得自己认识他们。他们是我在任何一个马路建筑工地或菜市场或小店铺或小马路上都可能碰见的人，黝黑的脸，粗声大气的嗓门，直率的笑容。他们已水银泻地般渗透城市。我好像知道他们曾在哪里生活，住在怎样的屋子里，又通过怎样的田埂、土路、公路来到这里。田野总在他们身后。是的田野！我几乎就要把它忘了，现在它模糊地漫过来，模糊中又带着"美好"的意味，好像那从来就是一个可供缅怀、可以放松的地方，偶尔一见时还可以吟一首恬静的田园诗。这是错觉，是误解，但时间已经渐渐地将它们演变为常识。

　　我有时仍会想起从前的乡村，不深入，也不确定，只当它是个虚浮的概念。那里面其实有个结实的核，但我不去触动。为它我已经写过一些文字，付出过真心的怀念，我以为够了。我不希望自己过多地流连于记忆。

　　有一天亚伟打来电话。他的声音有点奇怪，不平稳（以前总是平稳的），像在电磁波忽高忽低的尖啸中跳荡。他也是一个过去的人，很远的人，尽管几月前我们还在同一座城市里碰面。电话里他好像仍在远方、过去，在用公社邮电所那架手摇的老爷电话机对我说话。但他说的却是，他要回乡下，马上走，汽车已在等候着他——他参与设计的汽车。时空仿佛又一次倒错。

放下电话，我紧贴话筒的那一边耳膜又热又痛。痛深入我的脑子。

我听出亚伟的激动。他成了一个对土地款款深情的人。我曾经怀疑这一点，此刻却消失了怀疑。事情应该就是这样：当他身在乡村时，是怨的，不甘心，朝思暮想要离开，离开后却又怀念。我眼前出现他从前的样子：像一些农民那样，腰里扎一根草绳，走在冬天的田埂上，很年轻。那时他还有那么一点夸张的不羁。

现在他说要回乡下。在电话里他反复说这事。他终于得到这次外出试车的机会，让汽车顺道弯到乡下，安徽东部的一个村庄。那是他插队落户过的地方，与我生活过的乡村离得不远，仅隔一片田野。穿过那片田野他们来串门，或我们去拜访他们，这曾是我们插队生活的一个内容。他是较早上调到工厂的（我想起他为此做过的种种努力），却念念不忘"乡下"。多年后他把回城的我们一个个串联起来，聚会，喝酒，叙旧，杯盘狼藉时，也常把"青春无悔"之类的话拿过来说一说。我沉默。不知为何我讨厌这四个字，它们组合在一起含义模糊、逻辑不当、无力而虚夸，让我想起那个时代里一切大而无当的东西。什么是"悔"？什么是"无悔"？在那时，谁又能掌控自己的青春？亚伟不理会我的沉默，执意沿他的思路前进，并说要带他的孩子一起回乡下看看——看看"父辈当年经历磨难的成长之地"（他别别扭扭地用普通话说出这些非他独创的话）。那么此刻，他可以如愿以偿。

他的马达、汽缸、离合器、轮子已经准备好了，要开往他的被干脆地命名为"无悔"的青春，要向那存放过或消耗过他青春的地方去。他的目的地是他自己——自己的青春。乡村将被他越过。

就像我曾写过的有关乡村生活的文字一样。

离开插队落户的地方后，我没有回去过。有一次我途经安徽东部，知道离它已经不远，离那片田野。田野和田野是彼此相连的，就像天空和天空没有阻隔一样，那时，天下起雨。雨也是没有边界的。我感觉雨水像某种神秘的派遣，从我熟悉的那个清水塘升起，与环绕的山岚飘集在一起，高高地移动，移过稻田，麦地，紫云英盛开的苜蓿地，移来并停留在我的头顶。雨水中好像还携带了那间我住过一宿的磨坊的寒气，和那间我住过几年的小土屋残存的炊烟，连同田野上丰富的阳光。那时我迷恋诗意笼罩的事物，而青春无疑最适合它。我知道这有问题，不该老是我、我、我的，只怀念自己的青春，只把乡村当作避不开的场景。我们已经长大，甚至就要老去。一个就要老去的人还这么自恋是可笑的。我也不想和亚伟们一样认为那就是什么"成长磨难之地"。什么样的合唱我都不愿意加入。而且，我不想回去，不想用今天浮泛的乡村印象去冲淡它，覆盖它。这样，我以为，我就可以将它封存，连同它所有的贫瘠、芜杂或丰饶。

第二天晚上，城市安静下来的时候，亚伟来电话说，他到了。他的嗓子似乎哑了。他去了他的村庄，很多人不认识他。然后他到我的村庄，也是一群陌生人围着他，并以淡然的神情对他说，他打听的那个会计，已经死了。亚伟就这样匆匆离开，回到县里的农机厂。亚伟说，他在喝酒，和以前的几个同事——他们终于认出了他。

电话里我闻不到酒气。声音亢奋又落寞。他的眼睛红了吗？

他只记得我们村那个会计。那个会计死了。怎么可能？那会计是我们房东的儿子，年轻，细眯眼总在笑的样子，一脸福相。那是很多年前。房东家曾是那地方过日子过得最不慌不忙的人家。或许这是表象？我从未真正认识过那里的人，那土地，那生活的真相？

应该是的。必须承认。那时我心里只有自己，只在乎自己的感受，只为卷我来乡村的命运感到不公，并未关心和留意其他。或者我身处那个环境，只是看见，并且记住，却没多想。那时就整天盼着离开，好像真正的生活并不在脚下，而一定是在远离乡村的什么地方。一阵风似的，我逗留——八年也仍然是逗留——然后离开。我和它真有过深刻的联系吗？它也是我的所谓的精神财富之源吗？我不确定。但它无疑构成了我的世界的一部分。它在那个时段的质的规定性并未改变，客观存在。或也许它根本就是无所谓的，你去你留，它都不在乎。它实在是我应该回望、眺望甚至仰望的地方，不因它的神圣，而因它的宽广博大。风来了它承接风，一切袭来它承接一切。它是在一切的根部，退无可退。因而它也可以是一切生活的基座，土壤。

仿佛它还在发着另一种声音：你怎么样都可以的，你来了，你离去，只要你好就行了。

它让我心有所动。有某种疚痛。我的心向它走去了。

我向它走去。一次次。这种回归从来不可能一次完成。不用什么交通工具。没有车轮、汽缸、马达、离合器。也不是为了那令人厌倦的自我寻求。我可依凭的只有记忆——天然的，未被污染和刻意挽留的，久睡而终将醒来的，我的乡村记忆。以及重新发现一个世界的我的企望。

1998 年 ,2007 年

田野

田野。记忆和冥想中我最早看见、最先降落的地方。久违了。仿佛第一次看见它。仿佛百年后它仍会这样。湿润的泥土，黑色中夹杂着黄褐色。走近能看到它深处的黑——刚被犁刀翻出时，简直泛着漆般的油光。接触光和风之后，土慢慢变成褐色，转黄，干硬，就像人中年以后头发经常发生的变化那样。

它总在冬末春初闲歇。就像蛇要蜕皮，它也要呼吸和休息一下。但绝不荒芜——这种奢侈从未有过。（但据说现今有大片土地闲置着，没人耕种，因为耕种它的壮劳力都到城里打工去了。还有些土地被城市蚕食。）

一年中要耕耘不止一次。犁耙、锄头、镢头将它摆弄成一片片，一垄垄，一墒墒。不平整不规则的地方，与丘陵连接的坡地，旮旮旯旯，也要这样地修整。每个坷垃都用锄根敲碎，细细的，松松的，让种子有一个宽松的床。然后，粪肥、雨水、阳光，人和大自然默契的配合，让它发酵并催发生命。

一个农民躺下来，一侧耳朵紧贴着泥土，像一个怀孕女人的急性子丈夫。我一时叫不出他的名字，但必定嘲笑过他这土行孙般的行径。他笑了，不是对我笑，他的嘴角慢慢地弯向耳朵。他听见了什么？植物的细胞在分蘖时发出的声响？细嫩的骨骼在黑暗中拳打脚踢？农民们充分了解大地内部隐藏的秘密，我却没有学他的样子也听一听。

仿佛一夜之间，庄稼呼啦啦长出一大片来了。一面面绿色的小旗帜。嫩苗和叶片。田野上最顽强也最矜贵的生命。

田野并非无边无际。山坡和村庄会截断它。但相对于村庄来说，田野仍是广大的，没有遮蔽，平坦。

我仍在用这个书卷气或文艺腔的词："田野"。这个词当地农民无一个说过。他们若说"田野"，肯定像小学生咬着舌头别扭而夸张地表演朗诵。乡村八年，我听着当地农民亲昵地叫着他们的土地命根子："到田里去……""下地喽……""那块稻田……""那墒山芋田……"话音和语调里活动着一个个特别的小漩涡。我终究没有学会那样的口吻。话生于心，田野之于他们，和之于我，毕竟是不同的。

对于他们，那还有点儿神的意味——朝夕相处的土地神。或者爱人——磕磕碰碰却永不离弃。"田"。"地"。简单而又含混的发音，醉醺醺的，馥郁温柔，像催人入睡的蜜蜂嗡嗡。对我，则像一块微颤的软垫子，在夏天的午后还会散发出一阵阵热的气息——人过中年的母亲的气息。确有几次我躺在田野上想到了远在城市的我的母亲——再怎么劳累，她也会把你拢在怀里。她汗湿的头发，她肌肤下凸出的筋脉。感受或有共通之处，也有差异，我们是用了各自认为含有爱意和依赖感的表达。

麦苗初看时很像韭菜。然后我知道了两者的区分：麦苗有挺拔的中心躯干——茎，而韭菜没有，所以容易倒伏。农作物和野草的区别也大致在此。麦苗在冬天不怕冰雪覆压，农民把它撂在田野里，兀自拢着棉袄袖管，在屋子里烤玉米芯取暖，聊天，开会，过年。天转暖化冻，麦苗长成了麦稞，挺得很直（而高大的茅草东摇西晃），到秀穗、灌浆、饱满时才略略弯下头。这时麦子由青绿转向金黄。风掠过，麦田发出轻微的喧哗，像是麦穗们在碰头时亲昵地打招呼。所谓麦浪滚滚，真是很确切的（尽管这形容比较陈旧）：麦田金色的表面在风的吹拂下有着大面积的起伏波动，从高处看尤为壮观。

麦地不用锄草。但麦茎质地坚硬，挥镰割麦十分累人。磨快的镰刀必须紧贴麦茎根部，猛地拉割——至少我们被教的关键动作就是这。成熟的麦穗美丽异常，在阳光下旋动，麦芒是一根根金针，瞬时汇成炫目的金光。

田野里有大片大片麦地。走近前去，闻得到青涩的麦香——与烤粑粑的香气完全不同。大部分香气来自麦茎的汁液，与土地直接相通。

海子在一首诗（《答复》）中写道，"麦地／别人看见你／觉得你温暖，美丽／我则站在你痛苦质问的中心　被你灼伤／我站在太阳　痛苦的芒上"，"麦地／神秘的质问者啊"。

那时，我们就是那样一些"别人"，只被那"美丽"、"神秘"的表象吸引。身处麦地我从未站在它"痛苦质问的中心"，而仅站在自己的痛苦中心（尽管这似乎不应被苛责）。我在旁观，纵有"灼伤"也没有那种大面积的痛感。"质问"则在更晚的以后。在今天。

有关稻田，记忆中全是场景，就像芥川龙之介所写的《浅草公园》的分镜头剧本：静态，漠然，无声。

一片片浸着水的田，像一方方浅池塘。风吹过，灰色的泥水起了波纹。水放走了。特制的平耙来来回回地将稀泥整得平坦。

一个老农，挟一个装满稻种的笆斗在腰间，光脚进去。右手一把把播撒稻种，且播且退，转着圈子。姿态舒展而有节奏，像在跳着缓慢的舞蹈。

淡金色的雾在他身旁呈扇形飘散，缓慢地，缓慢地，每一粒稻谷都均匀细密地落在泥床上。

稻谷变成嫩绿的秧苗，被坐在秧凳上的农人拔起，扎成小捆，放进簸箕，挑往其他水田。

秧捆一把接一把飞向空中，均匀地分落在水波荡漾的田里。

泥水四溅。

农人们裤管挽到大腿上，走下水田。早春冰凉的泥水（或还有水蛇、蚂蟥）啮咬着他们赤裸的肌肤。

插秧。

粗糙的手，左手握一把秧苗，右手的拇指、食指、中指将秧苗飞快地分出一小撮一小撮，分插在浅水下的泥里。娴熟得就像发扑克牌。

笔直地站立在浅水中的秧苗，每行五六撮，一行行整齐地排开。

肩并肩的插秧竞赛。参赛者在水里后退着，后退着，看谁最先退到最后，而他面前的秧株最笔直挺拔。

背景伴奏是秧歌调，人的哄笑。但声响已从热闹中被分离出来，被时间吸走。因而是被更大的寂静笼罩，像那种徒有动作的默片。布景在连绵细雨和暴烈的阳光之间来回转换。

快镜头：秧苗迅速地拔节，长成稻稞，茁壮，抽穗。由青转黄。

终末的长镜头：先前播种的老农又出现了。他摘下一穗稻谷，石磨般的两片手掌一压一转，碾去稻壳。他弯身一吹，稻壳消失，掌中只留几粒微青泛白的半透明米粒。他用手指撮起米粒，放进嘴里，细细咀嚼，把粉渣和浆水全部咽下。他微微点头或摇头，在心里决定稻谷收割的时间。

每年情景相似。重复倒片，又重放。因而类似于永恒。

玉米被称为"大芦粟"，像一个人的昵称，"大呆子"、"小友子"般的可爱。玉米的躯干粗壮高大，容易成活，对生长地不挑剔。当它蹿出个子时，一片玉米地就成了一片疏朗的小树林，遮不全人影，但能挡住风。那是燥热难耐的地方。而你仍会在突然安静时听到玉米茎里汁液的哗哗流淌，像人的血液在奔涌。拔出一株玉米，断开它碧绿的枝干，可以嚼出淡淡的腥甜。热渴的人常这么做。我尝过。它比南方的甜芦粟干涩，因它的汁液大部分流向了玉米棒子。它也构不成北方所称的"青纱帐"，要有人影晃过，几米外还是能够看清楚。

有人影晃过吗，在黄昏或夜半时分？据说那是经常的。玉米地常有扭打、搏斗、翻滚的痕迹。到了白天，有经验的人看到倒地的玉米棵，失踪的棒子，凌乱的脚印，会在心里或嘴上把故事一路铺陈下去。偷窃，偷欢，约会，强暴，他们会遮遮掩掩地说一半，让另一半里的欢乐、有趣、蹊跷、可怕缠绕着、伸展着，变成另一概念的"青纱帐"。

我听不懂。也无意听懂。我对周边世界的好奇心远不如现在强。人可能只有在安下心后才会去关心其他。生活在我身边以另外的超想象方式进行着，这或许是我深入它的机会。我错过了。我活在自己的茫然和虚无中，——如果不能把目光投向未来，那就只能投向自己脚下，那儿有一株具体的类似于杂草的玉米，我必须用锄头的一个角小心地锄去它周边的杂草，让草横躺在刨松的土上，在阳光下迅速软塌。一株接着一株。没有未来。我的脚在田野上步步向前，实际却与它擦身而过。

山芋的藤蔓像绿色的小蛇，蜿蜒在垄墒尖耸的脊背上。揭开它，向上提，藏在土墒里的山芋蛋就被一起带出，像一串巨型葡萄。这似乎有了点儿欣喜的气氛。成片收割时是用犁刀将墒犁开，效率大大超过手工刨土。我尝过刚出土的山芋，鲜嫩甜脆如生鲜板栗。

收割的田野里什么都可以当场尝鲜，花生，豌豆，大豆，玉米棒，芝麻，梨子，桃……人们大模大样地掰开就往嘴里塞。没人管。不能吃的是油菜籽（十分难吃），棉花（新采下来的棉花纤维有点儿潮湿，蚕丝一般韧，咻啦作响），苎麻（一收割下来就浸到水塘里沤，直沤到绿皮化油，塘水发臭，麻筋突显）。嚓嚓嚓嚓，农民的牙齿多么结实，像磨快的刀片。不一会儿，他们却朝地上连连吐着黄绿色浆水了。他们的肠胃不争气，总是被那饱含生腥汁水的果实弄得泛酸。

这是饿的。虽然六十年代初的大饥饿已经过去（农民忆苦思甜时总是停在那年代不肯往前），饿还是死缠着他们。他们想出了种种法子来治饿。

把刚起出来的山芋当场刨片，直接放在地上曝晒（田里像瞬间落下了大片雪花），晒干后弄碎，与玉米碴、碎米同煮成粥，味道粗硬如嚼粉笔，再也没有生烤鲜煮的柔软香甜。难吃，却经饿，一会儿就能把肚子撑饱。豌豆也生生地晒干了，玉米也生生地晒干了，晒去鲜嫩，变成干燥枯索的碴，好让人吃得胃口全无。

到了春天，田野泛青，省吃俭用的农民中却有人家里揭不开锅了。有人只生产队开了证明，带一根打狗棍，一只碗，一条破麻袋往肩上一搭，离乡要饭去了。他的手上有长年劳作留下的硬茧和疤痕，皮肤粗糙焦黑，脖子后面凸出一块肉，像一只倒扣的碗（长期挑担子磨出来的）。这绝不是一个懒汉的形象，完全不同于如今城市里到处可见的职业乞讨者的样子，然而他去要饭。田野在他渐渐远去的背影后面徒然地绿着，带着生机勃勃的假象。

或许这并非假象。天没有下暴雨，地里也没有虫灾，风调雨顺，土地肥沃，可人们就是揭不开锅。

辛苦种出的粮食哪里去了？没有谁来质疑。公开场合从没人讨论。现在我想起"交公粮"一说，有所恍然。也许还不止这些吧。更多的事情，肯定被人们咬碎了，烂掉了，连皮带渣埋在心里。或许他们也不明白。大家望着远去的人（他们要去哪里？哪里有富庶的粮仓，在七十年代的江淮大地？），不出声。一只黄蜂嗡嗡叫着，知趣地不来打扰人们。土地蒸腾着潮湿的气息，像人一样喘着粗气。到田里忙碌时，离乡的人就该回来了，还会带来一些新的故事，四处流传。"哪里都是一样啊"，这样的叹息也会传染。大家望着，望了一会儿，还是一个个抡起锄头，一放一收地刨着土地。

1998 年 ,2007 年

村庄

　　我不想说出我们村庄的真名，我怕有任何方面的伤害造成。就把那真名埋在心里吧。出于方便我叫它王郢——王是中国人的大姓，普通而又普遍，"郢"则是村庄的古称，那片田野上很多村庄以"郢"命名。没错，我们的村庄就是这么一个普通或也普遍的中国村庄。它处在皖东平原的边缘，邻近丘陵。

　　我不知道它的历史。没人讲过。村里人姓氏很杂。有比较集中的几个姓氏，但都和"郢"前面的那个姓氏无关。

　　它是我唯一生活过、接近过的中国村庄。

　　村前有一口水塘，水上漂着绿萍，水里有鱼，有麻鸭和橙红嘴巴的白鹅游动。女人们在水塘的这一侧淘米洗菜，在另一侧拿棒槌猛敲涂上肥皂的衣物，再放到塘水里漂洗。很有古风。水就这么混呀混的，但总是能够沉淀，现出清澈的一面。洗不洁之物或沤苎麻另有一口水塘，离村较远，村里人分得很清楚。我们刚到时不知道，拿着放衣物的脸盆和肥皂直往塘边走，曾被飞速冲出屋子的房东大妈高声喝住。她唯恐我们拿了不该洗的东西到塘里洗，把禁忌重复了好几遍。

　　水井在离村较远的地头，孤零零的一口，担水回家很是辛苦。所以，井水只限于饮用。

我们出村，出工，都要经过这口水塘。它曾经给过我某种莫名的安慰，它的水曾绿得那么宁静。多年后在梦中，我又看到了王郢。它被水塘包围着，像是一座小小的岛屿。水塘拉长了，上面漂浮着荷花，鲢鱼也跳窜出来，像年画上经常出现的那样，丰肥圆满。塘边蹲着一个女人，两手放在水里，不知是洗衣还是淘米。她的一缕头发没有拢进脑后的发髻，从额前垂了下来，黑漆油亮。她没有看到我——好像我不存在。我向它靠近，靠近，却始终没能进到里面的村庄。

王郢有几十户人家，算不得大村子，房屋建造得凌乱散落，既不是一排排，门也不都朝一个方向开。显然没有经过规划，像是一个自然村落，即兴式的，来了一户，就造一屋。王郢所属的"来安"县名，大概也是这样得来。农民在地里干活时，总是说书一样地向我们念叨：来安啊来安，就是逃荒要饭的来了，在这儿安下家，来一户，安一家。和干部们教育我们安心插队时对"来安"的解释（"既来之，则安之"）全不一样。

房屋之间很是紧密，可见地皮之珍贵。不过，各家无论贫富（在我眼中这些人家只有穷和更穷的差别），门口也都有个小院子，是用玉米秸或柴枝编的篱笆围起来的一小块地方，里面往往种一棵树，夯实的地坪好晒粮食，边上养着猪和家禽。

闭上眼睛，我就站在王郢的一堆房屋中间了。那儿很像一个天井，也像是北方四合院中最偏僻的旮旯。我们的住房处在一侧，低矮，里面黑咕隆咚，因光线被"天井"的另三面较高的房墙挡住了。我们在屋前铺几块碎砖，以便进屋前可以有东西磕掉鞋底的泥巴，而不把屋里弄得更潮湿。那儿经常是泥泞的，下雨的时候，很多人从我们门前走过。

这是个不封闭的"天井"。从我们门前那条窄通道往前，右拐，可走到一家齐整的院子。那房屋虽也是土坯墙，稻草顶，里面也是中间锅屋（兼有厨房和堂屋的功能），两边卧室，农具和粮食也是散放着，大人小孩的衣服也搭拉在横穿过室的绳子上（重重垂下像一个吊床），但和别家比较，感觉就是更高大敞亮，猪啊狗的也好像更肥壮。这家人是我们的房东。房东家右首，拉开一点距离，是一户"富裕中农"，房顶上的茅草深黑衰败，有一种秋天寒霜的感觉。房东家左侧，隔得较远也有个房屋，墙壁歪斜，门板枯朽（是老人嘴里快要掉落的牙齿的颜色），里面住一家地主后代。这三幢房屋像王郢的门脸，成排的洋槐树横在它们前方。更前方是水塘，是通往田野和外界的村路。洋槐花盛开时，风吹过，铃铛一般的白色小花朵星星点点洒落下来，远看有一种苍凉之美。近看可就不行了，花瓣散碎，边缘锈掉，烂入泥尘，我看了只想逃开去。

我走过无数遍的"天井"。闭上眼睛我还能再走无数遍。房东家的后墙，正是"天井"的另一侧，与我们的住屋垂直。"天井"的另外两侧，分别住了两家人，门都开在外面，也把后墙留给我们，就像把沉默的后背朝向我们。后墙多是剥蚀得不行，凹凸不平，土坯和砌墙用的稻麦"稳子"（作用相当于拌在水泥里的纸筋石灰）赤裸裸显现，正是阳光曝晒后人脊背上粗糙的疤痕和毛孔。

掉头，沿通道的另一方向前去，右拐，是一块较方正的空地。正对着空地的房屋是古旧青砖砌成，一些焦黄的土坯补丁一般堵在墙的窟窿眼里。台阶像经过千人踏、万人踩似的，磨损得不成样子。门楣像被烟熏火燎过，又被沥青泼过，一团团乌漆抹黑。住在里面的人探出身来，不论男女老幼，其头发的蓬乱、衣衫的褴褛都让人吃惊。他们的手枯索，粗糙带茧，皮肤焦黑，脸上有种小心讨好的惶惑。他们是地主，或地主后代。屋子背阴，黑洞洞的，没有什么橱柜家具，东一件西一件的破衣服搭在绳子上。冷不丁有个黑乎乎的东西矮矮地挪过来，像是一堆活动的破布，里面却有幽幽的眼睛——是个幼小的女孩，眼珠像个桂圆核，漆黑，什么也映不出来。

一个贫农家的小孩用手抚摸地主家的墙壁，嘴里不停地说，不一样啊，凉阴阴的。他拖着我的手，要我也摸一摸。

那的确是不一样的，冰凉，平滑，像蛇的皮肤。那使我的心里打颤。我从未走进去一次。我跨了一步就缩回脚。我看到那里有个十七八岁的姑娘，焦黄着头发，咧着干燥的厚嘴唇，在幽暗中向我微笑（她后来和一个本县的下放男知青好上了，此后他不再下地干活，她就像在养着他）。我无法想象她的生活。在我看过的电影和小说里，地主们的生活从不是这样，从来就是"骄奢淫逸"、"大富大贵"。而这里，几乎没有这类词的一星点儿残渣。

地主的旁系后代们分住在附近，房屋都是土墙草顶，无一块青砖。我们叫这地方为"地主大院"。其实是个公共的场院和通道，没有篱笆，谁都可以穿行。这些矮屋子藏不住东西，里面的活动一目了然。也没有猪圈，家养的牲口就用绳子拴在门前的树干上。

我们像在上海时一样，在那里也不辨东南西北，只会分出前后左右。当我们迷路，向当地人问路时，我们还要把问来的东南西北转换成前后左右来定位。后来我体会到，生产队让我们暂住的房子虽低矮破旧，却最安全——被前后左右的房屋人家包围着。水塘前是村路，地主大院后面，连同"天井"的后侧屋墙后面，也是一条村路。路四通八达，什么样的人都会走过，但歹徒不可能纵身直入，两眼一抹黑地侵犯我们。村里人真是用心良苦。

"歹徒"一定是有的，虽然那时我们还不知道他在哪里。

王郢附近的村路旁还散落着几户人家（就像城市周边的卫星城）。也许他们就是晚"来"的外地户，所以晚"安"在村口。从江苏宝应来的木匠兄弟，单独住在路前。从山东枣庄来的袁家三兄弟，连同他们的成了家的侄儿，松散地分布在路的后侧，不是聚居，而是散居，但总体上还是连成一路，像要把一个村口包围住。袁姓枣庄人里总共出了三个重要干部：一个大队党支书，一个大队民兵教导员，一个王郢的生产队长。

小陈当然住得最偏。独来独往。

一年后，生产队给我们在路旁盖了新屋，这些散户便成了我们若即若离的邻居。

村路向后面的山坡蜿蜒，那是一片赤黄色沙地。坡上也有个小村落，和那片沙地同被叫作"哑巴洼"。但，就像王郢没有姓王的人一样，那里没有哑巴，也不见水洼。那里干燥，没有水塘。

那里的人比王郢的人更穷（我终于在普遍的穷之中分出等级）。那里的沙地只能种山芋、花生。夏天在山芋地里锄草，周围没有一棵树，没有一丝风，听得到汗水打在土上的声音。

不知道哑巴洼和王郢如何并成了一个生产队。王郢人对此很不情愿，觉得油水被哑巴洼人分走了一半——王郢的田大多是稻田麦田，最不济也是玉米地。水塘抽干了水，里面的大头鲢鱼也有一半要给哑巴洼人拿走。他们怨恨或不屑地称哑巴洼人为"那边的"，嘴和脖子往后一撇。"那边的"谈吐多直爽粗鲁，在王郢人眼里都是野蛮人，也许王郢人自认为比较文明吧。

我们去哑巴洼干活时，去村里人家要过水喝。是井水。井的位置一定更远。那里的女人用干葫芦瓢把水舀在粗瓷大碗里，舀的动作幅度很大，水滴滴答答洒出来。她们不在乎。房屋的墙土黄里泛红，异常干燥。果然是赤贫，家徒四壁，但看上去很干净。她们用好奇的目光盯视着我们。

她们的手大大的，手腕很粗，像是连接在水瓢上的一个活络的玉黄色长柄。

村子里，除了地主家，几乎家家养狗。没有狗的人家是那些沉默之人，息事宁人之人，希望少惹别人的注意。不过这些人多半也养一只白鹅，鹅能飞快地追赶可疑客，用红嘴巴盯住这人的脚跟不放。夜晚的狗吠是陌生人到来的信号，当全村的狗齐声高叫，此呼彼应，你会觉得一件非同寻常的大事就要发生。不过，没有狗吠的夜晚并非一无波澜，村庄真的整夜都在安睡？在熟睡？后来我们知道不是。可怕的事情往往在寂静中发生，那是我们没有听到的，那黑暗中的厮打、悲泣的屈辱之夜！

我迟早会知道的。我已经知道了一些。不过都是些模糊的轮廓。没有细节。村里人对此守口如瓶。村庄的宁静，就像田野的宁静一样，把许多有声有色的情节埋藏掉了。

  我不能肯定梦见的就是王郢。也许是哑巴洼？因那村庄是在高出平地的坡地上，两条村路一前一后地通向它。我向它走去，走去，却被那水塘边的女人阻隔。她是谁？她的脸是陌生的。

1998 年，2007 年

饥饿的人

这个人向我转过身来，露出他的脸，他的杂草一样爬满上唇、下巴、腮帮子的胡子。这张脸上没有年龄。他笑了一下，无意识地，也像是无所谓或无赖。

我愿意在此为他画像，就像罗中立为一个老农民画像一样。罗中立将那位满脸皱纹如黄土地上的深沟浅壑的老农民命名为《我的父亲》，我却没法为这个人命名。他让我想起当时一部电影中的坏分子"二癞子"，以及另一些奇怪的气味，与贫下中农很不一样。他无以名之。

他好像并不愿意静止在什么画面里。他张开手，朝我们的门两边一撑，一身破衣服丝丝缕缕挂下来，弄得像一幅破门帘。他就这么伸长脖子看我们做事——看我们拿出纸和笔，坐在小板凳上，把膝盖当成桌子写信。"诶，这点子管用……"他赞一声，不请自来地踢踢塌塌走进来——他拖着鞋皮。他伸出乌黑的手，拉一拉墙上我们的书包，顿一顿灶台上我们的茶缸。我们盯着他看——看他要干什么。他可不管，就像在他自己家里。

一本小小的书的书名，也被他拿起来凑到眼前一字字地念出来："外……国……名……歌……两……百……首，啊，首都的首吧，伟大首都北京城……"他的口音在向广播里拿腔拿调的普通话靠拢。

我们问他叫什么名字。唯有对他，我们可以直接问。他却显得不好意思，摸着头，笑而不答，仿佛那名字是保密的。

村里人叫他小陈。以我们对他年纪的猜测，这不是一个尊称。后来知道，在这地方，老大不小的人如果没有地位，又打光棍，那就会一直"小"下去。

他不常下地干活。偶尔的几次，锄起地来却也是好手，甩着锄把子腾腾腾就到了头，把比试的人甩了一大截。但他总是"歇伙"，自己放自己的假，别人干活他却双臂交叉拄着一根锄拐子，把那颗胡子拉碴的脑袋搁在上面，活像是筷子头上插了一颗毛栗子。他的眼珠四处转动。突然——这是常有的事——这双筷子一根倒下，一根迅速地弓一弓，猛地一窜，闪电般落到另一边空旷的土墒间。人们紧跟着过去，他却已经起来，毛栗子上粘了土，或空手，或喜滋滋紧抱一只小动物（通常是黄鼠狼或野兔）。这便归他所有了，跟过去的人悻悻然回到田里，只有看的份，没有摸的份。

人们随他去，不去管他。他不来干活的时候，便去附近的小林子小水沟逮"吃的"。应该不算是打猎，因从来不见他提过猎枪。总之，他是用下套的办法，布下陷阱，等"吃的"上钩。他的猎物，小到蚂蚱，田鸡，麻雀，野兔，大到獾子。每有收获，总要送一点给我们尝。蚂蚱用火烤香，田鸡红烧，螃蟹则碰也不碰，害怕似的，连竹篓子一起甩给我们。那只獾子他处理得比较精心：将它钉在一棵树的树干上，开膛，不剥皮而先把里面的肉和脂肪挖出来，挖空后，毛皮还是完整的，翻转过来，仍像是一只黑黑的獾子伏在树干上，要上树的样子。他把獾子肉加茴香八角辣椒用重油爆炒（谁知道他怎么弄到这些调料），喷酱油收干，异香弥漫全村。他独自享用它，端着粗瓷海碗，把獾肉挑在堆尖的杂米饭上，跑来跑去地吃。没有什么人理他，对他的特别小菜看也不看。于是他郑重其事地把满满一碗獾子肉端到我们鼻子底下。

"好吃，很好吃！……"他一手托着碗，一手拿筷子，身子前倾，目光热切。碗里的肉呈棕黑色，细细碎碎，上面一层油在冬日的寒气里凝住了。倒霉的小动物已在他手里彻底完蛋。他就是小动物们的天敌。它们脂肪的痕迹溅在他的破黑棉袄上，东一滩西一点。我用筷子挑了一点肉送到嘴里，只感到酸，涩，腥气。我含在嘴里，没有也不敢咽下，怕会呕吐。我向他点点头。他的嘴随着杂乱的胡子一起颤动并咧开了。

獾子油在不久后抹上我们的手指。是他主动提供的。他练了满满一罐子獾油，像是透明的软玉。

我们走过他住的窝棚。他正在门口吃饭，"吃什么好东西？"我们随口问。他说是一块鸡蛋饼。他不像一般村里人把饼叫作"粑粑"，多少有点咬文嚼字。我们走近，看到他那张断了一条腿又用破布条绑上的小矮桌上，放了一块覆盖着无数黑点点的饼。我以为他撒了芝麻，为他在吃上面如此用心而感叹。来不及感叹完，他伸手去拿饼，饼上的黑点点腾一下活动起来，成了飞舞的苍蝇群，饼于是露出它黄澄澄的本来颜色。"味道不错，尝一块？"他的热情一如既往。

到春天便不见他的人影。有人说他离乡要饭去了，有人说不是，是去更远的地方弄"吃的"了。他的缺席令我生出莫名的惆怅和想象——在远处看不真切的山坡和林子里有他，他本身就像一个蹦来蹦去的活物，披披挂挂的褴褛衣服是他的皮毛，他向土地的每一道缝隙索取食物：他敲击着树和泥块，像在发出他的叩问。

在他缺席时，会有一些外乡人来到我们村。这些人并不结帮成伙，大多单独而来，有上了年纪的，有壮年，有女人带个小孩的。他们不进人家屋子，只在门外拉一阵胡琴，或用两条细棒敲一面手掌大的鼓（也许就是著名的凤阳双挑鼓）。什么也没有的，便直起嗓子咿呀呀唱一段——说他来自哪里，遭了多少苦和难。屋子里的人听见了，再穷再难，也要搜半个粑粑一碗粥饭拿出去，放在那人手上有豁口的碗里。我忘不了房东大妈在搜罗食物时一脸的紧张严肃，仿佛外面那个人一时半刻都等不及，他的声音就是命令——或也可能是不祥之音。

便想到小陈。我不记得他有吹拉弹唱的本领。他会怎么弄他的吃的？

快到夏收时小陈回来了，脸更黑，胡子更乱。大家并不问他在哪里混，他也不说（现在我多想撬开他胡子拉碴的嘴巴）。他一来就回到他住的窝棚，弯腰钻进去，在一张用条凳和草绳绑成的"床"上躺几天，然后才起身开锅做饭。他的锅灶没有烟囱，只可支一口锅。满屋的烟气从窝棚的小门里窜出来，里面像是着了火。他没有农具，没有隔夜的粮食，要用他就向队上借，向我们借——有借无还。

"你们有上面给的补助粮，我没有。"我们刚下乡时，他这么说。

"你们一人发一个小竹床，我没有。"后来他说。

他的口音带点"侉"味，不是纯正的来安话。我后来常猜想他的来历，为他可能是一个被强行遣送到农村的城里人而感到恐怖。一个曾经的文化人？一个犯了错误的人？……而他的状况已把他可能有的故事淹没了。或许他自己也忘记了。但也可能是他的伪装，他还有另一面？不会吧——饥饿已让他沉沦至此。不过我仍然不认为这是最后的结论。如果他也是一个宇宙的话，那就是一个谜宇宙。

总之，他是一个人住，到我离开时他仍然无亲无眷。他的窝棚始终在村外一条村路旁，村里没有他的位置。好像是因为我们来了，他才有理由常常进村。这一点，倒并没有人阻拦他。

1998—2007 年

晒太阳

　　五六个人坐在向阳的山墙下，晒太阳。

　　好太阳。仿佛不是从天空倾泻下来，而是从田野里喷涌出来。离开农村后我再也没见过这样的太阳。铮琮作响，不含一点水的黏腻。一道透明的金色屏障，好像把时间也罩住了。

　　五六个人都穿黑棉袄，油脂麻花，灰白棉絮从破洞里钻出来。阳光钻进这些破洞，这些烂棉絮和衣服纤维的缝隙，进入他们的体肤深处。他们在阳光下眯起眼睛。田野在他们身后，远处干活的人群小如蚂蚁。苍蝇嗡嗡飞旋。在秋冬季节，在乡村，太阳是不用花钱就能得到的一份美好的礼物。

　　他们坐着，这些壮汉，整劳力。有的坐在土墙根下，有的坐在结实的锄头把上。平时他们习惯了蹲——连吃饭也是这么一种紧张的姿态，好像随时准备站起来，到另一个地方去做什么。坐意味着较长久的停留，松弛的程度仅次于躺下。

　　慢慢的，每个人的棉袄都敞开了，暴露出里面更多的破洞。在这儿穷不可耻，富倒是显得可疑和扎眼——虽然并没有什么富的人。谁对谁都知根知底。他们对此很坦然，也暂时忘记了彼此实际上仍有"成份"的不同：有的是贫农，有的是中农，还有一个来自地主大院。

　　他们随便地说着话，话音有些飘，像是醉酒人的呓语。一早上喝的大芦糊，几天前下的大雨，一下子蹿出个儿的芦粟，某个女人越来越大的胸和屁股……粗口像标点符号一样夹杂其中。话是有一搭没一搭的，也没个中心，全是因为坐着，不能辜负这大好的太阳。粗糙的手无力地摆放在膝头，然后，不自觉就活动起来，这里抓抓，那里挠挠。一只手伸进自己的衣领，沿着焦铜般的皮肤小心摸索，像在寻找一枚已有蛛丝马迹的地雷。说的话没有停止，不过已经东零西散。忽然，这只手停下来，话音也暂时停了。待手慢慢抽出，指头上多了个小黑点—— 一只虱子，多半还在不甘心地蠕动。旁边的人见怪不怪："又逮到一个？"而身子也不觉抖动起来，就好像寄生在自己身上的无数只虱子也在此一刻同时活动。

　　把虱子"嘎巴"一声咬在嘴里，再"呸"地吐出来。大家的笑声消融在大阳下面。

　　生产队发慈悲了吗，竟允许这些整劳力大白天闲坐着晒太阳？是的，这些人大模大样地得到了允许。他们在耐心等待，等阳光完全穿透他们的身体，好把里面的"摆子"逼出来。他们不知道"摆子"实际上是蚊子传播的疟原虫在作怪，知道了也不相信。只信晒太阳。打摆子晒太阳，天经地义，天皇老子也管不着。

　　这会儿，万物都在阳光下。秋冬时节的庄稼，野花，树木，和他们一样舒坦地摊开了手脚，把阳光接进体内。草直了。土墙干爽。小虫从旯旮里探出头来。猪快乐地打哼哼，忽地撒开四蹄，小狗一样地欢跑起来。谷场二，草垛撕开了挑碎了，一丛丛蓬松地躺在地上。粮食摊在露天的竹匾里，草席上。丝丝缕缕的潮气在看不见的地方消散。每家的屋门都笔直大开，让阳光冲进来，把雨天积累下的霉气荡涤得一干二净。

　　那么人怎能不受到宽容的对待呢，被寒颤折磨已久的疟疾病人？这时候，阳光就是他们的药。

　　一个人向他们走去。他听到了他们的说笑声。他好像很愿意加入他们，脚步在加快，肩上的锄头一耸一耸。他的旧黑棉袄和他们的相似，皮肤也是棕黑粗糙，神情也是有一点松垮——被"摆子"缠过一阵的人都有这种松垮。唯一不同的是更加蓬乱和肮脏的头发。他拖着鞋皮。

因为他的走近，凝固的阳光有了回旋，仿佛破了一个洞。那些坐在一起的人感觉到了，转过头，看看他。他们没对他打招呼，好像面对一团空气。不约而同地，他们回过头继续说话，把黑棉袄的脊背向着他。于是阳光又在他们身后围起了屏障。他们的说笑声甚至更加粗野放肆，一点也不像是一群疟疾病人。这个人被阻挡在外，没能再走近。

我正在家门口照看晒着的粮食，坐在一只小板凳上。我远远地看见这一幕，这进也不是、退也不是的人影。他好像是那个邋里邋遢的小陈。后来，在城市里，我见过相似的情景：一群人兴高采烈地说话，而另一个人犹犹豫豫地在几步之外，想要加入又不敢。永远有这样落寞地被挡在什么之外的人。我认出他就是小陈。我甚至感到了他讪讪的神情，他的颤抖。阳光无私地笼罩着他，然而他在颤抖。——这一刻我也感到了冷。

1998 年，2007 年

风
雨
水
火

女人们

她们走在前面，三三两两，队不成形。别指望她们有整齐划一、精神抖擞的时候。不可能。她们永处在各自的姿态和神情里。在她们慵懒的、满不在乎的步态中，仿佛隐藏着对一切的傲视。

她们是在去棉花田的路上。与那些有着出工豁免权的妇女不同，她们必须下地干活。这或许是因为穷的缘故，挣几个工分也是好的。也或许是因为成分的"高"——她们中有几个来自地主大院。

她们慢吞吞走着，在我前面。我有幸被列入这相对轻松的一群——大家都拿小孩工分（四分半）。从背影看，她们都是黑色或蓝色的土布棉袄，棉裤宽肥，发髻盘在后脑勺上，盘得紧紧的，却剩一缕飘荡在外面。这给她们难以揣摩的年龄添上一道风姿。但我们仍暗地里一概称她们为"婆娘"。她们的懒散，放纵，琐碎，全被收容在这一称号里。

有几个挎着篮子，走几步，便停下来薅一把野菜，抖净根部的土，在阳光里辨认茎和叶的形状。这是灰灰菜，这是萝卜缨子，人吃得，喂猪也行，她们掉转头告诉我。一路走走停停，她们的篮子半满了。

在她们侧身和弯腰的时候，她们的大襟棉袄敞开了，露出里面的粗布内衣，乳房饱满得像要撑破内衣。要有个男人走过，她们会露出有深意的一笑，或把棉袄敞得更开。

有抱着小孩的，显然年纪较轻，春夏时会把雪白的栀子花、火红的芍药、淡紫的蔷薇插满一头。大胆些的，不盘发髻，而用一条花手绢把密长的头发捆住，在众人诧异的目光里昂然前行。田野和村路之于她们，就像歌剧院和宫廷舞会之于欧洲贵妇人。

有几个步履蹒跚。尤其一个小个子女人。她的腿往内拐着，又短，像夹着一只无形的球，总走不快。她是地主的小老婆，不曾生育，老地主死后她就和几个无血缘关系的子女孙辈住在地主大院。不下地的日子里，她捧一只大竹匾，用膝盖支着，从匾里的粮食中挑拣稗子砂粒，也许因为近视，松弛的脸蛋几乎就和竹匾挨在一起。有人走过，她把脸抬起，眼神是温和乖顺的。她头发乌黑，说话柔声细语，我后来估计她不会超过五十五岁。

还有一个俊俏妇人，走起路风摆杨柳似的，手拿一条白毛巾，时不时掸着衣服和鞋子上的尘土，说起话来，也像水洗过那样清爽。我们去过她家——我们一进去就退了回来——屋子里腌臜乌黑，无一处可以落脚，尿臊气逼人。我们退出很远，看见她出来唤孩子进屋。她的穿得跟叫花子似的孩子们，正倚着枯朽泛白的屋门玩耍，像倚着两颗巨大的、老人嘴里快要掉落的门齿。她男人也是地主后代。

谁在带队？不知道。而队伍还是往前推进，稀稀拉拉，如在集体赶一次集。在迟缓杂沓的步伐中，实际也有一点松快。毕竟，阳光是暖洋洋的，田野悦目，具体的家越来越远。

棉花已经长高，绿色的茎秆变硬，伸出嫩绿的枝杈。每一个枝杈上都可能结出一个棉铃，也可能不结，像是一个美女或老虎之谜。辨别它的关键，是看枝杈的根部，有没有一个"小耳朵"。有就要抹去，这样，枝杈才有足够的营养来孕育棉铃。我听着她们的讲解，跟在后头，一株一株地寻找并抹去"小耳朵"。

"小耳朵"只有一粒米大小，翠绿色，毛茸茸的，像只小虫子隐在枝杈后面不肯现身，下过一次雨后，还要再抹一遍，而这时漏网的"小耳朵"已经长大，与那些枝杈变得相像。我的手在它们之间游移，不能确定目标。我的手指按在了一个绿色枝杈上。"不对不对！不是它——"她们一齐惊叫起来，好像我是个滥杀无辜的凶手。有人矮着身挪过来，指点我什么得除什么得留，再赶回原地，留下一股混合着头油、烟火气、劣质香脂的气味。

她们边干活边絮絮叨叨，一刻不停。谁家喂的一口猪杀掉了，好下水和臀尖肉都给队干部拿走了。谁家大人生病，小孩没钱念书，整天放牛砍柴。谁家的鸡鸭故意不看好，放出去啃队里的青苗。说的人很来劲，听的人有一句没一句地应承。也有说着说着的，忽然惹恼了在场的一个人，一潭静水就溅出大浪——被惹恼的女人跳将出来，双手叉腰破口大骂，对方也不示弱，一句紧一句地还嘴。整片棉花地都成了战场，"小耳朵"，绿枝杈，甚至连根拔起的整株棉花，都在叫骂声中飞来飞去。旁边的人劝解着，无形中也分成两派，还有人脸上浮起幸灾乐祸的笑，手上做着拉架的动作。叫骂的人多么愤怒，眼泪鼻涕一齐流出，高声大气，污言秽语，对方的祖宗十八代都被她任意辱骂，可她还是不解气——那愤怒好像不是具体的，不针对某一人某一事，而是源远流长。调门越来越高，像要攀登一座陡坡，变得危险。陡坡渐成了悬崖峭壁，别的声音都低下来，甚至消失，叫骂的人就从那悬崖峭壁上跳下来了——她歪倒身子，突然无力地坐在地上，手拍泥巴，吟唱一般地哭诉，说她怎么难怎么穷，没有人帮她，没有人体贴她，她从前做姑娘时是怎样一个山青水绿的样子，现在居然这样……这哭吟充满绝望，使得所有人都黯然低头。棉花田上空，不知何时移来棉絮一样的云，把这越来越微弱的声音吸进去，吸没了。

过一段日子，吵过的双方在田里抬头不见低头见，她向她点点头，她递过去半截青瓜，一块粑粑，两人又慢声细语地说话了。在摘棉花的时候，如果这一个狠抓几把棉花往怀里揣，另一个会仗义地视而不见，不声张，虽然这事仍可能成为日后吵架的又一颗重磅炸弹。归根结底，她们是相知相恤的。

　　有一个大妈，偶尔的几次"上班"之后，不来了。她并不是年纪最大的一个（当她打开发髻，乌黑的头发披在肩上，我曾认为她仍有青春。大妈，处在这称号中的女人，至多也就五十出头），也不是身体不好，是她的丈夫做了大队干部。有一阵她被大家热烈地牵念。她们说，她现在从早到晚，除了做三顿饭，闲下来就手拿一块抹布，把锅台啊、桌椅啊、门板窗框啊擦得一尘不染（如果窗有玻璃，墙壁不是泥巴糊的，她肯定也会去擦）。"唉呀，她真有这个闲心啊！"大家感叹着，像是羡慕她，又像可怜她。

　　她们有时疯狂。有男人过来，只要稍有柳叶子（流里流气）言行，她们马上围将上去，将他拉翻在地，剥他的裤子，揍他。因只我一个女学生在，她们就跑远一点干这事，笑着，骂着，像玩游戏。贫乏生活中的调味剂。

　　那会带给她们快乐吗？那是在宣泄什么呢？逢这时候，我就掉过头，闭紧眼睛，准备把耳朵也一道关拢。她们的调笑声真的很响。但很奇怪，我并不从心底里鄙夷她们。

　　多年后，我的印象模糊了。她们变成同一个女人。红黑的臂膀，红黑的脸。她躺在地上，草叶和泥土粘上她赤裸的肌肤。她上面是蓝天。她的乳房结实高耸，乳汁喷射而出，散播着浓烈的腥香味。她大声笑起来。匍匐在她身上的，是一个婴儿，或一个男人。他们把她和大地压紧了，而她正在努力地翻转，努力地……

　　一个瘦瘦的身影从远处晃过来。她们中有人看见了。立刻，所有的人都知道了。她们互相对看着，目光有些特别，似在交换一个共同的秘密。那瘦瘦的人走近，是姓袁的大队民兵教导员。他的目光像剑，贼亮贼亮，刺向她们，像在看有没有人干活偷懒。她们低头不出声，劳作的手灵巧敏捷无懈可击。一会儿，他走远了。有人轻轻啐一口："什么东西子！"

　　几年以后，我才知道这骂声中包含的意思。那的确是有着秘密的。可怕的秘密啊，和她们每一个都有关系。

1998 年，2007 年

幽灵

"民兵教导员"，简称"教导员"。这个头衔，我们是第一次听到。

和所有的大队干部一样，教导员冷天披一件棉袄，热天披一件单褂子。不同的是，他身上的衣服总是军绿色，而不是黑色蓝色。他就这样在田野上走来走去，像是有重大的事情等着他去处理。大多数时候他空着手，就把两手卡在腰上，摆出某个著名军事指挥家的架势。有时他头上的确戴一顶军帽。他当过兵，由此我们知道他有较强的模仿能力，以及大而模糊的背景。

他不用在固定的地方上班。在田野里走动，巡视，也许就是他的职责。民兵基本上是不练什么兵的。按照"全民皆兵"的说法，全大队所有的男女青壮劳力都是民兵，都属他管。谁也不知道他具体负责什么，做什么。谁还管得了他？他实际是一个最自由的大权在握者。

在有闲也有兴致的大白天，他也会甩掉棉衣，裤腿一挽，拿过别人的锄头，炫技似的左右开弓，还真把旁人甩在后头了——人们也许存心让他，让他开心。胜利的他，伸出精瘦的臂膀，抖一抖，回头看着田里的人。他的目光有金属的硬度和亮度，如同子弹，飕飕打在女人们身上，脸蛋上。但只一会儿，他就自顾自笑出声，声音像是刀的薄刃。"好，不赖……不当孬种就好好干！"他甩下这句习惯的话，急匆匆离开。

人们沉默地望着他。也许，他们知道他去了哪里。去某个丰腴的水塘，坐上几个钟头，钓来肥壮的老鳖。与其说他有百钓百中的好运气，不如说他的钓鳖技术已炉火纯青。只他有这个闲工夫。光天化日下他手提钓鳖的工具，并不避人，仿佛这也是他要办的公事，他的重要职责。隔一些日子他吃上一只亲手钓的老鳖，吃不了的，叫他老婆拿到集上卖掉。没人敢说这是"搞资本主义"，这些名词供他专用，甩向别的赶集卖钱的人。

而他永远是瘦，那些定期进补的非同一般的营养，不知转移到了哪里。（现在我应该明白了。）他的脸，窄得像一只鞋底，脸色阴晦，只有眼睛亮如鹰隼。我在深夜昏暗的油灯下看到它们，往往联想到烧至熔点的锡。那是他在召开读报和批判的社员会，他热衷于开这样的会。夜越深他越来劲。坐在会场中央他随意点名，没来应到的，哪怕不是四类分子，他也叫民兵立刻"去把他给我找来"（若是四类分子就说"押来"）。他拿出报纸，抑扬顿挫地先念一段，普通话夹当地口音，显示他的识字能力和朗读水平。往往在读到某个破句的当儿他突然中断，目光朝人群扫荡。满屋子都是昏倦的眼睛——人们早起干活，累了一天——唯有这目光灼灼发亮。"你——你你，接下去念！"他用手指着我们中的一个，命令道。然后，他同样突然中断这人的朗读，要另一个接着念。猫捉老鼠似的，乐此不疲。并给出不同的评语："小和尚念经，口在心不在，""什么水平，还是学生，还上海的，读个书都读不通！"……但他不会大做文章，充其量就是给我们下马威而已，接下来的内容——阶级斗争新动向，狠抓资本主义苗子——才是他宣讲的主要内容。他口若悬河，唾沫横飞，不时作出隐含威胁力的停顿。昏昏欲睡的人们总在这停顿时一激灵醒来，经验告诉他们，谁在这时打瞌睡，谁就可能倒霉。

这种时候，他偶尔到会的老婆会在人堆里大声说笑，把寂静中格外刺耳的大胆的声音传向他。他咳嗽一声，像是警告他老婆不得胡来，而他老婆的声音更响了。他只得中断严正的批判，用一种商量的哀求的口吻叫她的名字："兰花——"她立刻粗声大气回道："怎么着？只准你说，不准别人说？你说的话好听？"他气急败坏："你胡搅蛮缠个什么你个兰花！

家去！你——”慌乱中他把来安口音带出来。她马上截断他："你胡搅，还是我胡搅——你——你还有个人样吗！"他青筋暴突，巴掌扬起："你个兰花看我不整死你——看我家去怎么整你——"他的手却够不到她。

兰花长着小小的分得很开的眼睛，鼻子扁平，笑起来有一种别样的狡猾。有好几次，她把一场正在弦上的非正式批斗会变成一场夫妻斗嘴，使所有的人变成观众。她的身胚远比他粗壮。在他的大队书记的亲哥哥放任他时，只有她，能暂时止住他的气焰。要是有人被他批判了，事后她准向这人的老婆赔不是。"别听他的，"她说，"一天到晚正事不干，胡扯个什么东西子！"

他感觉到他的形象因老婆而受损，曾在大庭广众中深表悔恨："都是当兵当的，讨了这么个婆娘，哎，当兵三年，老母猪变貂蝉……"而对我们，他又大谈两人的恋爱史，她如何写信鼓励他在部队上好好干，他如何回信表示对她的思念和忠心。见我们没什么反应，他便说起当兵时看的苏联电影《夏伯阳》，不说别的，光说里面的接吻镜头。"中国人真是落后啊……"他的眼睛幽幽发亮。

在一个大白天，他没敲门就走进某生产队一个女知青集体户。只有一个女知青躺在床上。她在发烧。她看到一双发亮的眼睛靠近了她，连同一张鞋底般的窄脸。她没法动弹，因为一只干瘦的手按在了她的额头上。那只手像在试她的体温，却用着劲，并有转移的趋势。只听他大声说："烧得不轻啊——"同时他四处张望，耳朵也在谛听。他的脸向她靠近了，几乎就要压住她。外面传来了什么响动，他听到了，他犹豫起来，颤抖起来。最后，他悻悻然直起身，收回手，无声地，像蛇一样离开了屋子。

这或许救了他一命。县城里后来贴出布告，一些强暴下放女知青的农村干部或农民被枪毙。他也许会因自己的及时收手而暗自庆幸。那时上面管这类事颇紧，虽然事实上这类事可能比人们所知的更严重也更复杂。总之，关于教导员的淫荡恶名，渐渐已经风声四起。亚伟一定听说了什么，特地跑来叫我们当心。村里人也用各种方式向我们暗示教导员恶补老鳖的用途。虽然都是语焉不详，我们那时也着实懵懂，不过，每个人的枕头下面，像亚伟他们要求的那样，大多放了水果刀，门后也有铁锹立着——若门闩被人暗暗拨开，至少还能发出一响。

不出几年，县上派的工作队下来，矛头直指"袁家王朝"。教导员被揭发与王郢几乎所有的女性长期有染，小到十五岁，老到五十五岁，大多是在他胁迫下发生。地主大院的女人们无一幸免。这真让我们大大吃惊。我马上想到华子——不，不可能！她嫂嫂团员——怎么会！还有小葛——我终于明白了她那个下午惊雷一样的撼天怒骂。还有那个风摆杨柳的女人，那个罗圈腿的地主小老婆……我不敢再想下去，每想一遍，就等于又伤害了她们一遍。可我还是要想下去。除了她们的身体，她们（及他们的家人）还能用什么来换得最微小的平安呢？她们每天、每小时、每分钟该是怎样地绞尽脑汁来防御野兽、保护自己？这过的又是什么日子？还有什么更多更复杂的原委和情节吗？……我已经难以想下去。

这次，是教导员站在了被批斗的位置。权力一经剥夺，他整个人的灰暗和瘦就仿佛加速了。但是奇怪，并没有什么人站出来控诉。女人们背地里窃窃私语，声音像水一样蔓延。男人们沉默如山。毕竟，这是村子里每个人的耻辱。人们不愿把耻辱撕开，像撕开血肉，无法忍受双重的痛？还是另有隐情？当树上的广播喇叭里一遍遍响彻工作队的批判宣告，并把这个和"右倾翻案风"联系起来时，从树下走过的扛锄头的农民，腰背好像更弯了。

被罢免的教导员，似乎并没有被判罪坐牢。只是，我们再没有看见他。田埂上，水塘边，村子里，好像从未有过一个瘦瘦的身影。好像他已经变成幽灵，暂时隐身在黑夜的某个地方。

1998 年 ,2007 年

风雨水火

大风到来前其实是有征兆的，当时我们却没有觉察。那一天天色阴晦，云脚压得很低，几乎压上屋顶。屋子里昏暗一片。那是傍晚。我们照例没有点灯（我们已养成节约的习惯），准备在昏暗中生火做饭。

忽然，我的身子打了个寒颤。也许是深秋已到的缘故。天已晚。我走出屋门，去抱一捧烧锅的稻草。草垛变成了铅灰色，在迅速深浓的天色里像一座矮胖的铁塔。我突然感觉到奇异的寂静。

所有的声音都消失了。所有的生灵，鸡鸭猪狗，麻雀和蚱蜢，摇动的树枝，它们在空气中的摩擦……一切仿佛都被掳走，或被什么暂时凝冻。也没有人声。好像全村的人都不约而同地悄悄出走，弃下一座空城。

我停下来，想让这可怕的感觉闪电一样消失。

随后，我听到一丝隐约的呼啸。在远处。也像来自身体内部。天空的铁灰色正转换成暗黑。隔着一条村路，我看见大傻家的屋顶上，有个人影在移动。

白天，在地里，一个老农把手搭在额前，一言不发地望着远方。一些人学他的样，朝相同的方向望。田野尽头的地平线上空，像被一只巨大的手掌捂着，只有零星白光从指缝根里漏出来。云朵列成长长的梯田模样，

"

一层压着一层。老农神色凝重。地里的玩笑话明显减少。

他们就是靠天来判断气象。纸盆喇叭差不多每家都装了，只有我们没装。喇叭发出的嘁嘁啦啦声时断时续，总是在传达"最高指示"，有关社论，宣传文件，以及咿咿呀呀的样板戏。人们在这听惯的声音里飞快地煮饭吃饭，把饭碗端到墙根下蹲着吃，一边拉呱一边扒饭。就是广播里发了什么通知，人们也无动于衷——这和他们的生计基本无关。气象报告总是飘飘忽忽的一两句，让人想抓而抓不着。而且经常不准确。有人开玩笑说，广播里报有雨，俺们这旮旯可以晒粮食，报告出太阳，这里就等着下冰雹吧。

真的呢。早春时候，一块乌云飞临玉米地，紧接着抛下雨点，马上，雨点变成冰蛋子，小如黄豆，大似鸟蛋，集束而下。干活的人们躲在树下，眼睁睁看着玉米幼苗被砸烂。

在没有遮蔽的长空下，人们这么小。人们看天，像在观察一个脾气乖戾的领导的脸色。不，它通常不给人找麻烦，当人们需要雨水，阳光，或者雪片，它会适时地送来。人们对它仍小心着，知道它只要恶作剧一次，就够他们折腾一年。人们对它怀有敬畏，再粗鲁的人，也不会用言语亵渎它。天打雷劈，老天有眼，在他们心目中，它就像是执行最后审判的那一个人。它的任何给予，他们都只能承受。

抱着满怀稻草我走进屋子。屋内漆黑，我点上油灯。突然，窜进来的一股风把灯吹灭，几乎同时，一个人立在门口。他没进门，手拿一捆绕成圈的草绳。

"快，"是大全的声音，"拿板凳，我要上房。"

我看不清大全的五官。只见他一只脚踩上板凳，身子一跃，半个身体已在斜屋顶上。这就是低矮房屋的好处：容易上房。很快他攀到屋脊，从那里放下长长的草绳，吩咐我们在绳子末端结结实实地绑上大石块。他带来了这些石块。我们手忙脚乱，因为屋脊上大全催促得越来越紧。"快，要刮大风了！快快！"黑暗的天空中，他的声音奇异地飘荡。他原不是急性子，不这么多话。

风也紧了。屋顶上的稻草哗哗响着。那年头，除了地主大院残存的几间房有青砖黑瓦，王郢的房屋清一色泥墙草顶。好一点的用挺拔的干茅草，不容易积水腐烂，次一点的用麦秸，最差就是软塌塌又不值钱的稻草。草用泥巴粘在屋顶上，一层压一层，代替瓦片保温排水。

我们听从大全的命令，从屋前奔到屋后，为一个个绳端绑石头。大全在屋顶上飞快地移动，让垂着重石的绳子先压在屋顶两侧，再中间，尽可能排得紧密，像一张没有纬线的网一样。风越来越猛。房屋的骨架，木料和毛竹，在泥巴包裹中嘎吱颤抖。呼啸声在我们忙碌的当儿临近，到达，转着圈子，越来越响。树木哗然，草叶飞旋，而天色转浓的速度倒在这时放慢了，天边隐隐有了光，映现出这已然发疯的世界的大致轮廓。我们被大风赶进屋里，用很大的力气关上门——简直像在与风较劲。这时大全也下来了。

"管了。"大全拍拍手，表示行了，不用怕。他的头发成了一个乱稻草窝，"雨马上就来。"他像在报告一个人的行踪。他叫我们待在屋里，不要出去。然后他走了。

我们终于没做成这一天的晚饭。风从烟囱口倒灌进来，吹灭了炉膛里刚点着的火，还把火苗吹出炉膛，吹到外面的干草堆上。险象环生。为避免失火，我们踩灭所有的火星，又冷又饿地摸黑上床睡觉。

整整一夜，房顶嘎吱嘎吱地晃响个不停，土块和碎粒纷纷掉落。我们注视着幽暗中的天花板，随时等待它的倒塌。风已经把整个房子包围，房顶上，墙缝里，风的声音无所不在。在更远的天空中，好像有数不清的怪兽在同时低吼，然后，一群野狼呜咽着包抄上来，哗哗笑着，搅成一团。在某一刻，可怕的声音就要停止——好像已经决出了胜负。但是不，这只是更大风力到达的前奏，它们是整一个军团，兵强马壮地横冲直撞，接力行进。世界是它的领地了。如果没有泥巴墙和稻草屋顶的庇护，我们大概早就被卷到空中了。

　　风带来了雨，雨却是静默的，我们在屋里只听到风。同样的，全村人都在竖起耳朵听。后半夜实际上雨已经倾盆，直到第二天早上一切才停止。生产队的一间公房，也就是队办小学的教室，整个屋顶被大风揭去，土讲台和土课桌被雨水泡酥，差不多全塌成烂泥堆。大傻家的屋顶出现了一个大窟窿，是因为草绳绑的土坯先自在雨水中烂了，轻飘飘的绳子随即被风刮走，稻草也飞起来。大傻的床就在破屋顶下面，支撑床板的本来就是土坯，现在成了个烂泥塘。村子里满地都是被风吹散的稻草，腐烂发黑的，金黄新鲜的。那无业游民似的小陈，他的矮窝棚干脆整个儿倒塌了，幸好他有先见之明，赶早搬进了队里的谷仓。

　　太阳出来后，受灾的人家架上梯子板凳，上房修补屋顶。早已不成样的教室，这次得到了彻底修复。鸟儿飞回了自己的树，寻找或重筑鸟窝。房上房下的人们，在空中互相抛撒纸烟，大声争论谁第一个预知大风将临，谁先想到去搬哑巴洼的石头。房顶上的人，和停在树上的鸟儿一样，叽叽喳喳个不停。

　　不知道的人走过这里，会以为整个村子要办喜事。

　　雨是土地的欢喜冤家，被盼望，被忧虑，被恐惧。和任何事物一样，当它过分，它就变成灾难。

　　匆忙而吝啬的雨被人骂。连地皮都没湿，它就走了。旱得快冒烟的土地只好裂出一道道口子，让深处的潮气出来抵挡一阵。没用，潮气一会儿就干了，口子裂得更深。人们焦虑地手搭凉棚，盼望天上的云瞬间变黑。

　　远处的一朵云说黑就黑了，飞毯一样飘来。太阳底下干活的人，眼睛比什么都灵，早就三步并两步跑开，嘴里欢叫着："雨来了！雨来了！"这时太阳还亮着。什么也不懂的我们愣在原地，在人们的大叫中转眼变成落汤鸡。

　　雨带来欢欣和活气。水田和水沟里的水哗哗流淌，让每个农民精神抖擞，仿佛他们也是萎顿许久的庄稼。小伙子们抢着为我们去大老远的水井挑水，故意摔倒在泥水里，四仰八叉。井水变混浊了。雨越下越大。

　　人们在下雨的时候歇息，或被召集去开会，或串门拉呱。女人们逮着空儿纳鞋底缝穷。小孩子纷纷拿筐子篓子堵水塘的缺口，拦截被水冲下来的鱼虾。按照大家的说法，这些鱼虾不属于队里放养——谁知道它们从哪里来——谁拦到归谁，可以放心大胆地拿回家吃，到集上卖掉。雨水使田野上所有的水塘、水沟、水渠联成一张网。我们躲在矮屋子里，为不用出工而庆幸，不由模仿电影《战洪图》里一个坏分子的口气默念："下吧，下吧，下它个七七四十九天……"

　　当雨水真的止不住时，我们知道坏了，天发疯了。庄稼眼看着熟在地里，在雨中膨胀，鼓嘴爆芽。大伙冒雨抢收，可还是有一些落在泥水里。家家户户都土法上马，把抢收回来再脱粒的谷粮弄干。用干布抹，用微火烘（但留种就不行了）。大竹匾从房梁上取下来，饱含水分的粮食摊开在上面，黄金一样的珍贵。

　　雨仍然不止，仿佛天破了，开了一个洞。人们恨不能上天去补这个洞。这是长江以北、淮河以北的地区，并不是南方的热带雨林。这一带有名的屯仓水库，听说水已经漫过警戒线，大伙在冬天一锹土一锹土垒起并夯实的堤坝，已经处于紧急状况。

　　每年冬闲季节，各生产队都要派劳动力修水库堤坝，让它更高、更长、更结实。那种竖着红旗、喊着号子的劳动场面曾让很多人产生错觉，以为自己是在"红旗渠"、"农业学大寨"的电影场景里，而不是堤坝真有了危险。现在，在大雨中，人们又带着同样的工具，身披蓑衣或塑料雨衣（破旧的），脸色严峻地赶往水库。

　　水库是在高处，需要翻过屯仓山。一路上我跟着人们急行军，默默地，心怀疑问：为什么水库造得这么高？

　　到达水库时雨变小了，无数细小的水滴悬浮在阴晦的天空下。云层极厚，浓烟般地翻滚，沉甸甸往下压着，又近在头顶似的，伸手就可碰到。脚下的水也是铁灰色，像天空和云的倒影。

　　水在下面翻腾，谁也说不出它有多深，有多大的力量。一根稻草落下去，顷刻间就被吞没，而不是漂浮在水上。水像是长了无数颗牙齿，一遍遍开合着，急急地想要咬住任何实在的东西：人，牲畜，房子。

站在这里，我感到像站在世界的尽头，末日，像摩西被追赶到红海边上，而大海还没有将水分开。没有时间惊讶了，口哨和号令在响，人们散开，拼命挖土，再把土担到大坝上，夯实。天已经不早了。到傍晚，风声又紧，雨又大了——雨简直像二流子，吃饱喝足后再跟人作对。大雨中，水面快速上涨，远超过大坝长高的速度。每个人都像做着机械动作，在越来越黑的夜色风雨中穿梭奔忙。没人说话，没人歇息，没人偷懒。漆黑夜色中，几道手电光横穿过来，照亮的雨线和人影，全是倾斜飘忽的。大坝就像一个舞台。

忽然，大坝静下来——正和大风来临前的寂静一样。在更深的黑暗中，一道手电光打过来，人影只剩下寥寥几个：几个农民，几个知青（我是其中之一）。许多人忽然不见了，仿佛已被黑暗吞噬。手电光映出一个老人的满脸皱纹，他在问：你们叫什么名字，哪个队的？他深深地看我们一下，"回去吧，坝保不住了，要炸。"他吃力地说着，手电光犹如圣者的火把，引我们走下堤坝，走进临时搭起的窝棚。

就着窝棚里的马灯，我们吃木桶里的米饭，把辛辣的生蒜头扔进嘴里。生产队这当儿绝不吝啬粮食。饭里有泥土和沙子，我们用力地咀嚼。刚吞下几大口米饭，只听轰隆一响，闷雷似的，把我们镇住。那是大坝被炸的声响。

消失的人们不知何时又出现了，返回的小路变得拥挤。人们打了败仗，成了哑巴。脚下的泥泞增加了一倍，行走的速度慢了一半。我起先还以为前后左右那些人都是自己队里的乡亲，后来发现错了。如果有一盏灯，就会看见是些陌生人在和我们同行。他们来自别的队。经过一些岔路口，人就减少一些。

天色渐亮，我们来到了陌生的地方。低洼的村庄变成了水塘，或一个大湖，水面上漂浮着稻草屋顶，像是些被丢弃的大草帽。很多房屋的墙壁朝一个方向倾斜，使人怀疑是自己站歪了，是一夜跋涉带来的幻觉。水波在地势偏低的田野上荡漾，安静地，把灰暗的曙色映照出来。

一个月后，我们收到亚伟从县农机厂写来的信（他已是那里的工人）。姗姗来迟的信报告了来安一个叫"水口"的地方的水情，淹死多少人畜，多少土地绝收。信中问：你们的小土屋有没有变形？

谢天谢地，王郢躲过了决堤后汹涌而下的洪水。也许是地势较高的缘故。我也终于明白房东大爷整天扛着锹这里挖一下、那里补一下的重大作用——让水有畅通的宣泄渠道，经水沟水塘流向远方的河。水干后，我们屋里的地上，长出一片又细又瘦的淡褐色蘑菇。

一个深夜，所有的狗都狂叫起来，把我们惊醒。天在外面又红又亮，朝霞仿佛提前出现。有人猛敲我们的房门："起来！出来！"杂沓的人声和脚步声在外面交错。

冲出门外，我们立刻看到火。黑夜映衬下格外鲜红的活跃的火。巨大的火。不再是炉膛里温暖可爱的样子，而是伸出无数伪足，变幻并扩张着，像从魔瓶里逃出来的撒旦的影子。树木和村庄在火光中变得陌生，像一个重大节日的场景给打上特殊的光。全村的狗列着横队向火的方向齐声高叫。火在高处，在稻草和竹木的房顶上流动，又从下面的屋子里不断升腾并补充上来。即使它的面积暂时还不算太大，但它灼热的扑面而来的气势，确已让人惊心动魄。

着火处是在王郢之外的村路旁，离我们的土屋很近，离大傻家、麻脸队长和他兄弟家、教导员家都不远。黑夜的火光改变了一切，以致我们辨不出着火的是谁家。村里人早已挑着水桶赶来救火。没有水桶的，拿脸盆。水塘和水井太远（正所谓远水救不了近火），附近人家的水缸全部派上用场。然而，即使是一大桶水，在泼向大火的一刹那，也不过是像小水滴一样势单力薄。火焰在遭到小小的袭击后只稍稍犹豫和收敛了一会儿，回过神来又手舞足蹈。火是个妖魔，你根本不知道在下一秒钟，它又会要什么花招，朝上蹿还是往旁边移。它使气流的方向改变，形成风，它的伙伴。它渐渐移向王郢的方向了——先踏一只脚在一棵树的树梢上，站稳了，再向近旁的屋顶伸过去一只手……

火光映出人们疯狂地奔出奔进的身影。挑水，提水，端水，浇水，泼水……人们就是那小小的水滴。人们认了。但还是要把水泼向火。不要中断，不要中断。有人披着湿麻袋冲进火里，用树枝和麻袋片拼命扑打，像在扑打他们的仇人。认不清是谁，也许是大全，云霞，大傻，成友，姚会计，麻脸队长，秦大伯……他们像是同一个不要命的人。在洪水拍击的堤坝上拼命挖土、挑土、夯土的人。在大风里用石块和草绳网压住屋顶的人。在无边的天空下手搭凉棚望天的小小的人。

火在将近天明时被扑灭。那一定是火感到了倦怠，不想再跟这些比它更有韧性的人玩了。它的鲜红在渐亮的天色中慢慢消退，变成烟，从焦炭似的废墟里一缕缕抽身。这是 1975 年的冬季，气候非常干燥。这成为一个疑案、悬案。没人说得清，大火到底因何而起。

1998 年

吃啊，吃啊

　　我吃的第一餐农家饭是在房东家里。我记得那晚的油灯十分暗——那是挂在墙上的油鼻子。堂屋方桌上摆放着数只粗瓷大碗，里面的菜黑乎乎的看不真切。刚到王郢，我们都饿了。我看到米饭，一个小脸盆似的搪瓷盆盛着的浑浊汤。但没有闻到菜的香气，相反，一股浓重的油哈气混合着柴草烟味弥漫全屋。几双焦黑粗糙的手用筷子把菜碗里的东西搛给我们。"吃啊，吃啊。"我搛起一大块油光光的东西放到嘴里，咬了一口，马上吐出来。是一块几乎没有煮熟的肥猪肉，腥气强烈，连皮带毛。他们看看我，又看看我吐在桌上的肉。"猪肉。你吃不来猪肉？"他们惊讶而惋惜，为那块浪费了的猪肉。我不安地咀嚼饭粒，拼命想把呕吐感压下去。趁他们不注意，我用筷子把那块肉拨拉到地上。一只在桌底下钻进钻出的狗马上把这块肉吃掉了。大家都听到狗在享用它时的稀里哗啦。

　　没过多久我就明白这样一桌饭菜有多么奢侈。这新鲜肥猪肉也许是他们专门去集上买的，也许还特地杀了头肥猪呢，为的是让我们这些上海来的学生吃好这乡村第一餐。没过多久就过年了。过年菜也就和这餐饭菜差不多，最多再杀一只鸡。如果宰猪，猪血和下水会留下来自用，外加槽头肉和猪爪腌起来，供来年吃上一年。我也明白大肥肉为何没煮烂就上桌了，据说这又解馋又耐饥，吃上几块这样的肥肉，可以省下一两顿饭。明白这一点后，那块被我吐出来的肥肉简直让我无地自容。

地头田间，人们一得空，少不了要谈吃的。他们说得多来劲啊——

"刚收下的山芋搁地里晒干了，干得硬硬的，磨粉，用小筛子筛，筛呀，筛呀，筛出最细的那层粉，手指头一捻，不粘手，好——"

说的人在每一个环节上细细停留，不愿快快地行进。这说的是什么呢？

"……把粉放盆里，倒上水——不能快，慢慢的，拿一个筷子转圆圈搅和，搅和，搅到能上手了，用手掌心慢慢地搓——快了不成，要碎——搓成一个个鸽蛋大的丸子，上笼隔水蒸也着，下水里汆也着，脬起来——"

这能吃了吗？我们已经等不及了。

"不忙，"说的人可真是不慌不忙，"起油锅，冒青烟了，下丸子，哧啦——炸得香香的，起一层脆皮，搁酱油，辣子，葱，姜，蒜头——爱吃甜的搁点糖，爱吃咸的多搁点盐——收干酱汁，起锅，盛碗里——你就看吧，油晃晃，红亮亮，咬一口，诶——呀——比肉丸子还滑嫩！"

众人在一旁咽着口水，点头，证实这个人所言确凿。

我后来在房东家尝到了这道美味。它是多么平淡无奇，深棕色，有一点糊，虽然里面确有嚼劲，也比较细滑——比单纯用生晒的山芋干煮玉米糊强多了。在我得知，干涩难咽的生晒山芋干粉是人们一年到头最耐饥的主食，而且，有这样的主食吃并能吃饱已经很不容易时，我对这芋粉丸子立刻肃然起敬了。

又有个人在说：

"公鸡，要用大豆子炒，才好吃。"当然，母鸡是留着下蛋的，所以公鸡总是遭殃——村里人要请人帮忙，或赔个不是，首先就是请人吃饭，如果饭桌上少了大豆子（碧绿的嫩黄豆）炒鸡这道菜，会被认为诚意不足。

"乌黑的腌肉，切得飞绡飞绡，"这是两个多么奇特的字音，即使我不知道它们怎么写，但那薄如纸片、并有边角在微微卷起的情状已经在我眼前了——"炒地蛋片，炒豆角，嗨，初一吃了，十五还想……"

"塘里摸来螺蛳，滚水一烫，拿针挑出肉来，炒韭菜，好吃！"

此外，把煮熟的黄豆拌上生姜韭菜，用盐腌了，闷在瓦罐里，闷出一层霉，发出霉香，就是"霉豆子"。

煮熟的黄豆放大量盐，霉了晒，晒了霉，反复几次就成了"黄酱"，然后，黄瓜呀，生瓜呀，菜瓜呀，扔进去，统统成为酱瓜。

什么都可以腌着吃。没有荤的，蔬菜也行。青菜，萝卜缨子，荠菜，包心菜，蒜头，蒜苗……盐是最便宜的，而大芦糊常年不断，乏味，又"烧"肠子，只有靠咸来送。村里人相信多吃盐有力气。

春天闹起春荒，怎么办？手巧的女人们纷纷用安了钩子的长竹竿把村头的洋槐树枝钩弯了，再用手把缀满枝条的洋槐花捋到竹匾里。洋槐花是青白色的，朵儿小，将开未开时花形如一只小小的铜钟。据说它这时最有食用价值——把满满一淘箩洋槐花在水里漂一漂，沥干，放少许油炒香，加盐，再和陈年碎米一起焖熟，一小把米可煮一大锅饭。我们如法炮制，曾煮出一锅异香扑鼻的、味道类似于上海菜饭的饭来，但多吃几口就不想吃了，毕竟是花，不是蔬菜。花开不久，洋槐花的香气就变成一种土腥气，花也渐渐衰败，花蕊有了苦味。

午季，小麦从地里收割下来，脱粒，扬场。家家户户飘出新鲜小麦粉在铁锅上烤出来的香气。那就是粑粑的香气。

粑粑，我们初听时就像"爸爸"，有一种亲切的依恋，很快便知这是误解，这里人叫父亲不叫爸爸，而叫"大"或"伯"。粑粑是一种发面饼，制作过程如下：将发酵物（一小坨上次用剩的发面头——它像火种一样，实在没有可向别人家要）浸泡在一碗水里，成糊状后，倒进面粉里搅拌，成软硬适中的面团，揉透，猛拍，做成一个个一寸厚的面饼，再猛拍使之光滑，置一边"醒"。然后，在铁锅里加一半水，煮开，把面饼小心贴在水面上方的铁锅上，一个个排好，贴紧了，盖上大锅盖，把水再度煮开，不断火，维持水的沸腾，借水的蒸汽和铁锅的热量使粑粑熟。这样，粑粑既是蒸熟的，也是烤熟的，底部有一层烘烤而成的焦香硬壳，上面却像馒头一样松软——当地话称这种松软为"宣"。

不用食油，不加鸡蛋，却有这样的松软和香味，这是王郢人的一大发明。精打细算的主妇为节省柴草，有时在锅里熬稀饭或大芦糊，上面贴粑粑，量好水的尺寸，算好时辰，到时候一揭锅盖，下面稀的也好了，上面干的也熟了。只有那手忙脚乱的人（如我们），一会儿怕水煮干，一会儿怕粑粑没贴紧掉下水，不停地掀锅盖，而粑粑掉下水去的情况就真的发生了——变成一锅稀糊糊。

掰开刚出锅的粑粑，有一股烟似的白气冒出来。夹上炒鸡蛋，咸菜，就一碗糊糊汤喝，是一顿不错的农家饭。粑粑也经得起放，搁在篮子里，挂在房梁上，大热天里放两三天也不坏。它还是一种便于携带的干粮。

说到干粮，我不禁要想到中学课文里读过的梁生宝，想到这个北方农村的小伙子，怀揣着乡亲们积攒起来的辛苦钱，去购买稻种，途中吃的一顿特殊的饭。这顿饭给我印象太深刻，因他只有一样可吃的，他随身携带的干馍。我估计北方的馍不会有王郢的粑粑那么"宣"。在寒冷的冬天，梁生宝只向店家买了一碗热面汤，把掰碎的馍泡在里面，一点碎屑都不漏掉，稀里呼噜吃下去，顿时，身子热了，腿也有劲了，他紧一紧腰带（那他肯定没吃饱），继续上路。王郢的粑粑，也是这样带给无数上路人力气的吧，那些修水库的人，看场的人，在田野里出大力的人。粑粑是他们体能的来源。

如果掉下一粒碎屑，也一定会被粗糙的手仔细拈起，放进嘴里。在这里，浪费可耻。

玉米是一种粗粮，人们将它原粒磨粉，坚硬的皮和碴都搅在里面。用这种玉米粉煮成的大芦糊少黏性，扎喉咙，泥土般地咽不下去。但用它摊的煎饼，却是受欢迎的稀罕物。

王郢人大多不会摊煎饼，也没有这种工具。这手艺是袁家从山东带来的。麻脸队长的老婆最是行家。她在她家门前的空地上点燃一小堆柴火，上面架一个鏊子（黑铁制的一种炊具，形似一只倒扣的铁锅，但坡度不大，是比较平坦的圆锥体）。她用湿布擦净鏊子，倒上一点（只一点）稀薄的玉米糊，拿一根细竹棍贴鏊子将糊糊抹开，抹匀。只一眨眼的工夫，鏊子就把玉米糊烙干，成了一张比纸还薄的黄灿灿的圆饼。吃在嘴里，又脆又香。围观的小孩子每人可分到一点解馋。

秋天过后，新米上来了。它在田里时就对人们的肠胃形成巨大的诱惑。脱了谷衣的新米白白胖胖的，很像是一个个被娇宠的小娃娃。

对饥饿的人来说，能吃上香喷喷的新米饭就是一种莫大的享受，哪还要什么菜。第一锅新米饭是可以敞开肚子吃的。大傻到锅里盛了一碗——拍紧，还要堆尖，这是他自己家的饭。他饿怕了。他张开大嘴，三扒两扒，如风卷残云。饭碗空了。他盛了第二碗。这次他速度稍稍放慢，一口一口地用力咀嚼，脸上没了先前恶狠狠的猴急相，泛出惯常的笑意，仿佛对米饭的滋味感到满意。第三碗依然堆尖，他把饭碗托在手上，对着它们白润的色泽和美丽的形状发了一阵呆，然后，筷子头慢慢地挑上几粒，慢慢送进嘴里（像在品尝珍珠或者钻石），牙床缓缓地活动，似要让它们美好的滋味长久地停留在舌头和喉咙的每一部分。在整个过程中，他那奇大无比的嘴巴始终奇怪地鼓动着，那片下翻的嘴唇小心地向上包起，没有漏出一点米饭。

我在大傻家看到了这景象。小葛，聋子木匠，以及他们的两个孩子，也在急匆匆地埋头吃饭，只是不像大傻这般表现惊人。与此同时，全村都陷入同样的安静中，人们在安静中忙碌，忙着品尝这人间至味——其实，它只是一切滋味的基础，最普通，也最平凡。

白花花的米饭啊，谁知道什么时候它就会从锅里消失？这种情况，在那个时代，是经常地、突如其来就发生的。

1998 年 ,2007 年

牲灵

有一首西北民歌，叫《赶牲灵》，听第一遍时我就被镇住。它在悠扬中回荡惆怅，在深情中散发迷茫。人心里最细弱的一根线被抽了出来，无尽地拉长，拉长，拉向莫知所以的地方。人需要依傍在具体的事物之上，才能在这一刻不陷落。电影里那哼着歌子的赶车老汉，就依傍在一挂马车的车辕上，勾着头，在银白微蓝的月光下，远去。他深色的穿棉袄的背影衬出了马高大的身躯，银白色的毛色，微蓝的阴影。马在跑动，那一团团活动着的结实饱满的肌肉，就是人的情感的载体。马蹄声嗒嗒作响，踏过平野。

牲灵，这是个绝妙的词儿。这说明它不同于人类，但同样有生命的灵性。皖东人的词典里没有它。现在我要借用它——我想不出比它更好的词，来形容那些与人朝夕相处的动物。

这片田野里没有马。我从未在王郢、附近的乡村以及县城里见过马的踪迹。这种优雅的鬃毛飞扬的动物，似乎不适合这片田野。

常见的是牛。牛大概是田野上醒得最早的牲灵，连同那个使唤牛的农民。天蒙蒙亮，人们扛锄头踩露水去出早工，这两个影子就已在晨雾中浮现了。我们听到耕田人的吆喝声，鞭子响，指挥着牛向前，向后，朝东，朝西。耕田人是个老实巴交的"富裕中农"（其实他一点不富裕），说话期期艾艾，唯独对牛能发出一连串顺畅的声音。那声音是由莫名其妙的咒骂带出，好像面对的是前世冤家。"打死你！""饿死你！""累死你！""看你还老实不老实！"……这话令人熟悉，在生产队的批判会上我们经常听到。那可能就是他经常领受到的，现在他来抛给了牛。只有在牛听话、地也耕得顺当时，他才扯着长鞭，把一串温和悠扬的谣曲挥散出来——就像一声绵长的叹息。牛吭哧吭哧地喘着气，我们为它深深地抱屈。是在那时，我真正体会到，为什么忆苦思甜的人们常用"做牛做马"来比喻他们所受的苦。

走近前看，鞭子并没抽打在牛身上，只在它的上方挥舞，再响亮地从空中收回。受到谩骂的牛低垂下头，把两只尖角弯弯地挑向前方，四条腿牢牢地扎在地里。背脊骨像刀一样，似要把蒙在上面的棕黄色牛皮顶穿。牛跟人一样瘦，身上套着绳子，绳子连接在沉重的犁刀上。它好像走不动，总是停下，通过喘息来聚集前进的力量。耕田人走在它的后头，挥一下鞭子，扶一扶犁，手有时就腾出来抚摸一下牛的皮毛。

牛出汗了。

那时我不能理解耕田人的这些举动，就像不能原谅他对牛粗暴的咒骂一样。多年后我读余华的小说《活着》，一开头就看到主人公福贵在对一群牛说话，叫它们的名字——每个名字都是他死去亲人的名字。我为这个细节感动，眼前重现出牛的形象。它们沉默不语，把人的扭曲了的不满、仇恨、哀伤统统吞食下去，像一只活动着的人类情感的垃圾箱。在它们披挂着长睫毛的大眼睛里，流动着比某些人类更沉静、坚忍和宽容的光芒。

它们咀嚼草料。不慌不忙地走路。乌黑肥大的牛鼻子里插着环形拴，上面系一根绳子，小孩子也能牵着它到处走。当小孩子骑上牛背，一颠一颠地被驮着走动时，牛表现出动人的温顺。但没有牧童短笛的景象，没有那种悠闲雅致。在大热天，小孩子通常用带叶的枝条编一个圆环戴在头上，或套在牛角上，和牛一起走向水塘。牛浸在水里，只露出头，牛角，刀锋一样瘦削的背脊骨，像浸泡在动物园水池里的河马。小孩子在岸边打水漂，吵闹奔跑，牛在树荫下水的阴影里几小时一动不动，像是孩子的守护神。如果那条灵活的牛尾巴停止了摆动，对飞来飞去的小蚊子无动于衷，就说明，它睡着了。

牛有长长的假期，在不用耕田的日子里。它不拉车，也不派别的用途。去县城的公路上根本就没有牛车。拖拉机是主要的运输交通工具。

牛当然会"顶牛"，在某些情况下——譬如，碰到了刁难它的家伙。它发脾气时鼻孔会像大象一样喷出水或泥浆。如果与它狭路相逢，最好别挡它的路，让它先走。这是村里人的警告。因此我总远离它。有一次我在它的近旁，咫尺可触，我看见它身上有几处溃疡的伤口，上面飞着小虫，一些泥巴粘在它颜色不均的皮毛上。它身后留下了大团黑色牛粪——并不臭，冒着热气，里面有一些尚未消化的干草。这无论如何说不上美，除了那鸡蛋大小的牛眼睛——它们脉脉含情，纯洁而平静，像在无声诉说自己真实的存在。

人们重视牛。每头牛都有户口——但我不知道它们有怎样的名字。牛生病了，人们像自己家里人生病一样焦急。队里有一头老牛躺了很久，大伙锄地时都为之无精打采，忽又齐齐踮起脚向谷场方向眺望——他们看见生产队长恭恭敬敬地跟在一个外乡兽医后面，朝谷场走去。他们的眼睛亮了一亮，又暗下去。他们讨论老牛是否还有救，讨论了很久，没有结论。结论是在晚些时候到来的，一个人从谷场上跑回来，两手一摊，说老牛死了。它临死前没有发出哞哞的哀叫，但流了眼泪。人们的眼睛立刻暗如暮色。

按照惯例，死了的牛，只要不是孬病死的，可以把牛肉分给各户食用。这头老牛是衰竭而死——累死的。但是没有人肯接受这份难得的食物，虽然大家又穷又饿。死去的牛连夜给邻村人抬走了。

与牛相反，毛驴的叫声像警报一样，隔一段时间就鸣响一次。那真是揪心的声音，嘹亮有如经过金属容器的过滤，又像是马上被塞进一只大风箱，在用力的挤压下一高一低，回荡不已。它响在村庄上空，向田野一轮轮扩散，每每让我想到一个受难者在仰天长啸，倾吐不甘。我曾为之惊骇，觉得自己也受到了折磨。这声音只要一开始，我就捂紧耳朵盼它结束。我充分体验到那种心被快速提起又放下、放下又提起的遥遥无期的悬坠感，

村里人笑着说，驴子不叫，还叫驴吗？——他们有时干脆把毛驴叫成"叫驴"。吵架的时候，要是有一方骂声凌厉，另一方会说：嚯，看不出你还是头小叫驴哩！这便引起了众人的哄笑。受到奚落的人，脸一阵红一阵白，声音即刻低下去。

驴的长相确有些可笑——像是长坏了的小种马，却没有马俊逸洒脱的神态。但我不认为那就是委琐。驴的耳朵像两片大树叶，直率地向上扎起。它用厚而长的嘴巴用力咀嚼草料和豆渣饼时有一种可爱的急切，像个不谙世事的孩童。它是天生爱发出声音——干渴饥饿时，劳累时，吃饱喝足时——并不顾及别人的耳朵。而且，它一定要把这声音喊尽，如同把情感淋漓尽致地表达。它容易受骗。蒙住它的眼睛，让它套着辕绳在窄小的磨坊里向前走，它就真走个不停。但也许它已走在想象中的田野上，蓝天下，已经走出很远，我们只是不知道。

我不想把王郢的驴和希梅内斯笔下的小银相比，它也许不配有如此的赞叹："温柔而且娇惯，如同一个宠儿，也更像是一颗掌上明珠"，"内心刚强而坚定，像是石头"，"这么好，这么高贵，这么聪慧"！我们的村驴不是草地上的马尔柯·奥略利奥（罗马帝国一个皇帝），它是一头普通的劳动驴，没有表现高贵的机会，却无疑更沧桑，更平凡，更真实——它站立的土地属于二十世纪七十年代的中国乡村。

事实上，生产队只有这一头驴。它才真是孤独得可怜。也许它喊叫竟是为了反抗，为了冲破这无群的寂寞？

它总在磨坊门口嘶叫，头伸出在天空下。它被绳子拴着，无法走出更远。它就这样来争取空间，容纳并放大它的声音。

在王郢，几乎家家养猪。猪是农家的银行存款，而且是笔大款子，整存整取。人们叫乳猪为"猪秧"，把它当作猪的秧苗，养大了好收割——

宰杀或卖掉。一家人所有的现金支出（上学，看病，红白喜事，求助，说情，赔罪……）全指望它。猪对此却莫知莫觉，只管埋头于食槽，拼命吃喝，无忧无虑。

当食槽空了，人也揭不开锅时，猪就勇猛地冲开篱笆，冲向田野。麦地里的青苗是它的最爱，那未成熟的麦粒带着清甜的淀粉和浆水，强烈吸引了它。春夏季节，队里总要派人日夜"看青"，防备的就是这些像小豹子一样敏捷的饥饿的猪。

仿佛一场战斗。看青人手拿一根长棒，躲在暗处，像等待鱼儿上钩。他久经磨练的耳朵能把猪的声音从各种声响中分辨出来。安徽特有的黑毛猪，我们已见过它在公社大街上大模大样地散步，而它在田野上奔跑时更有一种轰轰烈烈的气势。它长驱直入，一点也不迂回，四蹄重重地点在地上，伴以粗重的喘息，像在宣告："我来了！"越接近麦田，它的速度越快，直至变为黑色的旋风。那大概是它的野猪祖先的强悍基因在起作用。看青人这时猛地站起，嘴里嚯嚯地喊着，把手里的长棒一家伙扔过去。被击中的猪落荒而逃。看青人并不追——实际也追不上。看青人已把它的特征牢记在心。猪看起来彼此相像，却逃不过看青人的眼睛。

倒霉的是闯祸猪的主人。扣工分，赔钱，受批判。如果主人成分"高"（地主富农之类），批判还会升级，与他们的阶级仇恨、破坏抓革命促生产大好形势的险恶用心联系起来。倒霉的主人回到家里，骂骂咧咧地，把猪圈的门加固一遍，用上粗铁丝，或者带刺的柴枝。当然也不排除有人确实故意把猪放出去啃青苗。那是一种没有办法的办法，因为，给猪吃的草，譬如，一种有着青绿色圆形肉质小叶瓣的叶边泛红的植物，已经让饥饿的人们抢着煮吃得差不多了。

猪躺在猪圈乌黑的泥泞里，睁着细长的眼睛。它不清楚这是个怎样的世界。它只想奔出去，像它的祖先那样，自由自在地，在田野上撒野逞强。

我们养过一头猪，村里人称它为"知青的猪"。它是被一个热心的农民到集上精心挑选而买来的，一头皮色粉红的圆滚滚的小猪秧。我们在村里人怂恿下愿意试着养养看。我看到，它从那个热心人的黑棉袄袖管里露出头来，羞怯地，吱吱叫着，像只老鼠。它日后的粗黑毛还藏在娇嫩皮肤的毛囊深处，像没有发芽的种子。鼻子平得像被锯过，湿漉漉的。鼻孔像两只小山洞。细长的眼缝里一闪，那是惊慌和懵懂。多年以后，当好莱坞那只著名的可爱猪宝贝闯入我的视线，演绎它冒险和获胜的经历时，我总是想起我们的猪。一开始看起来很相像，就像所有的婴儿。但以后，就不一样了。

村里人围着它看，夸赞它漂亮。"好好喂一年，到冬天，就可以——"孟队长兴高采烈地横起右掌，用力一划。无声的"喀嚓"声滚过我的心头。这就是它的命运。

人们总是跑来看它，并告诫，不同阶段得喂不同的饲料，让它把骨架撑得大大的，再催肥长膘。谷糠，麸皮，玉米碴，山芋干……他们给出的猪食谱简直奢侈。或许他们认为，知青的猪就该不一样。

连皮煮熟的山芋，连汤水都有甜味，是我们喜爱的美食，也被我们的猪所喜爱。这时它已经浑身黑毛。揭开锅盖，我们把绵软的红心山芋挑拣出来自己吃，稍硬的、吃不下的，就留给它。滚烫的山芋，在红色表皮的包裹下金黄香甜，令我们贪婪。它在门口也同时享用，吧唧吧唧地发出声音——这种声音，是西方人用餐时绝不允许发出的声音，象征耻辱的声音，饥饿的声音。

我们没时间打猪草，也没学会把猪草从一大堆野草中分辨出来。猪于是过早长膘，骨架反而停止了生长。它成为当地少见的五短身材却肥壮滚圆的猪，连肚皮都是紧绷绷的。走不快，哼哼唧唧，刚要下田就被人轰走。保护它的人总是村里的小孩子，还有大傻。他们大叫，这是知青的猪！他们飞奔而来，向我们报告它闯祸的消息。

我不记得它有没有猪舍。那年春天我们搬到了村外的新屋。猪又把大蒜田拱了个大坑——这本是我们的自留地，而我们不会经营，半租半送地给了房东。春天的大蒜和麦苗相像，我们的猪也许不聪明，也许嗅觉不够灵敏。

它失去了幼时那种可爱的羞怯。奇异的大体积里，包裹着神秘的对人类的诱惑。村里有些人已提前对它的美味产生想象——富有弹性的、结实饱满的猪肉，在餐桌上该怎样香气四溢！

我们的猪和好莱坞猪的最大区别，就在于对命运浑然不觉，也不会在刀俎前毅然出逃。它浑浑噩噩，吃了睡、睡了吃，以为这样的日子可天长地久。

一把尖刀向它逼近。它被捆绑着，尖声嚎叫。这是本能的嚎叫？或者，在那一刻它才清醒？谁知道呢。长期以来，我们接受着"人类是万物之灵长"的观点，但我不认为动物就没有知觉和智慧，没有舒适感、疼痛感、上当受骗感。人们夸赞它异常细嫩鲜美的肉质，在那个寒冷的冬天，很多人过来品尝。一头漂亮的猪消失了，成为一条条、一块块的美味。我被分配到一条"前腿"，被雪白的粗盐粒腌制过的。我品尝过吗？如果是，那么那是当时的我。我毫无知觉，在那时，对一个眼皮底下的牲灵，和它对人在饥饿中微小的想象、享受做出的贡献。

狗在扑向来犯者的刹那，集中了它所有的野性和英勇，虽然它常常分不清谁是真正的来犯者。庄户人家的狗没受过训练，凭的只是本能。我就这样被冤枉地咬过。

平时它呼噜呼噜地在饭桌底下拱，在人们的腿脚间钻来钻去，捡拾剩菜残羹。它对肉香有敏锐的嗅觉。在极度饥饿时（这是经常的），它的嗅觉和食欲也延伸至一切范围。它可真是什么都吃啊，让人想起一句俗话：狗改不了吃屎。

它喜欢跟在女主人身后，乖顺而欢快地摇尾巴。

一个不养狗的人家是寂寞的，寒碜的，好像少了一道门。

狗在人前打架，求欢，交配。它是乡下孩子们性知识的直接来源。因此它也被视为下贱。乡间流行一句骂人话：狗日的。这话甚至不具有杀伤力和侮辱性，骂的人笑，被骂的也笑。

　　我被狗咬过，但我仍无数次想象它跃起时的雄姿。它在这一刻出类拔萃，洗净污名，成为纯粹的狗的精灵。

　　我见过或听到过——
　　公鸡站在屋顶上啼鸣；
　　母鸡在黄狗的追赶下扇动翅膀，飞得比山墙还高，令人想起一只凤凰；
　　被宰杀的鹅挣脱出来，一路滴着鲜血，摇摇摆摆地引吭高歌；
　　在哑巴洼，有一头狼总在冬季的黎明出没，与村庄若即若离；
　　水库里游来了娃娃鱼，在夜晚嘤嘤地唱歌；
　　夏天的蛙鸣铺天盖地，使田野充满天籁之音……
　　我相信在我的乡村世界之外，还存在另一个世界，只是不知道牲灵们在那里是按怎样的秩序和规则生活，怎样受到人类的侵扰，表现出怎样的愤怒。
　　现在我仍然记得它们。现在我也养了一条狗。不是那种妖娆的异样的宠物类犬，是那种朴素的最像狗的狗。它的眼睛在灯光或黑夜中会发出绿光，让我想起狼的眼睛。它在看我。我爱它的温顺、深情和间或表现出的野性。因为它，我也注意到菜市场里一只等待宰杀的鸭子的眼神：朝下收起，呆滞，涣散，对一切视若罔闻，对命运表现出完全的无能为力。它们都属于各自的自己，但也并非与我们及我们身处的这个世界无关痛痒。

1998 年 ,2007 年

六　那些陌生的使者

跟随勇敢的心

　　我看了两遍。两遍都流了眼泪。现在我不再看，尽管这部 VCD 就在我手边。回想是比现场观看更有魅力的。回想，这已经是我自己的东西，属于了我。不正是在一遍遍的回想中，力量如同血液一样，到达了我的全身？

　　回想。这是一场非比寻常的爱情。

　　一开始他还是个小男孩，有着清澈的蓝眼睛。那么蓝，简直找不到词来形容它。是比天空和湖水更澄澈的一种，而天空已经布满阴云，湖水里流淌着杀戮的血污，在他周围。他站在这天地和湖水之间，幼小，无助，孱弱。

　　那么这纯粹的清澈的蓝又有什么用呢？血腥的世界会把它夺走，消灭，或者就让它改变。

　　它只适合梦。它是他梦中的颜色。寒冷的蓝色，一道银光——他战死的父亲躺在他身旁，突然，转过身来，对他说话。那声音弥散在蓝色中，醇厚而平静，仿佛来自远方。"从此你已了无牵挂，尽可去追寻你的理想。"他听见了，但不见得理解。这声音在蓝色中飘浮回荡，像是到达彼岸之人向此岸的呼唤。从此——从这起点，他英雄的父亲的灵魂，经由梦，传达给了他。

　　他实在太清秀了，这个小男孩。他懵懂茫然，还有一点儿胆怯，当残暴的杀戮像天边乌云滚滚而来时。在父兄的葬礼上，他清秀的脸上满是泪水，这小小的、套一件简单粗糙的苏格兰短裙袍的男孩。人们叫他威廉，一个普通的平民的名字。比他更小的一个小女孩已经离去，回过头，望望威兼，又转回来，摘下一朵生长在墓地边上的紫色花朵，递给他。这也是普通的、苏格兰大地上处处可见的花朵，细密的花瓣，没有绚丽的色彩。他的眼泪还没有干。他伸出手——一只纤瘦的孩子的手——接过花朵。我的心在此时震荡了一下。微小的或者永恒的力量可能就从这里起源。谁敢说不是？但，小男孩威廉，长大后会怎样呢？对这一切——梦，死亡，花朵——还会有记忆吗？只要生命延续，一个孩子的前程就充满了各种可能性。当我看到一些平庸的或者猥琐的甚至邪恶的男人，我常常会想象他们孩童时的模样，但常常想象不出。那些孩子的脸是含混的，平等的，在那天真和纯粹上，并没有打下日后的烙印。我已经不相信澄澈的永恒。不变的只是那灾难深重的高地和低地，长长的中世纪，前有绰号长脚的英格兰王爱德华的侵略，后有英王乔治和苏格兰贵族亚哥尔公爵的暴政统治。生活在这片天地中的人们，不能穿他们自己的民族服装——譬如高地男子世代相传的叠褶短裙，不能随身携带短刀长剑和枪，甚至不能吹奏他们的民族乐器——风笛。但风笛的声音响彻了威廉所在的荒凉时代和贫瘠山川。一个男孩在这样的时代山川中会长成什么样的人是很难说的。揭竿起义的勇士，苟且偷安的懦夫，纯朴温厚的善者，奸诈歹毒的小人……可能我的心过于冷酷了一点，这也正是我所在的生活给我的。

　　风笛的乐声像风一样掠过高原和草地，远去了。男孩威廉，他会长成怎样的男人？我只是好奇。我等待着。

　　如果我没猜错的话，这是他。他长成一个健壮的苏格兰男人。棕色的肌肉十分强健，手臂和胸背裸露着，暗格子短裙系在腰间，一条同色的宽布带像绶带一样斜挎过上身。每一部分都是有力量的，是长年在烈日下风雨中种植、刈草、劳动的结果。我看到他的脸。也是同样在劳作中变得坚毅的脸，棱角分明，嘴角和下巴沉稳。已经不再清秀，皮肤是粗糙的。也还称不上英俊——当心里的东西没有表露出来时，说一个男人是否英俊似为时过早，五官和身体在此时仅是物质的。一头亚麻色的头发雄狮般地披散在肩，鬓边有编得极细的苏格兰男人的辫子。我看到他的眼睛，蓝色的，但已不是晴朗单薄的蓝，年龄和阅历将它变厚了。他跳下马，深深吸进一口气，那是山川和草叶的气息。他仰头沉醉的样子仍有天真。在风笛吹奏的欢快乐曲声中，他走进在草地上跳舞的人群，寻找。他看见一个年轻的姑娘。他朝她欢快地笑。一个纯朴的年轻农民见到年轻姑娘时那种自然愉悦的善意的笑。他向她走去。

　　我预感到一个爱情故事将要开始。那种在任何时候、任何地方都可能发生的爱情故事，简单的，命中注定的，因为——恰正是发生在这个男人和这个女人之间。它不伟大也不惊人，几乎成为日常生活之一种。不过我还是有兴趣。爱总有它特殊和个别的一面，即使没有，爱本身也是奇迹，相对于泥土一样平凡的人生。我看到人群中那个年轻姑娘美伦也在朝他欢快地笑。毫不扭捏，也不羞涩。她笑的时候嘴就自然地张开，露出牙齿。不是饱满的樱唇，没有珍珠般发亮的牙齿。她未免显得普通了些。不，这正是她最可贵之处，这不加任何修饰的笑，劳作中健康的发红的脸，健壮到甚至有些粗壮的身体，自然垂落的直发，简陋的手工缝制的浅蓝色布袍。苏格兰农民威廉爱的只可能是这么一个纯朴的苏格兰姑娘。相似的、同类的一个男人和一个女人，这已经够了。

　　我想得似乎简单了些。我将那些现代小说中经常出现的关于爱情的观念无形中加诸几百年前的苏格兰男人威廉身上。我实在是低估了他。他骑着一匹马在淅沥夜雨中来到美伦家的简陋棚屋面前，邀请美伦随他夜游，而美伦毫不犹豫地、飞一般地在他父母阻挠的目光下扑进雨中，跳上他的马。天气正好。她似乎一边跑一边说了这么一句话。我老是忘记人物具体的台词，而只记得大意。不过也许更好。这姑娘是多么可爱啊——她几乎是凭自觉就爱上了一个男人，爱上了就勇往直前。他们在雨中骑马漫步，在幽暗的苏格兰大地。他们面对有亮光的地方彻夜长坐，彼此依靠。他想的是要有一大群儿子，做他的好帮手，种上一大片庄稼。临别的时候他对她说，我爱你，此生不渝。他的蓝眼睛里有柔和的希望和深情。这样直接而古老的表白令我心头一动——在我所处的生活中，它已经极少出现，人们说它老了，老掉牙了，或者就将它作为嘲笑的对象，说它做作而不真实。它有时候确实伴随虚伪和浅薄出现，随随便便地出现。就这样它渐渐被人们所抛弃，因为它的不可靠。它在生活和电影中出现时常带有不可靠之处，譬如一个男人对一个女人欲火难耐时的宣言，说的是"爱"，实质是"要"；又譬如那种轻飘的盟誓，短暂的真诚。这一切人们都已能宽容，人们说，这就是飘忽无定的、有弱点的、真实的人性。而真正的爱已经成了乌托邦。而我仍一次次被银幕上男主人公对女主人公深情道出"我爱你"的一幕所打动。这也只是短暂的被打动罢了。在被打动的时候，心的这一端仍对它存有怀疑。音乐低回，大地朦胧在目，威廉的眼里有真诚的光在闪动，蓝得毫无杂质。这时候，重要的事情发生了：他取出一块棉布交给美伦。那柔软的棉布中，包着一朵被时间耗干的不起眼的紫色花朵。那正是多年以前小小的美伦在威廉父兄落葬的那片墓地上采摘的花朵，它代表着她全部的心和话语来安慰流泪不止的孤独的威廉。我的心不由自主地颤栗和激荡，荡到实处。那么这"此情不渝"的爱是真正真实的了，是有多年的记忆、梦和美好温暖的慰藉作前提的了。那蓝色的深情、愉悦的笑、急切的寻找和直率勇猛的追求也都不是无缘无故的了。我爱你，我将终生守护你。这是他的话。这也不是轻易和随便的了。它是像大地山川一样肯定的，我相信。

然后他们在有月光和十字架的夜晚结婚。那十字架的所在似乎是他父兄的墓地。我认不真切。那是面对上帝、宇宙和英雄灵魂的神圣婚姻。之所以秘密结婚，是为免受英格兰贵族"初夜权"的侮辱。这一切似乎来得快了些。是的，很快又很短暂，这甜蜜的充满梦想的婚姻。试想在日常一切都处于英格兰红衣士兵监视之下的人生中，又有什么期待和美好是不短暂的！仿佛一会儿工夫，美伦就死于红衣军官的短剑下。嗞啦一下，轻微地，一个年轻的生命就永远垂下美丽的头颅，连一个梦想都没来得及孕育。她死的原因就是她反抗了凌辱，出于本能的、天性的反抗。倘没有与威廉结盟的爱她会如此抵死反抗吗？在这"初夜权"像瘟疫一样蔓延的地方？我无法知道。威廉所爱的女人也许本就非同寻常，在血性和灵魂深处。或者就是苏格兰人那种更接近自然和上帝的血液的浇灌。无限美好和可爱的女人啊，美伦。威廉出现了，在红衣士兵和布满杀机的视野中，骑马出现。一时间我不知道他将做什么。孤身一人，摊开双手，手是空的。脸上没有表情。他靠近，靠近。旋风和霹雳在一瞬间闪现——他抽出身后的多节棍，蓦地向敌人打去。雷霆万钧之力！宣战就从这一刻开始。斧头，大刀，长剑。无数旋风和霹雳。几代血海深仇。那个纯朴的衣衫褴褛的苏格兰农民转眼成为勇猛的战士。他把那个红衣军官逼到死路。嗤啦一声，肮脏的血流了出来。他没说一句话。就是这样，嗤啦一声，像这红衣军官杀死美伦一样。毫无商量的余地。

他脸上和脖颈上溅满鲜血。他成了战士。苏格兰人呼唤着他的父名：华莱士！华莱士！一个英雄的名字。他成了战士的首领。从此他就是华莱士。他不笑。在厮杀和风餐露宿的生活中他的筋骨越来越强壮，神情越来越刚毅，体魄越来越矫健。冲杀征战，他总在前列，白天，黑夜，姿态伟岸。命运和仇恨驱动着他。眼睛的蓝又有变化，掺入钢铁似的蓝灰。我的眼睛越来越离不开他。我只是注视他，而忽略其他，那杀声震天的战场，红衣士兵倒地的景象。我在生活中很难看到这样的人，这刚毅和勇猛。这刚毅和勇猛不是为了他的私利而生，这样的生活带给他的，除了危险，便是死亡。没有其他。然后又是战场，漫无尽头的战场。他飞马跃来，脸的一半涂上了蓝色，鼻梁，下巴，嘴唇，忽然像钢一样棱角分明，同时又神秘。英俊异常！我不能不这么认为。他骑马在行将退却的人们面前走过，话语像风，像一面凌空飘扬的旗帜——"你们是否愿意，用苟且偷安所得的余生，换取一个机会——仅仅是一个机会——换取自由？！"不用说那雷霆般响起的回应，我的心，几乎在同时，也有雷声滚过。我知道我已不可改变地爱上他，这英俊的、勇敢的、为自由愿舍弃一切的男人，这存在于几百年前陌生山川的男人。我不可能通过文字、书籍、声音、思想、图片爱上一个具体的男人，而只能是这样，有活生生的五官，身体，话语，行动，有在此之上的一种灵魂的光华，然后，产生爱。这种爱不可触摸——你和你所爱的人永远无法相遇相触，但它确实是爱，你能感觉到你心里涌动的激情，随时准备作出的呼应，你的目光对你所爱之人那强健英武之躯的每一寸抚摸，你的心随他而去，随他而起伏，你想，他是多么好，多么英俊，这世界上没有哪一个男子比得上他好而英俊，正气凛然而又温情如斯……你很久没有这样由衷地、毫无保留地、热情地赞美过一个男人了。你所有的关于爱情的理想都在此时，在这个男人身上得到实现，而你以往所有对爱情的怀疑和失望也都在此时、在这个人身上烟消云散。你不知道这是为什么，为什么这样的不由自主，情迷意乱，这样的不怕人笑话——读到这篇文字掩嘴而笑或嗤之以鼻的肯定大有人在。你不管，你这样说出来、这样表达出来心里就好受多了。你就这么想。你的目光追随着他。你确信，这是爱。你很久没有这样爱过了。

华莱士，我也开始这样称呼他。他正在露营地里，做梦。一个有梦的男人是格外令人心动的。他看见一个身披斗篷的人影飘飘忽忽向营地走来，靠近，又不能太靠近。他看见黑色斗篷下美伦的脸。他远远向她跪下。他知道，他在梦中。他说："我在做梦。"美伦说："你要醒来。"他说："我不愿醒。"而他醒来了。于是他遇见威尔士皇妃。我也格外关注他此后的际遇。

皇妃苍白华美的美与美伦形成绝大的对比，而她在骨子里只是一个孤独的未得到爱情的年轻女人，有一颗柔弱的心。华莱士似乎马上就感觉到这一点。他不卑不亢。他在保持了自己尊严的同时给了她莫大的信赖。在英王爱德华面前，她用一句"化外之民"的概括将她对他的印象掩盖起来。化外之民，他是吗？是的。他没有被所谓的文明、道德和伪善污染过，他的善良纯朴正义勇敢接近原始，他是被高贵天性和血腥事实教育出来的一个平民。这已经足够。而他眼睛里的东西，那些贵族有吗？没有也不配有。那是一种罕见的豪情——威尔士皇妃说得对极了！她为什么两次提醒他，帮助他？为什么？连华莱士也这样问她。这时他俩的脸已经靠得很近，咫尺可触，他呼出的气息已轻轻吹动了她的头发。我预感到另一次爱情就要在这两个人之间降临。她侧过脸，避开了他的眼睛。她说："因为你眼中的豪情。"我的心再一次激荡。也许，没有一个女人能够抗拒得了一颗正义且勇敢的心，况且这颗心又长在一个生气勃勃的英俊男子的身体里。而能够感受到这一切、这眼中豪情的女人，也确实值得他爱。他们接吻，情不自禁。一切都在情不自禁之中。一个男人和一个女人，无论其地位教养有多么悬殊，如果能情不自禁，那就是爱的最佳境界。那是不问结果、不求其他的爱。那也是没有"以后"、只有"此刻"的爱。他朝她俯下身子。他们此刻是赤裸相对。他的头发、呼吸和肌体中，一定留有战场拼杀时汗水的气味，野营时青草、露珠和马粪的气味，山川宇宙粗犷博大的气息。那么她该是何等幸运。一次这样的相吻相亲，该能胜过无数次男女之欢。他们在清晨的草原拥抱离别。我感到他是没有留恋的，而她则低回不已，只剩她一个人了，还独自伫立在草原上，低头看那无边蔓生的青草。这样的爱对她而言一生只可有一次，从此以后她再不能爱了——除了这不凡的"化外之民"。

接着，我们等来了他最后的结局。我看到他已经疲惫不堪，在无休止的征战、拼杀和露宿后之后。他渴望安享和平，生儿育女，过一个自由人的生活。这也是他反抗和战斗的最终目的。即使和谈他也准备去了，他仿佛已经别无选择。在此，一种悲壮的征兆已经出现。我看着他并跟着他踏上险途。悲剧不可避免地到来。他，华莱士，落入了魔掌。这仿佛就是他的命运。他还会有别的命运和结局吗？

不承认"叛国罪"就要被施以残酷的极刑。不，他说，他从未宣誓要效忠"国王"，他只是上帝的子民。他不认罪。这在他是斩钉截铁的，不会游移和动摇。死的结局就这样铸定。这成了"不自由，毋宁死"的另一个注脚。威尔士皇妃前来探监。她说，认罪吧，只要能活命。我在此只能认为她是不忍看到所爱之人死去。何况这也是大多数人在死亡面前的本能反应。毕竟人只能活一次。但他毕竟是他，华莱士，我认定的勇士。他平静地说，倘认罪，便与死无异。那么就服下这药吧，以逃脱残酷的、常人难以忍受的极刑之痛苦。皇妃向他出示了这药。一个小小的药罐。不，他仍然说，这样他可能在麻痹中无法自制，从而失却面对死亡时的尊严。尊严是比生命、比肉体的痛苦更重要的，这也是他选择死亡的一个前提。不过他最终还是听任皇妃将药水倒入他口中。他似乎已经不愿多费口舌。或者就是他不愿辜负皇妃的仁慈。哪一种解释都可能成立。他们作最后的吻别。是有些平淡的、哀伤而无奈的吻。似乎已经没有了激情。在这样有关"活命"和"宁死不屈"的分野之后。她无望地离去，没有回头。牢门关上的声音响了一下。他随即喷吐出含在口里的药水——可以想见他与皇妃吻别时是含着这药水的。药水被喷吐出的景象在牢房幽暗的背景下显得清晰。水滴散落。仿佛皇妃的吻也被一并吐出。

最后，死亡到来。它不是一瞬间，而是一个极漫长的痛苦的过程。暴君爱德华即使行将就木，也要他的敌人在被凌迟、被肢解的过程中饱受恐惧和肉体剧痛的煎熬。不知道是怎样的酷刑，我只看到那些锋利的刑具——尖刀，利斧，铁钩，长剑，绳子，马匹……每一件在刽子手和酷吏手中都会变成可怕到无法忍耐的折磨。人的忍耐是有极限的，现在华莱士就要向这极限挑战。他对此并非完全有信心，我看见他在没有旁人在场的牢房里向上帝祈祷，祈求上帝赐予他面对的勇气。我看见他的脸，面对蓝天，因剧痛而痉挛。刽子手已经对他的身体下手。看得见比看不见还要可怕，那已经超乎了我的想象。鲜血一定在飞迸而出，还有神经，肌肉，骨头……人为了他的自由和尊严，是要付出何等的代价，从抽象到具体！华莱士。这一刻我有无比的憎恨和无比的爱！这个男人在比死还要强烈的痛楚中辗转的姿态是何等神圣和伟大。这一刻我无比地爱他。观看行刑的人群也像被惊呆似的静下来。一个女人高喊："开恩吧！"所有的人都高喊："开恩！开恩！"这相对于他们先前向华莱士的起哄、咒骂和扔鸡蛋已经是一个进步。而他们仍然把希望寄托在暴君的仁慈上。他们永远是被欺骗的愚昧的一群。现在，结束这酷刑折磨的权力掌握在华莱士手上了——只要他认罪，便可速死，永获解脱。他张开嘴。他有话要说。刽子手也停止了动作。全场都在等待。他将会说什么？有什么是在他走向死亡前非说不可的话语？涌动在他极端痛楚的身体中的，究竟是什么？我也在等待。我看见他的嘴在翕动。一股气流，带着极其巨大的声音和力量，从他口中冲出，那就是："自——由——"我的心在这一刻停止了跳动。这两个字，这声音，从银幕，从几百年前的遥远山川，穿过岁月、时代、生和死，像雷电一样闪光呼啸，直冲云霄，穿透我的心脏。我相信它也一样穿透了他周围人们的心。也许他们尚不明白那是什么，但那绝尘的气势无疑已令他们目瞪口呆。他们现在是完全安静下来。他们在想这"自由"一词的含义，在想这"犯上作乱"之人最后的心声。他们呆立在原地。连行刑官也似乎受到震撼，知道一切都不可逆转，如同日月之不会坠落，江河之不会倒流。于是刽子手在得到示意后举起"仁慈"的利斧。华莱士，他在喊出这最后的呼声后便仿佛已获解脱。他最后看到的景象，是从人群中脱颖而出向他微笑的美伦。死并不是可怕的，彼岸有他英勇的父兄和妻子。他的手最后接触到的东西，是他珍藏过许多年的包过一朵紫色无名花的柔软棉布，棉布上，有美伦所绣的一串紫色花。他至死怀抱和珍藏的，是对美伦的爱。而我对他的爱，也在这最后一刻，得到了永恒的确定。

这是非比寻常的爱情。从此我不能再看梅尔·吉布森演的电影——他的形象，那蓝眼睛，坚毅勇猛的神情，强健的身躯，连同眼中的温柔和豪情，是与威廉·华莱士一体的。所幸我从来没有看过梅尔·吉布森演的电影，这是第一部。他脸上哪怕掠过一丝狡诈和猥琐，都会令我受不了——如果他在别的角色中需要如此的话。所幸是他本人导演了这部《勇敢的心》，他的理解，体会，思想，都在他所饰演的华莱士中体现出来——至少在某些方面他们共同。我也不要看满街都是的书摊上的这部电影小说，蒙上《惊世未了情》这么一个迎合世俗的名，介绍说是华莱士与威尔士皇妃的一段"惊世艳情"！追求自由而甘愿舍弃一切的华莱士，如果知道他被作了如此的商业包装，成为获取巨额利润的标签，他会作何感想！即使不是这样，那书也写得很好，我也不准备读。我不想去弄清什么细节原委，来龙去脉，我只是要自己的感受，那活生生的爱、感动、震撼，不被任何语言所扭转，然后方可保持这感觉的清新蓬勃，永远如初。

1996 年

再见，假面舞

这是个恍惚之夜，鼠标带着我游荡，没有方向。功能强大的搜索器几秒钟就排列出几万个陌生的门，而事实上恐怕还不止这些，还有更多的排列方式。这条夜街无边无际。

我听到王菲特别娇细的声线，像黑夜中的一根游丝，延伸，延伸——"我爱上一道疤痕，我爱上一盏灯，我爱倾听转动的秒针，不爱其他传闻，我只爱陌生人，我只爱陌生人……"它漠然地往前滑，像踩在一块西瓜皮上，谁也没法抓住它。须臾，一群愤怒歌手从一幅大黑屏后面冲出来，吼着"我们爱陌生人，恨陌生人，在陌生人的眼光中生存，再向他投去陌生人的眼光，我们每个人的额头上都刻着陌生两个字……我们杀死陌生人，再被陌生人杀死……"那样的恶狠狠，像要咯出血来。他们一会儿也消失了。

我孤身一人，想去一个人多的地方。一条大字横幅便适时出现："欢迎，几万人与您共同聊天！"——后面还注着闪闪的"NEW"。

我进入这万人之城，只须交出我的口令。一个大厅出现了，那么大，两个屏都容不下。它不嘈杂，一扇扇房门紧闭着。

它们都有个名字，像一本书的书名，像咖啡馆的招牌，像夜总会包房外幽昧惑人的灯箱。

"

我走进"蓝色理想"房，想知道它为何跟老狼的歌同名。里面聚了一堆人，都不出声，不动，像一群虫子在冬眠。后来才知那不是不动，是在私聊，一对一地在分屏上悄悄说话，那些角落我看不见。

有人到公共屏幕上透气来了。一个向另一个打着招呼。你好吗？你好啊！像跳着彬彬有礼的狐步舞，那伸出去的脚是穿了雪亮的黑皮鞋的，上面罩着黑西裤，再上面是燕尾服，白衬领，黑领结。

也有迈大步向前冲的，像街头劲舞（宽腿裤堆在鞋面上），或文革时期的造反舞（绿军装，红袖章，袖子挽到胳膊肘）。

越来越多的人浮上来，像个假面舞会，不，更像一个菜市场。"蓝色"呢，没有，"理想"当然也看不见。我用网名"看"而看。

忽然——

"晶蓝"对"看"说：你好啊

三个方正的蓝色字，对着我来。"晶蓝"——燕尾服还是宽腿裤？或者卷袖的绿军装？

这人没用标点符号，他的语气很可疑。这可能是一个热情的问候，也可能是一个阴阳怪气的招呼，甚至一个随便打出的喷嚏。

屏上已唰唰唰排出"晶蓝"的话：怎么不说话怎么不说话怎么不说话怎么不说话怎么不说话……一颗头发象钢丝一样炸开的卡通男人头怒目圆睁在其中。

为防止这句可无限复制的话淹没房间，我急忙问：你是一个急性子的小孩吗？

不，我十分十分的成熟，历尽沧桑

我笑了。捂住嘴。这些动作，晶蓝是看不到的。这个人现在更可疑了。他的额头也许像瓷器一样光滑，或者他并不懂什么才是成熟，沧桑又会使人怎样地沉静，他只是像唱流行歌一样，随口就唱了出来。

仿佛在回答我，晶蓝说：我是一个知识分子

？——这表示了我的吃惊。

晶蓝说：我研究东方文化

？——这表示我更加吃惊。

晶蓝显得不耐烦，说：你到底有多少文化

对不起，我没多少文化，愿向你请教。

晶蓝展示了一个：）——也许那是灿烂的。

我会阴阳五行，会算命

和我预想的全不一样，形势急转而下了。他向我查户口似的提问，用一系列没有标点符号的句子，让我想起在马路上经常碰到的一种人——他们用外乡口音和你搭讪，用一句"你面相非常特别"勾起你的注意力，用"今天我就是不收钱也要给你算这个命"表示他的毅然决然凛然，你不搭理他他也会跟你并肩走出几十米，直到没任何希望了才掉头。可这样的人并不宣称自己是"知识分子"或"成熟人士"。不过，这成熟的、历尽沧桑的、研究东方文化的晶蓝，也肯定没打算赚我的钱。我只是感到很没劲。

再见了。

你怕了

这更加坚定了我的想法。我说：再见！

隔几秒钟后晶蓝说：886——我认为这是一声口哨，由一张满不在乎的嘴吹出来，毅然决然凛然。他也巴不得离开呢，为一个没多少文化的浅薄乏味的家伙他已浪费了多少时间。

是谁说过：在网上没人知道你是一条狗。

我改了网名："别理我"。这很方便，也好玩，可让我隐身其后，像个隐形人似的。我一直想做这样的人。我回避别人的招呼，也成了一条冬眠的虫子，一条狗。我观看别人笨拙或高超的技术，怎样迂回曲折或直截了当地套出别人的真实身分（这有多么矛盾，在虚拟中求证真实），怎样塑造自己的形象：一个忧郁诗人，一个高雅人士，一个落拓的艺术家，一个漂亮宝贝，一个大色狼，一个土匪或豪杰……

我看到晶蓝在向另一人重复他的不带标点符号的"你好啊"和"我是一个知识分子"，他倒挺坦然的，没用分屏遮住自己。

谁又知道谁是谁。

一个"安迪兔"进来，有几人立刻改名"守株待兔"、"猎人"、"饿狼"围上去。

有个人非要理我。这人说：也许我见过你，也许我就是那个白天从你身边走过的陌生人。他名叫"熟悉的陌生人"。他这句话，是我在这个房间里见到的最有意思的一句话。不过也可能是抄袭的。

我游荡着，悠闲，刺激，疑惑。在这群忙碌的人中间我最可疑，我感觉到了。我在干嘛？观摩学习？学怎样给自己松绑，扮演另一个人，发出另一种声音，寻找另一种可能？

以我的职业经验，我太知道语言具有欺骗性。可我仍在这里。为什么？在这里我不了解别人，更不了解自己，在这里我成为自己的陌生人。

在"情调咖啡室"里，有人直嚷嚷"有没有上海宝贝跟我聊"。在一个时事类论坛聊天室，我和那个被一屋子人热情崇拜并赞颂着的女版主（？）聊了几句，客气而又浮泛，但只对她的阿庆嫂式的热情留下印象，我抽空上去看她的帖子，并没看到独创的东西。在"月光下的凤尾竹"中，一些人说着肉麻话，还不知对方是男是女；一些人正为一个"女孩"斗殴，一拳来一脚去的；一个"唐僧"，急吼吼嚷着要跟一个"白骨精"做爱；一些较文雅的人，则频频向他们的"臆"中人送上花束，美酒，冰激淋和煎鸡蛋，让它们像礼花一样在屏上迸放，反正统统都免费。

泡沫飞快地向上浮，我不想逗留了。我退出。退出过程中我经过大厅，那里仍是安静的，那些房间重又隐回幽秘处，可我已知道它们在——如果我愿意，我可以一间间进去，像电脑动画里经常展现的那样，从这里，从那里，从任何角度和方向，向不可知的纵深处飞去、驶去、游去——

向着幽暗和神秘去。你以为是这样。你想知道这世界到底是怎么回事，别人和你有什么不同。实际你却是向自己走去，向心里那些未知的黑房间，你要打开，打开，全打开。那是你的潘多拉之盒，你一直知道它们在，既想打开又害怕，你一直在寻找机会。

　　我想起前不久刚看过的电影《大开眼戒》。那里面也有一个迷幻夜。在那个夜晚，汤姆·克鲁斯扮演的医生不想回家，只想去一个刺激的地方。他在大街上乱逛。他去夜总会喝酒。他被一个染上艾滋病的妓女推出房门，而他原想找另一个妓女温存。他还是停不下脚步。他穿上一件黑斗篷，戴上一个连着墨镜和金色扁嘴唇的面具，来到一个诡异而幽暗的大厅。那大厅正像这里，我正像这个医生。我看见厅里所有人都戴面具，他们正集体做一个无声的、狂乱的、惊世骇俗的游戏，要释放自己到可能的地步，到彻底。我惶恐而惊异，却不能不走近看，那仿佛独立于知觉之外的身体，那欲仙欲死的表情。我戴着面具，受到了邀请，已经注册，有口令或密码，一切都对我开放，所以我没像医生那样受到威胁，也没被赶出去。所有人的面具都很结实，网络使所有人既身处其中，又有隔岸观火般的安全。

　　这是游戏，我知道。普天下如今游戏遍地。已有人在纸媒上高声宣布：游戏的时代来临了。网络已在实施预演。无数人正戴着"魔鬼"、"公主"、"王子"、"浪人"的面具，在其中往来不停。聊天即是演习之一。

　　聊天。这又是谁的发明？发明它的人是个天才，他知道这世界上人心的脆弱，知道陌生人是安全的，遥远的，虚幻的，不具伤害力的，至少在网上如此。陌生人，他是个符号也好，是个骗子也好，他毕竟在此刻存在，对另一人的喜怒哀乐作出了即时的反应，暂时消解了对方的寂寞。

　　陌生人，这么多，在白天紧紧地包裹着自己，而心里像渴望沙漠中的水一样渴望着黑夜，黑夜中这深广的自由，不可及的温暖，或者其他……

　　我想。我带着最后的网名"想"退出。这时我听到逼真的咳嗽声，是一个陌生人在QQ上请求交谈。我拒绝，这人就再咳嗽，并一次次附言：

　　"为什么？"

　　"请理解一个陌生人在夜晚的孤独。"

　　"世界就是陌生人构成的。不是吗？"

　　是的。我理解。但现在我特别想离开电脑，到窗前呼吸一口新鲜空

气，和随便哪个认识或不认识的人说说话，只要他有具体的脸，具体的
眼，能展示一个真正确凿的表情。

2001 年

美丽而惊恐的眼睛

空气中弥漫着毁灭的烟气，革命的火药味，大字报的纸角在风中哗哗响，我低头在路上走。

我漫无目的，只想从我哀怨的母亲和祖母身边逃开去。从一个"倒霉家族"里逃走。至少出去换换空气，哪怕这世界有多乱，多可怕。

在路上，我碰到两个小学里的同学，我们停下来说话。大家都停课了，都在闲逛。我们说起外面传得很热闹的大串联。一个同学说，她哥哥穿了一套旧军装，挎了一个军用黄书包，手里也没什么钱，居然就大串联去了，几个月后才回来，说是一路上宣读毛主席语就可以不付旅费饭钱，居然还在北京见到了天安门城楼上的毛主席。这同学说，我们也去看看吧。

好。我们就去火车站。那里人山人海，臭气熏天，没人检票，停在月台上的火车窗口大开，一些人正从窗口爬进火车，而火车里的人正拼命把这些人往窗外推。都是红卫兵打扮的年轻人。我们三个呆呆地看了一会儿，不约而同地转身，出了火车站，向家的方向走去。

我又在路上走。这回是去另一个名叫馥的小学同学的家。我并没想去探访她，但是，我总得去个什么地方。

和我一样，馥也是职员出身，也住在一条名为什么"别墅"而不是什么"里"什么"坊"的新式弄堂里，家里也有个带尖顶的阁楼。我进去，在一楼敲门，里面有个人在门缝里朝我指指上面。我上二楼，又敲门，里面的人向上翻了翻白眼。于是我来到三楼。

馥开了门。我眼前一亮——别误会，这屋里全没有"亮堂"或"金壁辉煌"的意思，只是墙上刷过了石灰，白亮亮地刺人眼睛。屋里没什么家具，醒目的是几口旧箱子，几只用旧被单包着的大包袱，直接放在地上。馥身后是她母亲和外婆——她们有共同的深陷下去的眼窝和美丽的眼睛，它们正惊恐地对着我。

我也呆了——这一刻我好像又看到我的母亲和祖母。同样凄清的房间，同样是尖顶阁楼，里面同样不见男人，那惊恐的眼睛也相似，像是随时准备着再冲进来一帮造反派，又好像准备不足，不知道还有什么灾难会来似的。

但她们的眼睛很美。那甚至像是外国人的眼睛，长长的睫毛，眼白带一点灰蓝色，嵌在深深的眼窝里，一闪一动都在说话，只是我还不能领会。

她们渐渐不惊慌，可并没到别的屋子里去，就坐在一旁听我和馥说话。

她们没别的房间可去。她们的房间，被别人占去了。

我和馥其实也没说什么。我心不在焉，心思全绕在她们美丽的眼睛上。我开始想象她们的故事——对，她们一定有故事。她们也许有欧洲人的血统，是从很远地方来的，又在这里生了根。我意识中闪过欧洲皇宫里的舞会，那些打着绉褶的、被鲸骨撑起来的长裙飞旋，贵妇人的鹅毛扇轻摇……洋场上的跑马厅，那些洋人坐的看台……然后是咖啡馆幽暗的角落，罗宋面包切成了片，乡下浓汤不冒热气……而这当中，石灰刷出的刺眼白色，直接放在地上的旧箱子，被单裹起的包袱，不断地穿插进来，她们身上的沾有菜渍的蓝卡其两用衫，头上一刀平的灰白短发（我不能不看到这个），也不断煞着想象的风景，把她们从天上拽到地面，眼前。

馥的父亲在哪里呢？这是我心头的又一个疑问。他和我父亲一样吗，给关起来隔离审查了，批斗了，然后死了？还是被遣送——遣送，一个到处可见的严厉的词儿——到哪里去了？……

我仿佛又闻到一个"倒霉家族"的气息。我本来以为，只有我们家才那样，而大多数上海人家都精明活络，兵来将挡水来土挡。我的头又开始晕。

回到家天色已晚，我看到母亲，祖母，心里的怨尤减轻了，悲哀却更深。我坐在母亲身旁，把头靠在她身上——她身上已没有我闻惯的消毒水的气味，只有粗肥皂味，她从"牛棚"劳动回家后总要一遍遍洗手。在这气味笼罩下我说："妈，你今天中午吃什么菜了？你可一定要吃个荤菜，这样才有气力啊……为了我们……"

2002 年

革命女教师

　　我，我的在江西插队的小表姐，我们一起坐火车去北京。姨妈带着我们去。姨妈家在北京，人在湖北的五七干校劳动，回北京探亲时路过上海。如果有人在二十世纪七十年代的京沪铁路旁眺望一列飞驰而过的火车，也许会看到一个车窗上同时有三张晒得红通通的向外张望的脸挤着，那就是我们三个人。

　　姨妈是我们家族里唯一成功的叛逃者，一个痛恨婆婆妈妈瓶瓶罐罐琐琐碎碎的女人。这性格也许先天含有革命因素，所以，在解放前，她还念着高中，就和几个同学一起离家出走，投奔解放区去了。顺理成章地，她成了一个革命干部，难得回这个老家一次。要来的话，她也总是带着惊奇的、不放心的神情看我们（我和小表姐）。在她眼里我们大概是两个既没知识也没理想的"知识青年"，所以该见见更多的世面，接受更多的革命教育。看着我和小表姐趴在车窗上对窗外景色说个不停的样子，她摇头自语道："都二十几的人了！……二十几岁，我在做什么？"

　　她陷入了回忆，我们却欢天喜地。火车飞奔，目的地既不是上海，也不是我们插队的地方，而是北京！我们真是一身轻松。

　　我那时已对写作有了兴趣，为这次旅行我特地准备了一个深红色软漆面的本子，上面有白色线条勾出的大轮船和大吊车，也许是革命样板戏

《海港》里的景致。在本子的第一页第一行，我写下一句话："那一天一开始就显得美好而令人振奋。"

这"美好而令人振奋"的状态，也许是一个准备接受革命教育的人必要的状态。我准备好了吗？不管怎样，我已用文字营造了它。

我记下火车怎样在"逐渐变幻的曙光、彩霞和初升的太阳下"穿行，远方"朦胧的山影"怎样"渐渐清晰"，"寒霜初降的北方大地"怎样"在火车的轰鸣中显出它粗犷豪迈的面貌"。引号内都是原词，大词，开阔壮丽的词——这会让我忘了自己。自己，在那时是一个极不好的词，是和"狭隘"、"自私"连在一起的，是"斗私批修"里头一个要批判的东西。

本子里记下的还有：

一、火车播音员朗读毛主席的《为人民服务》，特别是"'人固有一死，或重于泰山，或轻于鸿毛'，为人民利益而死，就比泰山还重"时的响亮。（那其实是在提醒乘客，火车正经过泰山）；

二、火车开过黄河大桥时窗外的汹涌，车厢大喇叭里殷承宗钢琴独奏《黄河》的激动人心。（那猛烈敲击的琴键声多么响啊。姨妈说，到冬天可没这波涛了，河水一结冰就有飞机来把冰炸碎，不然春天会洪水泛滥）；

三、（略）……

我们下火车，乘车经过天安门。夜色中的天安门安静而又神秘，我在本子上详细描绘了城楼的楼柱，雕花栏杆，金色琉璃瓦，毛主席巨幅像，巨大的国徽。那时我真看清了吗？

我们住进与中南海一街之隔的姨妈家，它就在姨妈工作的机关大院里，门口有军人守卫。但院子里提着铁壳热水瓶上班的干部，黄昏时吵吵闹闹的孩子们，给这个国家机关带来一种奇怪的家常气氛。大门口整天有许多人排队上访，外地来的，愁苦着脸。这些却没在我的笔记中出现。我只描绘了附近电报大楼每隔一小时敲响的钟声，那"回荡天际"的"悠扬清朗"，——那也是远的，接近于我所理解的豪情。

红漆面本子在旅行结束后写满了。故宫建筑的宏伟，珍宝的奇美，皇家花园的气派，和对封建统治阶级骄奢淫逸生活的气愤（这气愤也不来自自身，而来自一种时代的习惯，这习惯使我能躲在其中，自以为找到了对生活的认识）。香山红叶，鬼见愁峰，双清别墅，玉华山庄……（其实我只是惊奇和快乐）。八达岭在我笔下成了"一条僵卧的长蛇"，在那里我看见一个小脚老太太，一颠一颠地走上长城。幸亏记了这一笔，不然，现在我真要怀疑我是否去过长城。多么虚夸的言辞。写在最后的，是一位女教师，她和姨妈住同一个大院，一天晚上，姨妈带我们去拜访她。

这是北京之行的最后一个节目，是姨妈安排的压轴戏。

女教师在中学里教政治课，却住在国家机关的大院里，真是奇怪。她住的是较简陋的平房，屋里灯很暗，屋子中央有一个火炉，一管白铁皮烟囱把烟引向外面，不怎么热，到底比不上楼房里的暖气。她一个人住。

关于她的模样，本子里这么记载："干部式的短发，微胖，近视眼镜松松垮垮地架在鼻梁上，嵌在松弛眼皮中的小眼睛热情，可亲，但更严肃。"这面貌给我印象太深，以至我顾不上竭力维持的那种文字上的革命审美，在下面的记叙中再次提到她满是肉褶的胖脸，并称她为"一个不拘小节的肥胖妇人"。

这里隐藏了我的恐惧——我将变成这样吗？

见我们来，女教师很高兴，马上朝我们一人手里塞了个桔子。桔子暖乎乎的，好像带着她的体温。

她让我们别拘束，说这地方常有我们这样的青年学生来，最高纪录是一天二十九人次。她坐在床沿上，把一条腿横扳在另一条腿之上，像坐在大炕上一样，摆好了教育的架势。

"你们在祖国各地农村插队落户，你在安徽，她在江西，这很好，很好，"她点着头，像一个大首长在说话。

从她的话中我得知，江西和安徽算不了什么，她的学生走得更远，山西，延安，黑龙江，内蒙……她和我姨妈六十年代一起去山东农村劳动，住在一个老乡家（她管农民叫老乡），乡亲们要给她们做细粮，她们不肯，心甘情愿地要和贫下中农一起吃苦，因为那是为革命吃苦，和二万五千里长征的红军、上甘岭英雄相比，这点苦根本算不了什么。她说："我一想起他们，心里就涌起一种无比的自豪感，无上的幸福。"她就像舞台上的方海珍、江水英、柯湘那样在说话。

一直是她在说。她在中南海警卫团当过文化教员，她是解放前辅仁大学教育系的毕业生，她曾远远看见毛主席在草地上散步。当她遇见周总理时，没顾上说别的，只问了一个"愚蠢的问题"：斯大林的遗体为什么不会腐烂？说这件事时她一脸幸福，"那时候，我真是个傻孩子！"

我望着她的胖脸，想找出一点从前那"傻孩子"的影子。那应该是年轻的，瘦的，有一点可爱的。是吗？我的思路岔开去。

她滔滔不绝，眼里放光，越来越像一个陷于激情不能自拔的青春期女生。可她说话为什么总像朗诵啊？我姨妈从来都不这样说话的。

"……我常常夜里翻来覆去地睡不着觉，想，当自己还是个刚刚脱离资产阶级家庭来到解放区的青年，党就让我参加了土改运动，在斗争中教育我，培养我，后来又让我来到毛主席身边工作……有一次我上一个学生家访问，可巧那位学生的父亲就是我以前教过的中南海警卫员，大家都乐了，说我教了两代人……想想这些，我真不能平静！在党的关怀党的教育下，自己真有点得天独厚啊！……"

我却想，这么一个有资历的革命者，怎么到中学里教书了呢？

她喝了一口茶，像要抑制自己的兴奋激动，"这是一股使不完的劲儿，特别是我和我的学生们在一起的时候，我就想，一定要像党教育自己一样去教育孩子们，使他们沿着党所指引的方向前进。这些孩子也真是好样的……"

这样她转入了正题，并举出一些例子，如，一个出身演员家庭的女孩当了山村赤脚医生，每天往返于崎岖盘旋的山路间，风雨无阻，还写信给她说愿意为革命吃苦。她赞美这样的学生。反面例子也有，一个娇气的工程师的女儿，给分配在北京小胡同口的白铁修理铺，思想上大闹别扭，推小车出去时死活不肯叫喊，碰上熟人就马上转弯，可转得太急，小车摔倒在地，"小棍儿折了，小白铁皮儿摔拧了，车里的炉子也灭了，"——女教师说这三句话时像唱着快乐的小调。

女孩子前来哭诉，女教师当即把她好好教育了一通：“各行各业都得有人干，革命的需要是你的第一志愿，革命工作不分贵贱，为人民服务就是高尚。”

在这样的话语前女孩子无话可说。我们也无话可说。我们用不着思考，接受教育就是了，我们已经从报纸社论中，从“工宣队”那里，生产队干部那里，不停地接受着教育。可我得承认，谁也没眼前的女教师教育得好，教育得生动和形象。

但弥漫在屋里的油烟味一次次冲进我的鼻孔。她独身，不吃荤，所以也不吃食堂的菜，自己做。她的小屋子里，除了床，就是一只书桌，一只书柜，一只衣柜，都是最普通简单的式样，是公家的，漆着不均匀的酱油色。（姨妈曾说，连人也是国家的，还要这家具干什么！）书桌上杂乱地放着书、文件，书橱里的书有的横着放，有的斜着放，石灰刷过的白墙上有深深浅浅的脏印子，一两幅水彩画被图钉按在墙上，红梅，青松，是她学生的习作。

我在心里对自己说，这就是革命者朴素的生活。而我的“自己”在疑惑，在“幸福”这两个字面前。那个推着白铁小车满胡同跑的女孩子，摔倒的情景正在我眼前出现，她在哭，就像是我在哭，我们谁没有这样哭过！可在我的本子上，这哭的印痕是找不到的，我隐藏这些东西是要让自己相信另一些东西吗？可它们是在的，在的……

我走神了。我看到女教师的嘴一直在动，镜片后的眼睛一直盯着我看，像要看到我心里去。她提到了医院，她说，她的小屋子就和医院差不多，她希望这里也是一个诊疗所，能对每个来访的青年人都有所帮助。

这是她的结束语。在本子上，我用“意味深长”来概括她最后的话，因我找不到别的概括。

后来每次碰到姨妈，她都会提起女教师。提起的时候，她有时会发出叹息，却不多说什么。想起这，现在，我不禁也要叹息了。

2002 年

造反派头目

在这个题目下，站着一个最特殊的陌生人。这个人使我没法展开叙述，这个人的脸，表情，站立的位置，场景，背景，时代。

记忆是一种特别的管道，它常常不那么有逻辑。他可以直通最难忘的事物。

这个人的脸微胖，白里泛黄，像一个浮肿的黄疸病人。这使他薄削的鼻子不显得高，反而平。

这张脸上有一种控制起来的凶狠，而这种控制，是为了更有效的释放，使凶狠变得更可怕。

凶狠藏在他的两只不算小的、眼皮下耷的眼睛里，凸显在他的往下拉的嘴角上，撅起的下巴上，延续到他的粗而短的脖子上。

不知这个人是练过表情，才使这张平庸至极的脸产生了这么大的威慑力，还是因为他比一般人，特别是比我父亲高的缘故，在他面前，我父亲就像一只突然泄气的皮球一样，更矮了，而且还在矮下去。

1968 年，这个人，连同一大批陌生人，出现在我家里。这人穿了件黄兮兮的衣服，仿佛有着汗渍。他身后有很多人在忙碌。纸片和杂物给扔得到处都是。每个抽屉都是打开的，摊在地上。床底下的箱子，乱七八糟的书和衣服，所有的东西都不在原来的位置上了。墙壁上打出了一个大窟窿，像一个黑咕隆咚的眼睛，几个人打着手电筒朝里探，嘴里说，看有没有枪支弹药，有没有变天账。

我父亲站在狼藉的屋子中央，这个人站在他的旁边。这个人看见了我。

我好像走了半个世纪才走到我家三楼的房间。我从弄堂里、楼梯上、走廊里那么多的陌生人中间走上去。以我那时的年纪，我该叫这些人叔叔伯伯。他们看着我走上去，窃窃私语"这家人的女儿来了"。他们戴着红袖章，手里拿着铁棒。这个人显然是他们的首领，因为他站在中央，并且死死地盯着我。

我手里拿着扑克牌。半小时前我还在同学家和她们打四十分，希望可以忘掉外面的"红色恐怖"，以及我父母不安的表情。但这一天我好像有预感，没在同学家久留。

如果我晚一点回家，可能就不会碰见这个人，但也会错过与我父亲的最后一面。

这个人一把拿过我的牌，在手上噗噗洗了一遍，像在检查里面有没有藏东西。这是不可能的，一副没有壳的扑克牌，怎么藏得住东西？那么，他是在显示他的权威了：他可以随便就夺走你的东西。

他抬起头，下巴扬得很高，盯住我一字一句地说：你知道吗，你爸爸，是一个隐藏很深的老反革命！

他的声音不高，但极有威力，说的是一种上海普通话。我可以肯定他是个上海人。上海人一贯这样，在某种非同寻常的场合，要宣布某种非个人的意思时，便用这样的方式说话。

他问我有什么要揭发的——揭发我那反革命的、国民党残渣余孽的父亲。

不过他没空跟我说更多的话，也不管我是不是惊呆了。他要忙的事还多得很。在没有抄出任何"罪证"的情况下，他高声宣布，要把我父亲这个反革命带回去隔离审查，直到他完全彻底地交代一切罪行为止。

父亲被他们带走，再也没有回来。三天后这个人出现在居委会办公室，拍着桌子对我们高声宣布："你们的反革命狗父亲，自绝于党，自绝于人民，他死了！"

他像在宣布一只狗、一只猫死亡的消息，而他的表情和举动，又分明是要吓住我们，因我祖母已撕心裂肺地哭叫起来，我母亲也捂着嘴发着抖在哭，我和哥哥们则呆在原地，像是傻了。

这个人的声调里特别强调了那个"狗"字。他脸上现出比动物更狰狞的表情。这张脸就这样定格于我的记忆。

多少次，我想起它，就忍不住想伸出手掴它的耳光。在心里，在想象中，我已无数次这样做了。但那仿佛是一张橡皮脸，不会说痛，不会羞愧和脸红，不会更改，是我永远的噩梦。

多少年来我想着这个人，其强烈程度不亚于对所爱者的思念，尽管性质完全相反。他曾是我父亲的同事吗？为了一丁点儿的嫉妒，个人纠葛，就在文革时趁机报复？我父亲曾告诉我母亲，他单位有个同事总是向他借钱，借了又不还，而且工作总出错，被我父亲批评过。文革初起时也有人找我父亲的麻烦，因我父亲的"先进"称号早已惹怒了一些人。他是其中的哪一个呢？

我不妨把他想得更"崇高"些。他根本不是公报私仇。他确实感到有必要清理阶级队伍。他不能忍受一个解放前有"历史问题"的人在中国人民银行里工作，而且窃取了市级先进工作者的称号。他觉得有问题的人就该被打到十八层地狱去。他确信阶级斗争就应该年年讲、月月讲、天天讲，而与人奋斗也真是其乐无穷，他从中享受到权力的快乐，践踏他人尊严的快乐，掌控他人命运的快乐，高居于他人之上的快乐。

也可能他是身不由己。他必须响应号召，投身这场运动。而这运动所产生的巨大的"磁场"，很快把他弄晕了，他惊奇地发现，自己竟有这么大的能量，大到能把人整死！

或者，他是个极聪明的人，懂得怎样保护自己。他知道自己也有不少"问题"，不主动出击的话，火就会烧到自己头上。他对这人斗人的世界看得比谁都清楚，他的恐惧并不比别人小。但只要他做了造反派的头目，以打击别人竖起了自己的威风，谁还敢动他不成？他越是扩大他的战果，把他揪出来的人说得越可怕，他自己也就越安全。当他手下的人在他带领下高呼革命口号时，他心里在怎样得意或侥幸地笑着啊！

他打过我父亲吗？想到此我便觉得不能忍受。我父亲在审查期间曾被人又打又斗，并在万人批斗大会的当晚，或者说次日凌晨，从被关的楼上跳下身亡。这个陌生人用自己的手击打别人的脸、肉身，需要多大的仇恨，多大的力量，他的手可发过抖？

当然，他可能是个大头目，用不着自己动手，他手下的喽啰们都很管用。也许他只用目光——他那可怕眼神的威慑力——就可以达到目的。因为他不是一个人，他不代表自己，代表的是一个阶级，一种势力，一片红色海洋，谁要跟他作对，谁就会被淹死。

父亲是这样死的吗，穿过空气，死在海里？他是那么的普通，且被隔离和孤立着，又有什么来与之抗衡？要换了我，那时，我也会是一样吧。

文革结束时我曾在父亲的平反追悼大会上寻找过这张脸。没有找到。不知道他去了哪里。不知道他在以后的几十年中变成了怎样一个人。不知道，在这漫长的岁月中他是否睡得安稳，有没有在午夜梦回时想起那些被他批斗过、威吓过、迫害过的人，会不会像我在电视中看到的一个美国越战老兵那样，总在扪心自问"我做了什么，留下了什么"，并为之自责和痛悔？

他后来怎样其实已不管我的事。我只记得，在那次追悼大会上及后来，我看到的人脸大多慈祥，不过我会警惕的。

2002 年

七　不是我不明白

外部生活

今天我要尽量地客观冷静。据说这是久居都市中人保持健康的秘诀。看那些一天临一百个大字、练几小时静功、打一早上太极拳的人，大多是长寿者。我很羡慕这种毅力和耐性。为了延续生命，这是值得的。然后就是一个问题：延续生命意味着什么？

问题的答案将呈两种方向和形态。一种是有形的，它是时间在那个人生活中所留下的物质轨迹。另一种多半不为人所见，是一个人精神活动的轨迹：认识的清晰或浑沌，思想的深化或肤浅，激情的漫涨或消退，欲望的燃烧或熄灭，创造力的蓬勃或萎败……当然这两种也时常缠绕在一起，让这个世界更显繁复混杂，不可捉摸。

我们，或只是我，常常只看到前者就被其所惑，难以省察后者。对于他人，那是没有办法。但对自己，我也并不了解更多。基本的思想和精神一旦产生、形成，是无需提醒和反复强调也会存在的。对于普通平凡如我者，我不可能指望它们每天都有新的火花，新的细胞，开灿烂的花。但在日益强大的物质压迫面前，它们会昏昏欲睡。它们很累，有时想告假休息。这样，当我想起什么时，眼前出现的就往往是具体实在的东西：动作，表情，细节，场景……如同漂浮在河面上的草叶纸屑。我已经很难在水的深处打捞什么。那儿也许根本已无稀罕的宝贝。浮在水上的事物仍然是生活的一部分，而且日益扩展，疯长，充斥我的视野。

客观和冷静。这真让人悲哀。

我上班的地方离那家宾馆很近，更准确地说，离沪上最早的宾馆区很近。我工作的大院子里，也已平地耸起一座合资宾馆。这让一些朋友产生美好的想象，以为我们的刊物是在豪华大厦里编出来的。逢到有人要来，我必得先在电话里费劲地指路：从院子里最破旧的简易楼上来，见到成筐的垃圾也别害怕，大胆往上走，右拐，就到了。

那天中午，和办公室大多数同仁一样，我没在单位吃饭。这里的食堂早把我们这个孤零零的文化单位列为异己，不允许搭伙。每到中午，大家就凄凄惶惶作鸟兽散，或回家或上街，留一两个不怕饿的坚守岗位，听隔壁房间里稀里呼噜吃康师傅，用手里翻得哗哗响的稿纸与之呼应。那天的勇者是我和另一编辑小姐。后来我们吞吃了几个由好心人捎带回来的素菜包子。包子已经冷了，发硬，但它节省了我们的时间。从办公桌前起身，我望见蒙尘的窗玻璃外，远处的宾馆大楼仍不掩其亭亭玉立之姿，让人想起出淤泥而不染、可远观而不可近亵的莲花。

现在回想时，我已然忘却这情景是否给我以梦幻感。那几座星级宾馆建筑是如此坚固实在，虽然其豪华气派强调着一种非现实感，实际是在以强有力的物质存在形式粉碎着过往行人的梦——如果还有柔软轻灵洁白的梦。

现在，我看见自己收拾好办公桌，把几本书和杂志放进一个塑料提兜，拎着下楼，走出院子。我慢慢地朝那座宝蓝和粉红相间形同大厂房的宾馆楼走去。穿过长龙似的车流我来到巨大的玻璃幕墙底下。一个穿红制服的门童职业性地向我咧了咧嘴，把门拉开。第二道自动门也无声地开了。我来到了大堂。

练气功的人有一句术语，叫做"意守丹田"。意念在排除一切后汇成一股热力，环绕丹田，深入脏腑，通向心灵。一个存在于自我之中又超然其外的世界就此被打开，意念在其中遨游。那是笔墨和语言都不能到达的。那也许和写作过程中人的思维状态相似，无数的花朵在暗中开放，那美丽，旁人看不见。留在纸上的只剩了一个僵硬的外壳。花的开放转瞬即逝。外壳，除此之外我还能留下什么？

在大堂里，半个小时，一个小时，我没有看见我要等的人。

红制服门童拉门的身影老在我眼前晃。他的动作幅度很大。出入之人川流不息，他很忙。他身后的自动门也就随之开合不停，很像是听命于他的动作指挥。当然事实残酷一些：他正用人力履行电子科技在此早已解决了的程序。

有一个故事在此突然被想起：一个昔日的飞机制造设计师，几十年前流落到台湾，生活无着，好不容易在大饭店门口找到一份拉门的职业，每拉一次门就有客人悄悄在他手心塞一点小费，日积月累，这个人终于发财，自己开餐馆当了老板。

这个故事出自台湾姨妈的一封家信。那个人是姨妈的熟人（远亲？）。姨妈在叙述了她在岛上养鱼种花煮汤作画的家居生活后写了这件事。语言真是有特殊的可怕的力量，寥寥几句话里，一个人命运的变化和转折就现了形，又被一笔勾销。留存下来的永远是包容性极大可作多种解释的外在轨迹，真正关乎人心的内容永远被轨迹所掩埋。

又有一群金发碧眼的旅客进来。门童拉门的动作频繁重复。他肩上的金色流苏摇晃个不停。连轨迹都看不到，这漠无表情的年轻身影，只是一个表示即时存在的人的符号。

大堂里弥漫起类似洋葱被人体消化吸收再从汗腺蒸发的气味。两个电梯门把这些气味吸纳了，再送到楼上。总台小姐撅着红唇向我瞄一眼。在彼此的眼里，我和她也都是某种符号，构成大堂一景。

我的头已经痛了几天。在一个晚上，疼痛以平均两分钟一次的频率发作，犹如脑袋里发生地震，又如有一只恶作剧的手，把我的脑神经当橡皮筋弹着玩。我的承受力几近崩溃。

我拨通了一个气功师朋友的电话。他教我闭上眼睛意守痛点，他在电话那一段向我发功。应他的要求我在电话里不断向他描述痛点的感觉：有重量；重量减轻；微热；又痛了一下，向外扩散；热气在蒸发，痛感向上顶出头皮……十分钟后，恶作剧的手暂停了工作。

我相信气功师是让我向痛点灌注意念，以驱赶疼痛。对心诚的人来说这肯定是一个良方。意念是一种抽象的力量和信心，它与疼痛搏斗，只是整个过程中我对它没有任何感知，让我有感觉的始终是那表层的真正物质化了的疼痛。

大堂是个有象征意味的地方，呈多向开放式，分别通向大门、咖啡室、后门、卖品部、银行、楼梯和电梯。以此还可以想象它所连接的地方，是包括了客房、酒吧和大街小巷、金屋密室在内的各种角落。

出现过两个引人注目的年轻小姐（在南方也许该称为靓女）。和国人一样的黄皮肤黑头发，只因服饰高贵容貌亮丽，其神情让人觉得她们脸上顶着无形的高鼻子。她们走进大堂，看也不看拉门的门童，直入深处，好像踏进自己的家，或天天上班的公司。她们在一根大方柱前交头接耳一番，就分开了，动作快捷神秘如游击队员。

站着等人的不止我一个。另有几人，错落站开，仿佛事先有过默契，谁也别离谁太近，谁也别来抢谁的镜头。穿短皮夹克的小伙子双手插在衣袋里，一条腿不耐烦地抖动。中年西装男臂下的公文包从左换到右，掖得很紧。一身潦草便服的半老头不停地踱来踱去，看表，叹气。他们不大朝玻璃幕墙外的天空看，也不注意过往女人的衣香鬓影。他们脸上交织着厌恶、不屑、急切、焦灼，眉眼里又似纠结着一种潜在的向往，散不去。

他们从城市的哪个角落，从哪个通道来到大堂，为了什么？在他们背后，有着怎样的心灵生活？这很难想象。他们只让人联想到事务性接洽、谈判、交涉，在一些公开场合。在此后面有多少扇秘密的门？

就像那两个靓女，她们消遁了的身影，已经把她们各自的灵魂带到了哪里？

回忆可以再朝前推进一些。是一场讨论。编辑部的同事们在为觅不到好稿子扼腕，诉苦，皱眉。为什么不放下纯文学架子走通俗路子呢？为什么不实行高稿酬吸引一流稿子呢？因为……因为……在一片叹息和哄笑中，讨论草草收场。什么结果也没有。大家各奔东西。

有一个娶了外国女人做老婆的中国男人写了一本沾沾自喜的书，我只记住其中一句话：感情是看不见摸不着的，是不可靠的，只有物质是永存的。这是那个外国女人说的。中国男人于是买了一枚纯金（或钻石？）戒指送她，作为爱情永恒的信物。

广告里不也有类似的说法吗：金纯情真。我把它作为一个有因果关系的词语来读。

表哥和 C 先生终于在大堂先后露面。我为他们作了介绍。他们在咖啡室坐下，开始礼貌地商谈一桩生意。这是个讲礼貌的地方。我的任务完成了。为了对亲戚和朋友礼貌到底，我准备再奉陪一小时。

表哥的手握着钢笔，在一个厚笔记本上飞快移动。我从不知道他的字写得怎样。他的手瘦而白，握上去冷冷的，没有汗。我们见面总要握手，虽然是亲戚。是否因为他来自台湾？他在大堂里已经作报告似的对我讲了几个月中他的忙，他对在大陆投资的信心和担忧，他的实绩。这也是一贯的程序，好像除此之外没有什么可谈的，好像他很需要有我这么一个沉默的听众。他每天要说多少不同或相同的话，对大陆官员、他的员工、同行甚至亲戚朋友？他说话轻而急促，不到十几分钟已经编织了一道形象的屏障在我和他之间。他总是给我以一架上足发条不停运转的机器的印象，然而其中的活力和激情，却似乎并不通向柔软的心。通向哪里呢？我望着他。他抬了一下眼镜，玻璃镜片一闪，就把什么都挡回去了。

C 先生是个诗人，现在做一份与文化、商务都沾点边的工作。他和表哥谈得很投机，或看上去是那么回事。我听说一些文化人白天做生意夜里写诗。真不容易。诗，真是号叫在黑暗中的夜猫子，在阳光下没有立足之地？

他们所谈的内容我打起精神也难以进入。我不停地喝咖啡。他们的声音在浓稠的咖啡中嘈嘈切切地小去。一个爱娇的女声蓦地闯入：哎呀是的，人家都说我长得像韩国人诶！

像韩国人的年轻女人长着一张白胖脸，一对细眯眼。她对面的男人脑满肠肥，海外商人模样。这一对璧人正在我旁边的桌上互诉衷肠。男人神情诚恳痛楚，女人听着他说，不时娇声骤起，表示惊奇，怜悯，崇拜。美馔撤去后他们喝茶，然后他们离去。女人的手臂已经伸入男人臂弯，波浪长发披肩，红唇开启是血口大开的样子。我记得他们进来时是前后错开有些拘谨的。

表哥和 C 的谈话已近尾声。C 一定奇怪我为何自始至终一言不发，像个局外人。局外人，是的。我对做买卖的事总是无法投入热情和兴趣。记得谁说过，即使在二次大战期间，商人也是最活跃的。世界真的只剩下这样一种无所不能的润滑剂了吗？

我在咖啡室的另两张桌上看见了曾出现在大堂的那两个靓女。她俩已经互不相识似的分开坐了，一个身边有了男伴，是个西方人，另一个，狠狠地抽着烟，一只手斜撑在桌沿，不知是落寞还是庆幸。外面下起了脏兮兮的雨。这使我离去时的心情更添一份郁闷。

今天我又走过那家宾馆，去我破烂的办公室上班。我的头又在痛。我看见很多的符号在眼前舞动，站定，划出各自的轨迹。外部生活是这样繁冗驳杂而坚硬，它蒙蔽了我的眼睛。那些豪华大厦的窗口幽昧神秘，如同日久年深的枯井，没有水的鲜活激荡之声。它们所聚集的一切正在或将要死去，就像玻璃会化成粉末，钢筋水泥颜料会回归泥土流水空气。它们不会像树木那样抽芽，生长。

　　那么，还有什么能使我眼前一亮，心情激动呢？有的，会有的。且让我重新感受，沿着截然不同的轨道，向着人心深处。

1994 年

虚构

　　人总是缺少什么才格外向往什么。我承认自己在写作上缺乏一种大刀阔斧的艺术虚构能力。我总是跟在事实后面亦步亦趋。我没法推倒一座现成的屋宇，让那些砖块轻盈地飞舞起来，变幻组合成各种新的不可能的样子，宫殿或坟墓。我至多只在那屋宇上假想出一些云雾虹霓，使之看上去不同一般。是的，和所有在现实生活中能力薄弱的倒霉鬼一样，我所拥有的胡思乱想只是为把自己从真实生活中抽拔出来而已，至于出来后如何，那是我不曾也无法料想的。我不可能改变或重构生活，即使在心里，也不能。日益真实且沉重的生活告诉我这一点。因此我羡慕一些具有非凡虚构能力的小说家，羡慕他们心理上的优越和洒脱。我觉得无冕之王的桂冠更适合他们而非新闻记者。此外我还联想到呼风唤雨的高人，调动千军万马的将军，等等。这是真的。人类最珍贵的翅膀，大概就是虚构了——它包括了想象。

　　胡思乱想只是虚构的初级阶段，一如"耳朵认字"之于"开天目"。这比喻也许不美不妥，却是我最先想到的。我说过我没法摆脱事实。

　　很久了，我只是徘徊在"初级阶段"。我读小学时，楼下住一个大我几岁的女孩，几次当我面惊叫你难看死了难看死了！额骨头冲出来，头上稀毛癞痢的，还要梳小辫子！她居高临下地看着我，说出这句话。我不还嘴，我没学会吵架的本领。但我一脚踏上飘忽而至的一朵云。云把我托上高高的天空，我变成一个美丽的仙女。骂我的人在底下目瞪口呆，蛤蟆似的。

事实上从来没有这么一朵云。

在僻静的走廊或马路上，我以迅雷不及掩耳之速度闪到暗处，避过某个旋风般的拳头，或一颗有目的的子弹。我愿意相信自己有过人的敏感、洞察力和快捷的反应，危险不会突然降临在我身上。

后来的某一天，我为赶一辆公共汽车在马路上奔跑，被脚下一块斜伸出来的水泥板绊了一下，飞射出两米以外，脑袋不能控制地撞向花坛的石栏棱角。血流出来后，我的上述信心永远消失了。

电梯指示灯一闪一闪，绿的是上升，红的是下降，和股票行情的色彩完全相反。七楼到了，进来几个人。我看到一双熟悉的含义莫名的眼睛。我努力回想与这双眼睛相联系的内容。但是我住的楼层很快到了，我跨出电梯。在我回看的一瞬间，那双眼睛在迅疾关拢的电梯门缝里神秘地一眨，朝向我。故事开始了或早已开始，复仇、谋杀还是艳情我还没有想好。因为电梯永远在升升降降，发出沉闷滞重的响声，除了电梯工公事公办的审视，谁也不朝谁看，谁也不跟谁打招呼。

我曾经试着编织更有意义的故事，为了让纯属私人的胡思乱想"升华"。写作上有一种理论流行多时，意思是切勿限于自我感觉的狭小天地，应驰骋（！）在广阔宏大崇高的世界。我受此理论的影响很深。我很想知道那个世界在哪里。

有一个故事在我脑中盘桓过一阵。背景是旋转餐厅。餐厅外活动的景象恰似主人公一生中重要片断的幕布。幕布一次次拉开。这个人在文革中被工宣队通宵拷问。这个人背着相机在某个即时摄影大赛中窜来窜去。这个人与别人谈生意。这个人在澳大利亚的渔场飞快地织渔网，手指上满是血泡。这个人以某公司对华贸易全权代表的身份回到上海，在全市最高的旋转餐厅请旧日朋友吃饭，对有缺口的碗碟大发牢骚，语速快得如打机关枪，不断蹦出来的子弹壳似的词儿是生意、生意、生意……

不成。这不是虚构而是真实。是一个我所认识的人在我面前显露出的一些人生轨迹。我尤其记得一个晚上，他来我家讲述一段文革往事。他被人双手吊在梁柱上，身子晃来晃去，渐渐地坠入黑暗。整整一晚上没人来解下他，任他晃去，像一条被破膛风干的鱼。只有那一次他讲述时的声音是低沉缓慢的，水一般，漫过夜的轻寒。后来我读到他从澳洲写来的信，字迹极潦草，满是惊叹号——这地方不是人待的！除了认钱没别的！回国不可能，要么死！真想一头撞死！而在此刻上海的餐厅里他衬衫雪白硬挺，腰板也笔挺，用谈论一盘芥末鹅掌的口吻谈论漂亮的秘书小姐、皮革样品、期货。声音高亢。蓝色领带在他不断蠕动的喉结下一抖一抖。这里并非旋转餐厅（只有这个属虚构），但我确实感到眼花缭乱。我为这个人吃惊。为人的承受力、适应力和变化力吃惊。为万花筒一样的生活吃惊。这种吃惊最终转变为对人性密码之深不可测的好奇，茫然，沮丧。这决定了虚构的流产。

还有一个仇人相爱的故事。仇恨缘起于一个混乱年代。红卫兵和狗崽子，革命激情战胜了少男少女的朦胧恋情，两人间结下杀父之仇。这故事也许落俗，但他两不同于罗密欧和朱丽叶之间的世仇，而是面对面结下的仇，这仇恨最终被爱情消融，几乎是不可能的。虚构的难度便在于将不可能化为可能。我为此伤透了脑筋。其实没有一种仇恨能轻易化解，除非当事人得了健忘症。我设想那一男一女在极度困苦的插队日子中相濡以沫日久生情，最终他救了她的命，或她为他献出了生命，弥留时才明白早已相爱。这情节设计得十分蹩脚，我知道。它仅仅暗藏了我对爱情的不切实际的希望——具有战无不胜的伟大力量，须以生命来证明。这虚构并无现实依据，因而也是不成功的。

上述故事我没有写出过一个。如果有人感兴趣，尽可移用，我将感到荣幸。似乎，这些虚构并不是出于我的创作需要，它更像出自本能。像某种心智和感觉方面的练习。感觉美，美的物化，扭曲，变形，乃至消失。感觉生活是一种怎样柔韧黏湿九曲十八弯的东西。虚构似乎只在这一点上对我重要。

后来，真的轮到我来虚构了。是一个小说家们的接龙游戏，一人写一千字。主人公姓夏名海，让人马上联想到九三年最时尚最让人心跳加速的词：下海。接龙小说的总题目是《九三年的爱情》。爱情和经济在九三年确有一种微妙的关系。夏海果然就在爱情和经商的双料大海中百般挣扎为免淹死。在我之前的 31 位小说家，已经用他们丰富的想象力设计了一个又一个漩涡。夏海即将没顶。我看到的不是一个大赢家而是一个大输家。我对他深表同情，真心希望他既发财又碰上好女人，爱情骗子见到他也会为其魅力所动，统统自动投降。可惜给我的规定情境中夏海已无魅力可言，连仅有的一点自尊都将失去，我很难向他援手。

夏海。我并不认识这个男人。我对男人素无深刻的认识。我不理解夏海为什么会把商海当成浅水池，会以为所有的女人都会爱上他。他把生活看得太简单了，把女人也看得太简单了。他连自己也没有看清，更何况这个时代的本质。他像一张没有五官的脸，为我的虚构准备了空白。

我这样写——

夏海是这样一个人，从来只记得他愿意记住的事。这样他才能从中获得令自尊心大增的信息，才能像个男人似的活下去。这样，他就把谢雅丽（注：爱情骗子）突然闯进房间后气势汹汹又声泪俱下的讨伐内容全忘了。他只记得谢雅丽当时的神情——像个女判官。她人财两空关我什么事？他和她不是早就分手了吗，从插队那阵？他依稀记得，声讨就是从插队开始的，然后是上调，回城，练摊，炒股，集资……这一连串字眼像泛白沫的咸菜卤一样在他喉头翻滚，又像是一把把尖刀从她指间飞出来凌空而舞。夏海突然明白，他是再也不能和这种女人交往下去了。她就像是一个活生生的档案袋，装满了他夏海的失败记录。他必须和这一切一刀两断。

稿子摊了一地。烟缸里有长长一截摩尔，过滤嘴上透出淡红。沙发像一个张开的怀抱，怀里是微微下陷的空。黄昏将近时，夏海才想起另一个叫白鸟的年轻女人也来过。而那似乎是很久远的事了。也很像是未来的一个影子。

　　他记起了有关白鸟的一切：让人且惊且喜的来电来访，满不在乎的抽烟姿势，轻松快活甚至没心没肺的说话样子。多好！他觉得和她在一起很开心，起码有趣，有一点点"大起来"的感觉（注："大起来"是夏海进入九三年时的愿望，意思是"发达"，而不是指被水浸泡得肿胀）。

　　可是他突然想起白鸟诡谲的一笑，还有闪烁其词的"市三女中"，"十六岁就认识你"。真要命，好像到哪都逃不掉X光似的眼睛。难道这样纯情（？）的小妮子也会步谢雅丽后尘玩什么深沉的怀旧，痛说革命家史？难道她不明白这是男人的专利，到了女人手上就会变得讨厌又可怕？九十年代的男人需要放松，不管"惑"还是"不惑"。最好他和白鸟之间不存在什么过去，永远不存在。

　　第二天夏海给白鸟拨电话。没人接。再拨。忙音。再拨。不停地拨。九死而不悔地拨。他变得异常耐心，好像这是一项新事业。他已经准备好了，电话一通她就告诉白鸟说稿子成了，请她来拿或他送去，这样便可再见，他就可以证实白鸟所谓的十六岁往事不过是一个游戏的引子。他不停地拨打同一个号码，锲而不舍孜孜不倦，同时不断在心中修订一个充满新奇可能的未来故事。电话一整天没通。然而晚上照镜子时，夏海还是发现自己精神焕发，仿佛年轻了十岁。

　　两天之后，当夏海已经暗暗把约会地点从大光明门口挪到苏州河边一个刚拆迁的废墟上，并为自己不落俗套的安排在心中击节时，电话那一头传来白鸟懒洋洋的声音："喂，哪位？朱三吗？还是刘易斯？王云五？杨百亿？"

虚构到此结束。空洞而蹩脚。我在心里说对不起了夏海，我又把你往新的漩涡推了一步——也许是一小步。这个夏海，怕是非要死到临头才会知道，九三年的爱情是什么样子的。

离九四年还有几个月。夏海生死未卜。本城的小说家们在继续让他挣扎并苟延残喘。我对夏海不再关心。在这个接龙游戏中，我还未见到大手笔。生活和虚构，在不同的领域正并肩进行。

　　过了几天，我接到一个电话。是一个懒洋洋的男声。不知为何我想到夏海打给白鸟的那些电话。懒洋洋的男声报出了他的名字，我想这名字里应该有个"江"字。江说，你不记得我了？江的话让我有怪诞的感觉从心中升起。我觉得电话那头是一个薄薄的非真实的影子。事实上我不可能忘记江，他瘦而高的身躯，特别的嗓音，无可奈何似的笑容。江问我：你现在怎样？还好吗？我说不怎么样，还好。江说几天前整理箱子，翻到我们几个下乡时的合影，都发黄了，还有那时候写的日记。多年前他向我读过那些日记。我心里有点潮湿，哦了一声。我说，你自己的东西，自己处置吧，只是别给你家里人看到了误会。他说不会。他说，这么多年没见了，不知你现在什么模样，很想看到。我告诉他我单位的地址，问他哪天来。江说不，他希望是偶然的相遇再见，更真实。我暗想，江的浪漫还和以前一样，不多也不少，仅有的一点，却没消失。江忽然问：你单位附近有个大家电公司？你熟吗？我说不熟，怎么了？江的声音亢奋起来，说他正筹办一个家电维修中心，经营特色如何，前景如何。我为他高兴，我想江到底是江。然后他说他家新装了空调，夏普冷暖两用，外面四十度室内二十度。他问我装了没有，我说没有。炒股票了没有？没有。买认购证了没有？没有。为什么？不懂。江的声音又松弛下来，像失去弹性的弓弦，懒懒的没了劲道。好吧，没事了。停顿一下又说，我本来想跟你交换股市行情的，我想你的职业会有很多信息，又有闲工夫，想跟你做个股友的。我说对不起，找别人做股友吧。我猛然记起这正是多年以前我对他说过的最后一句话，只不过那时我说的是"朋友"，不是"股友"。那时我心中是歉疚，他眼里是伤痛，明明白白。这一刹那我感到时光仿佛倒流，带出些光怪陆离的东西。不，时光仅仅是被什么压缩成了短短一截，前后却错开了。我听到江懒洋洋的再会声。我们都挂断了电话。

　　生活变得越来越让人看不清它的面目了。生活才是大手笔，缜密，一以贯之，不露声色，出人意料，各种从卑微到伟大的契机都隐藏其中，层出不穷。我的虚构只是现实中人人皆知的秘密。更要命的是，这并不是一场游戏或玩笑。我为我虚构能力的低下永远感到悲哀。

1993

橱窗里的模特儿

她的头微微低下，眼睛也朝向下方，这样她的视线就不与任何人接触。她身子有些前倾，好像对身外万物都不及一顾，只是埋头赶自己的路。和她的伙伴们一样，她有黄金分割比例的五官和身材，美得不可思议。但她内敛的神情是那么不可捉摸，不是简单的温柔，也非纯粹的冷静。她在看什么呢？

就这样我记住了她。我在形形色色的服装店橱窗里多次见到她。

称呼她"小姐"、"女士"都不确。她让我想起京剧中的"青衣"，是那种成熟后的雅洁和自持，而非她身旁那些"花旦"、"彩旦"、"武旦"的娇俏或狂放可比。

我在走过商业街的时候，心里总是有些烦乱。无论拥挤或清静之处，总难让人有洁净感。俗艳的服装店和高档时装精品屋，其实在本质上都有咄咄逼人的铜臭味，只是前者多些赤裸，后者多些伪饰。当满街都在强调"某某文化"时，或许真正的文化正在消失。我既不能绕开它们，也没法不去商店购物。有时我是拖着累重的躯壳去，想为这躯壳找一件合适的外衣。而我的心总是在推拒和需求之间彷徨。人不可能不受任何束缚。人受束缚有时是自找的。人不受束缚是可能做到的吗？彷徨的时候，我已经走到这繁华的商业街，目光碰触到各种衣服，然后，一眼看到她。

　　贵重的裘皮大衣覆盖在她身上，背影像个皇后。转到前面看她，却是满脸的不在乎。这只不过是暂时的表演，一会儿这袭裘皮就将卸下，丢掉，那时我会感到轻松。她对我这样说。

　　她站在人群熙攘的商场门口，穿一件质地款式和色调都很糟糕的衣裳，仿佛在为身后所有的同类衣服站岗。浓妆艳抹的营业员小姐在她身旁走来走去，大声招徕顾客。平静仍然笼罩着她。嘈杂，喧嚣，低劣的交易，物欲的泛滥，一切都可以面对，承受，拒绝与否是自己的事，自己是夺不走的。她好像抬眼向我迅速一瞥，只一瞥，又低下了头。有如穿过杂草的净水，一种清凉之气从她身上散发。

　　她是木头做的，是死的。意识到这一点后我怔了很久。但她静止不动的身姿，仍然让我在繁嚣的都市里看到一种确定的姿态。这让我想起昆德拉笔下的阿格尼丝：在响个不停的汽车喇叭声和人群的吆喝呐喊中，阿格尼丝"渴望买上一枝勿忘我，只要一枝；她希望把花举放在自己的眼前，作为美的最后的、不为人知的象征。"

　　对了，她微微低下头，看见的正是这样一枝勿忘我。

1994 年

风雨水火

城市的声音

总是在无边的轰隆声中醒来，然后知道，这是我居住的城市。

城市也仿佛总在这轰隆声中睡去，又醒来。这声音，它不休息。

我住在十层楼，离地面有一段距离，这轰隆之声就滤去了人的声音。不似从前我住的市中心三层阁，每晚入睡和早晨醒来，都可听到附近人家的吵闹厮骂，大多是女人可着劲儿的尖利嗓音，高频率声波包含锋锐的痛和恨，让人心惊，又略感亲切——到底是人心里发出的。柔和低沉的话和叹息是听不到的，但能觉到它们存在，犹如从一朵浪花上可以想见底下相对安稳的淳厚的水。传到十层楼的声音不同，浑浑然融成一片，像厚厚的尘埃在空气中发了酵，搅不动，又无所不在。像并不悦耳的水一般漫开的低音贝司。划动它的是汽车喇叭的频频尖叫，车轮在不平路面上驶过时撞出的"空当哐当"。有一夜我被搅得不能安眠，细辨这轰隆，终于认定低音贝司是汽车引擎的喘息和大地的震颤之共振、重合、延续、扩散，一浪接一浪地周而复始，遂成牢不可破的浩渺大洋。每夜每夜，我就枕在海洋的喧嚣上，床变成一叶扁舟，势单力薄。海水冲击我，想要吞没我。我和它的搏斗未有穷期。

它是城市所有声音的背景和基础，这物理和机械的声音。严格地说，它是噪声。

　　白天，我下楼走到地面，这声音轰然而上，将我包围。然而，正如人在海中反而听不清海的喧哗，轰隆的地声渐渐隐退，代之而起的是汽车长龙滚滚烟尘中的喇叭声，异峰突起，分外锐利，带有刀刃划过钢板时的凛然，虽然对按动它的手而言也许是痛快。

　　经常可以听到爆竹声，远的和近的。通常它宣告喜庆和热闹，把一个个红烛似的愿望带到半空中嘭的一下炸响。我却怀疑它身边并无多少喜气洋洋的脸在仰着看。它多半已流于形式，成为象征。只在一个除夕之夜，当大面积的爆竹声渐渐疲惫并偃息时，我听到一种特别的爆竹仍间歇一阵响一下，耐心而有规律地持续了数小时，像一个人固执地强调自己的声音，又像是一种独唱，因找不到应和者而把孤独寂寞向广大的空间播撒。

　　在马路上，还有什么声音呢？除了白娘子"千年等一回"的柔媚小调，风一样掠过地摊、店铺里花花绿绿的廉价商品。前面是一个邮筒，一只纤纤素手拈起一封薄薄的信塞进去，悄无声息，那只手拍拍绿色的筒壁，好让信安妥地踏上旅程。嘭嘭声极轻微，仅几秒钟，就消失了。

　　除此只有地声了。行人紧闭着嘴。人们只在屋宇中说话。

　　屋宇和屋宇不同。屋宇若装修得远离现实，就变成歌舞厅，KTV 房，会所。卡拉是否永远 OK 人们并不确知，但那磁化并被滤净的歌声成为城市的夜间流行曲却是事实。我进过那样的屋宇，幽暗如史前洞穴，紫光一闪，绅士淑女的脸顿成青面獠牙。树冠如盖，摸一下，枝干和叶都是假的。有《一生何求》的旋律弥漫，哀婉又彷徨，可是唱的人面浮微笑，像是很明白自己之所求。"爱"和"思念"的宣言到处放飞，碰来撞去，而它们本应是隐秘的炸弹，只在无人知晓时把自己的心炸成碎片。这里的声音拥挤又匆忙。

　　我回到我的屋宇。一对关在笼中的爱情鸟在叫，人听不懂它们的意思。那鸣叫已不清脆，带着水泥钢筋般的沙哑粗硬，和在空谷幽林中听到的全然不同。我们曾救下一只受伤落地的百灵，好水好食地待它，它却始终沉默，并在某天深夜把喙折断，绝食而亡。这壮烈的一幕令我惊骇：为什么，百灵用自己的血埋葬掉自己的歌声？鸟笼已空，放在阳台一角，地声灌满了它。

电子游戏机的音乐在响，节奏分明刻板空洞，把我的孩子带到妖魔出没的地道，刀客隐伏的树林。孩子在造句中这么写："觉得——打电子游戏时，我觉得自己就是里面的英雄，把妖怪摔了个嘴啃泥。"其实他正安然坐着，几根电线连接了他和一大堆机器。孩子脑袋很大，身子胖过了头。此外他没有别的运动。这是在十层楼，楼底下仅有的绿地正被建筑垃圾和简易店铺所蚕食。

电话铃响了。我听到千篇一律的"你好"，如同每封信的开头。电话中的话语在时间的流动中存在又失落，而一封信可以长久地被留存，连同笔墨字迹带出的个人色彩。居住同一城市的人们几乎不通信，只通电话。人们对着电话口若悬河，而声音并不凝成水滴却雾化成汽。一部由多位作家接龙续写成的小说《九三年的爱情》中，电话是出现频率最高的重要道具。通向爱情、友谊、贸易及各种可能的契机已经很少，少到只剩一根电话线，连接人的耳和口，是否从心中穿过很难测定。

回荡在城市上空的不变的声音，唯有火车和轮船的汽笛，以及风声和雨声。永远那么纯粹和彻底，不是因为来临，也不是因为远离。不是因为某一座商厦落成，或股市行情暴跌陡涨。不是因为一个集团的衰荣，一个人的成败。那不变的声音，只为时间和自然的更替而存在，来去从容，洒脱自由。不过它们又太空阔辽远了些——仿佛与这个世界无关。

我从小视力就好，1.5 绰绰有余，估计 1.8 不成问题。但近日每登高望远，眼前都似有灰雾屏蔽，总觉城市的天蓝得不纯，云气也晦滞不爽。我的听力却似乎日益灵敏，市声在我耳中成倍放大。我幼时曾患中耳炎，右耳一度重听，但愿这轰隆只是我个人听力上的错觉。

今夏我去邻近的一座城市，在那里遇到一个听力几乎是零的人。开会时他用笔在纸上写划，画出报告者的肖像，特别强调了报告者张开说话的嘴。在城市和人群中他什么也听不见，可他不是聋子。有诗为证——

树叶枕在风上树叶穿过雨的衣裳

　　叶纹与我们掌纹的道路十分相似

　　于是我们都是自然的一部分

　　在聆听中更接近自然本身

　　聆听，是的。他的诗告诉人们，他听到泥土深处不眠的灵魂所说的话，听到石头的歌吟，听到水在哗哗洗涤身躯，还听到一种纯金般的声音被传播，穿过人心的山峦，到达高峰。

　　把双耳淹没在一本人生的厚书中

　　在大地的深处　听听天籁之声

　　是这么壮丽和深邃

　　诗写得并不完美，但毕竟是他听到了，在我和别人开会、讨论、寒暄、闲聊、打电话、唱卡拉 OK 的时候。而我没有。我还需要艰难地搏斗，摆脱，方可接近一种纯净的真声。这种真声，我想是存在的，即使城市噪声滔滔滚滚渐成吞吐之势。

1993 年

风雨水火

不是我不明白

一

坐火车到的广州。这已经被许多人视为畏途。有人说，火车？千万坐不得，哪怕卧铺。几年前这人坐火车回上海，把朋友送的一袋美国蛇果挂在窗钩上，火车启动的一刹那，有个人在车窗外扣篮板球似的跃了一下，一满袋蛇果就被摘走。现在当然不止是一袋蛇果的问题了。好吧，我朝这个人点头。不过我还是坐了火车。

下车时毛发无损，就是身上脏一点，气味可疑一点。站台仿佛在重演《外来妹》的片头：无数外地民工的头黑黑的挤成一片，扁担、麻袋、大花棉被（尽管广州正是炎热八月天）在那上面推来搡去的。几个管事的（领头的？）在叫他们排队，湖南的站这边，贵州的站那边，人群马上有了点形状，却更喧闹。隔得远，看不清他们的脸。几个姑娘的红裤子很是耀目。

忽地想起红卫兵大串联。也是听说的，没去过。

二

有人高举一张白纸，我的名字墨黑地写在上面，触目惊心。纸移下来，露出一张五六十岁的戴眼镜的脸（以后知道他是"副团长"）。他望望铁栅栏那头喧嚷的民工队伍，慰问道，路上辛苦。他又伸头望，好像在关心民工们到底排没排好队伍，同时不断地用手捋着他短袖衬衫外细瘦白皙的胳膊，文不对题地说："现在广州人和香港人一样，很讲究的，天天都要洗澡的啦。上海人呢？"

在他的名片上，"教授"、"会长"、"专家"的头衔乱飞。那些民工在哪里洗澡？

三

独自逛街。据说是条"出版街"。

路灯暗。往右走，几步就到头，一条公路似的大街横在前面，大卡车黑黑的开来开去。远处亮着"满天星"，是个小餐馆吗？往回拐。地上瓜子果皮甘蔗渣无数，还有纸片油汪汪，粘人的脚。怀疑白天兼作农贸集市。

一个时装铺，灯光暗淡，映出连衣裙领口袖口上镶着的花边，像有污迹。门外的水果摊，有新疆马奶子葡萄，×××（三位数）元一公斤。广州人收入也赶上香港人了？

果然还是有书店，且灯光雪亮，歌声荡漾——一个男声，鼻子被人捏住似的，袅袅婷婷在唱《眼儿媚》。刘德华、郭富城、张学友等早退居二线，挤在音像架上。美少年、美少女、圣斗士浑似天兵天将，占了半边书柜。梁实秋和周作人在这里很寂寞，落了薄薄的灰尘，倒也保住了矜持。

一本据说销量百万份的文学刊物，上海看不到的，这里有，里面正好是某先锋名作家的长篇连载，杂在别的陌生名字里。（过一天听一精英评论家称这刊物是"垃圾"，便告之名家的连载长篇，精英说，那也是垃圾——大概指"扔进垃圾桶的都是垃圾"。）还有一本先锋女作家的长篇小说，厚得像砖，封面上一青年女子坐在椅子上，露出纤纤玉臂，怕冷的样子，后面几双男人的脚，或穿运动鞋，或穿尖头皮鞋，都对准女子的方向，像要从后面偷袭。店小二说，很精彩的，讲一个女的，七八个情人，又是纯文学，一般人还看不懂。哦，这样？自觉受到了抬举，倒要买回去看个究竟。

躲在宾馆蚊帐里读这本书。女作家在书中坦言，想嫁个大款，来保证她的写作。开玩笑吧？新思维？——拿肉体的不自由，去换精神的自由？倒是佩服她对写作的爱。再看书里那些男人，或死，或失踪，或来了去去了来，都似语言迷宫里的幽魂，是不适合在异乡孤夜里阅读的，否则夜半会来敲门。心有点沉。放下书与一女批评家通话，说留给你去批评吧。

四

东道主在香港红勘火车站大堂出现。老板、总经理、女秘书都来了，外加一辆韩国汽车。团长、副团长在和他们寒暄。老板始终微笑点头，像在认真听讲。我只读过他写的诗（几年前），不知道他是这般和气的一个矮胖老头，而且把辛辛苦苦办实业赚来的钱，创办了这个只亏不盈的出版公司。他们更起劲地围着他说话，他仍旧有耐心地微笑。知情的说，他根本不知道他们在说什么，他听不见，听力比一个聋子强不了多少。

女秘书五十多岁，矮，瘦，黑，人称 A 小姐，穿了一身随便的花衣花短裙，不加修饰的直短发，不化妆。开始大家都不知道她是干什么的。不过总会认识的。

总经理就不用介绍了，他的名字经常出现在报端。他本来就是个办报的。也是一个老人。

五

接风。酒会。握手。客套。递名片。久仰久仰。仿佛身处旧日上海滩某个文绉绉的沙龙。对面一个英国呢西装客，六十多岁光景，金丝边眼镜，头发油光水滑，上海话糯嗒嗒，"交关好，交关好，"也是从前的上海话，却在介绍他那家香港图书公司的业务。

旋风般走进一漂亮女子，浓妆，伊夫·圣洛朗的红色晚装。灯光瞬时暗了一暗。男人们的声音响亮起来，波浪似的，不时托起漂亮女子的笑声。

旁边一个穿大袖管西装的男人闷头喝了几口酒，自语般地说，早知她来，我就不来了。哦，和风月无关——那女人是台湾一个新闻机构驻香港办事处的头，他呢，是新华社香港分社的。

角落里，评论家 B 先生远远地朝我举杯。整晚上他沉默又寂寞，笑容也是苦苦的，不见他文字里的从容和犀利。"有空来我打工的书店坐坐（说到"打工"两字他略有迟疑，倒像是在强调），中午的时候来，我有空。"

（过几天没等我去坐，就听说他被那家书店解雇了。）

六

住处近旁的人行天桥，天天经过。桥一侧的大广告牌上，忽见一熟悉的芳名，与一家美容院联系着。大家都说，咿，这不是某某某吗，怎么开起美容院了？有一位说，我们那杂志，上期还登她的小说呢，写一香港女子如何贪慕虚荣铤而走险，卖得很好呢。

"是不是她？"

"还会有假？"

"同名的吧？"

"内地现在都这样了，还说香港？"

七

团长很气愤。一个惯写言情和金融冒险的香港女作家邀他见面，说好三点整，他去早了十分钟，秘书小姐出来接待，女作家大不悦，当客人的面指斥秘书："不是说好三点吗？"接着又骂女佣，说带在路上写专栏的稿纸是绿格子的，不是这种，说罢把女佣为她准备的稿纸一摔，任女佣一张张拾去。团长说，这算什么作家？什么修养！整一个阔太太，在我们面前摆谱来了！

作家又怎样，都是托尔斯泰？谁叫你们这些出版社宝贝似的吹着她捧着她，一个劲地为她出书，还开研讨会？是看中她那两张港币了？

团长倒憨厚，代人受过也不分辩，只说："是啊是啊，她那位秘书小姐——也是你们上海人——就是这样说的，'你看我一点也不生气，她发火也罢骂人也罢，我只把她看成一张大港币。'"

说着，团长用手比划了一下。比划中的港币比一个脸盆还大。这当然是在模仿那位秘书小姐的动作。

八

老同学 C 君送我到北角。他抬腕看表，说，"离你晚上饭局还早，附近有条同性恋街，去看看？"我一听，吓得一个劲摇头（也不知怕什么）。害得 C 君看我像看乡下人。

（现在却惦起那条神秘的街。）

前几年老同学移居香港前，得到错误信息，特在上海进高级理发店烫发，到了香港，人人见他如见乡下人，他起初不解：自己大学毕业，文质彬彬，况又来自上海，见过大世面，为何被几十年前小渔村似的香港视为怪物？后经人道破天机，知道时尚的威力，忙买了一管直发膏，花九牛二虎之力把鬈发弄直。现在他一身全棉名牌，头发短而利落，生意做得比香港人还精，在北角走路的样子，有点像久住淮海路的上海人偶然路过某个"下只角"。

送我上了酒楼，C 君不放心，定要看我落座。一楼是大堂。二楼空荡荡的，摆满餐桌，只几个人坐着聊天，我一个都不认得。去三楼，全是豪华包间，C 君猛摇头——他知道一个文学团体决不会在此请客。走上四楼，更不对头，一间间都在打麻将，人们惊异地回头望我们。有了这样的比较，二楼显得灯光暗淡，布局局促。C 君说，肯定在二楼。这时，一个戴眼镜的中年男人拿张报纸从最边上的圆桌旁走过来，用生硬的普通话问我，你是内地来的吗?

在我回话的同时，C君一溜烟地下了楼，在楼梯口回头朝我做了个怪相。

九

那些逛街购物的、看电影的同团人都来了，被请的与请客的人数差不多，坐在二楼一角的这个圆桌旁，不像吃饭的样子，倒像是要谈判。面面相觑，一时都无话。菜来了，就都吃菜。汤来了，又都喝汤。盯着汤碗上的某个缺口看，偶一抬头，见对方也在打量这边，就赶紧移开视线。

团长副团长们到底见过世面，吃几口就说饱了。再用一点啦。真的饱了，不客气。

不客气的看来还是请客的自己，掏的是自己的钱，有什么理由浪费?他们从容地好胃口地吃着。

他们说，这里请客，从来没有公费的。

他们说，我们都是业余编书编刊物，纯粹兴趣爱好，也没间办公室，要讨论稿子的事，就上"大家乐"。

最后，他们中一个头顶微秃的诗人问，你们中有谁兼做贸易，皮革方面的?我是香港这家贸易公司的顾问。他递过来另一张名片，上面是他的真名，不是笔名。

十

饮早茶的时候，一个旅港老教授，又在桌上说"荤话"。这回他说的是"真人表演"。副团长和另外几个男人眼直直地望他，像要从他脸上望出当时的情景来。老教授已说到兴头，忘了同桌还有三位女士，手臂也挥起来了，如在讲台上。听的人急煎煎地问，也是旁若无人："当时你怎么样? 怎么样?""还能怎么样? 早就瘫了，好像这个身子，不是自己的了。"他们便都笑起来。

在电梯口，一位女士说，其实这老教授很可怜的。

可怜什么？

他呀，文革中被人毒打致残——从此没了性功能，大家都知道，也都谅解他，不跟他计较，有些海外女作家还就愿意被他研究，说和他在一起最安全。

他们也出来了。老教授脸上讪讪的，有一点红，但已努力回到那种学者的姿态中去。

十一

在香港中文大学校园，遭遇到特大暴雨。走的是汽车道，两旁都是树，没处躲。撑伞也别有情趣，两人一把伞，像搞谈心活动。

女秘书 Ａ 小姐与我同伞。她到底有了点年纪，走出了汗，化纤衣裙又沾上雨水，散出一股刺鼻的体味。她问：你们初见我，是不是把我当作菲佣？我没法回答。她说，没关系的，很正常啊，我这样的年纪，肤色，衣着，在公司里跑腿，寄邮件，贴邮票，作会议记录，还要买送客人的礼品，什么杂活都是我干。我问她原来做什么的，她的回答吓我一跳：广东某大学的副教授！

那为什么……？

她沉默。过一会儿她说，就都告诉你吧。

她的家，原来好好的，两夫妻在同一所大学，还有两个孩子，一个儿子一个女儿。前两年儿子工作了，有了女朋友，钱不够用，猛然想起他母亲（即 Ａ 小姐）说过，她的出生地是香港，又打听到凡香港出生的内地人都可回香港定居，便缠着她办回香港。儿子对妈说，妈你现在还不算太老，还做得动，谁都知道香港人工高，挣钱容易——很多不是香港出生的人都千方百计移居香港呢！她起先不予考虑，认为简直天方夜谭，儿子和未来的儿媳妇就要同她断绝母子关系。亲戚朋友中也有这样劝她的：人活一世，不就是为了后代？这样折腾了几个月，最后她一狠心，也就孤身一人跨进了香港。

雨渐停。A 小姐收起伞。一个故事好像就这么完了。

香港中文大学 H 教授的私家车追了上来，把我们一批批接往上面的书院。

十二

站在太平山顶，看香港的夜景。几年前那次，和母亲站在这里看，母亲一见就说，这一夜要点掉多少度电啊。如今听来像个笑话。但母亲说的肯定是实话。这一次，同团的人都在赞叹：啊……啊……后面就没词了——有词也在心里，且各各不同。

想起另一个人说的话：站在这里，自己没有了，只有一个疯狂的念头——赚钱，拼命赚钱，否则就不要来香港！

这一定也是实话。

幸好没人再安排去看那俗气万分的某富翁豪宅。

十三

从罗湖桥出来，出租车司机声明要收港币。去深圳机场，出租车司机开到一半停下，不回头地说，按惯例不打表，路途远，车费至少 ××× 元，讲定才能继续上路。清楚明白的普通话。

××× 元，这么耳熟——在广州，也就能买一公斤葡萄吧。

什么也没说，付了钱。

飞机上了天，底下一片茫茫，疑是一个千年万年都不变的世界。

1995 年

面对一种存在

倘若我是在别处（异乡，或者异国）看到它，我会饶有兴趣地观察它，为它写下一些看似感伤实质轻松的文字。也可能很快我就淡忘了它。对于旅游者来说，所遇所见大抵只有暂时意义，很少切肤关系。我读一些观光游记时就常有此感。那些作者，往往不自觉地把自己摆在一个颇优越的位置上，即使不是居高临下，至少也在隔岸观火。也许我也写过这样的文字。然而对于它，我不能。

对于它，我当然不是旅游者。然而对于它我是什么呢？

它是一个称得上贫穷落后且十分肮脏嘈杂的街区，就在我居住的城市里，我住的大楼后面。我几乎天天走过它。它给我的感觉，不是任何一个词可以概括。惊讶、愤怒、憎厌、麻木、惶惑……不，还不止这些。它日夜存在于此，可以说是坦然，也可说是无耻。它仿佛在说：我就是这样的，而你是什么呢？

它一再地迫使我想这个问题。这使我感到有写一写它的必要。我希望我在写完它之后，能够回答。

一条被称作"路"的歪扭的狭长地带是唯一稍稍空旷的地方，接通了它的南北走向。路上经常行一种装满粪便或垃圾的环卫车，因路南端有个环卫站。路太窄，环卫车又较一般的车体积大，所以它们几乎是贴着路两旁的住家和店铺开过去的，自行车和行人此时须统统停下，紧靠墙壁，任车辆的阴影和臭气将自己缠绕一阵。自行车和行人可以逃离这地方，到外面大街上呼吸一口新鲜空气，而路旁的住家不行，只有日日承受。

那些住家，都是些低矮破旧的棚户，虽有的已明显翻修过，水泥墙和黑瓦片取代了原先的薄板壁、油毛毡，但屋里的黑泥地还是老样子——木门敞开着，令路人一目了然。屋里的格局凌乱逼仄，几平方的空间里，挤满从吃到睡到排泄的必需用品。此外如床底下、柜子上，凡有空的地方，总被杂七杂八的旧鞋、旧篮子、旧木板条、旧纸板箱所充塞。煤炉只好放在屋外，外面往往接个水龙头，做菜人一趟趟跑出跑进，犹如进行体育锻炼。我并非有意窥探他人生活，事实上我走过的每一巷子都类似，门窗大开，一切不容分说地直扑我眼。走完十五分钟纵横交错的巷子，我差不多看到了那里人家生活的大部分流程。他们早晨起来忙碌地为孩子穿衣，劈柴引煤生炉子，满巷追赶着喂孩子吃饭，择下一顿吃的菜，晒霉烂的旧衣物，就着一个阴沟洞刷牙倒痰盂涮马桶，毫不避人。他们拥挤的屋舍和屋舍之间确实可以让人行走，尽管有的地方连一人走路也要侧着身。他们有时朝走过的陌生人瞥一眼，有时眼皮都不抬，自行其是，毫无窘色。他们也是这个城市的居民，也会搭车到别的街区去上班。这短兵相接的生存，对私人空间的自然袒露，毫不在意的处置，似乎更像我所知道的农民。

那些住家的门牌号上写的，竟也是"某某庄"，令我惊叹。

我从下班的公共汽车站穿过这个街区，走进我住的高层大楼，每每感到楼内寒气逼人。那是经年不散的寒冷阴森被钢筋水泥牢牢储聚的一种混合气息，春夏秋冬概不消失。在电梯里，谁和谁也不打招呼，哪怕几年中天天见到这几张脸。没人说话。出电梯，走过一扇扇戒备森严的铁门，在走廊尽头自己的家门口停住。这么高的楼，这么长的走廊，我几乎见不到一张活泛的有温暖笑容的人的脸孔。然后，进了家门，我也把自己锁在坚如牢笼的房间里。

人和人，住家和住家，多么不同。

我在这地方住了七八年。记不清是从哪一年起，好像突然地，"雨后春笋"似的，许多店铺和摊档在这拥挤不堪的街区冒了出来。

那条路原先北头有一个自行车铺，南端有一个大饼油条店，居中是一家酱油糖果店。如今在它们之间，饮食店不下十家，此外还有卖熟食、茶叶、针线、大米、五金、水果、牛羊肉串烤、家具服装的活动房屋和流动地摊。交错纵横的巷子拐角处，也多有门面极窄的烟纸店见缝插针地出现。它们的共同特点是小而简陋，带着仓促上阵的急切劲儿。水果摊上，整箩筐整麻袋水果横七竖八堆放，苹果梨儿往往好坏参半，这边剔出腐烂的，垃圾一般堆成小山，那边就是表皮粘着腐质稍稍像样的货色，让人疑心是刚从"垃圾"堆里拣出来的。烟杂店里，成麻袋的砂糖直接搁在潮湿的黑泥地上，连个货架都不置。那自然是为了赚钱，快快地、赤裸裸地赚，丢弃一切形式地赚。夕阳西下时走过这地方看到混沌暮色中升起炸臭豆腐干、油墩子冒出的油腻腻热气，闻着那挥之不去的香臭交混的气味，举目皆见商贩猎人般的狡黠眼光和一群群背书包放学的小学生左盼右顾的向往神情，我常生出莫名的恐惧——仿佛一种已近极限的东西就要爆炸。

我儿子已经上四年级了。从这个学期开始，我没再送他上学。我认为他已经长到可以自己过马路回家的年纪。但是他每天回家的时刻都比应该的晚。终于有一天，他在短短一个半小时的放学时间里，花光了我们给他买校服的六十多元钱。他大把花钱请同学一起在路口的电子游戏机房里玩，剩余的一点钱他用在买羊肉串、魔鬼糖上，还买了几只看上去十分丑陋的"宇宙英雄"的塑制小人。有同学报告老师，我接到校方的电话，知道了这一切。从学校将儿子领回家的途中，天完全黑了，我拽着儿子的手，一言不发地走。儿子不安地朝我看，我感觉到了，但我不朝他看。我听到儿子低低地说，妈妈我错了。

这时，我们正踩在一块软绵绵的东西上。借着旁边馄饨挑子的煤火微光，我认出脚下是一大片甘蔗渣和甘蔗皮。卖甘蔗的人做完生意就走了，这种残渣他是不会去收拾的。我叫儿子带我去那个游戏机房。潮湿的黑泥地，几台很旧的游戏机发出吱吱的老鼠般的叫声，蓝绿荧光一闪一闪地映照出紧围在旁的一群孩子专注的眼神。这情形，令我脑中猛地蹦出"魔窟"这个词儿，以及一连串恶毒的诅咒。我连忙拉儿子离开。

接着我们走到铁道口。这整个街区没有什么是宽敞和正规的，连道口这样的要塞也是。行人和自行车堵在那里，眼睁睁看着一辆大卡车停在道口中央，上面立几个民工打扮的人，正用铁铲往下卸煤。紧挨着铁轨的一堆煤已经堆尖，旁边是沾着泥巴、煤屑的青菜鱼肉。再一看，不知什么时候，道口旁开了一家小餐馆，印着"生猛海鲜"字样的磨砂玻璃门紧闭，从里面透出昏黄的污浊油光。幸好此时没火车通过。被堵的行人中有人大声咒骂：压死个人才好！

从那以后儿子明白了什么是"诱惑"和"陷阱"。当然只是一知半解。他还小，也不是那种有较强自制力能管住自己欲望和好奇心的孩子。他仍有回家较晚的时候。如果天黑了还不见他人影，我就到那条路口及那些弯弯扭扭的巷子里找。我从一个店铺找到一个摊档，大声喊他的名字。那些地方永远有被勾去魂儿似的不想归家的小学生。我的喊声里充满愤懑、委屈和恐惧。我只得自欺欺人地规定儿子放学后目不旁视地跑步回家。其实，这是不可能的。这并不是一个街区的问题。它是某种大潮的象征，虽然在表面上它更原始和本质，因而也就连带了较多表面的丑陋。

我只能寄希望于早日搬离这个街区。

而我至今仍住在这里。我就这样在这个街区走了几年。我几乎已习惯它随处可见的痰迹、烟头、纸屑、污水，以及怪兽般张大嘴永远不下咽的垃圾箱。刮大风时我会小心翼翼地绕开它们走，以防被污水浸透的纸片或塑料袋从天而降旋到面前，再啪的一声牢牢粘在我身上。我总是快快走，把视线从一些吸烟男子淫邪的目光中逃开，任他们在我身后发出带脏字的怪叫。每个小巷子都有这么一些人。有时他或他们手指夹烟斜倚在某个店铺的柜台上，边与老板娘调笑便拿眼角余光瞟过路行人，像电影里旧社会的便衣特务。

从街区东边走安全一些，但太挤。那里原先是个国营菜场，后来让位于自由农贸市场。一排排水泥砌的柜台，顶上是绿色石棉瓦大天棚，风吹雨淋都不怕，买卖之热闹不消形容。摊主有本地人和外地农民，本地人都是二道贩子，精诈，外地农民纯朴得多，卖菜一口价，仿佛不屑与人讨价还价，那神色里藏着对自己种植的产品的自信，和对上海市民为几文小钱计较的鄙夷。不过这都用宽厚的笑来表现。唯有在他们手上买菜我才觉得彼此都不失尊严。

慢慢地我发现有些外乡孩子变了。他们小的十二三岁，大的不超过二十，小小年纪用外地口音招徕顾客，是集市里引人注目的一景。我曾在一个河南孩子那里买过梨，十来个黄梨，秤一打上去他就叫八斤，我不识秤，正掏钱，旁边一个上海中年人劈头扔过去一句话：要足六斤我输你十块钱。那孩子脸一红，忙改口说五斤八两。还有一次，一个圆头圆脑的小男孩掌秤卖花菜，后面靠墙坐一个十五六岁的精瘦大男孩。小男孩向我报出分量：一斤七两，声音怯怯的。大男孩在后面偏说两斤，要小男孩改口。小男孩看了一下秤杆，仍怯怯地说一斤七两。大男孩在我的目光下咧嘴一笑，很无耻的样子。我对小男孩说，你很好，你比他老实。小男孩没表情地拿圆眼睛望我。我离开时心情沉重。我怕再也听不到那怯怯的坚持的童声了。

某个晚上，一个朋友送我下车回家，穿过集市走一条黑黢黢的小路。天刚下过雨，这里连石板路上也有泥水的黏稠和白天摆摊时弃留的烂菜皮的滑腻，脚踩上去溅起许多脏点子在裤管上。空气中飘荡着鸡鸭屎味和蔬菜腐烂的气味。这位朋友在汽车上高涨的谈兴陡然消失了。我们默不作声地走这段路。一直走到我住的大楼前，朋友才开口说，想不到你挑了这么条路走。这位朋友曾被两个在希尔顿门口卖羚羊角的西藏人认作韩国人，因为他的夹克衫品牌。我到现在还叫不出那牌子的名称，虽然据说它确实有名。那两个藏人真是见多识广，这位朋友曾这么对人说。上天作证，我绝不是故意想在那天晚上让这位雅皮士开一个不愿开的眼界，我应该估计到他那种品味的脆弱的承受力。我一时忘了。我很抱歉。我这么说了。而此言一出我就感到它有点滑稽，仿佛是在讽刺他。仿佛，我已无形中站到了这个街区的立场上。

这很奇怪，而且矛盾。难道我对这个街区已经暗暗地有了某种感情？就像对自己的亲人一样，我可以批评它，可是我受不了别人对它的蔑视和挖苦？这一切是怎么发生的呢？

因为在这里我目睹了普通人生存的艰辛？我确实在夜晚看到不少外乡人以集市里的水磨石柜台作床，不论寒冬酷暑，蒙头裹一条从家乡带来的红绿大花被子，头枕着秤杆和麻袋，呼呼大睡。还有那些拥挤的棚户居民简单而忙碌的生活。就因为它们包含了自然、本色和坚忍不拔？

我说不清。让我想想。而我脑子里抽象不出道理，只有一些活生生的图景顽固驻留。一只煤炉，是用铁皮钉起来的，放在一户住家门口，炉上坐着油锅，油热了，冒着热气。房门突然大开，一个清爽少妇冲出来把一淘箩青菜倒进去，嚓嚓炒得生响。一个男人（她丈夫？）已经把屋里的方桌擦干净，放上碗筷，桌上还立一瓶酒。一个老奶奶，眉发皆白，坐把竹椅在太阳底下慢慢地将一把韭菜摊开，一根根地拣。她认真仔细地做这件事。离她不远有三五个女人在饶舌，她充耳不闻，很平静。一家包子铺门口，常年坐一个老妇人收钱开票，她脸上松弛下垂的肉和深刻的皱纹并没有阻挡她日复一日地描眉，涂口红，搽白白的粉和红胭脂，戴醒目的耳饰。她有六十多了吧，这妆扮使她变得如一个唱戏木偶般触目，让人猜想她曾有过的经历和职业。而她坐得像一个少女一样端正，眼梢溢出一抹不易为人觉察的微笑，仿佛守住了内心的秘密。铁轨旁，一个小女孩傍着她的盲人母亲（是她母亲吧？）走来，拐进一条小巷子，消失了……

如果我从小就生活在这样一个街区，如果那小女孩就是我，那少妇就是我，那老奶奶、老妇人就是我，如果是这样，难道我会鄙视这块土地吗？

我自小生活在市中心的一个繁华地带，那里住着许多从前的中产阶级：律师、银行职员、私人开业医生等。那也是这座城市市民趣味较为典型的区域之一。直到七十年代，我家周围那些邻居中仍悄悄流行着弹李斯特、肖邦的钢琴曲，听柴可夫斯基、斯特劳斯的唱片，穿蓝棠的皮鞋、鸿翔或高美的女装，买富丽的布料，喝英式下午茶，吃凯司令的点心。还有种种用以鉴别的细小规矩。到了现在，他们（或其下一代）仍然是都市里得风气之先的一族。至少他们自己这么认为。他们不同于暴发户。他们视形式及形式所统领的趣味如生命，但大多不问形式后面的真正精神。他们读普希金、梅里美，但也许见到真正的吉卜赛会被那带膻味的野气吓晕过去。他们习惯在法国梧桐陪伴的幽静小道上谈情说爱，但也许最终吸引他们的是情调而非爱情的蓬勃清新。他们永远在祈求某种时尚的承认和接纳，一旦被抛弃，就会奋起直追。当然这也是一种生活方式，可我已日益憎厌那不分青红皂白的细小的自得其乐，贵族化的假模假式。那是滞涩不动的水，而那些人的使命似乎就只在保存它。那里面已没有多少新东西了，更少真实和质朴。

我脚下这个街区，与我的出生地截然不同。走在这地方的人们，有的昂首挺胸如仙鹤来到鸡群，一副屈尊的、出污泥而不染的样子，有的像灰姑娘，像草窝里的凤凰那样带点委屈并企期王子出现的神情。我看不到自己的表情。它必然复杂，也许复杂到看不出有任何表情。很有可能。生活就是这样一个混合了多种属性和质地的集合体。生存的合理性、必然性往往与人对美的最高理想不在同一方向。我相信是这样。

我试图描绘出这个街区，这错综复杂的现存，以及身处其中困惑的我。我没能成功。在我面前是一面镜子，那里没有我想要的清晰图景。我走进去？我逃离？我微笑还是哭泣？这将是一些长期的问题。

就这样吧。我是不是这街区的一分子或旁观者或过路人已不重要。反正它不会很快消失。混杂的终会变得清楚。我将耐心等待时间之水退去后的结果。

1994 年

真实：无底的深渊

"究竟是在什么时候、什么地方怀上诗人的？"

米兰·昆德拉在小说《生活在别处》的头一行，就提出一个有关真实的问题。这问题带着昆德拉惯有的幽默调侃口吻，我起先以为它是随意的。后来知道我错了。读完小说，我对这始于全书的第一个发问产生了浓厚兴趣。它好像是打开的一扇窗，从中望出去，我看到的是无数扇窗，这第一扇窗绝不是无关紧要的。

且看诗人的父亲和母亲如何回答上面的问题。诗人父亲认为是在他朋友的房间里。那是一次经历了吵架和重归于好后仓促潦草的做爱。诗人母亲对此坚决否认，她认为是在一个阳光明媚的夏日早晨，在绿色溪谷的背景上生动地衬出轮廓的一块巨石后面。那是激情之花的一次美丽绽放。

很显然，在两种截然不同的对真实的记忆后面，是截然不同的回忆者本身。诗人父亲讲究实际（也许？反正书中说他讨厌夸张），对导致勉强婚姻的怀孕事件耿耿于怀。诗人母亲却崇尚浪漫，对于自身有关的事件无不加诸抒情的光环。真相到底如何？那已经无可查询。它距离存在的事件愈远，就变得愈模糊。唯一可以还原的，是人的记忆。而记忆，是可以通过情感、心境、意志的作用随时修正的。真实也就变得脆弱柔软，可被重塑。它成为年代久远的悬案，幽深而寂寞的黑洞。如果有什么掉进去的话，任何回声都会显得可疑。

昆德拉在这部小说中注重的是对"抒情态度"的分析，它的叙述却将我引向对真实的追踪。这很奇怪。又并不奇怪。抒情相对于现实而存在，它飞在远离真实的天空中。这就像一个长途跋涉的旅人，额上沐浴着圣洁的阳光雨露，脚上沾满肮脏的尘土。对人来说，对行走来说，这两样东西同样重要。

好了，现在我并不是沐着阳光雨露飞升。我掉进了黑洞。我想到达那坚实的洞底。

我看到了第二扇窗：关于诗人父亲之死。

玛曼（诗人母亲）是在战争将结束时，从官方通知中得知丈夫死于德国纳粹集中营的。这一简单陈述的事实很容易把人的联想拉向"出生入死"、"履行崇高使命"、"英勇献身"等方面。玛曼正是这样想的。为此她一方面责备当时自己与画家的私情，一方面也为那时就断然弃绝了这种不忠关系而欣慰。她的孀居因而庄严且高尚。她走路的姿态比过去显得更高傲，仿佛她头上顶着丈夫无形的骨灰盒。

然而真实并不表现在事件的表面结果，而在于其缘由动因。玛曼的丈夫是因为坚持要去见他的犹太情人而自己跑到集中营去的。他的奋勇表现在婚姻之外的爱情上。真实显出了它残酷的面目：玛曼头上顶着的，实际上是她丈夫对婚姻的背弃。她那高傲的走路姿态遂成为一幅被真实涂满恶意的广告。她被真实所讽刺。如果没有人告诉她丈夫之死的缘由，很可能她永远触摸不到这种真实的边缘。

但是等一等，那个道出真相的犹太老妇的记忆就没有任何变形吗？她的讲述充满了庄严的悲哀，难道她就没有无意中滥用揭示真实的权利？

我继续往下掉。我听到昆德拉心平气和地说："你认为事情既已发生，往日便已结束，不可改变了吗？哦，不，往日裹在五颜六色的波纹绸里，每次我们瞧它，都会看到不同的颜色。"我想做的正是揭去这层波纹绸。

第三、第四、四五、第 N 扇窗逐一敞开——

自称为贞节的"石头姑娘"的红发姑娘对诗人说："你真好，我发现你是真正爱我的，真正为我着想。"她的判断依据是：一、诗人长时间地在她住处前转悠，等待她，跟踪她，她将此理解为一种痴恋；二、在她和诗人的第一次幽会中，诗人只是满怀温情地羞怯地拥抱亲吻她，丝毫未有进一步动作。然而与此针锋相对的事实（心理动因）是：一、诗人长久注意、等待和跟踪的是另一位拍片姑娘，她恰巧在那段时间里与红发姑娘形影不离，她才是诗人的钟情对象；二、幽会中的诗人心中满是性欲冲动，他只是因自卑以及技术不熟练而错失"良机"。

这又一次表明，在一件事实（动作、举止、话语、事件的表面流程及结果）后面，有好几种促成的原因，真实只能是其中之一种。人的愿望和习惯的逻辑，会使他们得出的结论与真实大相径庭。尽管以上发生的还似乎只属微不足道，但无疑令人悲哀：在一对看上去相爱至深的青年男女中间，真实像一个不被发现的炸弹藏身其间，随时间的推移增长着它的杀伤力。

马上就到要了命的阶段。诗人因为对漂亮的拍片姑娘示爱不成而更加残酷地对待情人红发姑娘，而这一残忍是隐藏在爱情受了伤害的幌子下的：为什么你不努力理解我一点？你为何总是对我不喜欢的事感兴趣？等等。移情中的失意上升为一种狂怒，表现出来的却像是嫉妒的愤怒。他追问红发姑娘约会迟到的原因，当得知那是因为红发姑娘的兄弟预备非法偷越国境后，他向安全部门告发了这桩秘密。他看到红发姑娘被警察带走。他由此相信，红发姑娘现在比以前更属于他，因为是他创造了她的命运。

让那些关于爱情、责任（对国家的）、牺牲等等虚妄的词句和想法都飞走吧，我为读到的这个情节目瞪口呆。一个男人把他的情人亲手送进监狱，这就是最基本的事实。曲折的动机引发出令人不可思议却又势在必行的举动，导致了可怕的后果。真实的弹片四溅，它本身也在这爆炸中化为乌有。

接下去，我读到了最惊心动魄的一章。是的，惊心动魄。虽然这一章的叙述极为冷静。昆德拉离开上面的惊人事实，在它的旁边搭起另一个瞭望台。于是，我看到，在我已读到并引为基本事实的情节后面，还有另外的故事。红发姑娘并不是一个"石头姑娘"，而是一个有着丰富性经验的女人。她与诗人的恋爱一开始就像一幕戏剧那样处在一个中年男人——她的另一情人——的关注中。她所说的意欲越狱的兄弟出自她的编造，她以为只有这么一个极其严重的理由才能平息诗人的愤怒。这导致了她三年的监狱生活。

由此看来，红发姑娘三年前与诗人的交往历史应该改写，至少我是重新回味了她从前的每一细节。迷雾再次升起，我眼前一片扑朔迷离。

那么，究竟是谁、是什么，使红发姑娘坐了牢？心跳平息之后，我很想模仿昆德拉在小说开头的发问口气，提出这个有关真实的问题。这种真实肯定不是微不足道，它决定了一个人的命运。

我看到，真实连带着多种解释。如果我们从另外的角度再建造一个瞭望台，再打开一扇窗，那么，我们肯定会发现，关于真实的解释源源不绝。像电影特技镜头中的叠影画面一样，它们是彼此相似的无数个，而根据常识我知道，真实只能是铁一般不游移不飘浮的一种。

常识所告知的还有：真实是坚实的土地，是希望和信仰的有力支撑，是人的意识和肉体存在之根本。常识似乎并未告知真实的相对性和局限性，否则，我绝不可能如此惊讶、悲哀、绝望。我没有触摸到真实的底部，我掉进的是无底深渊。

不必再去深究，诗人最后死于什么。他死于一场高烧。高烧的原因是他在拍片姑娘住处的阳台上冻了很久。他之所以来到阳台是一个陌生男人手脚并施的结果。那陌生男人将诗人踢进阳台是因为他俩在拍片姑娘房间里发生了一场关于画家、美好的画和令人作呕的狗屁诗的争论。诗人遇到这个陌生男人是因为拍片姑娘神情暧昧地邀他到她的房间，而陌生男人也正巧（？）在那里。拍片姑娘之所以对诗人感兴趣，照诗人母亲的理解，是为了利用诗人与警察友好且微妙的关系来保护自己。但以上这一切都是表面的因果链条。诗人在寒冷的阳台上隔窗望见的那一对紧紧缠绕的男女到底是谁，为什么？这一切是否有更深的预谋？是否政治和艺术也参与其中？拍片姑娘家的聚会是不是一个完整的陷阱？

　　一切都留下了蛛丝马迹，而真实仍然遥不可及，直到诗人死去。"他望着水里他自己的脸。突然，他看见巨大的恐怖从那张脸上掠过。这就是他最后看见的东西。"那水里的脸是不真实的，恐怖就是为此而生，我相信。

　　我想起我读过的一些优秀的中国当代小说，在那里面，作者的感觉是飘忽闪烁的，事件是游移朦胧的。我知道作者在向他们所经历或未经历的真实尽力靠拢。他们从不言"肯定"，他们只说"可能"，"似乎"，或者提供同一事件的不同版本供读者挑选。我赞赏这种态度。这比不容置疑的叙述态度来得科学。他们深谙真实这狡猾精灵、可怕炸弹的习性。他们承认人的认识能力在真实面前的渺小。但是他们在承认之后仍不退却，因而他们是可钦佩的。

　　他们在对真实的追踪中，检索人性的密码。对于文学来说，这更重要。

　　正如昆德拉一样。也许整部小说都是他的虚构，但他打开了朝向真实的窗。这些窗同时朝向变化叵测的人，人性，人的生存和意识的关系，人的命运。也许只有在把握了基本真实的前提下，抒情态度才不致沦为荒谬和可笑。然而真实已是如此难以把握。他描绘的是一个"价值崩溃的世界"："……（被）认为神圣不可侵犯的整个价值体系就突然崩溃了。再没有什么是可靠的了。一切都变得成问题、可疑，成为分析和怀疑的对象……"这是一个时代的真实。这样的世界距离我们并不遥远，我们已能看到它滚滚而来的烟尘。

1993 年

八　梦或非梦

呼喊

那一种呼喊我从未听到过，不知怎么就有了那样的感受。它平地突起，高扬，拖音平行，使我想到嘹亮的马鞭。不，那是一匹狂奔的马，刚刚挣脱了绳索。是刹不住的高速汽车，不管前方是悬崖还是坦途，都要滚滚前去。或者，那干脆就是一种渴望，非把心和身子掏空了不可，非要抵达天涯海角不可。它又似一颗自由的子弹，飞出枪膛就自由远行。而这一切都不确切，就像我根本不懂翻腾在呼喊中的那几个音节意味着什么。它来自异邦，来自一个孩童的胸腔。在一个星期天的下午，在我偶然打开电视机不经意地翻几下报纸喝一口水的当儿，我听到了它。它将我拉近电视屏幕，我看到在一片雪地和有十字架的陌生天空里，那呼喊正划出它经久不息的颤动。

一切似乎都中断了，正上演的异国故事，窗外的喧嚣。那呼喊突然打中我身上某个地方。有了疼痛感，脑中呈现空白，仿佛是一个我向往已久的新天地。

它其实与我的生活无关，那呼喊。它存在于另一个时空，有其具体的的涵义。我只是不明了而已。我宁愿自己不明了。我们平时所说的和听到的道理太多，这使我常常对最基本的事实丧失理解，变得愚蠢。而令我受到吸引的，往往正是那些与己无关的、另外的、我尚不明了的事物。

每次看望母亲后我的心都要郁闷很久。她的小房间永远凌乱不堪。她刚抹净桌子，又把粘泥巴的青菜叶一瓣瓣往上撂。被子没铺。三点才吃午饭，面包、罐头、煮过头的菜汤。这有什么关系呢？这重要吗？她的目光在问，执拗如同少女。对于一个古稀老妇来说甩手操和每日营养都不重要那还有什么重要呢，母亲！

黄昏变得越来越薄脆。我总是坐到天快黑才走。再来呀。母亲坚持送我到楼梯口，看我走下去。我不能回头。她的声音一下一下地击痛我的心——

我觉得自己整个一生是个错误。

这句话足以颠覆我往日对幸福和真实的信念。母亲很老了，脸颊上早已消失玫瑰般的魅力和红润。也许根本就没有过玫瑰，只有错误。

所以，其他一切就无所谓重要或不重要了？

我身上流着她的血，这真是毫无办法的事。我想从她身上找到我要的答案，而她那恍恍惚惚若有所失若有所觅的神情，却像千年的灰烬，堆积在我的皱纹里。

我找到了吗？

我不知道我正在写什么，想如何表达。我的心突然跳得厉害，它告诉我一些不同寻常的事在遥远的过去和将来向我注视。它们说，欢迎你。

我在我破烂的办公室里想到了它们。我抽出一张纸写起来。同事朝我这儿探探头，说，永远都见你这么安安静静地干活，真羡慕。我抬头朝他看。他，还有他们，常在小山一样的稿件堆里走来走去，甩动手臂，热情洋溢地展开争执和讨论。牛市，熊市，高价位，套牢。这个空间不时泛起腥味。我笑了一下，也许笑得很安然，也许只表示了茫然和无知。没有别的。窗外的树在变绿，一派茂盛和蓬勃。

我在纸上写道，我想念你，希望见到你。这是春天了。我并不清楚在想念和希望后面隐藏着什么，那个我念中的人会真切地呈现什么样的表情，说出什么不凡的话来。那肯定不是什么具体的东西。生命就在这不确的希望和等待中一程程驶过，直到终点。

我也许终生都在期待什么。什么呢？

有一些切实的事情我不能忘记。譬如说，凝视一对眼睛。

我不指望从他眼中读出什么。细腻的感觉和有意识的揣摩已经成为一张张废稿纸，只配丢进垃圾箱。我的心在今天已变得十分粗糙，厚如盔甲。我曾欣慰于这种变化。但是，他让我的目光恢复了专注。

我听他说，泛泛地，像一条散漫的小溪流。那声音有一种磁性，使所讲述的内容呈现某种高贵华丽的厚质。我望着他的眼睛。望不到底。内容有时只具形式的作用。我清楚自己很难深入到另一个生命中去，无论历史还是现实。我只是一个旁观者。

他递给我一本书，为我翻到其中某页，念了几行。我们离得很近。那书里讲到一个女人不可思议的举动：她常在雨天穿上所爱者穿过的雨衣帽靴。这个细节我似乎在哪里见过，我说。她并不知道她想怎样，而她做了。这是一个很值得研究的学术问题吗？

就在这时他握住我的手，看我。我看着你，就这样。他反复说同一句话。我心中重又掠过那句话：她并不知道她想怎样，而她做了。语言变得散漫而无意义，在我眼前只有一双眼睛，望不到底。

电影和小说里的情节常常左右我的思维，使我在看到相爱者分离，不管是出于哪一种了不得的原因时，心都会止不住阵阵疼痛。有个画面长久地打动我——范尔蒙子爵在决斗中被刺倒地，气若游丝之际，映现在他脑中的是他和杜尔凡勒院长夫人相拥热吻的情景，那情景，优雅，透明，如同天使的羽翼，慢慢地，慢慢地，相伴他走向另一个世界。爱能够涤除虚伪、罪恶和淫荡，爱是这个世界最后的最珍贵的证明，影片《危险的关系》这样告诉人们。我想，这是对的。这合乎弱小善良的人类最伟大美好的愿望，尽管这更像一个神话。

　　而我不能确定这世上每个人在临终时分的真正系念。人心最隐秘的秘密，也许只会在最后时刻才向本人揭开，让他连吃惊和反省的余地都没有，这是最后的判决，无人可以为之喝彩或斥责。

　　让我预先作一番设想吧，毫不掩饰地。我希望我的至爱亲朋不致为此而感到颤栗。倘若我有幸进入一种正常的安静的死亡过程，很可能，那最后萦绕我灵魂的，不是某个具体的亲爱的面容和声音，而正是那一种不明其义的呼喊，突然而起，像一列火车风驰电掣，从我不知晓的地方隆隆而来，掏空我的心，碾碎我的身体，带走最后一点期冀牵念。也许在彻底的毁灭来临之际我才会明白那呼喊的具体指向，而一切已不可更改，我将跌落于绝望之渊。死亡就这样得以完成。而后，那呼喊会像一只飞累的鸟，慢慢坠地。

　　很有可能就是这样。那呼喊，在另外一个我无法目及和明了的地方等着我，使除此之外的许多事变得不重要。

1993 年

江岸夜

　　雨还在下。江岸在前方。天空在江上方变成宝石蓝，是我从未见过的，匀净，厚实，又接近透明，被雨水洗净似的，宽广坦荡的一大片。仿佛从来如此，或者突如其来，绝对地，斩钉截铁地，落在我前方。

　　心里起了悸动。蓝色是我所爱。蓝与蓝又不同。蓝太浅太嫩容易被污脏。蓝（BLUE）在英语中有"忧郁"之意。蓝因普遍而可能显得平凡。一种珍贵、特异、纯净的蓝是很难见到的，而此刻我确信见到了。它具有明快坚定的气势，大雨不能损伤它，阴云更被挡在外面。我惊叹，感激，但没有停下脚步，就这么边看边走，走过一座无人而亮着彩灯的街心花园，并在 10 秒钟短促的绿灯时间里穿过一条大马路，裤脚被雨溅湿。蓝仍在前方保持美丽，如同一种引导，也像耐心的等待。我希望它不要消失，永不要消失或改变。但不可能，世上每一分钟的推进，每一事物的改变就在发生。我走近时这蓝色深暗下去，就像经不住雨幕后那轮看不见的太阳的下沉，而强硬地收走了光芒。是啊，谁能阻挡太阳的转动？

　　黑夜于是降临。江岸上简朴的栏杆、树丛、长椅，都被街灯的黄色光晕罩笼，被雨水模糊。如果没有风雨，这里该是小城的情侣地带，就像某个时期的上海外滩。但这里的这一刻更美，因它朴素安静，不光怪陆离。此刻没有人，人们都在家中室内，不会有人心血来潮到江边走一走。岸边还有个铺出去建在水面平台上的饭店，灯光打出它船和帆的形状，也静静的没有人影。江岸此刻属于我。

但一个人影快步从我身边走过去了。一个男人，没有打伞，站在前方眺望江面。我见他弯身对下面一个黑黢黢的人影大声问："那发亮的是江汉吗？对面是不是扬州？"好奇得像个专业人员，天真有如孩童。我远远望着他，相信这突如其来又自然而然的举动透露了这个人的内在，这内在让我感动，我能够体会它，我甚至也想在这旷野一般的地方向着江水、天空或随便什么人大声说些什么。

也许风雨太大，下面那蒙着短雨衣的人没听见似的，只顾闷头观察大雨中的潮位，然后急急往回走，走到扶栏下方一个神秘通道里去了。哪里都有奇异的人和事。黑夜使我和他们这一刻有了联系。在江岸，我也望见幽暗江面上几条长长的微有波澜的亮影。江汉，我不懂这个词，但确信那就是江汉，是江河在那里发生了改变。

夜就此定格。现在回头看它，我看到的却是这个夜晚一连串的色彩、声音、人影转换的过程。大雨淋湿了一切。

2007 年

海水一次次涌来

1

　　我坐在电影院里，看一部名叫《沸腾的生活》的罗马尼亚影片。屏幕很近。主人公好像是一个厂长，整天面对一大堆繁琐的公务和纠缠不清的私事。上下级，女人，似乎还有孩子。他的眉头总是紧皱，脸色铁青。接近尾声的时候，浪漫迷人的电子合成音乐响起，男主人公骑在一匹马上踏浪而来。那是太阳初升的大海，淡雾缥缈，海像一个空旷的大舞台。他在马背上跃动着身子，马鬃和他的头发一起飘扬。马蹄所至，海水四溅，高高低低地开放在空中。阳光为这一切镀上金色。我在幽暗中屏住呼吸，直到海水的激荡形成灿烂的定格。

　　海在这时以一种象征形态深刻地迷惑了我。它离我似乎很近，又不近。海是必须和沸腾、激昂、奔放、自由这些伟大的字眼联系在一起的，那时我想。

2

　　夜晚时分，一个夸张的声音唤醒了我们，那声音在说青岛到了。我从车厢里望漆黑的前方，海是黑色的，漂浮着几点黄黄的灯光。

青岛的海滩被赶海和游泳的人们所占据，没有给我留下惊心动魄的印象。它仿佛更像一个大家庭后院的水塘。别怪我，青岛，我更多地被海边千姿百态的异国建筑所吸引。当海来到近旁时，我却忽略了它的存在。

深夜我们乘船离开。海上的漆黑是没有破绽的。但在甲板上，我仍然看到一个女人面海而立。她已不年轻的身体裹在一条提花大浴巾里。她在风中颤抖。这十分具有戏剧意味。她是我那时的同事，生在沿海的一座城市，数十年中漂来漂去地坐船回父母的家和自己的家。她嫁的人曾是一个海员。除此我不知道她的其他故事。她在风里面对无言的海，背影遮住了她的表情。这很像一首简洁的耐人寻味的诗，"落花人独立，微雨燕双飞"之类，也令我想起一首女声合唱的南斯拉夫民歌《深深的海洋》。那时我尚不知诗和歌后面有着怎样锋锐的细节。

3

烟台这座城市很洁净，主干道好像只有一条，从这头到那头，起起伏伏的一目了然。越往前走越有清凉之感，那是离海近了。海边无围栏，一大片平台似的水泥堤岸，凉得不能近前。五月的阳光都被深厚的海水吸收了去。海呈蓝色，细看能看出浅绿和微红。海面平静得像陆地。但是到了冬天，掀起的海浪有几丈高，堤岸上处处结冰。我跟着当地友人走，下到礁石丛中，把脚浸在五月阴凉的海水中，看这个剽悍的男人在礁石上跳来跳去找小螃蟹，看他健壮娇美的妻子嗑瓜子似的把小小钉螺一枚一枚放在唇间，吮吸后，把螺壳扔进水里。这比江南女子吐瓜子皮的伶俐劲儿多了一种说不出的优雅。钉螺尖尖的，她噘起嘴吮吸时下巴也俊俏地尖起来，还有十指尖尖的手儿。友人坐定了，赞叹似的说，烟台自古出美女，皇帝选妃都到这儿。我却在海水柔静的波动中想象它冬季的豪放。

烟台人的床像炕一样垒得很高。我在这家人家吃了"天鹅蛋"和加吉鱼之后，躺在床上昏昏欲睡。女主人和我讲着讲着也闭上眼睛。我忽地一惊，醒了，觉得过了很长的时间。窗外的海，没有一丝喧响。

友人夫妇送我一袋名贵的干刺参。半年之后我试着用水泡发它们，在自来水的浸泡中，它们纷纷碎成黑灰色的没有弹性的小块。

4

海壮阔地、无遮无拦地出现，从脚下延伸至天边。这使人产生天人合一的错觉。世界之广阔，海天之无限，舍我其谁？不错，就是这感觉。无帆无船，无风无浪，甚至没有多余的游人。好像这海就是为你而存在。这便有了缅怀，追溯，凭吊，有了际会历史风云之慨，壮怀激烈之叹。北戴河，确有帝王之气势。"大雨落幽燕，白浪滔天，秦皇岛外打渔船，一片汪洋都不见，知向谁边？"这等磅礴文字，也是只有在这儿才做得的。

这里的海很大，大到包容万物，包容你，或被你所包容。我喜欢这样的坦荡，虽然这是不可深究的——任何坦荡都是因它同时包含了杂质。我在它寂静的领地看到了人工的贵族化了的痕迹。

因此我也就难忘山海关老龙头一带老百姓式的嘈杂和喧嚣。那里无数的小巴司机不断揿喇叭招徕乘客，而北戴河没有这面目"粗鄙"的交通工具。

5

香港海和海边的玻璃钢建筑同色，和天同色，是一种蕴含镇定的灰蓝。坐船离开港岛时我感觉楼房被海水浸过了顶，沉落在水下。

香港海永远不惊不乍。豪华的游船也好，装满货物的旧驳船也好，它承载它们，不言不语。唯一让我感到它女性的温柔、恬静的，是海边一对情侣的身影。从利金大厦的落地窗望出去，那对情侣依偎在一起的姿态弱小而动人——像风雨中一对小鸟互相梳理对方的羽毛，互相取暖。那晚并无风雨，他们身后是灿若天星的霓虹灯海，而他们身着朴素的布衣，像内地到处可见的纯情学生。

香港海，我不相信它会掀起什么巨浪。

6

北戴河变了颜色。白天变得平常，夜晚变得神秘。夏夜，海风不断地吹过来。不管海面怎样变化，泛白或者漆黑，这风是永远清新的。

我在海边摔了一身青泥。这怎么可能呢？但是真的发生了这样的事。谁也不知道那伸入海水的水泥斜坡上已经长满青苔。我第一个摔倒，朝后坐在海水里。然后是一个大人。再后是一个孩子，他哭了。我们全都被命令站在原地不动——能够站稳已不容易。一个勇敢的人（好像这种时候总有这样的人）一步一步摸向深处，伸手努力抓住孩子。这个过程很慢，我们的视线都集中在他身上。他只有自己不摔倒才能走完滑腻的无支撑无拉手的青苔路把孩子拽回来。海水没过他的腰、前胸。孩子哭得更急。孩子的父母在远处不断地唤孩子小名。这个人抓住了孩子的手，一把拽过他。这个人成功了。

我们这些人原打算在海边拍一张合影的。

我的布裙上至今留着青苔的绿印迹。洗不掉，遂成为永久的纪念。

7

鼓浪屿的海似乎只适合观赏。它太安静了，它所围住的岛屿也是安静的，静到似乎弥布死亡气息。锈铁门，枯榕树，颓败的西洋建筑，墓地。海水团团围住这些久远的故事，不让它们传播开去。

8

在另一个方位，湄洲岛的海已掀起诡谲的波涛。我们坐在一只年代久远的木帆船上，看浑浊的海水把我们摇来摇去。我趴在船帮上大呕，海水打中了我的额和鼻。清醒的时候，我觉得这船的形状很像传说中的海盗船。那么我是什么呢？海盗还是俘虏？

我相信是妈祖的神灵在帮助我。我居然没有再呕吐。在这样风波险恶的海面，是需要一个法力高强的权威来镇住一切的。这里正是妈祖的家乡。

9

更险恶的海面到了。原谅我这么说，观世音菩萨，你的登陆之地也许本就多灾，不然你不会来。

我们是盲目地到来的。普陀山层层叠叠，每一层都有海滩。黄昏的百步沙风高浪急，海水打在身上像鞭子猛抽。我们裹着大毛巾快快离去，泳衣内储满了沙粒。

这时候我并不知道在另一层面，千步沙，有着怎样的情景。据说一个男人奋力避开了浪潮的袭击范围，游到很远，他的妻子焦急地眺望远处，盼望一个小黑点从海里冒出来。

我们离开百步沙时，海滩上写满了我们各人的名字，大大的，用有力的手指划出来的。那些名字被友爱的符号所联结，好像要向未被征服的海水示威。

晚上，我和三个男女诗人，一个电台播音员，坐在高高的海崖上。伸手不见五指，隐约可见手掌，互相提醒着，坐紧些，别跌下海去。一个诗人把酒小心地斟在小小的酒瓶盖里，轮番递给我们。酒香四溢，他的头发也飞扬起来，让我想起在酒中疯狂的李白。

"海，偌大的一滴眼泪！——"他们吟诵着谁的诗句。其实我们所坐之地太高，看不真切海的面貌，那泪滴是清澈还是浑浊。茫然而空洞的一片黑，那就是海。只有一条白色光带铺在海面，仿佛崇山峻岭中一条平坦的路，诱惑人走上去。

海水分明很急。在看不见的地方，海在呼啸，和他们忙碌地饮酒谈诗的举动交织在一起。我却因海的黑暗而无言。这样的海，好像随时会吞噬人。在它面前我的恐惧和惊惑被空前放大。

10

还有怎样的海我没见过呢？从此我不敢轻易走近海。

在渔夫和金鱼的故事里，随着老太婆愿望的膨胀，海不断变换颜色，由平静而至风暴掀起。一切都平息之后，老太婆面前仍然是一只破木盆。我想这老太婆是更老了。海水一次次向我涌来，时间同样逝去了很多，但我并没有回到原地。海是大的，比伟大更大。我随之起伏的生命，没有白白地流去。

1994

露珠

麻木的日子已经很长，今天才有写几个字的冲动。我渴望它已久，它终于来了，这些心内真的话——不关乎具体的生活，只关乎心灵。

我很高兴。

它是怎么来的？仅仅因为读了《花城》上张承志的《无援的思想》？西川的《致敬》？

有这两篇也够了。诗人站在生活之上，永远像一个婴儿和老人，置身于无限希望和无限绝望之中。所以才写。

我心中的某些东西沉睡已久。它终被唤醒。

这个城市，对人的腐蚀作用巨大。常使人关心形而下，具体到一双鞋，一件衣裙，一个表情，一句话。没有独立迎风之气概。

但我永远是我。

我不说那是偏激。我不想做一个中庸的人。

有人不满意我。"你只知道书，出书！"

是很不好。除此之外我还关注什么？

冒险的旅游？长江漂流？独去草原坐勒勒车听长调？惧怕还是恐惧？叶公好龙？

有谁很好地把握了自己？那是圣人，是理想。

“已经一千遍地证实了，我清楚我的思想和生存的价值。”我能说这个话吗？

在精神上，别指望与任何人交流。它永远属于个人。没法探讨。血液、骨髓、空气、乳汁，早已铁定。遥望是可以的。

一潭臭水、腐水、死水，足以腐蚀人活生生的生命。

城市太小。

“多想叫喊，迫使钢铁发出回声！”

突然拨了一个电话。没有什么事。想听一下远处的声音，在另一个世界（或相同的世界）人心是怎样的。没有人接。可以任意想象那人满世界跑的样子。其实不必听。别人的方式，选择，最终与我无关。

回答，或者回应，对这个世界上的同道者。

当心里开始有什么开始汹涌，想到的，仍然是那样一种昂扬纯真的面容，神态，语气，那样一种激情方式。想吧，但不一定要沟通。

对我来说，那永远是一种象征，如同宗教。个体如何，已不重要。

那个电话铃声有些喑哑，想象不出它在怎样一个空间里回响。怎样的眼睛，注视着它？那些人，在做什么？

无逻辑，也是一种方式。它固定瞬间的感觉。是一种挽留，不是解答和教导。精神在它的空间留存过，像流星划过。这就是全部。

“但这不是我们盼待的结果：灵魂，被闲置；词语，被敲榨。”

另一个题目：城市的根部，或，城市裸露处。

是城市的初始，也是它的现状——以直接的形式，表现赤裸裸的生存和金钱的欲望。

难道我应该回避它们？它们与另一种由优雅掩盖着的欲望，难道不是如出一辙，或殊途同归？艺术化的包装，本质是不是一样？

我所见的，就是全部不要品位和档次感。只要生存。不过那包装也是可疑的。

把自己藏起来。没有你。只有一双眼睛。一枝笔。一副耳朵。但愿你能做到。

现在人们常常说这个词："毛病"。还有，"到底要干什么？"

说这话的人，自己不一定正常。但在他们心里，是有一个自认为正常的标尺的。人都这样。否则人没法活下去。

你没法讨所有的人好。你活在这世上不是为了让别人说好。是让自己满意，至少不讨厌。让自己钦佩自己。

这样热切地等待一场对话。好像陨石重新燃烧了大海。

我意识到，在精神深处，我需要一些格格不入的气质和思想来振奋我。犹如水面受到石块的袭击，碎裂，再愈合。那是它最美的时刻。它活起来了。

又拨打了一次电话。这好像激发了我的愿望。好像我一定得听听那声音。仍然沉默。沉默包含了冷漠，及一些未知的事情，显得神秘，吸引了我。

朦胧的美感，都是人造的。你不能要求所有一切都确凿和真实。一切都清晰你也会受不了。从根本上说，你生活在一个感觉的、想象的、梦幻般的世界里。不然你一天也活不下去。

找几个合适的、可展开的题目，在宁静的屋子里，想一想，写下来，打发日子和思想。或让思想休息。休闲的日子，就这么过？

不行。我不想做一个能写几篇小感觉、小玩艺儿的作家。我要找到真正属于自己的声音。这声音的意义不在于认识、表达、被承认，在于它支撑你的人生。

我准备好了，现在是个合适的时候，谈一些翻江倒海的话题。不是平沙落雁，平湖秋月。是一叶小舟在黑夜的风浪里颠簸，眼前出现了灯塔和月亮——这景象永远挥之不去。

我很感激你。你使我有了那样不同的、生动的日子，即使有过不快、痛苦、委屈，这感激依然存在。

在现实中隔绝，在灵魂里相望。永远。

这样的诗句，不能朗诵，只能默读。

我希望你能读到，能体会。你能心潮澎湃，你能在澎湃后心明如镜。

我想在一堆篝火旁，与你并肩，默读这些诗句。

一只鹰在高空飞旋。大漠荒凉。但在我们头顶，有一蓬葡萄架。

这是形式也是内容。这期冀难以改变。

有很多东西，在被激活。我庆幸它的复苏。它醒了，露珠的光泽依旧。

1994 年

无名街角

你不知道那一切是否存在过，还是仅仅出现在梦中。你弄不清。你总是无法把握确实的细节和连贯的过程。你更愿意相信那些色彩闪烁的记忆片断，不管它们如何飘浮不定。于是你便迷失了。

迷失在那个叫不出名的街角。

你坐上电车，晃晃悠悠地漫游，从鳞次栉比的行道树和商店招牌下想要找见那个街角。电车忽停忽驶，带来一种微醺。你感到肩后有目光投射过来，使你的发稍温暖继而灼热。猛一回头，却是几排陌生的蓝色纽扣，毫无表情地随车轮的节拍抖动。车厢很挤，可你感到身后始终是空落落的清冷。下车后你走了一条又一条街。所有的街道都充满刺耳的车喇叭声和喧嚷的人声，而那个街角分明该是无比寂静，行人寥寥，行走无声，你只听得到自己的脚步。

那一天似乎已经隔了漫长的岁月。天下着淅淅沥沥的雨，雨水溢出伞面，流下来，如一道圆柱形的水帘。流水在脚下形成一个个黑色的水洼。你们各自撑一把伞，进了书店。出来的时候，你们的伞重叠在一起。谁也没有提议，伞和伞好像本来就该这样挨在一起。街在你们脚下伸展。你们走着走着，就到了这个街角。

你说，再见吧。好，再见。没有郑重的握手，没有那种往死里瞧的凝视。下午你有个必须参加的活动，因此你必须从这里拐弯，而那个人应该继续往前走。告别的刹那你没有想过，这一个尺字形的分手，意味着长久的离别，或者，永不相遇。灰褐色的街面楼房有一排排黑洞洞的窗口，有如千篇一律的眼睛，你就在这些眼睛下小心翼翼地避开水洼走开去。

这时候雨其实已经停住，太阳奇异地露出脸来，将街角上的每一滴水吸干。你们欣喜地收起伞，在这个街角站住。你们的目光尽情缠绕。你伸出手，握住对方，最后一次传送和感受彼此的体温和脉搏。你们什么也没有说，也不必说。行人都已远去。楼房表面光滑而无缝隙。行道树绿枝娇娆。你们再次感到阳光的无限温柔。

而这一切并没有发生在你眼前脚下。你永远不知道你同时在想什么，想做什么。这一刻你正听着雨点机械地发出嘀嗒声，就像你的脚步声一样枯燥无味。你回过头，街角上那个人还在，没有撑伞，淋湿的头发一绺绺搭在额前。你的腿忽然就抬不起来。但几辆自行车接连不断地涌到路中央，绿灰色的雨披带着蒙蒙水色挡住你的视线。你便又继续走你的路。

这时其实你已经奔了回去。时光不再，容不得你再犹豫。还有什么是必须的、重要的呢？你顾不得细想。那个街角就像是生命中的一个里程碑，你已经迷迷糊糊地走过一大截路，从这里你该认认真真地有一个新开始。想哭泣你就哭泣，想倾诉你就倾诉，从此你只听从心灵的召唤。心灵的疼痛从来不会骗你。阳光热烈地喷洒开来，你再也不拒绝它的热和明亮。雨伞已被你丢开，像一朵蓝色的蘑菇滚远了。你的脚步轻捷，几十米的距离一下子被你甩在后面。

同一时刻你仍在现实中继续你的直角跋涉。雨水把裤管溅得很湿，沉重冰凉地绕着脚踝。不知怎的你再回头，那个人远远的还在，如一座雕像，外衣敞开着在飘动，五官却已模糊。你虽回了头，脚步没有停止。再怎么样你都认为已成定局，你只有无奈地接受。雨越来越大了，你得赶快到达既定的目的地，摆脱这湿漉漉的难以廓清的情境。

你总是惶惑地感到生命在你脚下一分一秒地滑走。你想抓住它，又时时觉得力不从心。你想过生命是可以抓住的吗？你又该如何抓住它？

在惶惑中直角的两条线悄悄延伸着。奇迹没有产生。最后一次你回头，街角上那个人已经消失。那个地方留下雨水浇出的人形空间，让你想起屏幕上错觉般的补色。阳光慢慢地从它上面撤走。黑黝黝的大卡车队粗重地压过路面，把雨丝和阳光变幻的把戏驱赶得干干净净。

从此你再也没有找到这个街角。那一天，你们在伞下漫步时，忽略了街角楼房的所有特征。

现在你登上高楼的阳台。从这里可以俯瞰大半个城市。你的目光徒然地在电车线路纵横的街道上搜巡。没有。那个街角也许躺在灰褐色楼群的沉沉阴影后面，也许从来不曾依附过某一块陆地。巨大的黑色铁吊高耸在楼群之上，威武犹如卫士使你的目光难以越过。

人和车在高楼下变得玩具般的小，笨拙而可爱地忙忙碌碌。它们知道过于忙碌会把什么重要而看不见的东西轻易地忽略掉、遗忘掉吗？你知道吗？

阳光在远处灿烂。风围了上来，把你圈在干枯生冷的气流漩涡里。树叶已经一片片由绿转黄，随风旋转。日子就这么流逝。面前的大块灰云被风的利刃割裂，碎片四散。你看到它们在你眼前飘浮，可你永远也触摸不到它们。

你想起不复再现的无名街角。岁月大概早将它碾成了粉末，而你唯愿它们飘落在你血液的河流里，一粒也不要少。

你的眼里涌上泪水。你把它一滴一滴吞咽下去，不让它流出来。在这个世界上，只有我看见了你的眼泪。

1989 年

夜雨滂沱

夜雨滂沱，顷刻间街上流溢黑色的水，路灯清冷的光影在那上面打颤变形，而街上已不见一个行人。一定是这样。用不着朝窗外看我就知道是这样。这座城市一到夜晚就空寂异常，消失了密密麻麻的忙碌人影。冬夜的寒冷像无家可归的流浪汉，只在大街小巷蹒跚。所有的门窗都紧紧关闭。楼群亮着一格格电灯光，色泽如蜂蜜一样甜腻而浑浊，像在拧紧盖子的玻璃瓶里闷了很久很久。我太熟悉这样的景色了，尽管现在它已水迹斑驳。

你曾惊异于那些门窗关闭的世界，是那样的精致漂亮。你这个外来者，在主人自足自得的目光领引下参观那些锃亮光滑的块面，那些令人匪夷所思的紧凑组合。你在冰冷的墙壁和家具之间踱来踱去，嘴里发出含义莫名的"啊，啊"声，而你向我转述时的语气里分明带着不屑。那时候天气还称得上干燥，几块灰云冷冷地倚在天边。行道树上有一些多余的黑树枝正被锯下来，残叶碎屑和经年的灰尘洒了你一头一脸。在这座城市最宽阔的大街上，仍然拥挤着许多辆大卡车，列阵似的示威似的从容展示它们优雅的步态，将我们久久阻挡。你一再地摇头，像要竭力甩去什么。

试着拆除所有的墙，所有的障碍，好吗？

电话机里你的声音断断续续，略显沙哑。没有一条坦途啊，在目光和目光之间。只有电话机。

好吗？是小孩子玩家家时真诚的问话吗？而我们的皱纹已经很深了。

现在就连这声音也已缥缈远去。我知道有一列火车正悄然出站。豪雨狂奔而来，而你终要远行。汽笛只拉响了一下，低沉，喑哑。叹息也罢，长啸也罢，你是决意要离开了。

你说过，你要把一颗僵硬的心，从这阴冷狭窄的地方带走，带到大草原、大戈壁，或者大海上去。你就是喜欢坦荡开阔。你说，天苍苍，野茫茫，风吹草低见牛羊。你说荒漠骄阳有一千度的灼热，足以融化一块小小的坚冰。你说海水永远波动着，永远把注意力引向天空、太阳、海平线、大自然，而不是那些琐琐碎碎的沉渣浮沫。你的讲述使我看到篝火，闪电，热的血，奔放的歌，看到惊马狂奔，树林倒下，草叶飞旋，悬崖陡壁张开大口……我是如此快意于这成人童话的气氛，直至它们在一道力量的闪电下定格。如从梦中惊醒似的，我低下头，看到脚下小公园的草地已是枯黄颜色，有些不愠不火的阳光在那上面蔓延。这里是断然不能驰骋的。矮墙，曲廊，石栏，假山。外面楼房层层叠叠，马路织成密网。这里高度安全。这里可以乐，可以忧，可以生，可以死，回忆想象憧憬悉听尊便，但一切都是那小池子里的碧水微澜，永远不会溅出来一点一滴。冬日的阳光已经淡如迷烟，就像白发老人独坐黄昏时的眼神。那充满生命野性的亮丽的故事便也逐渐这样地遥远了，淡化了。即使我想走进那故事，也已不能。我无法跨越万水千山。我毕竟是在这座城市里长大的。

云默默地在天顶聚集。阳光迅疾地躲到云层后面。其实已无须这般匆匆，这座城市早已失去了温度。

一切便都离我而去了。火车越开越快，雨已经追赶不上。也许一切都会这样最终结束的，有过风，有过云，有过心的悸动，神迷意夺的时刻，而最终一切复归平静，有如伏地不动青烟消尽的灰烬。

大雨却不曾停止。除了雨的声音和形态，我已听不见、看不到其他东西。雨把我整个地包围了。雨降临得如此神速，挟着彻骨的寒意决绝而来。原以为不会有雨，既然已经没有了火。但这已不是逻辑所能解释的了。雨鞭打路灯，街面，楼群，肆意追逐车辆的响动和光影，使劲敲打每一寸墙壁和玻璃窗。雨在黑漆漆的夜空中飞来窜去，如无数任性的顽童，歌唱舞蹈拳打脚踢，想要击碎屋顶，淹没高楼。一旦回到童年它便无拘无束。它撕去了冬夜温馨宁和的薄纱。它快意地恶狠狠地倾洒淋漓的泪水。其实它永远回不了童年。它是为所曾失去和正在失去的而痛彻心肺。

雨的区域中已经没有了那列火车的踪迹。火车驶远了，并不知道有这么一场滂沱大雨。火车只带走了一些湿淋淋的雨的外壳。但当火车停下时，你走出车厢，会发现自己已置身于茫茫大雪之中。我不敢说那是雨的柔骨变成的，但我想，这夜的大雨必定会结晶成坚硬纯洁的雪粒，只要它还没有被尘烟所气化。

我该感到庆幸吗？终于，下了入冬以来的第一场大雨。

1989 年

梦或非梦

　　我不能肯定这个人是不是我。我看不见她。但在她身上分明有我的感觉，行为，肢体。我来不及想这些。这些多半是在以后慢慢回味出来的。我——就算是我吧，除此之外不可能是别人——走在一片空旷中。不是旷野也不是草地，背景很模糊，但肯定是城市。我走得急急忙忙，惊惊惶惶。后面有人追我。后面的人拿着枪或者铁器，足以置我于死地。我不敢回头。我奔跑。我看不到我的腿，但是黑乎乎的树和灰蒙蒙的楼房消失了轮廓，拉成长云似的形状。风呼啸。我跑得有多快？几十米，几百米，还是几千米？脚像踩在棉花上一样轻灵无力，我变成一颗飞出枪膛的子弹。后面的人还是紧追不舍。他（或者他们）总在我身后，马上就要踩到我的脚后跟。我停住了，转身想拔拳头。这些人近在咫尺，面目不清。我觉得他们是狰狞丑恶的。我恨得要命，想用拳头使劲砸这些脸。但是手伸不出去。怎么回事？手重得像灌了铅，轻得如同羽毛，垂下，就是不能抬起来。手臂在努力，一次又一次，但是手已经没有了。努力变成了锥心的绝望，然后僵硬，像一条死蛇。我仍奔跑。一幢高楼孤零零挡在眼前。它所有的楼梯都空无一人。我几级一步飞跑上楼顶。后面的人追上来。我想也没想就跳下去。跳下去——

　　总是结束得这样仓促。总是往下掉，却不坠到实地。我是一颗被抛入无底深渊的石子吗？

　　……在黑暗中有一段无知觉的过渡，从深渊到卧榻。我没有睁开眼睛。窗外的声响渐渐清晰并杂沓，从我脑袋上碾过。我回来了，这个挂红丝绒窗帘的小房间，闭上眼睛我也知道左上方是一扇窗，左边墙上还有一扇，窗外是永远繁忙灯火通明的马路工地。我听到的声音都是确凿的，就像我摸到的自己的手是柔软温暖伸展自如的，不是铁也不是羽毛。不是虚无。

　　我曾在一篇文章里发出这样的感叹："啊，是从什么时候起，我的梦少了，枯了？"现在我看到那个"啊"字，感觉很奇怪。我相信那时它是由衷的，从肺腑中缓缓升起，消失在现实的世界里。那时我渴望一种浪漫美丽的情境，不管是睁着还是闭着眼睛，我称它为"梦"。其实我心里很清楚，那是一种幻想，受制于我清醒的意识和思维。而真正的梦却仿佛完全不受大脑支配，让人惊讶，惊讶到连半个"啊"也喊不出。

　　我不记得我做过什么美梦。小时候我也常梦见自己从高高的楼梯上跳下去，大人说那是在长身体，而留在我脑中的只是惊惶。我有时早上醒来怔怔的，说："我做了一个怪梦——"具体梦见什么却说不清。母亲就随口说："以后用笔记下来吧。"但我不曾记录下一个梦。我怕那种惊惧和疑惑搅得我整天心神不安。那时我对梦认识得很明确：梦就是梦，不是别的，是假的。这么想让我感到心安。我以此抗拒梦的困扰。

　　但不知何时起有些梦牢牢嵌在我的记忆里了。譬如前面说的那个梦。几年中我几次梦到相似的情境。其实我很少看惊险动作片，在生活中我从不和人打架，不常奔跑，也跑不快，胆小，攀到高处绝不敢弯腰朝下看，更别说纵身跳下。我奇怪我梦中的所为，怎会有那种近乎疯狂的速度。还有，谁会来追杀我？为什么关键时刻我失去了力量？在梦中我究竟是怎样一个人？是否还有另一个不为自己觉察和控制的我，藏在另一个不可知的世界里？

　　在疑惑和惊惧中，梦并没有消失。

　　我和他大吵，为一件莫名其妙的小事。他是我从前的同事，我知道他的名字。我叫着他的名字诅咒谩骂。谩骂的内容全在我心里，可是一个字音也吐不出来。我徒然地张嘴作出说话的姿势，但听不见自己在说什么。我心里鼓胀着委屈。也许就是这委屈发展成了痛骂。后来我大哭。哭声听到了，裂帛一样响亮惊人，连自己都感到吃惊——

　　梦就是在这时中断的，仿佛是怕那哭声惹下什么祸似的。仿佛在梦中还另有一个清醒的我在对那个气得发疯全不顾文明礼貌的女人进行着控制。我醒过来，脸上没有泪水，但是那种委屈和痛恨充斥于胸，久久难以消去。

　　我终于骂过一次人了，即使是在梦中。我藉此知道像我这样懦弱无能的人也是具有骂人的潜能的，虽然结果只是哭，一个字都不曾出口。

　　但我骂的人是无辜的。他很和善，是个好人，我们相处总是客客气气的。早几年他调离了我们单位，之后就没怎么联系。也许梦中他对我出言不逊，但后来梦的镜头全转向我，我再也没有注意到他。也许并不是他，只是有这么一个对象，可以让我把委屈和痛苦全掏出来，并且以那样一种战斗的姿态。

　　是一种什么样的委屈和怨怼我很清楚。当时就有个朋友找出一本日文版的最新释梦书为我释梦。诠释是弗洛伊德式的，结果涉及男女情恋。就像算命先生看了掌纹说你撞上桃花一样，不可全信不可不信。事实上那时我的激情处于零度状态。我想这梦是要让你全面地认识你自己，包括那些最深隐的角落和羞于让人知道的行为，譬如说，粗野地骂人。

　　这样我似乎重新把梦纳入理性的轨道。我犯下了一个逻辑错误。错误的原因恰在于梦本质上是非逻辑的。它自在自为无拘无束。它根本不顾及你的愿望和想象。我对"日有所思夜有所梦"的说法向来不以为然。我父亲去世之后的二十几年中，我曾整日整夜地想他，琢磨他，渴念他，可是他仅在梦中来过两次。一次几乎没有具体印象，只留存一个"来过"的记忆空壳。另一次也很匆忙。父亲前来敲门，穿一件旧衬衣，家人皆惊，忙问这些年他去了哪里。父亲不答，拖了一个矮凳坐下，竟然洗起脚来，似是走了漫长的路。醒来后我百思不解：怎么梦到"洗脚"这样不雅的动作，我思念中的父亲根本不是这样的啊。可是梦不管，偏偏让你看到出乎意料且不在期待之中的场景，或者是连想象力丰富的艺术家也虚构不出的细节。这便是梦的残酷和令人惊奇之所在。

那么，梦究竟是什么呢？心理学家会给出圆满科学的解释，但那不是我需要的。

我无法忘掉这样的景象，它们像漫漫长夜中突然爆出的火星，而我成了旁观者。

一轮金红色的太阳，周围伸出无数火舌，像伪足一样变幻收缩。这个金红色的东西坠下来了，火舌如巨大的旗帜飘拂，拂到哪里哪里就发生地震。这完全不合乎科学，但它在我梦中发生。无数的人想跃离地面，抓到空中一根什么东西。没有抓住，人们纷纷落下，像树上成熟的果子落地。火的旗帜继续飘扬，和无数手臂交织在一起。金红色变幻着，活动着，十分瑰丽，带给我的却是恐惧。

我驾一辆破车，在无人的深夜行驶。总是有沟坎，车开不过去，陷在泥里。车胎漏气。发动机一直开着，却到不了目的地。

山坡上有鲜艳的花，有孩子在欢跃。我想走上去，迎面是陡壁。壁上细褶似的石阶根本不能立足。孩子们拿着花在我头顶上蹦跳。我仰头望着，上不去。

我扛着一件细长的东西，把它像麻包袋那样一头甩到肩后，一头搭在胸前。我依稀记得那是祖母的身躯。她病得很重，我要把她安放在一张床上。我要找到有床的那个房间。商店过去了，楼群过去了，我找不到那房间。肩上的祖母渐渐变轻，变成一具干尸，我还是没找到。找不到了我只得继续扛着。我换了个姿势，把它抱在怀里，像抱一个婴儿。祖母干枯的脸忽然泛出红润，变得鲜嫩亮丽，变成一张青春少女的脸。她望着我。没有结局。

　　醒来，它们便消失了。它们本来就零零散散，断断续续。我竭力不去回想它们。梦见祖母后的那个白天，我惴惴不安地去探望她。祖母今年九十三岁，健在，不久前因轻度脑血栓右手丧失了握力。她对我说这下她已经死了一截。她神情淡漠，脸瘦得只剩一张皮。梦中景象如黎明时挂在天边的月亮，苍白地亮了一阵，最终还是消隐了。我很繁忙。我们都很繁忙。我们有许多现实具体重要的事情要面对，没有工夫去细嚼梦。梦实在比隐私还要私密，还要荒诞和不可解。我们对它常常讳莫如深，最好连自己都别再提起。我们躲着它，绕开它。它像深藏在我们心中的一种秘密人生。我们偶然打捞起它的几个碎片，就惊惧不止地将它重新抛回到记忆的深海。我们真正害怕的是否正是这个自己，荒唐的、不纯洁的、处处受挫的、永处于困境中的自己？我是否应该回到我小时候的观点上去——梦是假的？

　　然而它们千真万确是我梦中所见。我无法忘却那景象和感觉的惊心动魄。有一个长长的无声的"啊——"像柔软的匕首，深入我的胸膈游弋，把心捅破。那是我的现实中永远看不到的奇景。

1992 年

风雨水火

九　我的写作，我的书

作品缝隙中的生活（《一抹心痕》首篇，节选）

      ……

    我搬进沪西这座高层公寓已有两年半了。我的大部分散文都是在这张桌面上完成的，就是眼前这张还算宽大的赭色旧写字桌。其实我并不经常坐在这里，更多的时候我是在读书，在厨房里做一个普通家庭主妇每天必做的事情，诸如做饭、洗衣等等，或给孩子温习功课，讲故事。我指的是我休闲在家的时候。早上我乘电梯下楼，穿过大楼前那条全市噪声分贝最高的中山北路，到街对面的车站等车。所有路经上海但未能获准进入市区的外地货运卡车都从中山北路通过，因此这条宽可四车并行的街道终日浩浩荡荡拥挤不堪。汽车通常开得比人走路还慢，心情烦躁的司机们便不时探头瞻前顾后，一面使劲揿喇叭。这里不实行关于机动车噪声的限制。我常常为过马路而在斑马线一端久久耽搁，有时索性就从汽车之间的缝隙中穿身而过。换乘两辆公共汽车后我才到达单位，而一路上的阻塞和拥挤几乎把我一早上的好心情破坏殆尽。我必须等到在办公桌前坐定，拆看熟悉的或陌生的朋友的信稿，方有可能重新进入到另一种注入精神内容的情绪氛围中去。这便是我的日常生活。这很微不足道。在你看来这也许近乎琐俗。但是生活就是这样，我所知道的大多数人的生活，总是平淡琐屑多于精彩激烈。你曾经不无失望地说我写得太少，太过简约和抽象。我和你同样失望。那恐怕就是因为我的生活本身的性质，以及我选择了同样趋于平淡的散文这种形式。我的生活中并没有多少华彩。或者毋宁说那只是坎坷，曲折，并不壮阔却令人心颤的波澜。我从被稀释的海水中提取了一些盐粒，当我在阳光下转动它们时，那咸涩的晶体向我闪烁出虹彩般丰富的光晕。你一定能理解站在地面仰望天空和太阳时的心情，那样我便忽略了近乎卑微的情景，省略了最平淡的生活。

但或许是我还没有足够的勇气面对那些生活，那些真实的细节。你知道我虽然写过一些评论性文字，振振有词地分析过他人的生活和写作，然而对于我自己，我总是无法表现所谓理性的穿透力，总是处于一种既熟悉又陌生、既感新奇又不无厌倦的惶惑状态。我无法分析我自己。也许恰是因为我太熟知自己这样一个具体的活生生的人，实在是不可能被文字的手术刀精确严密地肢解剖割的。不管怎样，我只能说，让我回到生活本身，回到与生命之树有关的泥土、空气以及风霜雨雪中去。

……

1990 年

我和散文（《命运所赐》代跋）

1

我爱读散文，也喜欢写。散文是什么？这个问题始终困扰着我。我想，它起码不该是华丽辞藻的空洞连缀，也不仅仅是妙言美句的组装。对我来说，散文是拥挤嘈杂的世俗生活中一种精神的呼吸，偶尔也带一点歌吟，但不会太多。它从最个人的感受和体验开始，如同漫步，让源自生活的想法流出来，蒸发掉，变成阳光或空气。这样人就舒畅些，就感到自己是在生活着，而不是在生活的外部沉睡。这样，散文就可能成为一种既具体切实，又自由飞扬的东西。个人的眼光、角度和表现方式对于散文是很重要的，这样才可能将你的声音和别人的声音区分开来。真正的、艺术的散文也许就该是这么一种独唱，平实，朴素，也不排斥高昂和低回，把心的感动、难受、欢畅、沉郁、向往，连同引起这种种震颤的具体事件，用最自然的方法宣叙出来。

从最个人的体验和感受开始，迈向最广阔的人生，这样，散文便可能联系着一种至善至美的境界。生活永远在身边、脚下，认识并投入人生对散文写作至关重要，作品将因此而变得结实饱满，如沉甸甸的麦穗，沉静地低垂着头，根根麦芒辐射出秋阳的灿烂，这正是我所向往的境界。

2

　　我写散文历史不算长，自 1987 年始，之前写过诗和评论。因此，在我的早期散文中，难免留下理性思维的痕迹。那时我写过一篇散文，题目就叫《意义》——我竭力想弄明白生活中每一瞬间的意义，虽然通篇写出的只是感觉（该文发表时被责任编辑改了题目，变成《偶然进入的空间》）。后来我才渐渐明白，我写散文不是因为对人生有了成熟的看法，而恰恰是源于对它的困惑。随着年事增长，生活在我面前日渐展现其丰富和驳杂，如一条愈益宽广的泥沙俱下的河流，我在河中行走，看到过去之水和现在之川奇妙的交汇，感受它的激浪和飞沫，既惊奇，又不无惶惑。河水会流向何方？生命该呈现怎样一种面貌？我深感难以把握。写作往往就从这里开始，那仿佛是一种用文字将感觉和体验展开的过程——随着某种难已的情绪之起伏，语言跟踪它，并捕捉它潜在的目标。细心的读者会注意到我在散文中经常使用疑问句式，是的，那就是困惑，就是困惑中心灵的叩问，对自己也对这个世界。困惑犹如心之小船起航的港口，是向着更高境界迈进的精神驿站。我愿意这样以写作来审视自我人生，达到对生命感受是升华和沉淀。

　　所以我写的散文与甜美无缘。我已不在散文中"教导"别人和自己。无论是人，是自然，是某个偶发事件，还是生活中的一些片断细节、感受体验，只要能令自己长久地激动，能沉于记忆留驻不去，那么我就认定它已是我心灵的一部分，它就能自然糅入上述精神活动中而被表现。这样写散文也许太不轻松，但我无法改变，就像人的生活、精神轨迹无法改变一样。而且，我宁愿自己所写的是这个样子：有些沉重，但不轻飘。

　　我崇尚语言文字的朴素自然。我以为深沉的朴素是一个不易达到的高境界，不论为文还是为人。但朴实自然又是因人而异的，因为每个人都有自己审美上习惯的或易于接受的方式，它构成个性。我对自己的散文满意的不多，我想那可能是我常常肤浅。需要说明的是，我以为散文的真实应表现于心灵的真实，这比细节和事件的真实更重要。这种真实可能不为人所认同，我却正是因之而拥有了部分真实的、自己的生命。

1993 年

风
雨
水
火

《在生活和心灵之间》后记

后记不好写。一篇作品，一本书，当作者已经完成它时，通常作者已经把所有想说的话用文字说尽了。作为一种集中呈示，我不习惯对自己所写的再加说明。我相信读者会有他们独立的判断。

似乎，真的没有什么可多说的了，关于这本集子的内容。我是这么想的。我这么想的时候，昨天，一个朋友打来了电话。这个朋友是写小说的，出于偶然，他于最近连续在几本刊物上读到我写的评论文章，而此前他只读过我的散文。他问："为什么你写起评论来了？"随后他开了一句玩笑："劝你别再写评论了，会把你的笔写坏的。"——所谓笔，我想他指的是写散文之笔吧。

似乎，这又可以引出一些话题或解释，关于创作的自主性创造性和评论的独立品格，关于艺术感性思维和理性逻辑思维间的对立及联系，等等。我告诉朋友：我与文学最早的联系就是写文学评论。这是一个事实。另一个事实是，我在 10 年中陆陆续续写下的这些评论性文字确是我想说的话，因我对同时代作家（尤其是与我有相似文化背景的一些作家）的创作有兴趣，他们所描画的人的心灵图景，他们在描画过程中表现出来的自身生命状态，他们的创作活动所展示的精神轨迹和艺术创造活力的变化，尤其吸引了我。这与我借助于散文形式感知世界人生并不矛盾。在生活和心灵之间，现实和理想之间，文学是联系两者并具推动力的纽带之一。我对文学的这种兴趣，到今天也没有消失。

读自己多年前写下的评论文字（它们在这本书中占了部分），我的感觉，就像是在回看自己的文学脚印——我曾有过的对文学的认识、关注、思考的印迹。我并不为它们的歪斜和浅薄而感到羞愧。它们是我的历史的一部分。我能够正视它们。这样，我也才能看清我今后将要走的漫长的路。

我想，我对文学（并不仅仅是自己的创作）是热爱的。这很重要。我希望自己永远这样。

在此我最想说的，是对本书责任编辑于洪乔先生及他所在的辽宁人民出版社的感谢。我深知在今天能出版这样一本集子，是极其困难的。如果没有于先生和出版社的热忱相助，我所写过的这些评论文字，也许只能永远散落在发表过它们的报刊里。

谢谢，对所有关心和帮助过我的人们。

1993 年

《活着的证明》后记

整理这本散文集书稿的时候，我心里有种暗暗的惊讶。我竟写了这些。竟然这么写。重读它们，我像重新认识自己。我竟然度过了那么些难忘的。近乎煎熬的日夜。

我把凌乱的稿子贴在一张张大白纸上，准备送出版社。这很像给自己临出门的孩子穿上整洁的衣裳，还要摸一摸他的头发。

我的一个同事从旁边走过，拿起我编排好的目录看，然后大声地认真地卖起来。他没有读过这些作品，但凭着他的职业性直觉，他把这些篇名读得有声有色，并有力度。

力量感，是我近期在散文写作中所追求的。也许我内心正需要它。当然力量只是一个空架子，它需靠密实的感受、体验和涌动着的精神来支撑。它亦由活生生的心灵滋生。它不是风度，不是技巧，甚至也不来自智慧。它只是那种能支持我活下去的结结实实的东西。

散文之于我，就是这么回事：你可以不去写它，不去作它，但它在某一天会从你心里钻出来，像一条不安分的蛇。你写下它只是为了更清晰地面对你自己，以及你周围的世界和事件。你不能逃避它只是因为你最终逃避不了你自己，心，还有现实。你不能像写小说的那样，躲在故事和人物背后喘息休憩。你很清楚并不是文字在驱赶你，而你无可逃遁。

　　我的同事读到了《随着灵魂回一次海上》。他说这可以做书名。但他马上选择了另一个：《活着的证明》。这个好，他说。

　　我想他是对的。在这一瞬间我的意识被什么照亮。关于写作和生命的关系我想过很久了。这个瞬间我决定了这本散文集的书名。我知道我写作不可能代表别人或别的什么，我只代表我自己。

　　每一次写作，都很困难，都像第一次拿笔。我不愿重复自己，思想、方式和文字。而新路并不多，开拓又是那么艰苦。游移的脚步可能令我浅尝辄止，也可能领引我不断品饮到清泉。但写作必定不会停止，尽管慢而少。

　　本书所收之文，大多在近一二年内所写，也许会比我的前两本集子（《一抹心痕》、《命运所赐》）有进步。我希望是这样。我很高兴它能在上海出版。上海是我出生和生活的地方，我的书却是第一次在上海出版。因而这本书对我意义不凡。感谢上海文艺出版社和陈先法先生，使我的这个愿望得到了实现。

1994 年

《你的名字是什么》跋

看随便哪一个熟人的脸，看久了，我会觉得这张脸变得陌生，好像既是她（他）自己，又是另外一个不相干的人。这是她（他）吗？我会惊讶地自问。

对于散文，我也常常产生类似的感觉。我和它相处的时间不算短了，就像老朋友一样，我很难离开它。而散文究竟是什么呢？它就只能或应该是从前的、现今的样子吗？它还可以是什么样子？我曾经试着写过别的，寄出去，编辑们一看，仍然认为是散文，至多不过是带有小说因子的散文。去年出散文集《命运所赐》的时候，我就把这几篇东西也收了进去。

这几年，我的确有意无意地在做这样的尝试，将小说的叙事性，诗的跳跃性，评论的思辨性融进散文。并非刻意如此，而是，心中的这些片断，这些节奏，这些感谢，非如此不能释然。我喜爱这种自由舒畅的写作。散文，本来就是一种具有较大自由度的体裁，应该能够提供给人心灵、生命和文字的广阔飞扬空间。这时候，散文是什么已不重要，重要的是藉着文字，我又生活了，感动了，体验了，而且创造了。生命在这样的文字中获得了新的延续和生长。

我一直以为，散文写作是和写作者的生命发展同步的。生命不静止，写作就有希望。这本集子中，新作和近作占了一大半，就是想借此机会对个人的写作和生命做一番检索。所编三辑，似乎概括了自己一直感兴趣或深为困惑的三个方面：关于女性生命，关于我们所处的环境、时间和精神空间。书名移自我的一篇作品，但将它独立出来的时候，却不由自主地想到莎士比亚的名句："女人，你的名字是脆弱。"不，不是这样的。人，包括女人，应该有着怎样的名字，是值得我永远探究下去的。

1995 年

《内心生活》跋

　　得知母校出版社要为我出一本书，我的心情，与此前出任何一本书都不同，竟有些激动和忐忑。仿佛重又回到文史楼那间熟悉的 315 大教室，埋头做着答卷，然后，将卷子交给老师，却不知道会得到怎样的评判。是的，即使是在有了足够自信的今天，我仍然需要来自母校的评判。生活的确给了我许多知识，但如果没有一种更严谨、更系统的学识教养和精神熏染，我写的东西，肯定不是今天这个样子。这一切的滋养，都来自母校。

　　时间的水分正渐渐被它迈进的速度榨干，然而，与母校有关的一些记忆，仍鲜润如新——

　　大教室里，施蛰存先生在给我们讲《项羽本纪》。他穿着中式对襟棉袄，用浙江口音一字一字地解释，从字音到字的本义引申义再到出典，一句一句顺下来，声音不高，但有力量。下课铃响了，他说，我不走，我就坐在这里，欢迎你们向我"质疑"。说完，他拄着手杖，在讲台旁的一张方凳上坐下来，望着我们。他的目光是慈爱的，也有一点锐利。我在后排望着他，心里涌动着一些问题，却不知为什么，一次也没近前。

　　还是在大教室，难得的几次，我看着讲台上的许杰先生，徐中玉先生，钱谷融先生，想着我所读过的他们的著作，还有我所知道的一鳞半爪的岁月加诸他们身上的硝烟，惊叹他们竟还是这样从容和亲切，心里真有梦一般的感觉，好像是在和现代文学史中走出来的人物相遇，既遥远，又近切。

王智量老师在分析《欧根·奥涅金》。他纯正的普通话和深陷的眼睛里，洋溢着与俄罗斯文学一致的高贵、浪漫和热情——那时候我还没有听出忧郁。也是在很久以后，我才听说他当过"右派"。我相信那时候我和许多女同学一样，上他的俄苏文学课，脑袋总是被弄得晕晕乎乎的。后来，我听到他在朗读达吉亚娜拒绝奥涅金的那几句诗，与冯春的译文似乎不太一样（是他自己译的？），我听到了用浑厚嗓音低沉地读出的"一架书"，"荒芜的花园"，"偏僻的乡间"，这是达吉亚娜情愿用豪华舞会和富贵生活去换取的东西。全教室突然静得像一个深湖。我的心沉下去。

王铁仙老师走上了讲台。他仿佛对他浓重的绍兴口音怀有一丝歉意。但他分析现代文学作品是直截了当的，平易，冷静，淡然，又时不时冒出一点犀利。好像是在第一次指导我们做作品分析时，他就说了这么一句话：你们不要去说马路上大街上人人都知道的话（他用手指了指窗外），要把只有你自己才体会到的东西写出来。这真是一句大白话，我记了许多年，尤其是在后来我试图评论或创作的时候，虽然我并没有把它记在听课笔记上，没有故意去记它。分析鲁迅先生诗意的《伤逝》时，他的讲述却隐隐透出激情，且有一种沉醉感，我认为我听出了感伤和忧愤。那一刻，我好像同时觉察到学问和情感的关系，文学与人性的复杂，以及那种我很久以后才真正触摸到的文学意义上的个人性。

通往智慧和大境界的门有许多扇，它们当然要靠自己去一一开启，而外在的力量也是重要的。感谢母校和老师们，给了我这样的力量，使我有可能总在开启中，或至少总有开启的愿望，从而也在浮云般的生活表面之下，拥有了一份属于自己的精神和心灵的生活。

1996 年

我们都是母亲的孩子（《亲密关系》结束篇）

这是这本书的最后一个章节。一个母亲和她孩子之间的事是写不完的，再写下去，恐怕更多的是重复。正如一个母亲对她孩子的爱，是每天都在重复着，与世界同在。地久天长这个词，用在这里，可能比用在男女之情上更合适。

现在我是坐在电脑前，准备结束这本书。但是我看到一个女人，家常打扮，正在傍晚的厨房里做饭。她不时看看窗外天色。天下起绵密的雨，发出淅淅沥沥的声音，并在这轻微的声音里迅速暗下去。女人感到不安。这该是她的孩子放学回到家的时候，在五点到五点半之间。不能再晚了。再晚的话，她的等待的耐心就到了极限。现在我的注意力完全被这个女人吸引。我觉得自己熟悉她。

这个女人，她一边做着饭，一边想象孩子背着沉重的书包走出校门的情景。在每天的同一时间这情景总会放电影似的在她眼前晃一晃，如同某种条件反射。她不指望孩子一放学就准点赶回家。不可能的。在一整天战斗式的紧张学习之后，有一点磨磨蹭蹭是正常的，可以允许。她焖上饭，开始炒菜，但她的脚尖不时踮起来，想望到窗外的弄堂里。她是在等孩子回家。孩子走近家门口时，偶尔会哼些快乐的歌子，自己编的，或从哪里听来的。孩子的声音不大，但她一听就听出来了，这方面她的听觉很敏锐。

那样她就会在窗口上喊孩子的名字，外面的声音就会停住，然后，"谁叫我——？"孩子的声音像春天的小白杨一样清亮，爽朗，含着好奇，或者是明知故问。孩子走进楼道，自言自语似的说："妈妈我上来了——"然后便"叮咚"一声门铃响，孩子出现在门口。那时这女人会开心地笑，会亲一亲孩子冒汗的小脑袋，使自己充分沉浸在这单纯、普通，甚至微小的快乐里。

但是这个女人，在那一个傍晚，听到的只是雨声。她把灯开亮，一看，快六点了。她很是不安。孩子为什么到现在还不回来呢？她简直没心思炒菜。门铃响了，她跑去开门，结果门口站着的只是她丈夫，没有孩子。她对丈夫说，孩子还没回来。她忧心忡忡的神情感染了她丈夫。他俩立刻感觉到家的空和安静。这安静使他们分外想念孩子在家时闹出来的生气勃勃的噪声。夫妇俩相对无言。自从有了孩子，他们便习惯了三个人在一起：她，丈夫，孩子。孩子不是他俩关系中的第三者，而是一根牢固的纽带，不可或缺的一员。他们三位一体。对她来说，尤其如此。她总是比丈夫和孩子早到家。如果外面刮大风，下大雨，她一个人在家就会担心不已，而如果丈夫和孩子都回了家，哪怕外面下冰雹呢，她的心也会安然些。这是自私的，她承认，不过这也是真实的。

六点一刻。六点半。要在平时一家三口已经坐在饭桌旁开始吃饭了，同时看着电视里的新闻，说一些随便的家常话。碗、调羹和筷子相碰的声音有一种尘世的美感，仿佛诉说着天长地久的故事，她常在这种时候感到恍惚，期望时间永留在这一刻。也许她在生命将尽的时候，想到的会是这些不起眼的场景、声音，而不是什么热烈的或者惊心动魄的东西。她解下围裙，坐立不安，看不进报纸也听不进音乐。她手忙脚乱地找通讯录，查电话号码，然后打电话给学校门房，问学校里是不是有个教室灯还亮着，是不是还有学生留着没走。没有。她失望了。想了一下，她穿上外套，准备出门。她要出去等儿子，等不到就去找。"学校里没有，上哪去找？"丈夫的意思是在家等。她还是出了门。她认为那样她的焦虑会减轻些。

我看到她出了门。她打开雨伞，手里还拿一把伞。弄堂里已是黑暗一片，只零星亮着几盏路灯，洒下一些湿漉漉的黄色光晕。雨很细密，一直在下。弄堂里没什么人影，正是晚饭时间，一些窗口静静地亮着。她慢慢朝弄堂口走去，同时留意两边的小弄堂，生怕错过她的孩子。孩子好奇心强，有时会挑那些没走过的地方走。没有。她走出弄堂，向通往学校方向的路拐去。这是弯曲的小路，人行道很窄，行人几乎就是紧挨着大卡车、小汽车在走。这也是她担心的原因之一。世界很大，人多车也多，一个孩子提防世间危险的能力是很弱的。她一边慢慢走着一边看着前方和对面的马路。马路上黑漆漆的，迎面而来的人影分不出高矮和男女，在她看来每一个都像她的孩子，她怀着热切的心情等待人影慢慢靠近。慢慢看清了，有的手里夹着烟头，一看就不是（她的孩子长大后会变成这样子吗）。有的手里提着塑料袋，是跟她差不多年纪的女人匆匆往家里赶吧。还有的背书包，但个子和胖瘦明显不同。都不是（他们为什么这么晚才回家，家里人不着急吗）。她的脚步没有停止，有时立定辨认一会儿，继续走。她什么也没带，不知道的人会以为这是一个下雨天出来闲逛的女人，但选择这样的地点，这样的时间和天气，又是让人奇怪的。一家小店铺的店主留心打量了她一番，看她不像要买东西的样子，心里颇有些失望，不由多看她几眼。她的头发沾了雨水，微有些蓬乱，身上带了一股炒菜留下的油烟味。她是太普通了。店主不再看她，任她慢慢地踱过去。

拐了弯，来到一条宽阔的大马路。她在路口停住。没法朝前走了，不然就会走岔。这里是孩子回家的必经之道，她就像个卫士似的，守在路口。大马路有几个车道，汽车车轮碾过潮湿的路面，发出的响声格外大。她注意那些穿过汽车之间缝隙的勇敢的身影，既希望那不是自己的孩子，又希望是。那样穿马路是太危险了，但如果正是她的孩子这样穿着马路来到她跟前，那么她的等待马上就可结束，她心中一块大石就会落地。这样想着，雨忽然下大，噼噼啪啪打下来，眼前出现一道雨幕。她便又担心孩子会被淋成落汤鸡，会感冒、生病……

我不知道她的身份、职业、容貌、文化程度，只知道她是个做母亲的女人。在雨中，她的身影显得单薄。她的身份、职业、容貌、文化修养此刻完全消融在她对孩子焦急的期盼和等待中。世界在这一刻空前缩小。孩子急匆匆走路的样子在她眼前就要呼之欲出，可爱的，单纯而干净的，有时也是没心没肺的孩子。会不会碰上什么坏人？骗子？被诱拐？不，不会的，孩子很机灵，这样的事不会发生，虽然这种可能是存在的。世界确实复杂，一个孩子要长成大人，需要跨越很多有形无形的障碍，避开很多危险。这不是一件容易的事。障碍和危险潜伏在阴暗的角落，就像这个下着雨的夜晚，很多地方，你是看不清的。会不会是路见一所新开的大商场，逛着逛着就忘了时间呢？这也是可能的，这个世界诱惑很多，大人都有可能迷失，何况一个孩子。或者，测验开了"红灯"，做错什么事，不敢回家了？如果这样，她想她一定不会骂孩子、罚孩子，她将好好跟孩子讲道理——只要孩子回家，什么事都可解决，而且，一次不及格或一个小错误跟她此刻的担忧比起来，跟孩子长长的广阔的将来比起来，根本算不了什么啊。还是到哪个同学家玩去了，被热情的主人留下来吃饭？这也可能，但孩子该打个电话回家啊，大人又不是没关照过……她心里像有匹脱缰的野马在奔跑，每一下马蹄，都重重地将她踩踏。雨小些了，仍在继续。抬腕看表，七点半。她的心冷下去。她听到自己的心在雨中啜泣、颤栗。满世界都像是她的泪水。孩子你在哪里？你知道妈妈在等你吗？——这让她想到一首流行一时的情歌，歌词被人恶作剧地调侃成孩子和母亲的关系——不，情人间清浅的忧伤，怎能跟一个母亲沉重深厚的爱相比，那种爱在一定时候是会让她全部的生活辉煌或毁灭的，具体至血肉的！

　　她无意识地转回身子，往家的方向走。这一刻她的心被气恼主宰了。她气她的孩子不能理解大人的心。连小鸟都知道天黑了就要归巢，这孩子就是不知道。从她成为一个母亲起，她为孩子付出的心血，包括担忧、焦虑，还少吗？她每一分钟、每一件事都会想到自己的孩子。在报纸上看到十几岁突患白血病的不幸孩子，虽是素不相识，她也会在心里打颤，就仿佛这样的危险也会降临到自己孩子身上一样。被人问起对即将到来的二十一世纪有何憧憬，她也先会茫然一分钟，因为她脑子里的第一反应是，那是孩子的未来，但愿那时没有战争和人为的灾祸降临——虽然她明白世界的发展并不以一个普通母亲的意愿为转移。如果没有孩子，她的生活是不是会相对平静和轻松一点呢？她只需管好自己就行了。丈夫也是成人，用不着她来担心，成人都将为自己的行为负责，而大人间的爱、关心，那是另一种，是相互的，有理性的。怪不得有那么多夫妇，结婚后不要孩子呢。孩子就意味着永远的烦忧，单方面的付出，责任重大，关系一个生命，这生命的成长。这种牵挂，是要伴随父母一生的。

她想起自己的母亲，从前就是这样的——总在弄堂口等孩子回家。那曾是个乱世，人们就像乌鸡眼似的，你斗我，我斗你，很多人出了家门就再也没有回来。她母亲也遭遇过这样的痛失亲人的事。母亲怀着深重的忧虑等在家门口、弄堂口、路口。甚至在儿女们长大成人之后，母亲的这一举动依旧。那时她不很理解，觉得母亲真是忧虑得过分，完全没有必要，因为世道已经变了。现在她想起年老的母亲那略微佝偻而显得矮小的身影，她只想哭。一代一代的人，就是这么延续的。母亲养育了孩子，还要为孩子操一辈子心。就是这么简单。没有孩子就没有这个世界的继续。复杂的世界，原是由一些简单的事实构成的。

她回头时看见路口站着另一个女人，也撑一把伞，同时手拿一把伞，在急切地向外注视。她差一点就以为这是自己的影子，是她陷入了幻觉。但那女人走过来向她打听时间了："请问现在几点？"声音有点嘶哑。"八点钟了。"她回答之后，不敢看那女人脸上的表情。她听见那女人在伞下小声嘀咕："这孩子……"她急忙加快了回家的步伐。

回到家，仍是丈夫一个人。电视没有打开，看来丈夫跟她一样，没有心思看电视。她向丈夫摇头。墙上的钟已指向八点半。她快哭出来了。他们默默地坐着，不知说什么好。时间越晚，他们越有不祥的想象。如果再无动静，该怎么办？去公安局报案吗？他们和平安宁的、时不时也有点小磕碰的生活会不会就此结束，从此永无快乐的可能？她不敢想下去。像是体谅到他们的心一样，"叮咚"一声，门铃响了。她和丈夫急跑过去开门——从未这么急过。孩子站在门口，朝他们傻笑。还是那个让他们又爱又担心的孩子，穿着校服，身上一根毫毛都没掉，只是淋湿了。孩子解释着晚归的原因：先和几个同学一起出黑板报，然后跑到附近一所大学打乒乓球，打着打着忘了时间……她忙不迭地拿出干衣服给孩子换上，用干毛巾擦孩子的头发，一边和往常一样，埋怨孩子为什么不打个电话回来，让他们这样着急。说着这两个当父母的就急了，尤其是她，早忘了路上等孩子时她的那些暗暗的柔情的保证，声量又渐渐提高……

我看到了她。或许她就是我自己。也可能是另外一个女人，譬如，前面提到过的，另一个等孩子归来的焦急的母亲。这种体验，是没有做过母亲的女人所没有的。为此，她是不是应该感谢上苍呢？

我想，是的。这是肯定的。这或许不是一个伟大的母亲，对，这远不是一个伟大母亲的形象。说不定这是一个并不成功的母亲，还有点儿狭隘，但绝对真实。她因此体验了生活的另一面，或者，生活的另一些真相。我们不能说她不是幸运的。

谨以此书，这本薄薄的小书，献给给了我生命的母亲，也献给天下所有的母亲，以及母亲的孩子们。

——我们每个人，都是母亲的孩子。

1998 年

风雨水火

《去那温暖的地方》后记

编选完这本集子后，忽然不想再多说一句话。这不是因为疲惫，而实在是，我近年中所想的，所关心的，我愿意用文字去探寻的，以及我在这些方面所做过的努力，也许已能在这本书里现出。有兴趣读这本书的人将会有自己的判断，不用我来多说什么。而对我来说，任何一种自我概括都是不确切的，也是困难的。

我只想说明，本书中的绝大部分作品都是近年所写，且是初次入书。少数文字曾收入其他书中，但这次做了修订。我有不断修改自己作品的习惯，我对自己写下的东西，从来只有暂时的相对的满意。不过我要说，至少到今天为止，我已尽力。

长期以来我写着这么一种奇怪的、无奈的、尴尬的东西——"散文"，它总是迫使我向这个世界的深处走去，却又在走进世界的同时返回到自己的内心。它不能重构我所知道的事实，否则它就变成小说。它也不能在事实面前亦步亦趋，不然它就是纪实。所幸它还有一个广阔的心灵空间可让人行走，但那又不是绝对自由的——当你对世界的认知浮泛浅薄时，你的想象力、创造力贫弱时，你就走不了多远，也达不到你所希求的境界。但我仍然感激它——它的拯救和给予。我珍惜这种缘分。

2001 年

《荣成别墅三楼》后记

这是我的第一部长篇小说。以前我主要写散文。这个长篇，也许在叙述上仍有散文的倾向。那就不管它是什么吧。总之，它是一个虚构性文本。

虚构的写作应该很自由，但我在写作中并无飞翔的感觉。要将一个人及其身边人的人生容纳于现有的篇幅中，我仍然感到困难。

但我还是这么做了。我不断地修改它。在修改过程中我时时感到呼吸困难，感到痛苦，因为书中人物无不局限于一个纷乱、窄小甚至琐碎的生存空间。他们是些普通人。他们的经历，也许很多中国老百姓曾或多或少地有过。他们的命运与自身的性格、选择分不开，却更多是被外界因素改变，这也是普通人有别于非普通人的一个特点吧。

他们的生命火焰是微小的。这火焰在风雨中明灭的过程，并没有奇迹可言，却如同人类生存向理想境界过渡中的铺垫一样，付出了伟大的牺牲。这使我必须写下它。

一个人的故事可能就是许多人的故事。人生可以是个别和奇特的，但不会是孤立的。我是这样理解的。

结束这本书的时候，我仍然牵挂着书中的人物。博尔赫斯说："事物的寿命总是比人长久。谁知道故事是否到此为止。谁知道它们还会不会相遇。"我有同样的忧虑。

这本书为普通人、尤其是普通女性而写。为所有关心普通人命运、尤其是普通女性命运的人而写。为我自己而写。

感谢所有关心过本书写作的朋友们。特别要感谢张贺琴老师，她对这本书提出了许多十分宝贵的有针对性和建设性的意见，并给我以信心，使得这本书不至于太过粗率。但限于我的能力，书中某些方面也许仍令她失望，虽然我已尽力。那就让我在以后的写作中再努力吧。

最后，我要感谢这本书的每一位读者。因为您的阅读，这本书的意义才可能完整。

2001 年

《陌生人过去现在时》序和跋

　　我常常想起一些陌生人，我是怎么碰到他们，他们怎么走来，像肩负着什么使命一样地，灵光一现，又消失。我常常因这样的想而茫然若失，仿佛我不经意就错过了什么。

　　我总是太粗心。

　　越来越经常的，在我脑中有一幅图景出现，它不确定，像黑夜里的雾一样飘忽，又像秘密燃烧的火焰。只有一个人处在画面的中心，四肢蜷缩如新生婴儿。只有这地方微微的亮。夜在四周幽深无边，如一颗没打开的核桃那样安静，是他降生时到达的世界。

　　这个人慢慢地舒展，想站立起来。他一直在做这样的运动，这样的努力。他想走进这个世界，用他与生俱来的一点儿微光照明。他一路上碰到形形色色的陌生人，他们和他一样，有着自己特别的光，有时互相照映，有时做了有趣的交换。世界渐渐地亮了。这景象吸引了我。

　　我相信自己也是这样走来，从这游移的雾中，受着命运的指使，看上去如同随机，盲目地。陌生人那么多，笑着，沉默着，低眉或高昂着头，身上有难忘的气息。我于是有了用一本书来回味他们的想法。

　　在这里，我看到相遇和邂逅的故事，或者还有遥遥相望，匆匆一瞥，别人口中的转述。世界，当它的硬核桃似的外壳被敲开一块（多像是开了一扇天窗），露出脑沟一样无规律起伏的一角果肉时，它会变成柔软的花瓣落在我的掌心吗？确定地说，不会的，只是我仍然抱着这样的妄想。

可能是夜晚，也可能不是。天空的颜色一直在变幻。它不刺目，却是亮的。没有明显的云层，薄雾淡淡地飘荡，伸手便可摸到似的。

它在我的头顶，我的脚下，我四肢的划动中。我向前滑行，脚渐渐接触到地面，一座奇异的建筑物出现了：它的屋顶是用黑色的钢架和透明玻璃做成，像一个巨大的圆顶灯罩，在它透明的圆柱体内部，几棵真正的树耸立着，人们像鸟儿一样栖息在树枝上，喝茶，聊天。我站在外面看它，所站之地只比那灯罩似的圆屋顶略低一点。当天色变成橙黄，这个建筑物又像是一只看得到肉瓣和经脉的大桔子。

天色转暗，我来到一座电影院边上的水池旁。暗色的水起着波纹，满得似要漾出来，但照样有背双肩包的年轻人手插在裤子口袋里，坐在砖砌的池壁上眺望远方，像在等待他迟迟不来的情人。

雨点落下来，把池里的水打出一个个相似的小涡。附近有个大喇叭在播送一条通知，或一首民谣，听得见一波波的声音，却听不清具体内容。

我前行的速度很快。在穿越一条僻静的陌生小街时，拐角处阳光骤亮，我看见一个男人单肩背一只公文包，急匆匆地走着。我离他近在咫尺，觉得他非常眼熟，那只黑色的可以放一部手提电脑的包，那件运动风格的蓝色拉链衫，他的被阳光打出的脸部轮廓。但这真是我日夜熟悉的人吗，他的姿态竟那么新鲜和富有生气。他没有看到我，就像我不存在一样，他快步走过去——去一个未知的地方——拐个弯不见了。

我继续赶路——我又是要到哪里呢？穿过一个闹哄哄的商场，我走进一家全木头造的咖啡馆（就像凡·高所画的那一间），穿过它空荡荡的店堂，走上它的木楼梯。一个个白制服的年轻侍者在楼梯上下穿梭，手里的托盘像是他们的杂耍道具。其中一个打翻了托盘里的冰激淋，融化的冰激淋汁立刻形成一道黏腻的白色小瀑布，从上面的楼梯向我身上滴来。我还是向上走，我已看到上面的阳光，咖啡馆的楼顶是一个开放的露天平台。

终于，我站在最高处了，这座奇异之城已在我的脚下，然而我看了什么呢？平台外面是一片蓝色的汪洋，正接近地平线的地方才隐隐露出了一点陆地。

我并没有被欺骗的感觉。在这汪洋之上我深吸一口气，感到气流在脚下聚集，海面微微地倾斜了，我仿佛听到远处那片陌生陆地的召唤——

在我将要飞起的刹那，我醒了。这种飞翔的梦我从小到大不知做了多少回——我飞不动，我飞动却看到可怕可悲的事物——唯有这一次不含沉重和遗憾。和在梦中一样，醒来后的我一直停留在那片奇异之光下的大海上，面朝远方。这，或许是因为我一直在写这本书，写过一个秋季、一个冬季和一个春季。这个梦正发生在这本书将要结束时。

2001 年

风
雨
水
火

《孟加拉玫瑰的颜色》卷首语、后记

博尔赫斯曾写到一种奇异的"阿莱夫"，类似于圆球，人能从中看到万事万物。他列举出其中种种，小至赤道沙粒，大至爱的变化、死的关联，我唯独记住了其中的孟加拉玫瑰——它在夕阳下反映出莫名的颜色，遥远，陌生，仿佛只为我绽放。

博尔赫斯是在说所有的书？书是他的世界，世界的一切。那么孟加拉玫瑰应是其中温润、美、有关爱的部分，或也锋锐、危险，来自世界的远方，又在渴望的中心。

我无可救药地受到吸引。它们虽不是我的药，但那汹涌多变的颜色的浸染，不由分说将我裹挟的白天黑夜，足以证明它们也是我的世界的一部分。

它们：这些异邦之书，写书人和书中人，绽放在生命不安处的花朵。

这些均出现在这本书中。这本书阅读了它们，阅读了生命，包括自己。

我发现自己越来越离不开书，好的书，我喜欢的书。我的阅读量随年龄和阅历的增长而扩大。就好像阅读也是我生命成长的一部分，而且是重要的部分。

但是我不从书中寻找答案，只是交流。好的书如同那种永远在某个地方等待我的朋友，当我空虚，贫乏，焦躁，孤独，书就及时出现，让我安静并富有，或引发更大的空虚、贫乏、焦躁、孤独……

感谢书。没有它们，人生将多么狭小而无趣。

这本书只是和书有关的一小部分，有关我的阅读，我感兴趣的一些外国作家作品，人类共有的渴望、焦虑、困惑、爱——它们在这些作家的笔下和生活中展现了怎样的面貌，怎样的可能，怎样的选择。是对这些生命状态的体验和思量，开掘和汲取，在这过程中形成的一篇篇笔记。

这本书基本不讨论它们的呈现形式和叙写技巧。只讨论生命。

本书第一篇写于 2005 年秋，后在熟悉的朋友和陌生的网友鼓励下陆续写下以后的部分，最后一篇完成于 2006 年盛春。窗外的含笑这期间由满树绿叶，到一朵朵蓓蕾、绽放，在日光下散发浓郁的蜜果香，再以一瓣瓣月白色和一粒粒绿蕊坠地。一簇簇蔷薇"十姐妹"也烂漫开来，然后悄悄浅淡了颜色，准备谢幕。我忽然觉得本书也可以告一段落。好书是读不完也想不完的，阅读是一辈子的事，作为一部读书笔记的合集，当止即止应是一种好选择。

本书篇目就按写下的时间先后顺序排列了。它们也许是跳跃的，回环的，忽长忽短忽高忽低的，不相连的，但最终都停留在一些共同的地方。正如那段日子里我的心绪。如此排列为一种纪念。

我习惯于在书出版前反复修改文稿，这次也这样，而且新近又写了极短的一篇：《他失落了一件东西：生命的花朵》。仿佛非写不可。也没有之前那种从容道来、细说情节的心境，只是直达本质。这仿佛也是这部读书记的本质。也许，这样的书写是可以一再继续的。

不过，打住吧。阅读和生命既可在这个点上永远交叉并行，一些薄薄的文字又如何能够穷尽得了？

感谢我所阅读的这些作品的中文译者和出版者。从根本上说，没有他们，就没有我的阅读，也不可能有这本书。

2006 年

谁诱拐我去远方（关于《诱拐》，有删节）

　　《诱拐》。史蒂文森最好的小说之一。一个苏格兰少年历险、流亡、成长的故事。没有深刻的思想，没有宏大的叙事，但成为我阅读史中的经典。也许其经典意义在它之外。也许。我还没有想清楚。但在我决定写这部读书记时，首先和最后想到的都是它：我年少时就读到的，对中年的我有过特殊意义的，我唯一尝试翻译并出版了的，这部《诱拐》。甚至它的名字都有了与小说内容完全背离的另一层含义，更抽象的，那种心灵意义上的诱惑和拐带。我因此踏入远方的世界。

　　我的阅读开始得不太晚。约在小学一二年级。也可能更早。我母亲那时在她工作的医院里兼任图书管理员，挑选和购买新书也是她的职责。每到下班，她乘57路公交车到静安寺终点站下车后，总要弯到南京西路华山路口那家新华书店看看，常常一买就是一捆书，她一个人提回家。大约要走一站路。路不短，书又重，长大后像她一样瘦小、也拎不动重物的我，每想到这就为她心痛，可当时什么也不懂，只是和哥哥们一起为新书的到来雀跃，在母亲的特别嘱咐下洗干净手，享受盛宴似的，一本本看。知道书是公家的，第二天要被带走，看时便格外珍惜，像观赏他人的宝贝。看的速度也无形中变快。因识字少，开始我总看连环画，不算真正的阅读。

后来不耐烦读图，人也大了些，就读童话——它们的文字有一种平易近人的干净。我读了意大利罗大里的《洋葱头历险记》（书名、作家名及其国籍至今记得分毫不差），格林兄弟的《格林童话》（书中丰子恺的插图有一种不可思议的诡异，譬如一个从鱼腹里走出的人。母亲见我喜爱，特另买一本给我，现已找不着了），《安徒生童话》，《豪夫童话集》。豪夫童话我最感奇异，内容多关大人，我印象最深的一篇，讲一个德高望重的独臂人自述年轻时一段往事：他因偷窃被人抓住，在大庭广众下被施酷刑：那只偷东西的手连同手臂被一刀砍掉。这人认为正是这终生难忘的痛苦耻辱使他变成一个好人。我却难忘那血淋淋的场面，以及这个人在大庭广众中受到的肉体和人格上的伤害。不过那离我非常远，那残暴也带了一层非现实的童话色彩，有猎奇的味道。

我母亲在书的选择上表现出文艺倾向。总是文学书。总是外国的文学书。可能那时中国的出版业比较自由，引进了很多名著。母亲在少女时代也曾做过文学梦。若新书来不及看，她就借旧书回来给我们看。这使阅读更从容。在她也是近水楼台。我因之也接触到中国的大部头古典名著。《水浒》和《三国演义》我最不要看，前者总是杀女人，以藐视女人为好汉标志，后者男人们永远在勾心斗角打打杀杀。《西游记》有趣，虽然描绘景色时总要冒出一大堆陈词滥调，师徒四人的旅行却充满未知的奇遇，且不悲伤，孙悟空和菩萨们永远必胜。最爱《红楼梦》，那里面的故事是可以从小看到大、看到老的，人一生的灿烂悲凉，世间的纯洁美丽和污垢肮脏，尽在其中。我外婆满头银发垂垂老矣时，什么话也不说，整天只是坐在藤椅上捧一本《红楼梦》慢慢看，时而闭目养神，书啪嗒掉在地上，她睁开眼弯身拾起继续看。唯一的、读不完的《红楼梦》。《聊斋志异》我也喜欢，美丽的狐仙，孤独的书生，荒郊野外的浪漫相遇，但我忘不了的却是书中的残忍场面，鸦头被她凶恶的祖母强拉回去，席方平（还是另外一个书生？）到可怕的十八层地狱走了一遭——啊，那地狱里的酷刑，油炸，刀锯，割舌，小鬼的凶残（他们的头是尖的，中间开叉，像连在一起的两个小山包），下地狱的人的惊恐可怜，我三四岁时就在上海城隍庙一个类似泥塑展览区的模拟情境中看到了。

六年级的一天，我和同学在路上走，手里拿了两本书：《红楼梦》，《聊斋志异》。是同学借看后还我的。迎面碰见学校严厉的女教导主任，我们停下来问老师好，她也停下，眼睛盯牢我手里的书，问：什么书？一把抓过，翻扑克牌一样地翻着，在几个地方停顿，越翻越慢，然后盯牢我的眼睛，说：人太小看这样的书不合适。她的语气却有所缓和，而且把书还给了我。

《诱拐》是那时看的吗？应该是。和史蒂文森的《金银岛》一道，还有儒勒·凡尔纳的《神秘岛》、《海底两万里》，福尔摩斯的《四签名》、《巴斯克威尔猎犬》，马克·吐温的《汤姆·索耶历险记》、《哈克·贝里芬历险记》……一长串的书似乎都是随《诱拐》而来，那个苏格兰少年戴维（那时译作大卫）的形象在其中永远鲜明夺目：在他父母的墓地，他扛着一根小棍子挑起的小小包袱，向未知的广阔世界出发，满怀希望意气昂扬。那个译本里就有这样的插图，原版插图。我没有去记是谁译的。我感谢这位译者，就像后来我感谢那许多我喜爱的书的译者们一样，他们让我有可能接触到几百年前的世界，遥远异国的作家，陌生人的命运。人类的历史和现实在这里发生了奇妙的串接和联系。而我，在那时，显然和等待出发的少年戴维一样。

后来读大人看的书了。读书也有了新的渠道。却偷偷摸摸。对，的确像偷。和上海许多住家的情况一样，那时我家和邻居共用一个卫生间（这在如今住房宽敞、讲究个人隐私的城市里是不可想象的）。新搬来的邻居，把一个旧木头柜塞在不大的卫生间壁角，也不上锁，翕开一条缝。我对这神秘的柜子觊觎了好一阵子，猜里面肯定没有贵重细软，却又不知究竟藏着什么，心痒痒的。一天洗澡，我紧闭门窗，开亮大灯，终于窥见里面是横着竖着的书，很旧，有的边缘已发霉。是的，卫生间总是潮气冲天。我壮起胆子，用一种平生未有的小偷心情打开柜子，一本本拿到手上翻阅。苏联小说《幸福》三卷本，《远离莫斯科的地方》上下册，《小癞子》，

《小妇人》……能记得的就这些了。不记得我母亲是否借回家过。也许偷来的阅读才更兴奋，当下便读，不管外面一阵阵敲门。我没敢向陌生的新邻居坦白，也不敢大大方方开口借，有时趁洗澡赶紧在卫生间读，有时干脆偷一两本出来，带到自己房间里读，读完再偷偷塞回原处。一直不清楚是否被邻居察觉。

偷来的《幸福》。那个苏联女作家正以一种我认为高雅万分的仪态，在书的有着霉斑的扉页上向我微笑，露出洁白整齐的牙齿。她写的那些青年劳动者的爱情，同样在书中、在我不了解的远方闪着莫名的光，诱惑我。

偷来的《小癞子》。薄薄的。似乎还是名著。我根本就不管它发生在何时，谁写的，只看故事。看得感动，难以释怀，却怎么也回想不起是哪一点、在何处让我感动。依稀记得那是一个穷苦的没人看得起的孩子，艰难长大，和某个女人发生了一种揪人心的爱情。是的，应该是爱情，只有爱情打动我。唉，我对这本书的记忆，已像那个只有一扇窗户（通往窄窄的天井）的卫生间里暮色中的光线一样黯淡模糊了。透过它我看到往日的自己，一个小女生，关着门，急忙忙在书中遥远的故事里走着，不想出来。

然后文化大革命开始。天翻地覆。却仍有借阅书的渠道，仍想一头钻进书里去摆脱乱糟糟的现实。仍是外国名著居多。这种阅读倾向顽强地延续至今，当然，具体目标总在转移，向更近的年代，更新的观念和表达。使得我这部读书记涉及的对象，全是外国作家作品。

但这不等于我对中国文学不感兴趣。我本来念的就是中国语言文学专业，那是一个更其浩瀚的海洋。我也就更难整理对它的认识。留待以后吧。好书是读不完的。阅读于我无止境。

与《诱拐》的重新相遇纯属偶然。1994 年，我供职的单位将评职称，我在被评之列，要考外语：在规定的三小时内，对一本超过 180 页的外文原版书进行当场指定页上内容的翻译。可以借助词典。必须译够多少多少印刷符号。而且，考试者得自己准备这本外文原版书，还得在考试前上交考试部门审核通过。有个朋友常去外文书店，便替我买回一本 224 页的外文小说，页码超出不多，开本又小，是让我少费精力准备的意思。书到手一看，书名 *Kidnapped*，作者 Robert Louis Stevenson，正是我久违了的罗伯特·路易斯·史蒂文森的《诱拐》。好像，冥冥中它一直在什么地方等我，而且是以本来面目等着。

我的英语还没到借助词典就可顺顺当当翻译一部十九世纪文学作品的水平，我甚至没有在大学期间上过一堂正儿八经的英语课，因开课之前的英语统测，我凭初中两年的英语基础和后来的自学（主要是许国璋英语）获得免修，只上了一些玩儿似的翻译课。对于英语，我基本上是聋子、哑巴。我必须准备。而对于《诱拐》的准备，就是一遍遍的重读，在那些长长的但很有意思的句子中，把握作者或"我"即戴维的思路。这是一部以戴维的自述展开的小说，他的离奇经历，他碰到的好人坏人奇怪的人，他吃的苦头和收获。我进入了二百多年前苏格兰孤儿戴维的思想和人生。我通过了这次考试。

事情并没有完。不久我母亲因病住院。那是她一生中患过的大大小小疾病的总爆发，最后的爆发。过量的、但也许不得不用的抗生素迅速扰乱了她的意识，最后几天她一直昏睡。我每个白天都陪在她的病床边，看着她的脸一天天苍白下去，眼神日渐涣散。有时她醒来，显出一种不知身在何处的恍惚，说一些不知其意的话语，又睡去。她正在离我远去，在她自己的途中。她身旁的我一直在悲哀中胡思乱想，想她的灵魂可能到了哪里。是她的过去，她到过的地方，还是将去的我们谁也不知道的地方？我伏在她床脚散发消毒药水气味的白色棉被上几乎也要睡去了——绝望似乎能让人消沉到无力的嗜睡中去。不能，猛醒过来我对自己说，我要陪伴她到最后，我的灵魂不能比母亲的灵魂先自衰竭！于是我带了这本已无关考试的原版《诱拐》（那是一种下意识的选择），在伤心得不能自已时强迫自己读它，用那些来自异邦的字母和词句引开自己，在机械和麻木的阅读中，等待母亲醒来。

母亲终于长眠不醒，永远离开了我。我理智上明白一个 79 岁的生命终有谢幕时，感情上却无法接受，因她经历了太多的磨难，她的人生中纠集了太多的历史关系和矛盾，而她始终以温婉忍让的姿态挣扎其中，她的梦想和愿望总是落空。如果她一直幸福安详，我不会如此悲痛难舍。也许这悲痛中还含有恐惧——害怕自己的人生也和母亲的一样，害怕母亲走后自己将直面这个世界。我原有的永恒观完全垮塌，生命需要重新掂量，重新认识。我一下子不可思议地像婴儿那样不堪一击，精神萎靡，心脏也出现危险的症状，不能思考，无法写作，只是一味想着离去的母亲。

我知道总有一天我要为母亲写一部小说，长篇的，编年体的，她一年年积累的希望和绝望。但那一天在哪里我很茫然，我仿佛无力迈出向那一天靠拢的步子。只是在哀伤中等待，或不等待。

《诱拐》又一次出现。不，是那个不知世间危险为何物的少年戴维出现，他那么顽强地要向前走，一个人，准备迎接任何遭遇。一个声音在我心底悄悄升起，对我说：既然你还有这个印象的存在，既然你已看完了它，既然你现在什么也不能做，何不把它翻译出来，借这种一字一句的文字推敲和固定，把自己带到另外的地方？

我承认，这想法既实际又有朦胧的诱惑力，近似于一种医疗处方。翻译劳动中的确含有技术因素，可取代思考，或扭转思考。好的，我原先翻译的草稿还在，只是太潦草也太马虎，现在我要重整旗鼓。

就这样开始了对《诱拐》的正式翻译。

对于一个翻译新手来说，《诱拐》是一部适宜的小说。它思路清晰，情节相对简单，对话较多，出典少，虽有一些盖尔俚语，原文中也已作了些解释。那些插入的拉丁语我暂且留着，后来让出国留学的侄女维维找她的老师解决了。故事是直线式的，紧跟着主人公戴维的寻亲、被诱拐、逃亡、历险、归来展开，主要人物仅两个，一个单纯的少年，一个有孩子气的男人，心理不那么复杂，性格属鲜明的那种。甚至没有女主人公，也就没有爱情。

我译得很慢。故事和人物渐渐明晰。在戴维旅行时我也跟着来到码头，旅馆，双桅船，大海，小岛，爱丁堡的山顶，渡口，他那个贪婪成性的叔叔的凄凉可怕的庄园，苏格兰高地被占领时期悲惨的城镇和乡野……
戴维看到的贪婪和凶残我也看到，戴维感受到的温暖友谊我也感受到。还
有那种种智谋、勇敢、诙谐、友善，种种扑面而来的奇险景观。世界变得
宽广。他人的命运牵动了我——在两百多年前，在异域，其实已有很多人
经历了比书上写的还要悲惨的人生，以及这普通人生中短暂的灿烂。就像
站在山巅看脚下的世界，你会看到人类的历史是一个渐进的过程，而作为
具体的人，如果他在自己的时代用哪怕微薄的力量希望过，付出过，那就
值得你为之肯定，并且释怀……

母亲的命运终于在这过程中被我放到了一个适当的位置，我处在了释
怀的过程中，仿佛重新成为孩子，但没有初生婴儿的不堪一击，而是可以
重头来过，将过去的一切视为空白，从现有的立足点向前走。世界仍在我
前方。在一切时候，都可以开始。我可以重新出发了。

戴维向前跑着。不管是为了复仇，为了被通缉而逃命，因好友艾伦
的激励，他总是向前跑着。一个人在荒无人烟的岛屿上，白天被大太阳猛
晒，夜里被苏格兰高地的豪雨狂浇，可太阳一出来他就眺望远方，怀着走
出去的希望。在山林里，他弯着身子像野兔那样跑着，吞噬着急骤的脚步
踏出的尘土。在河岸边，他闭起眼睛就朝前方激流中的一块石头跳去，再
猛地扑向对岸，死死拽住岸边的草木，不让自己掉下去。他可以一口气跟
着艾伦冲过一片开阔地，一口气爬上高山。如果没有过河的渡船，他和艾
伦演一出戏也要把船弄到手。他的力量也许来自少年人不谙世事的勇气，
但多么纯粹。我总是在这本书里获得单纯的感动。

戴维将要踏上未知的旅程时，一个好心的牧师送他上路，赠他几样
暂时保密的小礼物，卖关子似的说了一大通话。牧师形容一件"圆的"礼
物时说，它"也许是你头一次出门时最让你喜欢的东西，不过，哦，戴维
我的孩子，它只是海里的一滴水，只能帮助你走出一步路，然后就会像清
晨一样消失"。这是什么，如此诗意？原来是一枚先令，也就是那时期英
国通用的一枚价值并不大的钱币，但牧师的形容别致而有趣，海里的一滴

水，会像清晨一样消失，这里面难道没有对金钱的一种既重视又淡然的态度吗？这无关主线的小插笔也令我着迷。

戴维总有一股子自信。他被叔叔害得差点没命，可暂时脱险后对着炉火他会微笑。"在幻想中，我瞧见自己嗅出他一个又一个秘密，变成这个人的君主和统治者。"他被这自以为是弄得飘飘然，压根没料到更可怕的事情在后面等着他，譬如一艘将要把他拐到美洲卖作奴隶的大船，一个拿着大头棒要把他的脑袋敲昏的水手。然而我知道他并不愚蠢。

艾伦是这部小说中的英雄，为抗击外族统治而在外面筹集资金，引来船上贪婪的目光，招致一场船上的血战，他和戴维寡而敌众大获全胜，船却撞上礁石沉掉，他两分别上岸后又匹目睹反抗者暗杀统治者的事件惹来嫌疑被通缉，只得不断逃亡。途中危机四伏，两人也闹起矛盾，戴维要回故乡找谋害他的叔叔算账，艾伦要奔向目的地继续正义事业。这是戴维珍贵的成长路。这旅途本身也吸引着我：不知前头有什么等着，危险和机遇同在，不同的人在路上走着，不同的人生活在他们自己的命运里，奇怪的事情，形形色色的陌生人（一个生活在悬崖上搭起的"鸟笼"里、沉溺于打牌的流亡首领，一个传递信息的有点贪心的农民，一个乐于助人却抵挡不住鼻烟诱惑的传教士，一个专门骗钱而且枪法不差的潦倒的盲教士，一个也曾生气勃勃却因恋爱不成而扭曲变态的地主，一个头脑清晰有正义感却也喜欢耍善意滑头的律师，一个富有同情心的可爱姑娘……）。戴维每经过一处，他的视野和阅历就扩大一点。就像我们每个人在人生路上的行进，即使曲折也不会是一种浪费，总有所得，从不同的方面。

我希望自己永远有这种"在路上"的感觉。

译完《诱拐》后，被我一个旧日同事知道，他特地为我搜出家藏的一个老译本《诱拐》，侯浚吉所译。里面就有外国画家如木刻一般的钢笔画原版插图。但书是 1979 年出版，应该不是我小时候读到的版本。书后有译者后记，相当完备地介绍了小说故事的历史背景。我感觉这是一位专家。我认真阅读了他的翻译。在译笔的风格上我还是与他有较大不同，我更偏向于对原著文笔简洁、有力、明晰的书卷化语气的传达，虽然在意思表达上可能不如侯先生那么有亲和力。这个老译本让我忆起少年的印象，感觉十分亲切。但我仍然觉得自己的译本也有存在的价值。

我的译稿在沉默并游荡了近 10 年后出版。后来我知道市面上《诱拐》的中译本还有几个。不管怎样，我的译本为喜爱这本书的读者多提供了一种选择。对自己，它是我人生路上的纪念。我珍惜它，胜过珍惜我已问世的 20 种书。

至少，就像我对众多外国作品的阅读一样，跟随它我去旅行，我去向远方，但不是为了逃避现实的命运，而是借更多人的思考和描述，进入更多人的命运和更广阔的世界，让自己的脚步少一些摇晃。

2006 年

《我的乡村记忆》后记

　　这本书写了很久，并一直在修改。我想象中的它应该是一本完整的书，是摈除了令人生厌的自恋的，是今天的，沉静的，开阔的，审美的，是有一点神秘和特异内容的，是感性的，自由的，控制的，耐读的，不玄虚的……我努力这么做了。

　　正如本书所写，依凭着久睡而终将醒来的我的乡村记忆，我试图重新发现一个世界。这世界在过去曾活跃、喧闹、混杂，在粗砺的面貌下，人性之光和丑陋阴暗并存。说它是一棵结有果实又爬着蛀虫的树也可以，它所根植的是过去的土壤，或不止于过去。今天它已经静默，凝固，并不向人们振臂呼唤。今天的喧嚣遮蔽了过去。总是这样：人类的生活土壤一层被一层遮盖掩埋。而即使这一层层尚未完全地互相渗透，人们终还是有着记忆。记忆是人类能够延续生存的重要密码之一种。这本书，就是一本文学意义上的有关乡村和田野的备忘录。

　　是的，我试图用文字连接过去和今天，把过去土壤的某一部分摆在一个有距离的审视空间里，就像摆在博物馆的玻璃柜里，其温度已触摸不到，其形态却还散发出久远的震动力。

　　这几年我好像总在书写记忆。也许是时间的缘故——时间流逝得太快了，而我又总是对所流逝的过于匆忙地放走。好在还有写作，可以对过去的事物来一番反刍。我相信那里蕴涵丰富，并非一时可以消化。

昆德拉在《笑忘书》里描绘的一个情景一直在我眼前：塔美娜坐在时间之河的一个木筏上，往后望，只往后望。某些时候我会以为那就是我。塔美娜是要为失去的过去找回实体，虽然那过去也是伤痕累累疑问重重，但那是一个实在的东西，并非她后来那种不着地的虚空生活。我呢，我要找回过去生活中被我忽略的东西，即那生活本身，它存在的环境，风雨水火，状态，影响，总之那些曾经作为一个大时代的小裂缝里的种种填充物。评判它们可能是容易的，但也是简单和机械的，我宁愿通过叙述留下它尽可能本原的样貌。因之，这部乡村记忆也更像是一些具象的拼合，小说的残片。通过它们，我好像隐约看到了现在生活的某些影子——历史和现实在最具体的生活中其实从未脱节，正如乡村和城市从来就不是彻底隔绝的，虽然，它们彼此还是有新与旧、此与彼的区别。

说到"本原"，我想说出书写这部记忆时的一些苦恼。我知道，当我写着记忆中的乡村，我是在向它走去，它却已经和真实拉开了距离。完全绝对的本原，在写作上也许是不可能的。我只有尽量地遵循朴素的原则，以我终于觉得可以安稳下来的方式，找寻它本应呈现的东西，并且不为它简单地命名。它的丰富无止境。

这本书在形式上也类似于一棵树。是散文，构架却接近长篇小说，每篇既各自独立又互有联系，在生长过程中是不断地伸出枝杈，枝杈上再伸枝杈，而树干仍在，在某个时候，新的枝杈又从树干的另外方向旁逸斜出了。

如果是树，那么我希望它不仅根植于过去，也能在今天存活，当人们走过它的时候，能停下脚步观察一下。它或许有些特别，但它头顶的天空毕竟无关乎高楼或田野、过去或未来地永恒存在着。

本书在散文出版极度萧索的今天得以出版，全赖上海远东出版社刘冬冠先生的肯定和大力支持。我衷心感谢他。

2008 年

《仍在远处》后记

写了这么多年叫做"散文"的文字，此刻仍不知如何为它命名。它如同一个人的呼吸，跟随这个人生活，行路，成长，起伏。但它比真实的呼吸吝啬一点，因而在编选此书时，能入书的仍觉不多。就这么一小把，一个人的 20 年已经过去。可怕么？有一点，更多的却是感激，因它多少记录了、承托了这一段生命。

只是，还不够。远远不够。尽管经历了这些时光，留下了这些文字，我还是觉得真正的世界／人生，与希望／光明／宽广／温暖或诸如此类有关的事物，或一切，仍在远处。我能否望见并触及它们并不重要，重要的是我这么想了，生命和写作也就还有意义。

每篇文章后都标明了大致的时间，以示某种"足迹"。每一部分基本上都按时间的"降序"排列，因为我总是喜欢现在比喜欢过去多些，虽然我明白，写作上的进步并不与时间的推移成正比。且让我努力。

2008 年

风雨水火

《唯"物"主义》修订版后记

　　我喜欢博物馆。很喜欢。那里有一种通往时间深处的神秘气息，幽暗的，安静的，让我感到世间一切都有来历，任何人、任何事物都不可能与历史割断。

　　这本书，如同我在想象中构建的一座纸上博物馆，馆内的展品来自世界各地——它们在现实中归属于各个不同的博物馆，而它们自身，应该是这个世界共有的资源。我以兴趣和感觉选中了它们，它们身上凝聚了世界的奇迹或者秘密，自然的，人类的，科学的，文化的，地理的……

　　我没有把它们作通常的分类，只是依据时间的大致顺序排列了它们，从第一件展品，一个五十亿年前的菊石的化石开始，到两百年前一种迎接春天的仪式那里暂停。其中历时漫长，就像目睹一个生命在黑暗中出生，在时间的甬道里悠游，在渐渐庞大复杂的世界里长大，向着光明的出口飞去。一本书就像一次旅行，而这次旅行在我尤其特殊，我好像重新成为一个孩子，重获知识和想象的洗礼，对世界重又充满好奇。

　　我尝试用最简单平易质朴的口语写这本书，老老实实，不矫情夸饰。我面对的是蕴含丰富的事物本身，我所知道的只是冰山一角，唯有充分地尊重它们。它们也并不显得沉重，只是忽然一下子撞击了我安静观看时的心，让我生出某些联想。

　　书中涉及知识的部分，是我查阅资料并整合的结果，我力求它们的准确可靠；感觉、想象或亲历的部分属我个人，我愿与读者你一起分享——就像和你一起旅行，叩开一座座博物馆。

　　谢谢你的停留，倾听，陪伴。

2012 年

风雨水火

《优雅之必要条件》修订版后记

　　我看绘画或雕塑时总是被其中人的脸、姿态、神情吸引，尤其是其中的女人。我感觉她们是活的，活在她们各自的时间和命运中，只是偶然凝固在此，被我看见。我接收到她们的生命信息，想象她们的故事。看和想积累到一定程度，就有了这本书。

　　我不希望读者因书名《优雅之必要条件》而把本书当作无关人文情感的时尚书。优雅之必要条件，是相对于充分条件而言，表明一种局限，和冲破这局限的可能。本书几乎可以算是一个幻想文本，带有"史"的倾向，不过更自由，更个人化。是一部带有虚拟的女人史倾向的情感随笔吧。我喜欢写这类无法被归类的有些奇怪的文本。

　　女人是写不完的，她的生命力的奥秘，她的美的本原，以及更多有关她的命题。我对此关心，只因我是女人。

　　那些勾起我想象的绘画和雕塑是本书中不可或缺的组成部分，只是我做了自己的解释。读者也会有各自的解释。这可以成为我和读者交流的开始。我期待着。

2012 年

《上海私人地图》修订版卷首语

  在我眼前一直出现这一情景：一个遥远的年代，一个矮小的初中女生，在上海一个湿热的暑假天走出一条弄堂，怀揣一张上海地图。她向一条没有走过的马路走去，想要每天走一条路，走到头再拐弯，这样走遍全上海。她并不知道上海的马路比绘在地图上的更复杂，有更多的小岔路，而这些小岔路在地图上是找不到的。于是她走进一个广阔的迷宫。她迷了路。在这座她出生、居住、却无所知的城市里，她其实不知道要去哪里，会走到哪里，可她还是在走，像在丈量脚下的土地，怀着渴望和焦灼。这是她着迷于这座城市、这个世界的开始。

  我知道这着迷一直存在，一直继续着，无论过了多少年，无论这城市、这世界在这期间发生了多少大事和小事。她就这么走着，慢慢长大，慢慢变老。她终于可以见识到更多：一些路，一些房子，一些角落，一些人，一些脚印，一些爱，一些疼痛……它们是地图上的另一些轨迹和景观，更珍贵的，如同血肉。她决意描画它们，作为这城市、这世界在被无情格式化过程中的一个备份。

2012 年

回家（《欧洲六城记》结束篇）

回家。回到我所生活的城市。这里是这么繁忙，人们都有具体的事情要做，都在急急地往前奔。这里前进的速度好像跟忘却的速度形成正比。这里要创造的是一个新的世界。

我见到的欧洲全与往昔、与历史有关。在那些城市里，我没有遇见海边的索菲亚，走向教堂的年轻女子，寻找爱情的男人，这样的人我一个也不认识。就像前面的某一篇标题所示：我止步于欧洲的门前。只在那些不出声的事物外壳上读出或想象出过去某些人曾有的命运。

如果有一种文字导游，能够领引我进入一座城市真实具体个别的地点，从四面八方，从心灵、情感、记忆的层面，多好。但那也不能取代我与一座陌生城市相遇时的刹那感觉。后者同样珍贵。世界就这样地而不是那样地呈现在你面前，构成你的世界的一部分，你的。

因而这世界里也就有我的刺痛和欣喜。因为这，回家之后，我先写了自己的城市——《上海私人地图》，妄想为别人做一个心灵、情感、记忆层面的文字导游。然后，我写下这部欧洲六城记。

我坚信所有的天空都连在一起，别人的命运也就是我们自己的命运，别人的灾难、别人的创造、别人的美好其实都是人类共有。

感谢麦穗奇、单良两位先生，本书中收入他俩拍摄并慷慨提供的多幅精美数码照片。其他系我用光学胶卷拍摄的照片——很抱歉，业余水准，但有我所留意的角度和焦点。

此刻，这个飘雪的夜晚，这本书写完了最后一字。

2005 年，2012 年

困惑，独白，生命，爱情，形式……

——周佩红、黄一鸾网上对谈散文写作

周佩红，八十年代末开始散文写作。著有散文集《优雅之必要条件》、《稻草人说话》、《内心生活》、《你的名字是什么》、《一抹心痕》等。其散文曾被认为是"略带伤感的动人歌吟"，"幻想与现实的界限不断被打破，想象与经验交融于一体"，"既有生活质量又灵气飞扬"（见北京大学出版社一九九六年版《中国当代散文报告文学发展史》相关篇章）。现居上海。

黄一鸾，八十年代末开始散文写作。代表作散文集《勿忘我主》。被评论界认为"是一个强情绪型的作家"，其散文文体"新颖独特"，"随心所欲而又先声夺人"，"去除了'学院散文'、'青春独白'写作常有的琐屑、虚浮和故作深沉"，"读她的散文，常有石破天惊的感谓"（参见北京大学出版社一九九六年版《中国当代散文报告文学发展史》有关篇章）。现居成都。

因为两人的新书，黄一鸾的《独自从容》和周佩红的《去那温暖的地方》，属同一套散文丛书，彼此交换阅读后各有心得，于是有了这一次关于散文写作的网上对话。

时间：2001.11.17. pm 1:45—4:22

地点：成都—上海 / QQ

一、激情与困惑

周佩红（下简称"周"）：我觉得我俩散文有一个相似的主题：困惑。或者说我们的写作都源于困惑。我从你书的开头就看出来了——"从哪里出发一直叫人困惑"，然后是一连串的问号。但愿我没误读。

黄一鸾（下简称"黄"）：是的。没有看错。困惑好象贯穿了我们两人和两人的同类作品的始终。

周：困惑，并非对生活没有见解。但要是对一切都有现成答案的话，人生和写作都将不存在。

黄：是的。我想很多时候我都是缘于困惑而不得解才写作的吧。

周：有困惑才有向往啊。困惑，是从不满足开始的。写作是否就能解决困惑呢，也不见得，不过我历来认为，质疑比解答更重要或可贵。你说呢？

黄：我想是这样的。没有质疑，也就没有了探索，当然，更谈不上解答。这些天，我又重读了你的书。几乎在每个篇章里，都能看到你那双探索的眼睛。真的。只是，在你的《跟随勇敢的心》里（它在某种程度上很有别于你的其它散文），向往比困惑更压倒了一切。你自己不觉得吗？

周：《跟随勇敢的心》是不是显得太“激动”？

黄：激动不是一个准确的表述。我想是激情。你的多数文章都是静静的。情感和情绪都掩藏在安静的叙述中。而在《跟》中，则有很大不同。

周：激情和沉静都跟心境有关。所以才更欣赏你作品中表现出来的飞扬的活力。它们很棒。你特别喜欢用一种“倾诉”或者说独白的方式来释放困惑。这是怎样一种孤独！

黄：可能，这正是对事实上倾听者是否存在的一种绝望的表述方式吧。

周：可你的这种诉说是一个非常完整和结实的自足体。你不屑于与人同行。

黄：是的。昨天有一个朋友也提到了我的这个特点。认为我是否太无视读者，甚至，因此排开了一些可能的读者。你也这样认为吗？不过，从某种意义上，我的确是为自己写作的。自私的写作。

周：我却欣赏你这种态度。当然是为自己写，为自己的心，这是第一位的。我们谁也代表不了，只能代表自己。我一直在追求一种自由的写作，仿佛直接面对天空和上帝的写作，其间不存在别的东西。可我做得不好，也许性格上本身就有一些禁忌。

黄：而你在《跟随勇敢的心》中，正飞扬着一种在其它篇目中少见的激情、向往、追求、和勇气。我看过电影，但是，我以为，《跟随勇敢的心》比电影更加震动了我的心。

周：是吗？因为《跟》已成了我自己的东西。

黄：这正是我要想表述的：与其说你是在跟随《勇敢的心》，不如说，你是在跟随着你自己的理想，不可遏止地飞翔。它有非常大的感染力。真的。我想，没有看过电影的人，会因为它去找电影。但是，等到找到电影看了，或许会有些许失望。因为，在你的叙述中，已经渗透进了那样的激情。人们跟随着你的激情去寻找电影。但是在电影中，未必人人能够如你一样感受。

　　周：现在已少有这种激情了。这真可怕。不过我在想，激情可能更应是一种推动力，而不应太表面。否则不如去写诗。在激情和平实的叙述之间，我试图找到一个平衡点。

　　黄：是的。我感到这点了。在你的书里，甚至也无时无处不显露出这点：即：对照。理想与现实的对照，追求和退缩的对照，柔美和刚毅的对照……既在他人那里，又在自己这里，在《跟》中，《圣母》中，《美与飞》中，《电脑情人》中，《别怕》中，《芳邻》中……

　　周：我的世界是向外打开的，我对这世界怀有好奇。而你的世界基本上是自足的，因为内心太丰富。是否我还没有把自己完全挖掘出来，就急急忙忙地往外看了？

　　黄：有些道理。但那不是你没有挖掘。我认为你是在回避你丰足然而又纤弱的内心。你觉得自己面对它们时力量不够。这也许就是你何以那么热爱《勇敢的心》的又一个原因？

　　周：有时对自己的内心有些厌倦。我已写了那么多"内心生活"。在这本书里，内心退到了后方。

　　黄：但是即使如此，你的内心还是无处不在。你写着别人的感受，但是那其实是你自己的。别人的歌颂正是你自己的歌颂，别人的叹息正是你自己的叹息，别人的愿望正是你的愿望。这在《身体的女人》中，在《美与飞》中……比比皆是。所以，即便你想逃开自己，你还是在别人的故事里无处逃遁。

　　周：用这种方式承载内心，不也很好吗？
　　黄：好呀。《跟随勇敢的心》，从我第一次读到就使我激动和惊奇。

周：真的吗？我到现在还是喜欢这部电影。第一次看是跟别人一起，在一个嘈杂的环境里，但马上我就不跟别人说话了，全力注意于此。第二次就独自看了，一直激动到晚上。有人笑我是中浪漫主义毒太深。

黄：是的。看得出来你是那么深地为它吸引。你把你的全部爱情理想，全部独有的审美理想，全部人性中你最看重的方面，都放在了你对这部电影的观看中，其后，是关于它的文字口。它几乎是一篇勇敢的爱情宣言。没有畏怯，没有退缩，它使我想到如果你是那个苏格兰姑娘，你会毫无选择地就是那样为爱赴死。它又使我想到，你的柔弱的外表下面，那颗绝不亚于你倾情讴歌的主人公的勇敢的心。

二、理想与荒诞

周：你说对了。这部电影里如果没有爱情，将不会吸引我。但如果没有这样的英雄，爱情便变得平常。它使生活中的爱情（如果有）显得苍白。

黄：是的。英雄主义是这篇文章的另一重要主题。因而在你的文里同时便有对眼下四处可见的"爱"的鄙弃，嘲笑，和绝望。你所有的篇目都能让我感到我在前面提到过的对照：理想是那么让人向往，现实是那么叫人失望。

周：难道不是吗？而在你的作品中，充满一种黑色幽默，一种荒诞感，很棒。所以它不但在文字上，在观念态度上也是现代前卫的。读你的作品，对人的智力也是一种挑战。

黄：这个世界就常常不可理喻。我自己常常深感到这种荒诞感。

周：我有时想，在你的独白式的作品里，如果再加一点叙事内容的话，会是什么样子。

黄：也许会好一些。我在这类写作中太专注于内心，而忽视了其它。我感觉到了。

周：你的《独自从容》中较着重于叙事的，是《岁月不再》。沉甸甸。我在每一个地方停留，在"院子里有五个狗狗"处，在"泥土"处，停留。这里未尝没有你的内心。你认为，散文中，是叙述重要还是议论重要？一个很蠢的问题。

黄：我想难分彼此吧。可能关键是它们怎么在最恰当的时候最恰当地出现和结合。是不是？《岁月不再》的叙述是更多一些，它跟我的其它篇章有些不同。不过，我以为仅从文体而言，同其它篇目相比，它不是写得最好的。这有些遗憾。我感到这种叙述方式我不是太成熟。

周：你对自己的要求很特别，过于苛刻。我敢说像你这样独树一帜去写的，没有。只有你。仅这点就令人钦佩。你强调个性已到自觉的地步，这是艺术的自觉，而你整个人也是这样，拿生命去投入书写。即使不看署名，我也能一眼认出是你，一鸾写的。你有几篇的开头很吸引人，如"让我们直扑快乐往事"，如"爱情始终像一把尖刀刺痛我"，直接，一下子抓住人的心。尽管接下来它往往并不就此展开。

黄：是吗？也许。这是我的一个写作习惯了。好象是这样的：如果我不这样开头，我就走不下去。

周：你的作品中还有一种恍惚感。你离这个热闹的世界总是很远，而且好像随时可以退出。

黄：是的。是这样的。生活中，我也是这样的。我喜欢这样。习惯这样。不大习惯人群。可以外出看一看，很快会退回来，回到我的住地，"躲进小楼成一统"（鲁迅的诗？），这样心才安定。

周：跟我很像。也许，这才使我们写作。我们在纸上琢磨生活。

三、现实与写作

周：前些天听一个写作的人谈起"写作资源"。我不认为有资源恐慌的问题。如果枯竭，那就不写。你以为呢？

黄：当然。写作是因为有话想说，哪怕无人来听，或者无人听懂（大概独白就是这样产生的？）。已经无甚可写无甚可说了，当然就不写了。眼下制造废纸的人够多了。用不着你我。你知道吗，你对美的观感很独特。你在《跟随勇敢的心》中使用了这样的表达："当心里的东西没有表露出来时……五官和身体仅是物质的。"另一个地方："一个有梦的男人是格外让人心动的。"这些都是非常独特的审美，非常独特。这种独特的审美观，在《315 教室的讲台》等其它篇目中，也都能清楚感觉。由此想到，能让你动心的男人在这个世界上真是谈何容易！

周：你不也是这样吗？只是你比较幸运而已。

黄：是的。感谢上帝他重奖了我。可是，我想，我何故受此重奖呢？现实在你眼里又是那么平庸："象泥土一样平凡的人生"，"在我所处的生活中，它已极少出现"……读《匆匆流失》，叫人心痛，叫人落泪。有什么东西象你描述中的玻璃和绸缎一样，在粉碎，在破碎；破碎中什么东西在滋生；滋生的又会在什么地方，什么时候再度破碎……尽管那是一段对过去不堪回首岁月的描述或回顾，但是，它又绝不仅是对过去岁月的描述和回顾。

周：也许我对生活之平庸的感受，远比你深。

黄：是的。在你的字里行间，无不痛感到这点。尽管你想把它们隐藏起来，就象你现在想把自己最深处的内心隐藏起来一样。所以，你有很多关于他人的叙述，他人的叙述；关于他事的叙述，他事的叙述。可是，猛然，你的内心，你的对现实的痛切，会象闪电一样突然冒出来。只冒出来一瞬，又旋即退隐。读《去那温暖的地方》，我就是这样，在很多很多陌生的人、陌生的事中寻找你，找到你。其中《身体的女人》和《美与飞》，几乎同为一首对女性的颂歌和挽歌。是不是这样的？

　　周：这是我的一个女性生命成长系列中的几篇。（现在这本书出来了，《优雅之必要条件》，把这几篇又改了一下，我总是不停地改，因为对已写的不满意）。我试图用这样的方式审察自身。赞美和惋惜共存。颂歌和挽歌——你给了我新的角度。

　　黄：:)

　　周：读你书中的《出生之地》，我常感到你从你的肉身中分离出来，如同灵魂飞身而起，俯看自己和时间。你行文中还有种不讲逻辑的突兀，非常好。我现在在写作时总是对自己说，你要放开，放开，别去管什么节奏，别去故意控制，看看你到底能走多远。我希望自己尽量走得远一点。

　　黄：是的。你的想象走得很远。至少我是这样感觉的。这些想象自由，不受你所绘写的对象的限制，恰是带着你自己的愿望。想怎么走，就怎么走。包括你的"蒙娜丽莎"甩头发的姿势，包括断臂的维纳斯"把玩"着她的金苹果。

　　周：我不太会孤立地表达内心，总要寻找一个事件或什么依托去表达。你有那样的本领，我没有。

　　黄：但是，你有的，我却没有。也许，这也正是我们彼此格外欣赏对方的原因之一。当然这一切有一个重要前提，那就是：无论你还是我，我们两人，共同地、纯朴地欣赏和向往着一切美好的事物。这个前提也是我们友谊的前提，是不是？

　　周：是的！你说过：一个人生下来，不知道要把自己的生命怎么处置，于是，问题发生了。写作也就是因为这个。

黄：是的。至少我的写作动机大多来自于此。谈不上崇高。更谈不上其它。

周：这就是最重要的。生命的问题最重要，对写作、对人生都如此。至少对我们如此。

四、有关形式

黄：我写《出生之地》的时候，觉得我可以用这种形式一直写下去写下去。我好象告诉过你。但现在回头来看，我不再有这种感觉。我自己觉得，从风格上，它还只是一种探索，没有《勿忘我主》成熟。你觉得呢？

周：但是它更自由。探索总是要付出代价。形式有时是一种束缚，没它又不行。

黄：是的。找不到恰当的形式，我觉得形同要说话却张不开口。我总觉得，更多的时候我为形式所困扰。如果我找不到一种恰当的形式，我胸中涌动着的所有的东西都没有出口。憋得发慌。

周：写到自己过瘾为止。对形式的寻找正是文学真正的目的之一。

黄：是的。

周：《出生之地》更私人化一些。这也是你不愿混同他人的表现呀。跟你的作品意念恰好完全吻合。

黄：有读者说更深涩一些。你觉得呢？

周：我却赞成你想走多远就走多远。有时，不把一件事做到极致，你就不可能反向观察它，重新确定。

黄：好的。那就走下去。

周：所以我说读你的作品需要智力上的准备。你的作品是挑读者的，不是读者挑你。

黄：这可能是一个很狭窄的读者群。

周：但这个读者群会很坚定。

黄：:)

周：从语言上说，你的节奏特别好，畅通，简洁，语速急骤，带出一种气流，无人能够企及，这时便让我想到"卓而不群"这个词。但你有些语言有点翻译作品的味道。我一个朋友看了你的几篇，马上想起君·格拉斯。

黄：我的确很喜欢君特·格拉斯的作品。我想无形中受其影响在所难免。

周：譬如说："我希望您同意或者默认我的关于某些事物的某些看法"。这个开头没有我前面说的那两个开头好。用你独特的感觉开头更好。

黄：好的。我将留意这个。我在一开始提到了，你总是在探索，全书如此。你的探索里揉合着你的独有的周佩红式的想象，因此总是那么与众不同。连"文物"样的东西都在你的探索的目光和想象中活过来。比如蒙娜丽莎的披肩习惯，比如"她没有大笑的理由……"那一段。非常好！

周：其实你更多是在鼓励我。我的书里有好多毛病。

黄：我也说到了。说你藏在对他人他事的叙述之中……

周：对此我仍然有困惑。有评论批评我太多地走向叙事。

黄：我也有这个感觉。

周：我想不通的是，为什么不可以呢？我总是想变一变，走一下我没走过的路。当然，我的叙事还没有做好。目前我写的一个和陌生人有关的"个人认识史"系列，也将有大量叙事内容。

黄：不是不可以。是那些太多的叙述容易遮蔽你。所以我说，我是在其中寻找你。

周：有时我愿被遮蔽。

黄：为什么？至少，散文很难容许遮蔽。

周：因为不想展示一个总是差不多样子的自己。我认为自己缺乏"深刻"和"厚重"，我大约只有自己的感觉和一点儿原则。靠这些支撑文字原是不够的。所以常常怀疑自己的写作。

黄：可是独特的就是你的思考和原则呀。

周：思考不能凭空而起——我是说我很难做到这一点。所以我常把它们藏在我想的事情里，或者让事情带出思考。而且，我读到的那些我喜爱的外国作品（大多是小说），写的那么好，而作者却是藏在具体事件和对事件的判断之后面。我也许无形中也受了这种影响。

黄：那是小说。我想毕竟有文体的不同，阅读要求自然也就不同吧。

周：你却是把散文当成诗来写的。

黄：这样好不好呢？我是说在阅读中的感觉？

周：诗讲究节奏，气场，对语言要求很高，但可能会限制内容，使内容缺乏张力。

不过这次写陌生人系列，是决心完全放开来写了。但放开来也许会有坏结果。因为艺术的要义之一就是控制，我仍信这个。

黄：先放开试试看。

周：是的，一切跟着感觉走最好。我这样反复的改，如我那个长篇，写了四、五年，有人嘲笑我说：你要写一部世界名著吗？

黄：关于我文，你说得很对。关于"世界名著"，他们说得很对。是的。就是！你回答。

周：:) 我当时也是这样说的，在心里说。

黄：就是这样的！

周：你后来新写的"网恋"那篇，并不深涩，也不通俗，是否又是一条路？

黄：是的。是想探探新路。在旅游业这叫什么？好象是——踩点？

周：:) 踩点好像是警察形容上门抢劫犯的第一阶段行动时用的，一个专门术语。

黄：但好象旅游业用于开发一个新景区前的"探景"工作也用此语？

周：看来你比我更专业。:)

黄：:)

周：你写梦幻和荒诞感是高手。

黄：是吗？可能跟我常作荒诞的梦有关吧。也可能跟我从小有些调皮也有关。:)

周：还有你作品中的"新个人主义"——此概括可能不确——在《卓越》中表现最明显。这也是我喜欢的一篇。

黄：什么叫"新个人主义"？ :)

风雨水火

周：在《卓越》中你对所谓"狭隘的个人天地"提出嘲笑和质疑，很爽。读到"打开你的信箱，关上我们的门"，我笑了，这就是你，远离乱哄哄的无聊的嘈杂，寻求心灵交流的你。气质决定了你的文字的品格。"新个人主义"是我读你作品后想到的、创造的一个词，意指尊重个人权利、个人空间、个人爱好，不求所谓"融合"和被人认同。你的现代感就在这里。你对庸俗有一种彻底的鄙夷。这种直率的清醒和决绝很少见。我欣赏。

黄：我知道：你欣赏。:) 我自己乜很喜欢它。:) 事实上因为你内心就藏着这种清醒和决绝。所谓物以类聚，人以群分，是也。

周：《卓越》是你节奏、叙述、情感上的特点结合并发挥得极好的一篇，开始是嘲弄，经回忆过渡到向往，几种情感的变换很自然。

黄：这个，我自己没有留意到。

周：反正我们还是要生活下去，写下去，就让我们更坚持自己认定的东西。今天谈得很开心。和你谈话，棠会令我思考。暂时再见吧。

黄：我也很开心。再见。

风雨水火

本书说明

　　一、本书内容选自我 20 多年中所写的散文，大部分是中后期作品，也有少量早期散文。前八章对我关心的几方面作了大致的区分，但其实互有交叉或一以贯之，那就是人的生命，生命的状态和变化，以及它们的各种可能。所谓"风雨水火"，也就是时代和环境加诸生命之上的种种影响。最后一辑是我迄今为止大部分著作的自序、后记和跋，内含我写作的由来，我的散文观、写作观。

　　二、书中各篇后面都标注了写作或发表的年份。因我没有保留发表自己作品的杂志报纸的习惯，加上不断修改，所以多篇文章的年份只能依据出书时间大致推算，肯定与事实有出入。有的篇章后面有两个年份，那是初成和改定的时间，也是大致推定。请读者谅鉴。

周佩红

2013 年 4 月 16 日

风雨水火

散文集

《一抹心痕》（1991 年，安徽文艺出版社）

《命运所赐》（1994 年，四川文艺出版社）

《从我血液中流过的》（1995 年，台湾业强出版社）

《城市的声音》（日文版，1996 年，日本樱枫出版社）

《活着的证明》（1996 年，上海文艺出版社）

《你的名字是什么》（1996 年，文汇出版社）

《内心生活》（1997 年，华东师范大学出版社，重版 2001 年）

《去那温暖的地方》（2001 年，中国社会科学院出版社）

《仍在远处》（2008 年，鹭江出版社）

专题散文

《亲密关系》（1998 年，江苏教育出版社）

《稻草人说话》（2000 年，东方出版中心，修订版更名为《我的乡村记忆》2008 年，上海远东出版社）

《博物馆里的宝》（2001 年，作家出版社，增写版更名为《唯"物"主义》2006 年，新星出版社，重版 2012 年，中央广播电视大学出版社）

《优雅之必要条件》（2001 年，作家出版社，修订版，2013 年，中央广播电视大学出版社）

《陌生人过去现在时》（2003 年，文汇出版社）

《上海私人地图》（2004 年，东方出版社，修订版，2013 年，中央广播电视大学出版社）

《欧洲迷城》（2005 年，安徽文艺出版社，修订版更名为《欧洲六城记》，2013 年，中央广播电视大学出版社）

《孟加拉玫瑰的颜色》（2009 年，华东师范大学出版社）

长篇小说

《荣成别墅三楼》（2002 年，上海文艺出版社）

小说集

《长梦不醒》（1996 年，新华出版社）

评论

《在生活和心灵之间》（1994 年，辽宁人民出版社）

《美文精读与写作（现当代卷）》（1999 年，上海古籍出版社）

译著

史蒂文森长篇小说《诱拐》（2005 年，二十一世纪出版社，重版，2010 年，湖北教育出版社）

图书在版编目（CIP）数据

风雨水火 / 周佩红　著 . — 北京 : 东方出版社 , 2013.6
（生命呼吸 · 当代散文名家丛书）
ISBN 978-7-5060-6445-3

Ⅰ . ①风…　Ⅱ . ①周…　Ⅲ . ①散文集—中国—当代　Ⅳ . ①I267

中国版本图书馆 CIP 数据核字 (2013) 第 130544 号

风雨水火
（FENGYU SHUIHUO）

作　　者：周佩红
策　　划：张　杰
责任编辑：姬　利　傅　愈
书籍设计：张志伟　知墨春秋设计工作室
出　　版：东方出版社
发　　行：人民东方出版传媒有限公司
地　　址：北京市东城区朝阳门内大街 166 号
邮政编码：100706
印　　刷：环球印刷（北京）有限公司
版　　次：2013 年 10 月第 1 版
印　　次：2013 年 10 月第 1 次印刷
印　　数：1—6000 册
开　　本：710 毫米 ×1000 毫米　1/16
印　　张：27.75
字　　数：398 千字
书　　号：ISBN 978-7-5060-6445-3

发行电话：(010)65210056　65210060　65210062　65210063